2016 上海服务业发展报告

2016 ANNUAL REPORT ON SHANGHAI SERVICE INDUSTRY DEVELOPMENT

上海市商务委员会　编著
Shanghai Municipal Commission of Commerce

上海科学技术文献出版社
Shanghai Scientific and Technological Literature Press

图书在版编目（CIP）数据

2016上海服务业发展报告／上海市商务委员会编著. — 上海：上海科学技术文献出版社，2017

ISBN 978-7-5439-7489-0

Ⅰ. ①2… Ⅱ. ①上… Ⅲ. ①服务业—产业发展—研究报告—上海—2016 Ⅳ. ①F719

中国版本图书馆CIP数据核字（2017）第168074号

责任编辑：祝静怡 忻静芬

2016上海服务业发展报告

上海市商务委员会 编著

出版发行：上海科学技术文献出版社

地 址：上海市长乐路746号

邮政编码：200040

经 销：全 国 新 华 书 店 经 销

印 刷：上海市北印刷（集团）有限公司印刷

开 本：787 × 1092 1/16

印 张：20

字 数：369 000

印 数：1000

版 次：2017年10月第1版 2017年10月第1次印刷

书 号：ISBN 978-7-5439-7489-0

定 价：48.00元

http://www.sstlp.com

编审委员会

顾　　问： 周　波

主　　编： 尚玉英

副 主 编： 盖国平　吴星宝　钟晓敏　申卫华　刘　敏　姜方平
杨　朝　张国华　顾嘉禾　桑　琦　徐文杰

编　　委： 徐士良　陈晓明　盛宏彦　李　泓　周　岚
朱文群　孔福安　李子顺　刘　炜　李　磊

组织编写： 朱　桦　盛宏彦　俞　玮

编写成员： 俞　玮　潘红虹　杨海霞　边文玉　诸红亮
邹　江　柳菁华　杨震华　杨　珞　朱冰心
叶庆双　黄　伟　仲国栋　廖　涛

翻　　译： 单佳灵　马薇薇

研究单位： 上海市商务发展研究中心

合作单位： 上海市各区县商务(经济)委员会

前　言

2015年是经济发展进入新常态的转折之年，是全面深化改革的关键之年，也是完成“十二五”规划的收官之年。为全面反映2015年度上海市商务发展情况，加快推进政府职能转变和信息公开，上海市商务委员会组织编写“2015上海商务发展系列报告”。本书作为上述系列报告之一，上海市商务委员会有关处室、上海各区(县)商务委员会、部分企业提供了基本素材，上海市商务发展研究中心承担具体的编撰工作。本书在分析2015年上海服务业发展状况与趋势的基础上，汇总2016年上海推进服务业的政策支持重点，对生活性服务业、部分生产性服务业、服务业管理和创新、服务业规划布局和建设重点、上海各区(县)服务业发展情况等进行了介绍。

2015年，上海服务业呈现出总体平稳、结构优化、稳中提质的良好态势。2015年，第三产业增加值实现17 022.63亿元，比2014年增长10.6%，增速分别高出第二产业和全市经济9.4个和3.7个百分点。第三产业增加值占上海市生产总值的比重为67.8%，比2014年提高3.0个百分点，对全市经济增长的贡献率达到94.3%。“十二五”期间，上海按照“高端化、集约化、服务化，三二一产业融合发展”的方针，推动服务业快速增长，服务业增加值年均增速达到9.7%，服务业已经成为引领上海经济增长的首要力量。2015年，上海服务业产业结构进一步优化升级，服务业重点领域平稳增长，新兴产业成为服务业增长亮点。金融业、信息传输、软件和信息技术服务业等增加值继续保持两位数的快速增长，服务业中的新技术、新模式、新业态、新产业发展态势良好，信息服务业增加值比2014年增长12%，电子商务交易额达到16 452亿元，比2014年增长

21.4%，平台经济交易额 16 125 亿元，比 2014 年增长 11.4%。2015 年，顺利完成中国(上海)自由贸易试验区(以下简称“自贸试验区”或“自贸区”)扩区工作，实施范围扩展至 120.72 平方公里，自贸试验区示范引领作用进一步凸显，带动上海国际贸易中心建设加快推进。全年商品销售总额 93 406.57 亿元，比 2014 年增长 6.4%；社会消费品零售总额 10 131.50 亿元，比 2014 年增长 8.9%，迈入万亿级消费城市行列；举办各类展会 851 个，展出总面积 1 513 万平方米，比 2014 年增长 22%，展会数量和展览面积已位居全球主要会展城市前列；货物进出口 4 517.33 亿美元，规模再次跃居全国各城市首位；服务进出口近 2 000 亿美元，比 2014 年增速超过 12%，规模约占全国的 30%。商业对经济增长的贡献继续保持领先，全年完成商业增加值 4 198.85 亿元、商业税收 2 361.10 亿元、商业固定资产投资 530.77 亿元。2015 年，上海服务业全面深化改革，创新体制机制，发展环境不断优化。上海正式发布《上海国内贸易流通体制改革发展综合试点方案》，聚焦流通发展、市场规则、治理体系三大领域，着力建设法治化营商环境；发布《促进本市跨境电子商务发展的若干意见》，着力培育跨境电商完整产业链；出台《2015 年上海市生活性服务业工作要点》，推动生活性服务业重点领域规范提升。

2016 年是我国全面建成小康社会决胜阶段的开局之年，也是推进结构性改革的攻坚之年。尽管宏观经济运行仍面临不少困难和挑战，但围绕全面实施开放和创新战略，大力推进经济转型和结构性改革，加快上海“四个中心”建设和科技创新中心建设，上海服务业发展基本面总体向好，质量和效益有望稳步提高。预计 2016 年，上海服务业将继续保持平稳较快发展，总量规模进一步提升，增幅达 9%左右，增加值占全市比重达到 70%左右。2016 年，上海服务业的发展将以创新、协调、绿色、开放、共享的发展理念为引领，坚持提升传统服务业和培育新兴服务业并举，坚持满足需求和引导消费并重，进一步发挥服务业在上海经济转型升级中的主导作用。深入推进国内贸易流通体制改革发展综合试点，全面推进实施 37 项改革发展试点任务；积极落实国家自由贸易区战略，配合国家参与全球贸易投资规则的研究制订；建设全球电子商务中心城市，吸引和培育大型企业电商总部、大型电商企业地区总部和功能性机构;加快完善现代市场体系,推动商品交易市场转型升级,大力发展平台经济;构建现代流通治理新模式,制订市场准入负面清单和市场准入后行政管理目录,并与商务信用建设形成联动机制;积极拓展新兴消费热点,着重发展服务消费、信息消费、绿色消费、时尚消费、品质消费;推进生活性服务业精准化、品质化发展,创建一批生活性服务品牌企业,增加社区服务网点布局。

编 者

2016 年 12 月

Preface

2015 is the turning point of economic development entered 'the new normal', as well as the key year of comprehensively deepening reform and the final year of the '12th Five-Year' plan. In order to fully reflect the development of Shanghai commerce and trade service industry in 2015, to accelerate transformation of government functions and to promote government information disclosure, Shanghai Municipal Commission of Commerce has organized the compiling of *2015 Annual Report Series on Shanghai Commercial Development*. As part of the report series, this book, supported by the basic material provided by relevant sections of Shanghai Municipal Commission of Commerce, the Commerce Commissions of various District Government in Shanghai, and Some enterprises, is compiled by Shanghai Municipal Commerce Development Research Center. Based on the development and trends of Shanghai service industry in 2015, the report issues key policies in support of Shanghai service industry in 2016, and also gives an introduction of consumer service industry, part of producer service industry, management and innovation of service industry, layout of service industry and the development of service industry in all the districts or counties in Shanghai.

In 2015, Shanghai service industry maintained a good momentum of steady growth, upgraded structure and higher quality. The added value of Shanghai tertiary industry rose by 10.6% to 1.70 trillion Yuan, up by 9.4 and 3.7 percentage points compared with secondary industry growth and the city's economic growth respectively. The tertiary industrial added value accounted for 67.8% of Shanghai's GDP, which was 3.0 percentage points higher than the previous year, contributing to 94.3%

of the economic growth of Shanghai. During the '12th Five-Year' period, Shanghai has carried out the policy of 'high-end, intensive, service orientation and industry convergence and development', realizing the accelerated growth of service industry with the annual growth rate of value-added reached 9.7%. Nowadays service industry has become the leading force in Shanghai's economic growth. In 2015, Shanghai's service industry realized further optimization and upgradation in industrial structure, enjoyed steady growth in key areas, and emerging industry has become the highlight of the development of whole service industry. The added value of such sections as finance, information transmission, computer software and IT services has maintained double-digit growth. New technologies, new models, new formats and new industries maintained a good development momentum in the service sector. The added value of information services increased by 9.8% over the previous year. Both the E-commerce transactions and the volume of platform economics in Shanghai reached 1.6 trillion yuan, rose by 21.4% and 11.4% over the previous year respectively. In 2015, Shanghai accomplished the expansion of the China(Shanghai) Pilot Free Trade Zone to 120.72 sq.km., highlighting the leading role of Pilot Free Trade Zone and accelerating the pace of construction Shanghai into an international trade center. The total sales of commodities of the whole year has reached 9.34 trillion Yuan, which has increased by 6.4% over the previous year. The retail sales of consumer goods reached 1.01 trillion Yuan, 8.9% against the previous year, which marks Shanghai has entered the ranks of 'trillion-scale consumer cities'. There were 851 exhibitions held in Shanghai in 2015, and the total exhibition space rose by 22% to 15.13 million square metres. Both the number and the space of exhibition remarks Shanghai a top global rankings among the major exhibition city. The goods import and export volume of Shanghai amount to $451.7 billion, ranking first in cities across the country, while the service exports and imports volume reached nearly $200 billion, 12% higher than previous year and the scale equal to 30% of the whole country. The contribution of commerce to economic development maintained leading position, with commerce added value, tax and fixed-asset investment reaching 419.89 billion, 236.11 billion and 53.08 billion Yuan respectively. With the efforts to deepen the all-round reform and institutional mechanisms innovation, the circumstance of Shanghai's service industry is constantly improved. The formally promulgation of *Comprehensive Pilot Program of Reform on and Development of Domestic Trade Circulation System in Shanghai* focused on circulation development, market rules and management system to cultivate a law-based business environment. The release of the document of *Suggestions on Promoting the Development of Cross-border E-commerce in Shanghai* concentrated on forming a complete industrial chain, and *Key Points of Development Consumer Service Industry in Shanghai in 2015* has promoted the standardized development of key areas of consumer service industry.

The year 2016 represents the first year of decisive stage in finishing building a moderately prosperous society in all respects and a crucial year in carrying out structural reform. Although there are still some difficulties and challenges in the macro-economic operation, the fundamentals of service industry of Shanghai turns better with quality and efficiency steadily improved as long as we carry on Open and Innovation Strategy in full operation, vigorously push forward economic transition and structural reform and speed up the construction of the 'Four-center' and Science and Global Hubs of Technological Innovation. Shanghai service industry is expected to maintain a steady and fast growth in 2016, with further increase in scale, and the rise may reach 9% or so while the added value accounted for 70% of the proportion of the city. In 2016, the development of Shanghai service industry will adhere to the concept of innovation, harmonization, green, openness, and sharing, and further exert the leading roles in economic transformation and upgradation by promoting traditional service industry at the same time cultivating new service industries, and leading demands while meeting demands. There are several measures to achieve the goal such as deepening the task of comprehensive pilots of domestic trade circulation system reform by fully promoting 37 reform and development pilot missions; implementing the FTA strategy, coordinating with our country to participate to the research and formulate of global trade and investment rules; constructing a global e-commerce center city to attract and foster headquarters of e-commerce department of large enterprises, regional headquarters or functional sectors of large e-commerce enterprises; accelerating improvement of the modern market system and promote the transformation, upgrading of commodities trading market and strive to develop platform economics; constructing a new modern management mode of circulation, developing a negative list of market access and administrative catalogue after the market access, then form linkage mechanism with the business credit construction; expanding new consumption hotspot, like service, information, green, fashion and high-quality; promoting the accuracy and quality of consumer service by creating a group of consumer service brands and increasing community service network.

The Compiler
December, 2016

目　录

案例索引

Contents

Part Three: Producer Service Industry (not all-inclusive)

Part Four: Layout of Service Industry

Case Indexing

第一篇

总　论

第一章　2015 年上海服务业发展总体概况

2015 年是“十二五”规划的收官之年，上海市积极应对各种风险挑战，主动适应经济发展新常态，坚持稳中求进工作总基调，全面落实国家稳增长、促改革、调结构、惠民生、防风险一系列重大政策措施，全力推进创新驱动发展、经济转型升级。上海服务业呈现出总体平稳、结构优化、稳中提质的良好态势，成为推动全市经济社会发展的主要力量。2015 年上海服务业发展呈现出以下主要特点。

一、服务业持续增长，成为上海经济发展的主要动力

1. 服务业占比持续提高，全面引领经济增长

2015 年，上海市服务业发展规模持续扩大，成为拉动经济增长的主要动力。2015 年，第三产业增加值实现 17 022.63 亿元，比 2014 年增长 10.6%，增速分别高出第二产业和全市经济 9.4 个和 3.7 个百分点。第三产业增加值占上海市生产总值的比重为 67.8%，比 2014 年提高 3.0 个百分点，对全市经济增长的贡献率达到 94.3%。“十二五”期间，上海按照“高端化、集约化、服务化，三二一产业融合发展”的方针，推动服务业快速增长，服务业增加值年均增速达到 9.7%，服务业已经成为引领经济增长的首要力量。

2. 产业结构优化升级，新兴领域加速成长

2015 年，上海服务业产业结构进一步优化升级，服务业重点领域平稳增长，新兴产业成为服务业增长亮点。2015 年，金融业实现增加值 4 162.70 亿元，比 2014 年增长 22.6%；信息传输、软件和信息技术服务业实现增加值 1 376.69 亿元，比 2014 年增长 12.0%；批发和零售业实现增加值 3 824.22 亿元，比 2014 年增长 3.7%；房地产业

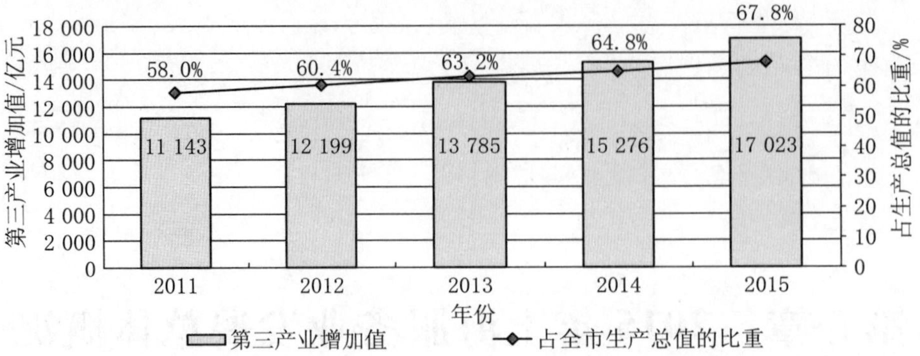

图 1.1　2011—2015 年上海市第三产业增加值及其占全市生产总值比重

实现增加值 1 699.78 亿元，比 2014 年增长 9.0%。服务业中的新技术、新模式、新业态、新产业发展态势良好，信息服务业增加值比 2014 年增长 12%，电子商务全年交易额达到 16 452 亿元，比 2014 年增长 21.4%。金融业、商贸业占全市服务业增加值比重稳定在 50%左右，成为上海服务业发展的主体。“十二五”期间，生产性服务业增加值占全市服务业增加值比重从 2010 年的 52.8%提高到 2015 年的 63%，信息服务业增加值年均增速 14%。

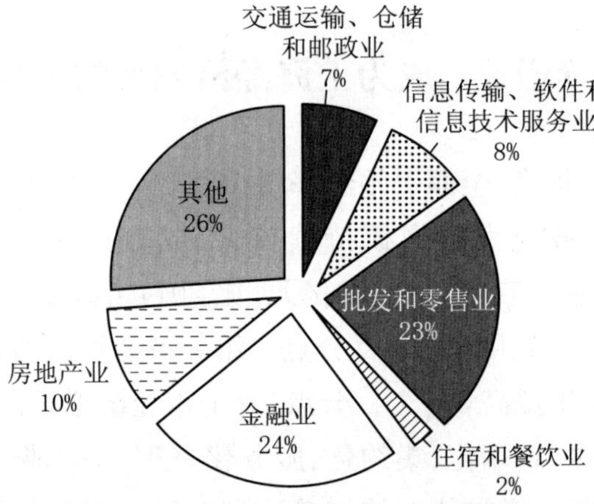

图 1.2　2015 年上海市第三产业增加值构成

3.“四个中心”建设持续推进，科创中心建设成效显著

（1）科技创新中心建设全面推进，提升城市核心竞争力。2015 年，上海加快实施创新驱动发展战略，全社会研发经费支出相当于全市生产总值的比例达到 3.7%。在脑科学和人工智能等领域布局一批重大科技项目，建成国家蛋白质中心等一批科技基础设施。加快集聚国内外研发机构，新增外资研发中心 15 家，国家技术转移东部

中心落户。大力推进大众创业、万众创新，创新创业服务机构达到 454 家。设立股权托管交易中心科技创新板，成立创新创业投资母基金，开展知识产权运营服务试点，每万人口发明专利拥有量达到 29 件。

（2）国际贸易中心建设稳步推进，贸易功能持续提升。2015 年，上海市场流通规模稳步扩大，流通能级进一步提升。全年商品销售总额 93 406.57 亿元，比 2014 年增长 6.4%，过去 5 年年均增长 13.9%；电子商务交易额 16 452 亿元，比 2014 年增长21.4%，是 5 年前的 3.9 倍；平台经济交易额 16 125 亿元，比 2014 年增长 11.4%。消费拉动作用更加显现。全年社会消费品零售总额 10 131.50 亿元，比 2014 年增长8.9%，迈入万亿级消费城市行列，最终消费对经济增长的贡献率进一步提升。展览业能级不断提升。全年举办各类展会 851 个，展出总面积达 1 513 万平方米，比 2014 年增长 22%，是 5 年前的 1.9 倍，展会数量和展览面积已位居全球主要会展城市前列。国际展展出面积 1 124 万平方米，比 2014 年增长 24.8%，占全市的 74.3%，比 5 年前提高 5.5 个百分点。对外贸易份额持续上升。全年货物进出口 4 517.33 亿美元，在全国的占比从 2014 年的 10.8%提高到 11.4%，规模再次跃居全国各城市首位；服务进出口近 2 000 亿美元，比 2014 年增速超过 12%，规模约占全国的 30%。

（3）国际金融中心建设快速推进，金融服务创新持续优化。2015 年，上海金融市场交易总额达到 1 462.73 万亿元，比上年增长 1.0 倍，是 5 年前的 3.5 倍。2015 年，上海市推动制订自贸试验区新一轮金融开放创新试点方案，启动自由贸易账户外币服务功能，累计开立自由贸易账户 4.4 万个。2015 年，上海市国际金融中心建设成效显著，金砖国家新开发银行开业，中国互联网金融行业协会落户，中国保险投资基金在沪设立。人民币跨境支付系统一期建成运行，上证 50ETF 期权、中证 500 股指期货等一批金融创新产品成功推出。

（4）国际航运中心建设稳步推进，航运规模持续扩大。2015 年，上海市实行航运保险注册制，扩大外贸集装箱沿海捎带、启运港退税政策覆盖面，集装箱水水中转比例达到 45%，比 5 年前提高 7 个百分点。2015 年上海港完成集装箱吞吐量 3 653.70 万国际标准箱，比 2014 年增长 3.5%。集装箱水水中转比例为 45.0%，国际中转比例为 6.9%。上海港集装箱吞吐量连续 6 年位居全球第一，上海机场货邮吞吐量保持世界第三，国际旅客吞吐量占全国机场的 1/3。邮轮经济稳步发展，2015 年，上海港接待邮轮靠泊 341 艘次，其中以上海为母港的邮轮 317 艘次。邮轮旅客吞吐量 164.26 万人次，比 2014 年增长 35.2%。

二、 商贸业发展健康有序，市场消费繁荣活跃

1. 商业产业规模不断扩大，消费拉动经济增长效应明显

2015 年，上海商业继续呈现出平稳有序健康的发展态势，为推动全市经济平稳发展提供了重要支持。2015 年，上海商业（包括批发零售业、住宿餐饮业，下同）完成增加值 4 198.85 亿元，对全市经济增长贡献率保持领先。其中，批发零售业完成增加值 3 824.22 亿元，比上年增长 3.7%，住宿餐饮业完成增加值 374.63 亿元，比上年下降 1.2%。2015 年，上海商业增加值占第三产业增加值和全市生产总值的比重分别为 24.7%和 16.7%。

2015 年，在拉动上海市经济增长的“投资、出口、消费”这三大需求中，消费规模和增速继续领先于固定资产投资，消费对经济增长的贡献高于投资和出口，积极发挥拉动经济的引领作用。2015 年，实现社会消费品零售总额（以下简称“社零额”）增速高于固定资产投资 3.3 个百分点，高于出口总额 15.2 个百分点。

2015 年，上海商业税收总额（国、地税收全口径）完成 2 361.1 亿元，比 2014 年下降 0.7%，对全市税收增长贡献率有所回落。商业税收增速分别落后于全市和第二产业税收增速 16.5 个、29.3 个百分点。商业税收占全市税收的 16.9%，占第三产业税收的 27.3%。

2. 零售市场热点众多，消费结构持续优化

从零售大类看，2015 年，在技术进步、消费升级等因素的带动下，上海零售市场消费热点频现。受益于智能手机更新换代、4G 技术日益普及等因素带动，通信器材类零售额比上年增长 64.2%，增速较 2014 年大幅提高 42.7 个百分点。一系列楼市新政推动楼市逐步回暖，住房消费的上涨带动家电需求量增加，家用电器和音像器材类零售额比 2014 年增长 21.3%，增速较上年提高 10.9 个百分点。受益于平行进口汽车试点的稳步推进、新能源汽车需求的持续增长等有利影响，汽车零售额比 2014 年增长 14.4%，增速较 2014 年提高 3.2 个百分点。

从业态结构看，2015 年，上海市网络零售继续实现快速增长。2015 年无店铺零售额实现 1 250.60 亿元，比 2014 年增长 26.9%，增速比 2014 年提高 5.2 个百分点，其中，网上商店实现零售额 1 091.35 亿元，比 2014 年增长 31.6%。据上海市商务发展研究中心监测数据显示，以体验型、综合型消费见长的购物中心业态实现较快增长，至 2015 年年末，全市购物中心数达 163 家，2015 年购物中心实现营业收入 1 288.58 亿元，比 2014 年增长 17.2%。

从区域和商圈分布来看，随着经济增长、交通发展、人口导入和商业设施建设稳步推进，郊区、社区商业快速繁荣。2015 年，上海市中心城区（含浦东）、郊区县分别实现社零额 5 422.93 亿元、4 192.09 亿元，比 2014 年分别增长 5.3%、8.8%。据上海市商务发展研究中心监测数据显示，2015 年上海市 11 个市级商圈零售平均增速为 2%；8 个城区商圈平均增速为 3.8%，9 个郊区商圈平均增速为 6.2%。

3. 商业创新深化发展，转型升级稳步提速

一是"互联网＋"推动传统市场升级和新兴市场发展。"互联网＋"推进浦东、宝山、长宁、普陀、虹口等区"平台经济发展示范区"建设，培育形成 110 多家产业链、服务链高度整合的平台型企业。大型电商企业纷纷下沉社区开设服务中心，并与实体商业门店联手推出"网订店取""网订店配"等业务。"互联网＋"以及 O2O 等新模式迅猛发展激发了新的消费需求，餐饮、旅游、文化、教育等生活服务领域涌现了一大批国内领先的 O2O 龙头企业。2015 年服务类网上交易额达到 1 889 亿元，比 2014 年增长 51.2%。二是建立"会商旅文体"联动合作机制，确定首批"会商旅文体"联动重点项目 22 个，年吸引客流 4 000 万人次。创新 2015 上海购物节等营销促销活动，实现千个商圈、商场全城联动，400 项主题活动共有 2 000 家企业的 2 万余个门店参与。三是在全国率先实施境外旅客购物离境退税政策，布点离境退税商店 182 家。

三、 重点服务业全面推进，呈现均衡稳定发展

1. 金融业保持较高增速

2015 年，上海市实现金融业增加值 4 162.70 亿元，比 2014 年增长 22.6%。截至 2015 年年末，全市各类金融单位达到 1 430 家，其中，2015 年新增各类金融单位 94 家。全市中外资金融机构本外币各项存款余额与贷款余额分别为 103 760.60 亿元与53 387.21 亿元，分别比年初增加 13 328.75 亿元与 4 880.58 亿元。2015 年通过上海证券市场股票筹资 8 712.96 亿元，比 2014 年增长 1.2 倍；发行公司债 17 413.67 亿元，比 2014 年增长 4.9 倍。全年金融市场交易总额达到 1 462.73 万亿元，比 2014 年增长 1.0 倍。上海证券交易所总成交金额 266.37 万亿元，比 2014 年增长 1.1 倍；上海期货交易所总成交金额 63.56 万亿元，比 2014 年增长 0.5%；中国金融期货交易所总成交金额 417.76 万亿元，比 2014 年增长 1.5 倍；银行间市场总成交金额 704.26 万亿元，比 2014 年增长94.8%；上海黄金交易所总成交金额 10.78 万亿元，比 2014 年增长 68.8%。

2. 信息服务业健康快速发展

2015 年,上海市实现信息产业增加值 2 747.64 亿元,比 2014 年增长 9.8%,信息产业增加值占全市生产总值比重达到 10.9%。其中,信息服务业增加值 1 753.49 亿元,比 2014 年增长 12.0%,信息服务业持续快速发展。一是智慧生活普及率进一步提高。截至 2015 年年末,全市第四代移动通信(4G)网络已基本全覆盖,第三代移动通信技术(3G)和第四代移动通信技术(4G)用户总数达到 2 211.3 万户,比 2014 年末增加 547.1 万户;城市公共区域 WLAN 接入热点累计达 14.2 万个;新建 450 处 i-Shanghai接入场所,总量达 900 处。互联网宽带接入用户 551.1 万户,比 2014 年末增加 19.0 万户;有线数字电视用户数达 662 万户,增加 58 万户。二是信息化管理持续优化。2015 年上海市公共信用信息服务平台正式开通运行。截至 2015 年年末,市公共信用信息服务平台已有包含行政机关、司法机关、公用事业单位在内的 99 家信息源单位,归集信息事项 3 444 个,基本覆盖全市常住人口及 138 万企业法人、事业法人和社会组织法人。2015 年,共有 120 万家单位持有有效法人数字证书"一证通"153 万张。

3. 交通运输、仓储业保持平稳发展

2015 年,上海市交通运输、仓储和邮政业实现增加值 1 133.17 亿元,比 2014 年增长 7.0%;全年各种运输方式完成货物运输量 91 238.68 万吨,比 2014 年增长 1.0%。旅客发送量 18 571 万人次,比 2014 年增长 7.9%;全年上海港口货物吞吐量达到 71 739.64 万吨,比 2014 年下降 5.0%;集装箱吞吐量 3 653.70 万国际标准箱,比 2014 年增长 3.5%。上海浦东、虹桥两大国际机场全年共起降航班 70.58 万架次,比 2014 年增长 7.7%;进出港旅客达到 9 918.90 万人次,比 2014 年增长 10.6%。2015 年,上海市完成邮政业务总量 385.75 亿元,比 2014 年增长 24.2%;电信业务总量 780.32 亿元,比 2014 年增长 30.5%。

4. 房地产业有序发展

2015 年,上海市房地产业实现增加值 1 699.78 亿元,比 2014 年增长 9.0%。全年实现房地产开发投资 3 468.94 亿元,比 2014 年增长 8.2%;商品房施工面积 15 095.33 万平方米,增长 2.8%;竣工面积 2 647.18 万平方米,增长 14.4%;商品房销售面积 2 431.36 万平方米,增长 16.6%。2015 年,全市商品房销售额 5 093.55 亿元,比 2014 年增长 45.5%,其中,住宅销售额 4 319.93 亿元,增长 47.8%。全年存量房买卖登记面积 2 647.83 万平方米,比 2014 年增长 66.9%。

5. 旅游业持续回暖

2015 年,上海旅游产业实现增加值 1 535.64 亿元,比 2014 年增长 3.0%。全年接待国际旅游入境者 800.16 万人次，比 2014 年增长 1.1%；接待国内旅游者 27 569.42 万人次，增长 2.8%。2015 年，入境旅游外汇收入 59.6 亿美元，比 2014 年增长 4.5%；国内旅游收入 3 004.73 亿元，增长 1.9%。

四、发展基础进一步夯实，发展质量持续提升

1. 中国(上海)自由贸易试验区示范引领作用凸显

2015 年，顺利完成中国(上海)自由贸易试验区扩区工作，实施范围扩展至 120.72 平方公里。其中，上海外高桥保税区、上海外高桥保税物流园区、洋山保税港区、上海浦东机场综合保税区 4 个海关特殊监管区域 28.78 平方公里，陆家嘴金融片区 34.26 平方公里，金桥开发片区 20.48 平方公里，张江高科技片区 37.20 平方公里。

全面推行负面清单管理模式，深化商事登记制度改革。2015 年，自贸区实现企业新设、变更的"一口受理、信息共享、并联办事、统一发证"。全年区内新增注册企业 18 269 户。其中，内资企业 14 943 户，注册资本 9 078 亿元；外商投资企业 3 326 户，合同外资 396.26 亿美元。全年对外直接投资中方投资额 229.10 亿美元，占全市的 57.4%。

深化自贸区制度创新。实行"一线放开、二线安全高效管住、区内自由"的贸易监管制度，海关、检验检疫等部门推出 32 项创新举措。拓展国际贸易"单一窗口"功能，货物状态监管试点扩大到保税区所有物流企业。实施自贸试验区新一轮金融开放创新试点，推出 40 条具体措施。启动自由贸易账户外币服务功能，累计开立自由贸易账户 4.4 万个。深入开展以政府职能转变为核心的事中事后监管创新，启动建设市场主体信用信息公示系统。制订实施自贸试验区改革经验全市推广方案，一大批改革成果呈现溢出放大效应。

2. 服务业固定资产投资继续高位运行

2015 年，上海市完成服务业固定资产投资总额 5 389.91 亿元，比 2014 年增长 11.2%，继续快于全社会投资增速；占全社会固定资产投资总额的比重为 84.8%，比 2014 年提高 4.2 个百分点；对全社会固定资产投资增长的贡献率高达 161.4%。其中，2015 年，上海市商业固定资产投资总额完成 530.77 亿元，比 2014 年增长 1.5%，增速趋缓。全年商业固定资产在建和竣工面积仍处于高位，其中，施工面积 2 074.97 万平方米，比 2014 年增长 8.7%，竣工面积 306.75 万平方米，比 2014 年增长 23.3%。

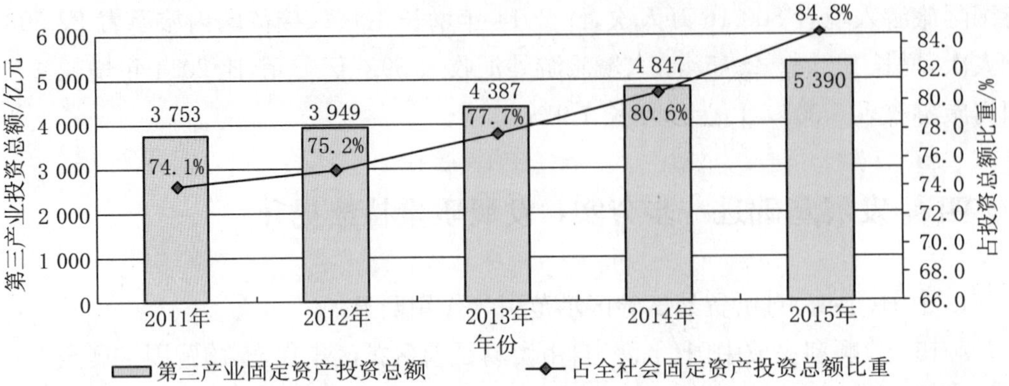

图 1.3 2011—2015 年上海市第三产业固定资产投资额与占全社会固定资产投资总额的比重情况

3. 服务业对外开放水平和质量不断提高

2015 年,上海服务业利用外资领先增长,外商投资合同金额 545.00 亿美元,实到金额 159.38 亿美元。过去 5 年,服务业合同外资、实到外资年均增速分别达到 34.4%和 12.5%,比制造业分别快 41.7 个和 9.6 个百分点。服务业累计利用外资在合同外资、实到外资中的占比分别达 71.3%和 69.6%,分别比 2010 年提高 17.4 个和 11.7 个百分点,电信、养老、医疗、文化、教育等领域利用外资取得突破,助推上海加快形成了以服务经济为主的产业结构。

2015 年,上海服务贸易实现快速增长,对上海开放型经济的贡献度持续加强。2015 年,上海市服务贸易进出口总额实现 1 966.72 亿美元,比 2014 年增长 12.2%。其中,出口 525.31 亿美元,增长 6.4%;进口 1 441.41 亿美元,增长 14.5%。服务贸易进出口总额占全市对外贸易总额的比重为 30.3%,比 2014 年提高 3.0 个百分点。

2015 年,上海总部经济贡献度不断提高。截至 2015 年年末,在上海投资的国家和地区达 165 个。在上海落户的跨国公司地区总部达到 535 家,投资性公司 312 家,外资研发中心 396 家。年内新增跨国公司地区总部 45 家,其中亚太区总部 15 家,投资性公司 15 家,外资研发中心 15 家。

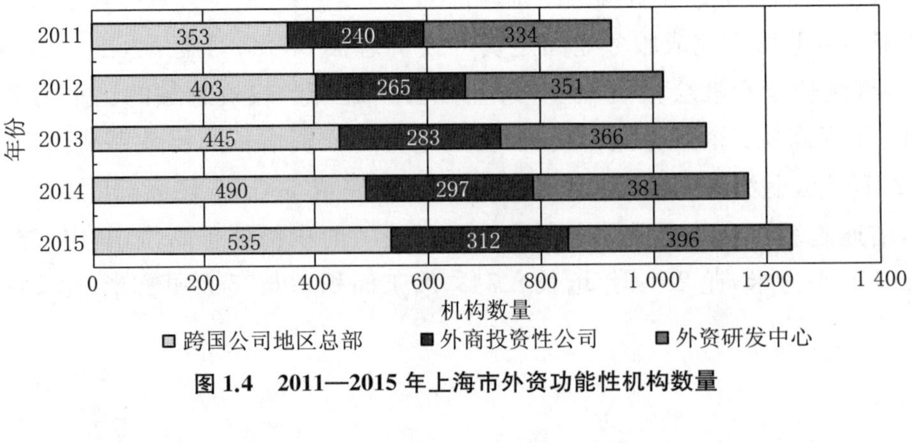

图 1.4 2011—2015 年上海市外资功能性机构数量

4. 服务业深化改革，发展环境持续改善

（1）科创中心建设制度不断完善。2015年，上海市政府发布《关于加快建设具有全球影响力的科技创新中心的意见》，聚焦体制机制、人才、创新创业环境和重大科技创新布局等4个关键环节，努力把上海建设成为世界创新人才、科技要素和高新科技企业集聚度高，创新创造创意成果多，科技创新基础设施和服务体系完善的综合性开放型科技创新中心，成为全球创新网络的重要枢纽和国际性重大科学发展、原创技术和高新科技产业的重要策源地之一，跻身全球重要的创新城市行列。

（2）现代市场体系建设日趋成熟。2015年，国务院正式批准上海开展国内贸易流通体制改革发展综合试点。上海正式发布《上海国内贸易流通体制改革发展综合试点方案》，着力推进国内贸易流通体制改革，建设法治营商环境。《方案》聚焦流通发展、市场规则、治理体系三大领域，明确12项主要任务和6大重点工程，以物流标准化、农产品流通等专题工作为抓手，推进长三角区域市场一体化。运用“互联网＋”推动传统市场升级和新兴市场发展，推进浦东、宝山、长宁、普陀、虹口等区“平台经济发展示范区”建设，培育形成110多家产业链、服务链高度整合的平台型企业。

（3）跨境电子商务发展环境持续改善。2015年，上海发布《促进本市跨境电子商务发展的若干意见》，着力培育跨境电商完整产业链，形成第三方平台和自营平台同步推进，境内外电商共同参与，进出口并重、多种模式并存、线上线下有序结合的跨境电商发展格局。新增一批国家级电子商务示范基地，促进跨境电商发展，电子商务交易额保持20％以上的高速增长。

（4）生活性服务业发展环境提升。2015年，上海出台《2015年上海市生活性服务业工作要点》，以“保障民生、注重多元、完善功能”为总方针，以新技术应用、新模式引领、新业态发展为重点，聚焦商贸服务业、健康服务业、养老服务业、家庭服务业、文化服务业、旅游服务业、体育服务业等7个重点领域，着力促进开放、创新发展，推进行业规范提升，重点培育一批生活服务O2O企业，依托“互联网”实现生活性服务业转型升级。初步建立健全生活性服务业行业标准体系、社会诚信体系，不断满足人民群众日益增长的多层次多元化的生活服务需求。

第二章　2016 年上海服务业发展环境分析

2016 年，全球经济格局深度调整，我国经济发展仍处于可以大有作为的重要战略机遇期，也面临诸多矛盾和风险。围绕全面实施开放和创新战略，大力推进经济转型和结构性改革，加快上海“四个中心”建设和科技创新中心建设，上海服务业发展基本面总体向好，质量和效益稳步提高。

一、全球经济格局深度调整，新一轮科技革命和产业变革孕育突破，对上海服务业发展是挑战也是机遇

从全球来看，世界发展格局正在发生深刻变化，贸易规则体系正在调整，外部环境不稳定不确定因素增多。世界经济仍处于金融危机后的复苏和变革期，新的增长动力尚在孕育之中，“低增长、低通胀”成为世界经济增长新常态。各主要经济体面临的多重、不可确定的风险挥之不去，发达经济体增速下滑的同时，发展中国家和新兴经济体增速虽有所好转，但增幅仍有限。在大变革、大调整的背景下，发达国家稳步推进“再工业化”和高端产业战略，以绿色低碳、信息技术、科创产业为核心的新一轮全球科技革命和产业变革蓄势待发，引领全球产业加速、跨界融合发展，为服务业模式和业态创新发展提供了新契机。

从国内来看，中国经济经过 30 年的高速增长，经济格局发生变化，经济发展进入新常态，但经济长期向好的基本面没有改变，发展前景依然广阔。国内消费升级加快，市场空间广阔，物质基础雄厚，产业体系完备，资金供给充裕，人力资本丰富，创新累积效应正在显现，综合优势依然显著。新型工业化、信息化、城镇化、农业现代化深入发展，逐步释放新的增长动力。全面深化改革和全面推进依法治国成效初显，逐步

激发新的经济社会发展活力。伴随新零售、新制造、新金融、新技术、新能源“五新经济”的加速发展，中国创新经济的时代即将到来，产业融合化、服务化、智能化、网络化的特征更加突出，经济发展向形态更高级、分工更优化、结构更合理阶段演化的趋势更加明显。

综合来看，国际国内宏观经济处于调整转型的突破期，新一轮科技革命和产业变革正在酝酿突破，为上海服务业发展提供了新的机遇。应对全球新技术革命和新产业革命，上海应积极融入全球创新网络，以加快推进“四个中心”和科技创新中心建设为契机，以现代信息技术应用为手段，积极发展与上海全球城市战略定位相匹配的高端服务业和现代服务业，进一步提升上海服务业服务全国、服务全球的质量和水平。

二、 应对经济全球化不断深化趋势，上海加快打造开放型经济体制，为上海服务业发展提供新空间

顺应世界多极化、经济全球化深入发展的趋势，我国大力推行互利共赢的开放战略，坚持内外需协调、进出口平衡、引进来和走出去并重、引资和引智引技并举，积极发展更高层次的开放型经济，参与全球经济治理和公共产品供给，提高我国在全球经济治理中的制度性话语权，构建广泛的利益共同体。2016 年，我国继续丰富对外开放内涵，提高对外开放水平，以推进“一带一路”战略和长江经济带建设、举办 G20 峰会等为抓手，推进同有关国家和地区多领域互利共赢的务实合作，努力形成深度融合的互利合作开放新格局，经济综合实力和国际地位不断提升。

上海肩负着继续当好全国改革开放排头兵、创新发展先行者的重要使命。上海新一轮发展战略，要把握中国经济与世界经济深度融合的机遇，在全球发展的大背景中来谋划，立足自身发展优势，充分体现国家战略，突出全面深化改革开放，持续提升国际门户枢纽地位，提高国际国内两个扇面的服务辐射能力。开放是上海最大的优势，围绕进一步发挥自贸试验区制度创新功能，主动对接和服务“一带一路”和长江经济带等国家战略，上海将在国家发展战略全局中发挥更加重要的战略性、功能性作用，在全面参与国际科技经济合作与竞争中，全面提升产业能级和服务功能，进一步提高上海集聚辐射全球人才、资源、要素、产业的能力，为上海服务业发展提供更广阔的空间，推动上海迈向更优的经济结构和更高的发展水平。

三、"十三五"规划谋篇布局正当时，经济转型和结构改革进入攻坚时期，对上海服务业发展提出新要求

2016 年是全面建成小康社会决胜阶段的开局之年，是推进经济转型的关键之年，也是推进结构性改革的攻坚之年，重点是落实"十三五"规划要求，加快推进经济转型和结构性改革，为实现 2020 年经济发展目标做好开篇布局的谋划工作。根据国家"十三五"规划，到 2020 年，我国经济保持中高速增长，发展质量和效益明显提高，产业迈向中高端水平，服务业比重进一步提高，为我国包括上海的新一轮服务业发展明确了目标和思路，提供了有利于服务业健康有序发展的宏观环境。在国家"十三五"规划的思想统领下，国务院还发布了一系列促进服务业发展的相关政策。一是国务院办公厅印发了《关于深入实施"互联网＋流通"行动计划的意见》，该《意见》与 2015 年《国务院关于大力发展电子商务加快培育经济新动力的意见》《国务院关于积极推进"互联网＋"行动的指导意见》《国务院办公厅关于推进线上线下互动加快商贸流通创新发展转型升级的意见》等系列《意见》一脉相承，又体现创新和差异性，从体验消费新途径、智能消费新领域、绿色消费新方式、流通创新新载体、智慧流通新设施等方面明确了"互联网＋流通"的重点工作任务，并提出了相关的保障措施，有利于推进流通创新发展和实体商业转型升级，拓展消费新领域，增强经济发展新动能。二是国务院办公厅印发了《关于推动实体零售创新转型的意见》，将着力加强供给侧结构性改革，以体制机制改革构筑发展新环境，以信息技术应用激发转型新动能为主线，从调整商业结构、创新发展方式、促进跨界融合、优化发展环境、强化政策支持等方面对推动新时代下实体零售业转型创新发展提出了相关要求和意见，有利于进一步推动实体零售业创新转型，促进服务业转型升级和提质增效。三是商务部、民政部、国土资源部、住房城乡建设部、质检总局联合印发了《关于推进电子商务进社区　促进居民便利消费的意见》。该《意见》的出台是落实《关于深入实施"互联网＋流通"行动计划的意见》的具体举措，《意见》以线上线下融合、商品服务融合为导向，要求推动社区商业从销售商品为主向提供居民生活综合服务转变，更好地满足社区居民便利化、个性化消费需求，对于推动线上线下融合的新型生活服务业发展具有重要的促进作用。

"十三五"时期，上海进入创新驱动发展、经济转型升级的攻坚期。根据上海市"十三五"规划，上海将大力实施创新驱动发展战略，坚定不移加快经济发展方式转变和产业结构调整，积极提升现代服务业能级水平，推动生产性服务业向专业化和价值

链高端延伸，生活性服务业向精细化、高品质转变，为上海服务业新一轮发展提供了契机。围绕上海市“十三五”规划，上海还发布了一系列促进服务业发展的相关政策。一是市政府发布了《上海国际贸易中心建设“十三五”规划》，明确了市场体系建设、贸易转型升级、营商环境优化等3个主要发展目标，提出了提升现代市场体系能级、促进消费结构升级、推动对外贸易优化升级、实现“引进来”和“走出去”协调发展、增强中心城市开放创新和辐射带动功能、建设法治化国际化便利化的营商环境等主要任务，并从扶持政策、人才集聚、企业服务、多层次合作共建机制等方面提出了保障体系，对于发展平台经济、总部经济、服务消费、服务贸易等新模式、新业态具有较大的促进作用，将推动服务业发展高端化、品质化、精准化，加快形成上海服务业综合竞争新优势。二是市政府印发了《上海市服务业发展“十三五”规划》，提出了服务业支撑作用更加突出、重点领域能级提升、创新水平更上台阶、空间布局更加优化、企业主体更具竞争力等服务业发展的主要目标，并从转变发展理念、提升发展品质、创新发展模式等方面对上海服务业发展提出了新的要求，从扩大内外开放、促进改革创新、优化体制机制等方面提供了新的支撑，有利于积极构建结构优化、服务优质、布局合理、融合共享的现代服务业体系，进一步发挥服务业在上海经济转型升级中的主导作用，进一步巩固上海在全国服务业发展中的优势地位，进一步增强上海服务业的国际综合竞争力。

四、上海积极打造卓越的全球城市，加快引领长三角城市群一体化发展，为上海服务业发展提供新契机

2016年11月，《上海市城市总体规划(2016—2040)》(送审稿)提交上海市十四届人大常委会第33次会议审议，并将按照程序上报国务院审批。《规划》在新的时代背景下提出了上海城市发展的新目标、新模式、新空间。《规划》将上海城市发展的目标愿景表述为，上海至2040年将建成为卓越的全球城市，国际经济、金融、贸易、航运、科技创新中心和文化大都市，并提出将上海建设成为令人向往的创新之城、人文之城和生态之城。《规划》提出上海要以成为高密度超大城市可持续发展的典范城市为目标，落实规划建设用地总规模“负增长”要求，牢牢守住土地、人口、环境、安全等底线，实现底线约束、内涵发展和弹性适应，积极探索超大城市睿智发展的转型路径。《规划》提出上海要积极响应国家“一带一路”、长江经济带、长江三角洲城市群协同发展等国家战略，从更开阔的视野和更高的定位谋划上海未来城市发展的战略框架，构建开放协调的发展格局，形成“网络化、多中心、组团式、集约型”的空间体系。上海在积

极打造卓越的全球城市，努力实现新目标、新模式、新空间的过程中，将迎来现代服务业跨越发展的新契机，为上海现代服务业发展提供新的发展动力和发展空间。

2016 年 6 月，国家发改委发布《长江三角洲城市群发展规划》，提出以上海建设全球城市为引领，加快构建网络化、开放型、一体化长三角区域发展格局，持续在制度创新、科技进步、产业升级、城乡统筹、全方位开放、绿色发展等方面走在全国前列，积极打造具有全球影响力的世界级城市群。《规划》从战略高度提出“建设面向全球、辐射亚太、引领全国的世界级城市群”的总体定位，并提出要加快在最具经济活力的资源配置中心、具有全球影响力的科技创新高地、全球重要的现代服务业和先进制造业中心、亚太地区重要国际门户、全国新一轮改革开放排头兵、美丽中国建设示范区等发展定位上实现突破。《规划》提出发挥上海龙头带动的核心作用和区域中心城市的辐射带动作用，依托交通运输网络培育形成多级多类发展轴线，推动南京都市圈、杭州都市圈、合肥都市圈、苏锡常都市圈、宁波都市圈的同城化发展，强化沿海发展带、沿江发展带、沪宁合杭甬发展带、沪杭金发展带的聚合发展，构建“一核五圈四带”的网络化空间格局。在推动长三角世界级城市群发展的进程中，上海将按照打造世界级城市群核心城市的要求，加快提升城市核心竞争力和综合服务功能。未来上海产业发展将更加突出高端引领和创新力提升，围绕强化核心优势，推动非核心功能疏解，进一步集聚发展金融、商贸、信息、物流等现代服务业，与周边城市形成功能互补的产业格局。

第三章　2016年上海服务业发展趋势预测

2016年是我国全面建成小康社会决胜阶段的开局之年，也是推进结构性改革的攻坚之年。围绕“四个中心”和全球科创中心建设，上海服务业将着力深化供给侧结构性改革，率先发展形成制度创新和突破，巩固上海在全国服务业发展中的优势地位，增强上海服务业的国际综合竞争力。

一、服务业品质和效益快速提升

预计2016年，上海服务业将继续保持平稳较快发展，总量规模进一步提升，增幅达9%左右，增加值占全市比重达到69%左右。上海服务业发展进入提升品质、提高效益、增强辐射和迈向高端的关键阶段。

一是“四个中心”加快建设，综合服务功能进一步提升。随着“四个中心”建设各项任务的全面实施，上海参与国际经济竞争与合作更加深入，创新能力不断增强，要素市场体系建设不断完善，将显著提升金融、航运、贸易等服务业的全球影响力。金融服务业方面，随着人民币正式纳入特别提款权（SDR）货币篮子，金融服务业对外开放不断扩大，与高标准的国际金融和贸易规则进一步接轨，金融市场产品和工具进一步丰富，各类金融机构加快集聚，专业服务业机构快速发展，多层次的金融市场服务功能进一步提升，金融服务业辐射力进一步增强。同时，金融与航运、贸易的联动不断深化，金融对科技创新的支持力度逐步加大，金融对核心区域、重点产业和关键环节的服务能力进一步加强，金融对实体经济的支撑作用更加凸显。商贸服务业方面，随着国内贸易流通体制改革和发展综合试点的深入实施，开放创新的市场体系加快建设，市场贸易便利化水平显著提高，“一带一路”沿线国家和地区的新市场空间进一步拓展，企业设立海外营销网络逐步增加，跨境电商、保税展示交易等新业态快速发展。航运服务业方面，随着港区功能调整优化，机场客货运能布局优化，上海航运服务业加快对外开放，各类航运组织和机构进一步集聚。航运金融服务业、邮轮产业、航空专业服务业等加快发展，航运服务业软实力快速提升。

二是信息技术应用持续拓展，服务业创新水平更上新台阶。随着新一代移动通信、物联网、云计算、人工智能、基因检测、生命科学、空间技术、卫星导航等新技术在服务业重点领域的推广应用，服务业技术含量和专业化程度将进一步提升。全球科创中心建设加快推进带动“知识密集型、技术密集型”服务业发展，科技要素在产业结构调整中的效益将进一步释放。同时，信息和网络技术手段推动服务业企业跨越传统产业边界，整合产业要素资源，基于细分领域跨界融合创造出更多的服务业新模式、新业态，推动生活性服务业向精细化和高品质提升。①家庭服务业。随着综合性基础家庭服务及高端家庭服务快速发展，“微生活”“云社区”等新兴社区服务模式的发展空间进一步拓展，推动家庭服务业向个性化、精细化发展。②健康服务业。基于信息技术的健康管理、康复护理、远程医疗等新业态加快发展，中医保健、养生康复、医疗旅游等高端服务业态快速拓展，健康服务业服务水平进一步提升。③养老服务业。从基本生活照料向精神慰藉、康复护理、紧急救援、临终关怀等领域延伸，基于移动互联网、物联网等技术的养老服务新业态、新模式快速发展。④文化服务业。动漫游戏、网络视听、数字出版等新业态发展优势凸显，文化服务业内涵及品质进一步提升。⑤互联网教育。云、端结合的多模式教育环境加快构建，基于开放式教育云服务平台的远程教育和服务等新业态快速发展，教育服务业逐步向多元化、多层次发展。⑥体育服务业。体育赛事、健身休闲、场馆服务、体育中介和体育培训等快速发展，满足群众体育消费升级需求的新业态、新模式不断涌现，体育服务业逐步向新型体育服务拓展。⑦住宿餐饮业。“互联网＋住宿餐饮业”产供链平台加快打造，预订平台、中央厨房、餐饮配送、食品安全等配套设施和服务体系快速发展，住宿餐饮业向标准化、规模化、产业化、连锁化、品牌化发展。

三是开放型经济加速发展，服务业辐射力影响力进一步扩大。随着服务业综合改革试点的进一步推进及“引进来、走出去”战略和企业国际化战略的深入实施，服务业领域的改革深度和开放广度进一步提高，企业间开放合作进一步深化，服务业将释放巨大潜力。一方面，金融、航运、教育、文化、医疗、养老、体育和专业服务等领域有序开放，外资准入限制也将分层次、有重点地放开，外资企业通过跨国并购、离岸业务等方式逐步参与上海服务业发展，投资服务业新兴领域。随着服务外包示范城市建设的深入推进，软件和信息技术外包、医药研发外包等服务外包重点领域的规模进一步扩大，金融、创意设计、数据处理等领域的竞争力逐步增强，生物医药、软件信息、管理咨询和数据处理、跨境维修、国际检测等新兴服务贸易业态快速发展。另一方面，服务业企业拓展国际市场步伐逐步加快，境外营销网络快速发展，国际营销模式不断创新，商务服务业、批发和零售业对外投资进一步加快，"上海服务"品牌影响力进一步增强。越来越多的企业在境外设立、收购研发机构，外贸企业产业链进一步延伸，向"产、研、销"一体化的跨国公司转型。"走出去"服务平台加快打造，企业组团式"走出去"的优势互补、联动发展机制进一步完善，企业跨国经营管理和风险防范水平再上台阶。此外，总部经济发展水平进一步提升，跨国公司和国内龙头企业的地区总部、研发中心、结算中心等功能性机构加快集聚，公司总部逐步向亚太总部、事业部全球总部升级，金融、科技、法律、知识产权、体育等领域国际组织加快在沪设立机构，上海城市国际化水平将进一步提高，城市国际影响力将进一步增强。

四是产城融合深化发展，服务业空间布局不断优化。首先，随着外滩金融集聚带和陆家嘴金融城、北外滩航运和金融服务集聚区等现代服务业集群建设深入推进，金融、航运、商务、信息等高端服务业进一步集聚发展，中心城区服务业发展能级和国际化水平显著提升。其次，结合新型城镇化建设，郊区承载产业空间和发展特色产业经济的城市生态体系逐步形成，立足产业转型升级需要，制造业和服务业将加速融合，与制造业相配套的生产性服务业加快发展，郊区服务业进一步向特色化方向发展。再次，围绕上海转型发展和功能升级需求，各类业态高端复合、产业特色鲜明、配套功能完善的服务业集聚区加快打造，服务业集聚区示范引领作用进一步强化。

二、 新消费引领消费结构升级

2016 年，随着上海经济结构不断优化，居民收入稳步增加，国际贸易中心、国际消费城市加快建设，迪士尼国际旅游度假区成功建设运营等重大机遇带动，上海消费市场继续呈现结构升级、稳中向好的态势。

(1) 从消费结构来看，服务消费逐渐占据主导地位。消费从以商品消费为主持续转向商品消费和服务消费并重，服务消费增速及占比上升势头明显。一方面，居民外出休闲娱乐就餐越来越普遍，成为带动服务消费市场快速增长的有力因素；另一方面，商务会展、婚庆喜宴、休闲旅游、医疗保健、文教娱乐等服务消费快速增加，成为新的服务消费热点。此外，伴随着老龄化程度的加深，家政服务、老年人照料护理及以健康管理、高端医疗等为主的健康消费逐渐成为新的增长点。

(2) 从消费能级来看，消费正在快速向品质消费转变。随着居民收入水平不断提高，广大消费者特别是中高等收入群体更注重商品品质、服务品质和消费体验，对安全实用、舒适美观、更有品味格调的品牌、品质商品的需求将进一步增加，对售前、售中、售后服务提出更高体验要求，品质消费需求逐渐向高层次、高质量、个性化和多元化方向发展。重点体现为以“文化消费”“信息消费”“时尚消费”等消费新热点为主要内容的消费升级。

文化消费以文化娱乐、体育健身、旅游观光等为主，已经从较低层次的消遣型、娱乐型向高层次的知识型、发展型、智能型方向发展，电影、旅游、艺术培训、运动健身和歌舞等消费比重进一步增加，网络表演、音乐、游戏、动漫等网络文化消费继续快速增长，文化消费形态呈现多样化、主流化、科技化趋势。

信息消费是指直接或间接以信息产品和信息服务为消费对象的消费活动，得益于信息技术的广泛运用特别是移动互联网的普及，信息消费快速发展，将带动跨区跨境、体验分享等多种消费业态兴起，动漫游戏、数字音乐、网络艺术品等信息消费产品也愈加丰富。此外，互联网与商业零售、农业、教育、医疗、旅游、文化、娱乐等产业跨界融合进一步加快，成为信息消费新的发展空间。

时尚消费方面，随着模仿型排浪式消费阶段的基本结束，个性化多样化消费渐成主流，特别是年轻一代更加偏好体现个性特征的时尚品牌商品和服务，年轻女性消费群体更倾向于选择高品质和个性化商品。同时，随着中高收入群体规模的壮大，航空、邮轮等传统高端消费将日益普及，消费潜力将加速释放。

(3) 从消费方式来看，网络消费占比逐渐提高。居民消费逐步由店铺消费向无店铺消费转变，网络购物成为重要的消费方式。网络营销系统为消费者挑选商品创造越来越多的选择空间，消费意愿不断增强。随着智能手机和3G、4G网络的普及，网络购物用户逐渐从PC向移动互联网发展，呈现出较大的增长潜力。海淘、跨境电商消费快速发展，需求强劲。“互联网＋服务”“互联网＋社区智能便利店＋集成网络终端”等新型消费需求发展潜力巨大。

(4) 从消费理念来看，绿色消费、健康消费等潜力巨大。随着人们生活方式的改变，环保意识深入人心，消费者越来越崇尚消费绿色产品，从生态有机食品向新能源汽车、空气净化器、绿色家电、绿色建材等商品进一步拓展，绿色消费服务继续从简单服务向网络约拼、民宿出租等社会资源的有效利用及共享拓展。随着老龄化进程的加快，健康意识已经深入人们的各种消费行为中，健康消费、健康管理、健康起居、健康保险等将快速发展。

(5) 从消费区域来看，郊区消费、社区消费及外来消费增势强劲。随着上海郊区城市化进程的加快推进，郊区新型城镇体系逐步完善，郊区人口进一步导入，郊区消费继续快速增长。大型居住社区进一步规划建设，社区人口密集度进一步提升，社区消费潜力将进一步得到释放。以国家会展综合体为核心的虹桥商务区，以迪士尼乐园为核心的国际旅游度假区等重点项目顺利运营，会展会议消费、旅游消费等外来消费仍然具有较大的增长空间。

（6）从消费政策来看，新消费政策提供新机遇。一方面，全面二胎政策激发家庭消费热潮，婴幼儿数量有望显著增长，母婴儿童主题零售、家庭餐饮及游乐设施、亲子活动中心等家庭型消费需求不断增加。高品质的智能产品、母婴用品、进口食品、保健品、化妆品、文化用品等消费类别集中形成热点。另一方面，跨境电商新政及行邮税政策调整助力海外消费回流，自 2016 年 4 月 8 日起，我国开始实施跨境电子商务零售进口税收新政并调整行邮税政策，有利于支持新兴业态与传统业态、国外商品与国内商品公平竞争，促进部分海外消费回流，进一步增强实体商业网点的吸纳能力。

三、 商贸业在转型升级中保持平稳发展

2016 年，上海围绕"转型、创新、开放、集约、融合"的发展主线，以提高商业发展质量、效益和能级，促进消费增长为重点，积极构建现代市场体系，加快优化布局结构，推进商贸业创新发展转型升级，引领行业发展迈上新台阶。

1. 现代市场体系加快构建，资源配置能力逐步提升

2016 年，上海将加快提升功能完善配套，构建现代市场新体系。一是平台经济创新发展。面向国内、国际的大宗商品、消费品和农产品等大型交易平台加快建设，推动形成一批区域性或国际性的大宗商品现货国际交易平台，部分大宗商品价格和价格指数成为重要的国际风向标；针对个人消费和专业服务领域，培育一批新型贸易平台，产业链要素进一步优化整合，有形市场与无形市场的有效对接加快。二是流通体系加快建设。港口、机场、铁路、公路、内河等各类物流基础设施更加完善，"互联网＋流通"计划进一步推进，产业链全面整合，城市配送物流服务三级网络进一步完善，形成商品、要素和服务更融合的市场流通体系。三是现代市场治理模式更加完善。流通领域规划、法规和标准加快制订与实施，对商品市场、电子商务、农产品流通等领域发展的规划引导进一步加强。流通标准化加快建设，尤其针对食品安全追溯等重点领域和关键环节的管理将进一步加强；市场信用体系加快建设，逐步建立市场化平台为主导的企业综合信用评价机制和第三方机构主导的企业专业信用评价机制，形成覆盖线上线下企业的综合性信用评价体系。

2. 布局结构更加优化，形成都市商业新格局

2016 年，上海商业布局坚持有增有减、有保有压、盘活存量、优化增量。一是中心城区商业调整提升进一步加快。通过空间拓展、行业演变、业态更新、品牌调整，商业内涵不断丰富，商业商务能级进一步提升，商业与商务、旅游与文化的结合进一步强化，南京路、淮海路等中心商圈，逐步向具有国际影响力和美誉度的世界级商圈发展。二是郊区商业中心布局进一步完善。依托郊区新城新市镇规划建设，新型业态和大型商业设施快速导入，商业配套进一步完善，一批功能复合、空间集聚、形态优美、智慧科技的综合性商业商务区域逐渐形成，成为上海郊区发展新的亮点。三是社区商业发展模式不断创新，都市生活便利度进一步提高。"互联网＋"家政、餐饮、菜篮子、养老、家电维修等服务消费新业态将快速发展，国际级及市级社区商业示范社区加快建设，社区商业配套同步推进，上海商业便民利民的质量和水平进一步提高。四是特色商业载体加快建设，形成体验消费新空间。围绕滨江沿岸、世博园区、国际旅游度假区等重点区域，将建设以商旅休闲、文化创意、特色演艺、体验消费等为内容，具有上海特色、享誉国内外的特色商圈，为上海商业可持续发展提供支撑。特色商业街将进一步发展，整合历史建筑、地域风貌、商业文化和人文精神等要素资源，形成特色商业和服务载体。

3. 商业业态不断创新，形成提质增效新引擎

2016 年，传统业态持续创新，新型商业业态快速发展，商业发展能级、质量和效益进一步提高。一是以新科学技术为核心的新业态快速发展。随着移动信息技术深化应用，电信网、广播电视网和互联网三大网络融合及物联网的应用，传统商业业态将加快变革，跨境电商、智能型业态快速发展，带来新的消费体验。二是以满足新消费需求为核心的新业态快速发展。包括按照消费需求提供个性化、定制化产品和服务的新型业态，凸显绿色生活、绿色消费理念的新兴业态等。三是以跨界融合为特征的新业态快速发展。零售、餐饮、服务、休闲娱乐四大行业之间融合产生的新业态及通过技术融合、业务融合、市场融合等方式催生的新业态快速发展，将形成更多具有多重复合功能的新业态。

4. 新型商业模式快速发展，形成商业发展新动力

2016 年，自主经营、供应链管理、品类管理、无店铺销售等商业模式快速发展，企业经营管理水平和盈利空间进一步提升。一是自营为主的经营模式逐步回归。商业企业逐步转变传统经营模式，培育自主买手队伍，自营商品占比加大，自主品牌快速发展，自主经营能力进一步增强。二是供应链管理为主的经营模式进一步发展。商业企业与供应商之间的合作更加深入，价值创造将延伸到消费者需求调

研、产品设计、原材料采购、质量管理、生产控制、物流配送、分销促销联动、销售售后服务等整个供应链环节。三是以品类管理为主的商业经营模式快速发展。以POS销售数据为依据，以消费者行为研究为基础的品类管理模式，将最大化降低库存，提高商品周转率。四是线上线下加快融合，传统商业企业加快发展线上业务，网络零售企业探索拓展线下功能，实现线上线下业务、品牌、渠道、顾客等多方面资源整合。

第四章 2016 年上海服务业政策关注重点

2016 年，上海服务业的发展将以创新、协调、绿色、开放、共享的发展理念为引领，坚持提升传统服务业和培育新兴服务业并举，坚持满足需求和引导消费并重，加快推动上海国际贸易中心建设，营造法治化、国际化、便利化的营商环境，进一步发挥服务业在上海经济转型升级中的主导作用。

一、 做好国际贸易中心“十三五”规划编制工作

按照上海市的统一部署，全面对接中央“十三五”规划建议、全国商务发展“十三五”规划以及市委“十三五”规划建议和全市“十三五”规划纲要，顺应我国经济深度融入世界经济的发展趋势，对标高标准的国际贸易投资规则，以“提能级、强功能、补短板”为核心，编制出台《上海国际贸易中心“十三五”规划》，到 2020 年，基本建成具有国际国内两个市场资源配置功能、与我国经济贸易地位相匹配的国际贸易中心。编制出台商贸、电子商务等领域专项规划。开展“十三五”时期重大专项研究，围绕建设国际消费城市、国际会展城市、国际时尚之都、提高贸易增加值等课题，开展深入调研，提出具有前瞻性的工作思路和举措。

二、 深入推进国内贸易流通体制改革发展综合试点

全面推进实施 37 项改革发展试点任务。围绕建立促进流通创新发展的政策和机制、覆盖流通全过程的市场规则体系和高效统一的市场治理体系，全面推进区域市场一体化、流通创新发展示范区、流通标准化试点、流通领域公共服务平台、信用信息

服务平台、市场综合监管平台等六大工程建设，推动区县和重点企业试点方案项目化落地。召开国内贸易流通体制改革发展研讨会和中期推进会，汇编上海市国内贸易流通体制改革案例，形成改革发展试点综合评估报告。

三、 积极落实国家自由贸易区战略

加强对国际高标准贸易投资新规则的研究，积极推进浦东探索构建开放型经济新体制，配合国家参与全球贸易投资规则的研究制订。完善准入前国民待遇加负面清单管理模式，在服务业、先进制造业、高科技产业等领域提出一批新的对外开放措施。推进亚太示范电子口岸能力建设，运用互联网、物联网等技术开展商品供应链数据互通、原产地证书无纸化等试点，促进重要口岸的互联互通推动，吸引更多经济体加入。办好 G20 贸易部长会议，利用 APEC、G20、WTO 等各种平台，推动上海成为我国实施新一轮更高水平开放和参与全球价值链分工的战略高地。

四、 建设全球电子商务中心城市

优化电子商务发展环境，吸引和培育大型企业电商总部、大型电商企业地区总部和功能性机构。鼓励上海市电商企业走出去设立分支机构，面向国内国际市场拓展业务。推进创建电子商务示范园区与示范企业。指导建立一批各具特色的"互联网＋商务"创新实践区，推进普陀区"互联网＋商务"创新实践区建设。加强智慧商圈大数据平台建设和整合，启动第二批智慧商圈试点创建申报，开展智慧商圈体验周活动，探索开展试评估。研究支持流通企业创新投入政策，制定流通领域技术先进型服务企业认定标准和"物联网＋流通"行动计划，认定一批流通领域技术先进型服务企业、物联网和供应链技术应用示范企业。推进商务领域大数据建设，培育一批大数据龙头企业，开展个性化定制、云设计等网络消费新模式业务，建立商务大数据应用示范联盟和商务大数据交易平台。推动线上线下互动创新发展转型升级，培育一批线上线下互动创新领军企业，支持一批重点电商企业在新三板、战略新兴板及科创板挂牌上市。加强电子商务国际交流合作，建立"中美互联网＋协同创新联盟"系列专业委员会并开展专题活动。

五、 加快完善现代市场体系

推动上海市商品交易市场转型升级，大力发展平台经济，研究提出支持平台经济发展的金融、财税、人才政策，集聚认定一批具有国内外资源配置能力的贸易型总部。建立健全大宗商品交易市场创新发展规则体系，加强大宗商品交易市场信用监管，完善重点市场的运行监测统计。在自贸试验区试点以实物为标的的“仓单、提单、订单”交易，培育千亿级的国际性大宗商品交易平台。深入推进物流标准化试点，加大物联网技术应用，发布“上海市物流标准化发展报告”，研究建立以标准托盘应用为核心的商贸物流标准体系。推动建设智慧物流配送体系，制订“长三角区域物流标准化发展指引”，召开“2016 年长三角地区现代物流联动发展大会”。总结再生资源回收与生活垃圾清运“两网协同”区域试点经验，形成全市推进实施方案，探索“互联网＋回收”的行业发展新模式。实施《上海市报废机动车回收拆解行业改革方案》，建立市场化回收网络，形成报废车“收拆合一”的流通体系。组织二手车电商企业与线下二手车交易市场合作，拓展二手车展示、维修等服务功能，推动二手车交易线上线下融合发展。

六、 构建现代流通治理新模式

围绕“批发和零售业”“住宿和餐饮业”“居民服务、修理和其他服务业”三大类行业，以及与商品流通关联度较密切的专业服务行业，厘清市场准入审批和准入后经营过程中的行政管理措施，制定市场准入负面清单和市场准入后行政管理目录，并与商务信用建设形成联动机制。依托市公共信用信息服务平台，建设上海商务诚信公众服务平台。以大宗商品、商业连锁、网络零售、进出口贸易等领域龙头企业以及单用途预付卡、进出口商会等部分商协会为重点，率先试点建设一批市场信用信息子平台。研究制订商务信用信息征集、评价及应用的制度性文件和相关标准规范。健全商务信用应用机制，以酒类流通、单用途商业预付卡、商业保理、家政等领域为突破口，探索建立部门间协同监管平台，对接商务诚信公众服务平台，推动政府部门在行业事中事后监管中对商务信用的应用。以大宗商品、进出口贸易、网络零售等领域为重点，拓展市场主体特别是平台型企业和商协会对政府公共信用信息的应用。鼓励市场主体在市场交易中广泛应用商务信用，大力发展以商业保理、信用保险、信用消费等为重点的商务信用经济。引导个人和市场主体在日常消费、市场交易过程中广泛查询和使用商务信用信息，规避消费和经营风险，推动社会共治。

七、 积极拓展新兴消费热点

从供给侧和需求侧两端同时发力，着重发展服务消费、信息消费、绿色消费、时尚消费、品质消费等新兴消费热点。制订发布上海商业发展“十三五”规划，评选商业转型升级典型示范项目。扩大全球商品和服务利用渠道。完善商业地产市场运行监测体系，推进存量商业资源转型发展众创空间。提升商业经济运行监测能力和水平，形成与新消费、新服务发展趋势相匹配的评价指标体系。启动新消费引领计划，开展商贸品牌创建活动，整合全市商业、会展、旅游、文化、体育活动资源，打造第二批会商旅文体联动平台和项目。拓展魔都消费卡覆盖面，发展伴手礼市场。推进特色商业街区建设，扩大离境退税定点商店数量，提高退税便利度。办好第十届上海购物节。

八、 推进生活性服务业精准化、品质化发展

编制“生活性服务业提质工程”实施方案，创建一批生活性服务品牌企业，增加社区服务网点布局。推进实施健康服务、养老服务、文化服务、旅游服务、体育服务等重大项目，支持以共建民营等方式鼓励社会资本进入养老服务业。实施家政服务、餐饮服务、美丽时尚服务、幸福婚庆服务等生活性服务业提质工程。推进“服务到家”计划，实施 2016 市政府实事项目，推动 30 家早餐示范门店进大型居住社区和社区，培训持证上岗家电维修人员 6 800 名。研究制订上海市贯彻落实国务院《关于加快融资租赁业发展的指导意见》的实施方案，促进融资租赁资产交易平台建设。推进自贸试验区典当、拍卖行政审批制度改革，形成可复制、可推广的经验向其他区县延伸。

第二篇

生活性服务业

第五章　商贸服务业

第一节　零售业发展态势

2015 年，上海经济形势严峻复杂，上海零售业在深化商业转型升级和消费促进带动等政策效应的推动下，以市场为导向，积极调整经营策略，创新业态发展和经营模式，在跨境电商、O2O 等新兴业态快速增长的带动下，零售额稳步增长，零售业实现健康有序发展。2015 年，上海零售市场消费品零售额达到 9 116.93 亿元，比 2014 年增长 8.3％。

一、　大型综合超市[①]

2015 年，上海大型综合超市实现销售额 669.5 亿元，其中上海市内零售额为 374.4 亿元。2015 年末，全市共有大型综合超市门店 206 家，比 2014 年末减少 1.9％。2015 年大型综合超市发展主要呈现以下特点。

1. 加速线上布局，构建全渠道模式

2015 年，大型综合超市顺应市场变化，积极挖掘消费者需求，努力构建全渠道零售模式。大型综合超市尝试以自营自建电商、与电商平台开放合作等多种方式构建“全渠道”模式。2015 年 6 月，大润发飞牛网上线“飞牛商城”，9 月上线了“环球购”，商品种类由实体店的二三万种商品，扩展到近 30 万种，大大提高了超市的客流量和销售额。2015 年 7 月沃尔玛完成对 1 号店的全资控股，完全拥有 1 号店在中国的电

① 数据来源：上海连锁经营协会。

子商务业务，实现线上和线下资源整合和优化配置，朝着全渠道方向发展。

2. 接入移动支付，助力 O2O 战略

2015 年，大型综合超市为迎合消费者需求，提升购物体验，提高经营效率，紧跟“互联网+”节奏，大面积接入移动支付。家乐福、华润万家、大润发等大型综合超市先后接入支付宝、微信等移动支付工具，并在此基础上推出多种趣味性十足的营销方案，在方便消费者的同时，也提升了客户的购物体验。2015 年，家乐福在上海、杭州、北京的所有门店正式接入支付宝支付，随后家乐福中国与微信支付在深圳宣布进行 O2O 战略合作，根据双方合作协议，家乐福智慧超市 5 月起在北京、上海、沈阳、成都、杭州、武汉、重庆等城市逐步上线，并逐渐覆盖家乐福全国 237 家门店。

3. 打造自有品牌，提高商品竞争力

2015 年，面对消费升级的大趋势，大型综合超市在探索新型经营模式的同时，着力打造和推进自有品牌发展，多渠道、全方位提高企业利润空间。2015 年，家乐福以“海外直采”的方式加大自有品牌商品的销售力度，并在生鲜产品领域推出自有品牌“家优鲜”。2015 年，大润发联合欧尚推出的日用百杂类自有品牌“FP 大拇指”、自创同名品牌 RT-MARt 和“润记”，商品涵盖米面粮油、锅碗瓢盆、清洁卫生、纸品洗护等各类家居生活必需品，并计划两年内将自有品牌销售占比从 8%提高到 10%。

二、 超市①

2015 年，上海标准超市实现销售额 206.9 亿元，其中上海市内零售额为 131.0 亿元。2015 年末，全市共有标准超市门店 2 262 家，比 2014 年末减少 6.2%。2015 年超市发展主要呈现以下特点。

1. 标准超市加速转型升级

2015 年，面对电商冲击、租金上涨、人工成本上升、消费者购物渠道多元化等不利因素，上海标准超市积极调整转型，采取跨界合作、增加自有品牌（自营商品）的比重等方式积极应对，取得初步成效。一方面，标准超市积极开展多渠道合作。联华超市、永辉超市联手打造中国零售“2.0 版”，内容涵盖联合采购、共享信息、共用数据、统配物流等，针对采购、物流和门店运营建设进行合作，共建供应链。农工商集团旗下的农工商超市与华为首度联手合作推出华为手机“扫码购”模式，与“菜鸟物流”展开深入合作，开启多元化 O2O 服务的尝试。另一方面，标准超市尝试打出“质量、包装、

① 数据来源：上海连锁经营协会。

营销”的组合拳，朝着“自有名牌”挺进。2015 年，屈臣氏自有品牌的洗护产品销售占比已经超过了 30%。

2. 进口食品超市延续扩张趋势

2015 年，上海进口食品超市门店继续扩张。上海外高桥进口商品直销中心在上海的门店数已经从一年前的 5 家扩张到近 20 家，扩张幅度达 4 倍。2014 年新进入进口食品超市领域的绿地集团，2015 年以自营的方式陆续开设“绿地全球商品直销中心”，到年末门店数也达到 5 家。华润万家旗下的 BLT' 和 OLE'，到年末已将门店数扩张到了 8 家。此外，上海城市超市拥有 13 家门店，新世纪食品城有 3 家门店，久光超市有 2 家门店，来自香港的 City' Super 公司有 3 家门店。据统计，目前上海地区主要的进口食品连锁超市已经增长到 50 多家，年增长率达到了 30%以上，门店已经覆盖了除崇明县外的各个行政区。

三、 便利店[①]

2015 年，上海便利店实现销售额 127.5 亿元，比 2014 年增长 8.7%。其中上海市内零售额 99.5 亿元，比 2014 年增长 6.8%。2015 年末，全市共有便利店门店 4 769 家，比 2014 年末减少 1.9%。2015 年便利店发展主要呈现以下特点。

1. 创新经营理念，打造主题化店铺

2015 年，上海便利店继续探索和创新经营模式，逐渐出现了一些个性化、主题化的开店模式。近几年，罗森便利店陆续在上海开设了以日本卡通角色为特色的主题店，比如奥特英雄主题店、轻松小熊主题店、新世纪福音战士 EVA 主题店、柯南主题店。2015 年 5 月，罗森携手美泰公司合作开设了以玩具“Barbie ©(芭比©)”为主角的主题化店铺。7-11 便利店也推出了“assam 阿萨姆 · 小奶茶”和“小茗同学”等两家主题特色店。

2. 探索经营模式，提供便民服务

2015 年，上海便利店加快经营调整步伐，持续探索新型经营模式。一是放开特许加盟，降低加盟门槛。上海农工商超市集团下的好德、可的、伍缘等便利店全面开放特许加盟，探索全新经营模式。好德、可的等便利店开放特许加盟免收加盟费，加盟者只需交付设计装修开业费，即可共享线上、线下资源。二是强强联合，提供便民增值服务。2015 年，好德、可的、伍缘等便利店与天猫等电商企业、三大电信运营商

---

① 数据来源：上海连锁经营协会。

以及中国银行等金融机构进行深入合作，先后推出网订店取、积分购物、手机充值、LBS定位推送等服务，实现了线上、线下消费的融合。

四、百货店①

根据上海市商务发展研究中心对全市58家重点百货店的销售监测显示，2015年，全市58家百货店实现零售额299.7亿元，2015年上海百货销售前20强排行见表5.1。

表5.1　2015年上海百货销售20强排行(单体)

排　名	企　业　名　称	零售额/亿元
1	第一八佰伴	46.12
2	上海新世界城	37.48
3	久光百货	23.34
4	第一百货商店	15.47
5	东方商厦徐汇店	10.43
6	汇金百货徐汇店	9.95
7	东方商厦中环店	9.69
8	置地广场	8.07
9	东方商厦奉贤店	7.78
10	太平洋百货徐汇店	6.76
11	永安百货	6.65
12	东方商厦南京东路店	6.54
13	上海高岛屋百货	5.47
14	上海六百	5.34
15	上海周浦万达百货	5.16
16	上海宝山万达百货	4.81
17	东方商厦青浦店	4.27
18	虹桥友谊商城	4.01
19	东方商厦杨浦店	3.58
20	浦商百货现代店	3.42

① 数据来源：上海市商务发展研究中心。

2015 年百货店发展主要呈现以下特点。

1. 借用大数据分析，探索精准营销

2015 年，在大数据、云计算技术逐渐成熟的背景下，上海百货店运用大数据进一步细分消费群体，了解消费者需求，提供更具针对性的服务，进一步探索精准营销。各大百货店运用自媒体运营、移动支付、网上商城、Wi-Fi 体验等各种方式，对营销、支付、渠道、服务等现有体系进行革新与完善。第一八佰伴开通停车库免取卡系统，设立自动缴费机、自动寻车系统；商场内增设电子互动屏 29 个，提供商场介绍和引导服务；收银手段由集中收银向专柜收银转化，新设 93 台电子收银系统可完成扫码支付、ok 卡、银联卡支付，可有效缓解大型活动时的收银压力。此外，许多百货店还通过设立微信公众号、建立网上商城、发放电子红包等方式搭建立体销售网络，促进全渠道融合发展。

2. 提升服务水平，增强 VIP 会员黏性

2015 年，上海百货店抓住自身优势，着力在服务方面下功夫，提高服务水平，延伸服务功能，深化服务内涵，以增强百货业核心竞争力。尤其是抓住 VIP 这一核心消费群体资源，通过创新、创意的活动，优质、全面的服务，不断增强会员黏性。通过微信与 APP 为用户提供店铺导航、活动推荐、路引指导、扫码停车、服务预约、排队区号和购物指南等丰富的线上功能；与第三方物流合作，提供快递服务；为老人、小孩、孕妇等弱势群体提供定制化的贴心服务。

3. 探索开展自营业务，加速转型升级

2015 年，上海百货店尝试对部分热卖品牌的品类和款式进行买断营销，参与商品的深度管理，向自营模式转型，从而寻求新的利润空间。在加大商品自营的同时，研发自有品牌也成为百货店规避同质化的有力武器。其中，上海高岛屋百货通过向自营模式转型，在销售上实现逆转，2015 年零售额比 2014 年增长 8.9%。

五、 购物中心[①]

2015 年，上海购物中心业态呈现加速扩张趋势，商场数量、商业面积、销售规模全面增长，并成为商业新理念、新模式、新品牌的孕育地和集聚地，有力推进跨界式消费，提升商业消费能级，领跑城市商业发展。2015 年末，全市共有 163 家购物中心，全年共计实现营业收入 1 288.6 亿元，比 2014 年增长 17.2%；剔除新开店因素，同口径

① 数据来源：上海市商务发展研究中心、上海购物中心协会。

增长5.4%。2015年购物中心发展主要呈现以下特点。

1. 规模持续扩大，新开购物中心数量上升

截至2015年年底，上海已开业购物中心总量达到163家，总营业面积882万平方米。其中，2015年新开24家购物中心，新开业数量创下历年新高。新建项目包括佛罗伦萨小镇、SOHO复兴广场、新邻生活站、虹桥天地、金山万达广场、大悦城二期等，改建项目包括浦东1088广场（原中融国际）、淮海755（东方商厦淮海店）、百盛优客城市广场（原百盛虹桥店）等。

2. 运用“互联网＋”，智能化改造趋势明显

2015年，为适应不断变化的市场环境，在“互联网＋”快速发展、顾客需求愈加精细的大背景下，购物中心除了在调整业态结构、提升服务品质、加强营销力度等方面下功夫外，也开始将商场智能化改进提升到重要位置。2015年，百联集团旗下购物中心开启数字化全新改造，停车场增加全视频管理、APP反向寻车、微信支付，电子屏实现互动、虚拟货架、电子橱窗等功能，VIP室部署ibeacon定位设备，门店设立网订店取接待点、POS机改造升级实现二维码扫描等功能。

3. 商旅文结合，主题体验活动揽客效应明显

2015年，商业与旅游、文化艺术的结合进一步成为购物中心增强消费体验和集客能力的重要途径。2015年，大悦城的“不可思议多肉主题展览”、K11的“CINEMATHEQUE影像馆”双个展、新天地的“不朽的凡·高”感映艺术大展等众多主题活动都吸引了大量消费者前往参观，并实现了可观的商场消费量，展现出商旅文结合的营销优势。2015年的圣诞—元旦营销季中，购物中心也积极地把主题展览和集会活动引入商场，如新天地的“2016新年倒计时”、金虹桥购物中心的“圣诞跨年集市”、南丰城携手迪士尼打造“冰雪奇缘梦幻城堡”等，都实现了商业销售和文化主题的结合，为消费者营造了别具一格、愉悦的消费场景。

案例1 爱情＋艺术＋时尚，开创购物中心新模式

——上海大悦城二期

上海大悦城购物中心二期于2015年12月19日开业。秉承大悦城一贯的年轻、潮流的品牌风格，大悦城二期根据中产青年族群的最新消费趋势进行产品升级。作为引领中国都市潮流风尚的上海青年族群，不仅关注流行文化，还洋溢着国际化、多元化的文艺精神，上海大悦城二期围绕青年族群的生活中心，紧扣爱情和时尚主题，将其体验演绎到了极致。

一、商业特色及创新

1. 屋顶摩天轮

有上海爱情地标之称的屋顶摩天轮是目前国内首个屋顶悬臂式摩天轮，直径50米，距离地面100米，共30个极具时尚感的轿厢，采用和伦敦眼相同的拉索技术，整体设计浪漫、轻盈、时尚。在购物中心高层设置摩天轮，有效地将客流向传统的弱势空间高层拉动，向下形成喷淋式动线，并对次高层提供充分的客流量。同时，摩天轮和轻艺术街区通过其文化效应，有效驱动客流的同时，辅之以摩天轮纪念品、衍生品、节日特别灯光方案等，创造摩天轮经济。

2. 后现代风格的艺术街区

大悦城力图打造后现代工业化风格的艺术街区，使顾客感觉瞬间穿越至另类空间，给顾客提供了最大限度、最丰富层次的消费体验，延长顾客的消费停留时间。用错层建筑，营造街区真实感的购物休闲圣地，与屋顶摩天轮呼应，配有全球最大30米幸福扩音器，这些都将使其成为未来沪上新青年的潮聚圣地。

3. 双首层概念

双首层就是在一层和三层设置活动区域，将三层作为第二首层，让四至六层有一种一至三层的感觉。双首层概念的采用，打破了传统商业模式，在将客流轻松导向高区的同时，也起到弱化次动线的作用，将主动线附近的店铺调整为中岛、开放式区域，打通顾客因主动线上的店铺遮挡而忽略次动线店铺的视线。

4. 趣味性连桥设计

受地块限制，上海大悦城一期（南楼）和二期（北楼）是两栋单体的体量，为了使体量适合未来的发展，上海大悦城利用空中连桥将南北楼连接，在体量增加的同时，整体看起来更加完整。同时，空中连桥上增加了一些趣味性设计，包括机械艺术装置、水景流沙艺术墙；屋顶加上艺术气质的绿色植物，做成空中花园，兼具功能性和观赏性，为城市中心增添了绿色空间。

5. 可呼吸的室内绿色生态系统

室内绿植墙体不仅占地面积少，而且能绿化美化环境、减少噪声、净化空气、调节温度，是一种超前的环保设计理念。整个上海大悦城室内都利用绿植设计出造型各异，高低错落，环境和谐的墙体造型。连廊空中花园及屋顶经过精心设计及培植，再装饰以墙顶适合植物生长的灯具，形成疏密有度、障透有序和高低错落的立体群落层次结构，为顾客提供惬意放松的购物体验。

二、业态组合及商业模式

1. 业态调整，满足多元化需求

上海大悦城的整体商业体量达16.3万平方米，业态组合和品牌梯队全面升级，打造更加舒适完整的主题购物中心，多业态组合引领城市中产的消费趋势。全新调整后的业态占比为：零售占比 50%，餐饮占比 31%，娱乐服务及其他占比 19%。高楼层的餐饮娱乐进行客单及客群的分层，并呼应 6 楼以下的零售业态，市场更加细分，覆盖面增广，满足不同客层需求。

同时，为了创造品牌差异化优势，提升品牌吸引力，上海大悦城积极引入国际知名精品时尚品牌，针对强化同类消费品的集合效应，营造购物氛围，如国内首家化妆品集合店伊势丹(ISETAN Beauty)，上海首家回转甜品店，全品类 MUJI 旗舰店，创意手办、手工体验店，西西弗书店等，通过这些店铺组合，打造个性化购物中心。

2. 智能购物，打造商业新模式

上海大悦城作为国内购物中心智慧购物的引领者，以大数据分析为基础，构建智能数据系统，营造消费者智慧支付体验，进而推进各个购物流程的智能化，全面提升消费者的购物体验。

首先，数据分析——通过调研，配合线上问卷，线下专访、沙龙，进行消费数据挖掘、社交数据挖掘、银联消费数据挖掘，并通过对消费者特征进行深层次的描写等，充分了解客户群，找到消费者的真正需求，挖掘消费者的个性化需求，为招商、推广、运营提供策略依据，最终提升消费者的购物体验。

其次，智能数据系统——包括数据手机上传、POS 销售数据抓取、客流系统以及人脸识别等技术，通过硬件或嵌入式软件的方式抓取并校验非大 POS 商铺的收银数据，为运营审核商铺销售提供依据，为购物中心在非大 POS 商铺进行水单营销提供硬件基础。

再次，消费者智慧支付体验——提供更多的移动支付通道，绑定会员第三方支付账号，实现通过手机号、第三方移动终端进行无卡积分，为消费者提供更便捷的积分方式；通过品牌信息展示、优惠信息推送，为购物中心引导顾客的消费轨迹。

未来，从进入购物中心的停车场开始，一直到购物行为的完成，都将是充满智能和方便便捷的过程。大悦城二期将有 2 400 个车位的超大型车库，通过车牌自动识别、车位准确引导、APP 线上支付、ATM 自助支付、反向寻车等手段，打造上海最具体验感的智能停车场。

六、 专业专卖店①

2015 年，上海连锁专业专卖店实现销售额 820.8 亿元，其中，上海市内零售额为

① 数据来源：上海连锁经营协会。

489.9 亿元。2015 年专业专卖店主要呈现以下特点。

1. 家电专业店发力海外购,深耕互联网布局

2015 年,上海家电专业店实现市内零售额 201 亿元,比上年增长 7%,继续保持稳定发展态势。家电专业店借助于新一代互联网技术,加速海外战略布局,深化"互联网+"进程。国美宣布与日本零售商 BIC CAMERA 达成战略合作,率先启动日本国家馆,在实体门店和国美在线同步上线海外购平台。苏宁易购上线"全球闪购"频道,全面升级海外购系统,并且开通 5 条国际运输线路,用于支持"全球闪购"商品的供应配送系统。

2. 书报专业店加速品牌升级,探索新型经营模式

2015 年,上海书报专业店实现市内零售额 11.8 亿元。面对电子商务冲击、消费者阅读习惯改变、租金成本上涨等不利因素,上海实体书店积极探索新型经营模式,谋求特色化、多元化发展,取得初步成效。2015 年,新华书店推出全新品牌"新华一城书集",定位 800～1 000 平方米的主力店,囊括图书销售、亲子阅读、咖啡休闲、文创产品等多种业态,并打通线上支付,方便读者消费。此外,不少实体书店选择进驻购物中心,如新天地的"言几又·今日阅读"、淮海 755 的无印良品书店"MUJI BOOKS"、越洋广场的"钟书阁"等凭借其文化含量、品牌效应、时尚环境,为购物中心吸引了客流。

案例 2　倡导质朴生活理念,打造零售主题新概念

——MUJI 全球最大旗舰店

"无印良品(MUJI)"创始于日本,其本意是"没有商标与优质"。产品注重纯朴、简洁、环保、以人为本等理念,在包装与产品设计上皆无品牌标志,因其倡导的自然、简约、质朴的生活方式备受品位人士推崇。

一、发展历史

1980 年,日本经历严重的能源危机,当时的消费者极力寻求物美价廉的商品,于是"无品牌"概念在此背景下孕育而生。木内正夫创办的"无印良品"公司向市场推出了第一批无品牌产品,这些产品包装简洁,成本低廉,所使用的口号是"物有所值"。

1983 年,无印良品在东京青山开设了第一家旗舰店。由于大受消费者的肯定,几年内在日本就拥有上百家专卖店。1991 年,无印良品在伦敦开设了第一家海外专卖店,此后陆续进入法国、瑞典、意大利、挪威、爱尔兰等国家,2005 年 7 月,其上海专卖店正式开业。

2015 年 12 月 12 日,全球最大旗舰店的无印良品 MUJI 上海淮海 755 旗舰店迎

来正式开业，面积达 3 438 平方米，分为上下三层，模块内容几乎涵盖了 MUJI 体系所有的项目和子品牌，还增加了新的空间模块。

二、商业特色

1. MUJI BOOKS 全方位生活提案

国内首家 MUJI BOOKS 是 MUJI 上海淮海 755 旗舰店的最大亮点之一。全店 3 万多本精选的书籍，以“衣、食、住、行、育、乐”六大主题展开，并且在每个楼层，MUJI 将书籍与商品一同“编辑”，在挑选商品的同时，顾客可以利用 MUJI 良品构想自己的生活，呈现丰富的提案。

2. Café & Meal MUJI 全透明厨房

上海淮海 755 旗舰的 Café & Meal MUJI 餐厅首次采用了全透明的厨房设计，顾客可以观看料理的整个制作过程。餐厅保持了 MUJI 一贯的“素之食”的概念，这里的“素”指的是食物最本真的味道，通过优选食材，以遵循本真的方式烹饪，少油、少糖、少盐，呈现食物的自然滋味。

3. Open MUJI 空间

国内首家“Open MUJI”，将作为品牌举办讲座、工坊、展览活动的主要区域，在每个周末带来不同的生活方式类活动，比方说邀请艺术家分享一些美好生活心得，找来手工匠人教顾客制作器具、小物件，将 MUJI 空间构筑成大家一起共同思考和感受美好生活的场合。

4. MUJI YOURSELF 个性空间

MUJI YOURSELF 为顾客提供个性化设计的空间，首次推出布面彩印，顾客可以根据自己的喜好为自己或家人定制个性 T 恤；或者在刺绣工坊，为刚买来的服装绣上名字或手绘图案；还可以在 MUJI 专属的礼品包装区再体验一把自己包装的乐趣，为顾客提供极致的购物体验。

5. IDÉE 创意家居

IDÉE 是一个特别发起的项目，将运输过程中产生瑕疵、污垢的无法销售的商品集合起来，通过精美的重新配备制造出产新的作品。IDÉE 将提供最有代表性的原创家具、在别处买不到的生活杂货和艺术作品，以及独创性的家居提案，营造出完美的居住空间。

6. Re MUJI 循环再生崇尚环保

Re MUJI 位于旗舰店一楼的服饰区域，此次导入 Re MUJI 商品群，是无印良品的推行衣物回收分支线，接收及转售客人的二手衣服，支持环保。MUJI 提出“旧衣重染＋中国蓝”的概念，将在从生产到销售最前线的过程中产生的可再利用的衣服，重染成蓝色，赋予其新生，体现了 MUJI 的不让资源无谓浪费的理念。

第二节　批发业发展态势

2015年,上海市实现商品销售总额93 406.6亿元,比2014年增长6.4%。其中,批发销售额84 361.4亿元,比2014年增长6.1%,增速比2014年回落5.7个百分点,增速持续放缓。

一、2015年发展概况

1. 行业总规模领先全国主要城市

2015年,在全国主要城市中,上海批发销售规模保持第一。与北京市相比,实现"两个超越一个好于":一是批发销售额绝对值超过北京2.38万亿元;二是批发销售额增速超过北京14.8个百分点;三是批发销售额增速回落幅度好于北京,上海批发销售额增速比2014年回落5.7个百分点,北京回落16.2个百分点,上海回落幅度低于北京10.5个百分点。

2. 生产资料批发增速放缓

2015年,生产资料批发行业共实现销售额4.9亿元,比2014年增长1.0%,远远低于主副食品、工业消费品18.2%和12.4%的增幅。受大宗商品价格持续低迷、有效需求不足等影响,2015年生产资料批发行业步入艰难的一年,拉低了商品销售总额增速。

3. 农产品批发市场现代化程度不断提高

随着第三代批发市场理念的不断完善,"互联网+批发市场"的建设步伐也在逐步提速。新技术与信息化的运用正不断改变上海农产品批发市场原有的运作模式。一是批发市场加强信息中心与电子结算中心建设,市场交易电子结算化率明显提升。二是批发市场重视安全管理,加大农副产品安全检测力度与投入,建立蔬菜检测中心和肉类卫检室,为农副产品流通把好安全关。三是食品安全可追溯系统逐渐完善,肉类、蔬菜、水产品、粮食的安全质量情况实现全程可追溯。四是批发市场相互间战略合作新模式逐步推进,如良友集团、江桥、上农批三方共同出资成立粮油电子竞价公司,江桥与亚细亚集团合作推进批发市场与标准化菜市场的对接,蔬菜集团与永辉超市成立集成电商功能的上蔬永辉等。

二、 2016年发展展望

2016年，上海将围绕“四个中心”和全球科技创新中心建设，以制度创新为支撑、流通技术为引擎，大力发展产业链上下打通、线上线下互为补充、国内国外互联互通、高端要素集聚融合的贸易主体，充分发挥批发业“服务全国、链接全球、上拓资源、下控渠道”的供应链整合能力。

1. 加快集聚培育贸易主体，创新市场制度规则

实施上海促进贸易型总部发展的相关政策，集聚一批具有采购、分拨、营销、结算、物流、品牌培育等功能的贸易主体。打破内外贸经营在赢利模式、结算方式、风险机制等方面的差别和阻隔，培育内外贸融合的大型贸易集团。推动有实力的批发企业通过参股、控股、联合、兼并等方式，跨行业、跨地区整合资源，实现资本扩张，形成若干“上控资源、下控网络”、具有影响力和控制力的批发领域服务集成商。实施品牌战略，继续鼓励老字号、知名商业服务品牌创新发展。充分发挥自贸试验区“试验田”的作用，加强对国际高标准贸易规则的研究，推动自贸试验区扩区后进一步扩大开放，完善准入前国民待遇加负面清单管理模式，在批发业领域推出一批制度创新举措，加快推进制度创新成果和经验率先在全市及长三角地区复制，并逐步推广至全国。

2. 大力发展平台经济

运用互联网、云计算等现代信息技术，全面整合产业链，融合价值链，推动实体商品交易市场转向商品、要素和服务更融合的“升级版”市场。大力发展面向国际的大宗商品、消费品、农产品等市场，促进第三方交易平台扩大规模、提升辐射力，鼓励各类市场和平台加强大数据开发应用向“云商”发展，培育形成一批千亿、万亿级规模的国际或区域性大市场、大平台。支持市场功能拓展，集成交易、金融、资讯、数据、物流等各类服务，促进批发与产业融合、现货与期货联动、国内与国际市场联接，实现全要素、全天候交易和全过程、全方位服务，进一步增强价格发现能力、资源配置能力和服务增值能力，持续提高“上海价格”和“上海指数”的定价权和影响力。

3. 利用互联网技术，推动高端要素集聚

加强物联网、云计算、大数据、全球定位系统、移动通信、电子标签等技术在批发领域的应用，大力推广应用先进管理技术和现代信息技术，提高市场资源配置能力，鼓励企业运用国际先进的供应链管理模型，搭建智慧供应链服务平台，实现流程再造和供应链优化，以技术进步带动批发效率大幅提升。通过建立顺应互联网金融、供应

链平台等新型业态发展的行业准入及监管机制，集聚人才、科技、金融、信息、品牌等国内外高端要素，推进批发业资本、商品、技术、人才、管理等全方位合作，促进批发业要素优化配置和产业整合。

案例3 立足创新发展，传统批发业触网升级

——上海有色金属交易中心

位于上海市中山北路2550号的上海有色金属交易中心，由百联集团核心企业上海物资贸易股份有限公司主办，其前身是成立于1999年的上海物贸有色金属交易市场。2013年在上海市商务委员会、普陀区政府、百联集团的支持下，批准更名为上海有色金属交易中心。

一、转型历程

过去十年，有色金属贸易的每个环节都经历过互联网化的过程。资金结算方面，银行的网银系统的升级加快了有色金属贸易资金流转速度；仓储交割方面，仓库的WMS系统信息化普及提高了有色金属贸易货物的安全性和流通速度；贸易环节方面，客户从电话交易转向互联网即时聊天工具询价、报价，拓展了有色金属贸易的渠道和效率。在互联网风潮下，上海有色金属交易中心抓住机遇，以有色金属供应链为抓手，互联网工具为手段，积极推动传统批发市场创新转型。

2003年推出"物贸有色市场网"，通过互联网将有色金属的价格传播到全国各地，成为全国首家通过互联网发布有色金属价格的企业。"物贸价格"成为各地有色金属贸易商定价的依据。

2006年提出"贸易要上网"打造网上交易平台的口号，经过3年的研发，于2009年推出第一款有色金属交易软件"物贸商务通"。"物贸商务通"翻开了有色金属贸易的新篇章，向客户提供报价、询价、成交、聊天等功能，是一款真正意义上的交易软件。

2012年推出"上海有色金属现货交易平台"，将供应链上金融、仓储环节也纳入互联网平台。该项目被纳入财政部、商务部"上海服务业综合试点"支持重点项目。

经过多年发展，上海有色金属交易中心（以下简称"交易中心"）已成为国内有色金属现货市场的龙头，连续10年蝉联"全国百强商品交易市场第一名"和"全国十大金属材料交易市场第一名"。

二、转型成果

1. 现货即期交易平台

是基于现货实物为基础，电子存户凭证为交易标的，采用期现联动报价方式，银

行资金管控、仓库货物认证，在线完成交易、结算、交割的现货交易平台。2013 年 9 月交易系统进入实战测试，2014 年 10 月开展试运营，截至 2014 年 12 月底完成 20 亿元的交易规模。

2. B2B 金属商城平台

主要针对有色金属初级加工产品，如铜丝、铜棒、铝棒、锌棒等产品销售而专门设计，通过电子商务手段实现现货交易。平台主推“找企业”“找服务”“找人脉”“找产品”等功能，使线下的企业逐渐适应网络商圈的模式，为有色金属初级加工产品找到一种新的贸易方式，提高效率。2014 年商城会员数 384 家，在线交易量 38 亿元。

3. 信息资讯平台

作为有色金属行业门户型网站，网站提供国内外宏观资讯、有色金属行业资讯、现货报价信息、现货价格指数、综合数据中心、有色金属企业黄页等服务，与英国汤森路透签订合作协议在其终端上发布现货价格和研究报告，供全球用户浏览。交易中心信息部团队研发的首个有色金属现货价格指数 SMEI，于 2014 年 3 月 18 日正式对外发布，填补了上海乃至华东地区有色金属现货价格指数的空白。自 SMEI 指数推出以来，得到了越来越多有色金属及期货相关机构的关注和认可，国际资讯平台每日发布 SMEI 指数最新数值，国内期货公司引用 SMEI 指数，作为评论的依据。

4. 仓单认证系统

平台创建了一套科学规范的仓单认证体系，通过完善的管理、得力的措施、明确的责任、严格的约束，从制度上保证了仓单的真实性和有效性，消除了仓单管理中存在的漏洞，对交割风险控制和市场规范发展起到了积极的作用。通过与全国著名仓储企业“中储股份”旗下 3 家仓库进行数据交换，采用专线连接方式，形成仓单管理系统，利用“电子存货凭证”保证仓单对应货物的真实性和安全性，也更好地为仓单融资服务提供有力的货权保证。目前交易中心合作仓库数量已经达到 5 家，未来将通过该系统引进全国各地的仓库作为交易平台的指定交割仓库。

5. 金融服务平台

金融服务平台与银行合作，推出仓单质押和订单质押两种融资模式，提供在线融资服务，开拓有色金属贸易融资渠道，有利于企业存货资产和资金周转。在线融资管理系统保障平台会员金融安全，解决中小企业融资难的问题，加快供应链运转，从而实现良好的经济效益和社会效益。目前交易中心与多家银行达成在线融资业务合作，金融服务的推出将缓解有色金属上下游企业的资金压力，提高有色金属贸易的活跃度。

三、发展趋势

未来，上海有色金属交易中心将在不断巩固现有市场地位的同时，继续创新交易模式，转变服务理念，立足国内市场，积极推进自贸区国际有色金属交易平台建设。交易中心于2015年1月20日向上海自贸区管委会申报了自贸区大宗商品平台项目，未来通过自贸区平台建设，实现关内关外平台互通，期货现货互通，争夺有色金属现货价格话语权，打造具有国际影响力的有色金属资源配置平台，实现交易规模上万亿的宏伟目标，助推上海自贸区和国际贸易中心建设。

第三节 餐饮业发展态势

上海2015年餐饮业市场规模为1 014.57亿元，比2014年增长14.2%。

一、2015年发展概况

1. 服务模式不断创新

2015年，在政策鼓励、消费升级、互联网技术等积极因素的推动下，餐饮业不断创新服务模式，更好地适应消费升级的需要。一是产品创新，如小南国通过全新的推广模式，开启了单品菜肴市场化运作的先河。二是消费方式创新，从经营餐饮消费品到经营餐饮消费群，餐饮经营者顺应消费水平的提升及消费观念的改变，为客群消费体验的提升而创新经营。三是智能服务创新，餐饮业继续延续向现代服务业升级的创新趋势，上海大部分餐厅已实现移动支付、无线覆盖，智能体验与餐厅融合的趋势日益明显。

2. 餐饮业与相关产业融合升华消费体验

2015年上海餐饮市场，多业态融合发展的特点尤为明显。餐饮与娱乐、影视、艺术、零售和旅游多样化结合，推动传统餐饮向现代餐饮转化。从旅游市场来看，据相关研究数据显示，在我国消费者旅游自由行中，无论是境外旅游，还是境内旅游，餐饮消费的比重均呈上升趋势，2015年提升幅度高达5%左右，体现了餐饮消费与旅游消费联动发展的趋势。从零售市场来看，近几年，餐饮业态逐渐向购物中心集聚，对购物中心的客流和销售额的增长起到了较大的拉动作用。据上海市商务发展研究中心监测数据显示，2015年餐饮业态营收占购物中心营收的比重已超过20%。

二、2016年发展展望

2016年，受上海迪士尼乐园正式开放、“营改增”全面实施等因素影响，上海餐饮业将呈现"总量增长，总体繁荣，总趋提升"的态势。2016年上海餐饮市场将呈现以下发展趋势：一是大众化主导多元化，引领小业态、小门店创新拓展。二是大数据推动餐饮业实现智能化管理，促进餐饮资源配置优化，智能餐厅成为餐饮业新趋势。三是资本加速渗透餐饮企业，从营运模式到运作机制，从产品、服务到品牌、商标，呈现创新性、颠覆性的变革。四是餐饮企业将朝着生态化方向发展，符合"食品安全、低碳环保、诚信经营"三大标准的"绿色餐厅"将成为上海餐饮市场的新亮点。

案例4 坚持品牌化标准化发展，树立中式早餐连锁标杆

——上海中饮食品集团有限公司

一、发展历程

上海中饮食品集团有限公司位于上海市松江区，以食品制造及连锁餐饮运营为主要业务。自集团创始人刘会平2003年在上海创立"巴比"馒头品牌以来，经过多年对早餐市场的专注经营，集团已成为中国早餐市场著名企业，拥有上海规模最大的早餐食品加工中心。

上海中饮食品集团有限公司(以下简称"中饮集团")旗下核心品牌"巴比"，于2003年3月3日在上海黄浦区江西中路267号创立，品牌创立之初为"巴比馒头"，专注包子、馒头为主的早餐专卖店。自2004年开始发展连锁经营，网点从最初上海一家门店，遍布到江苏、浙江、广东等几十余座城市。截至2015年底，在长三角、珠三角拥有超过1 800家门店，全品牌销售额近18亿元，具有很高的知名度和市场占有率。

公司连续多年荣获"中国餐饮百强""松江区先进企业"称号、2011年商务部"早餐示范工程"承建单位、2012年和2013年上海市"早餐工程先进单位"、2013年"上海市著名商标"称号、2014年荣获"上海市名牌企业"和"农业产业化"称号。

二、商业模式创新及优势

1. 商业模式

公司秉承"品牌化、专业化、规模化、标准化"的经营理念，坚持以"工业化生产、生冷链配送、门店连锁化销售、团体供餐为一体"的商业模式，以"品牌、服务、质量"为先导，以科技创新为动力，全心为广大市民提供美味、新鲜、健康、安全的早餐食品。从直营店铺起步，自2004年开始发展特许经营加盟业务，企业规模开始步入快速增长期。通过十多年务实经营，在社会各界的支持与帮助下，取得了可喜的经营业绩，成为行业翘楚。

巴比馒头潜移默化地推动了中国早餐行业的规范发展，彻底颠覆过去夫妻早餐

店的“脏、乱、差”形象，以实际行动成为行业标杆，引领整个行业向集中化生产、连锁化销售、品牌化经营的方向发展，让市民方便快捷地享受价廉物美、安全放心的早餐。

2. 发展优势

(1) 中央厨房始终是公司发展的核心。中饮集团相继投入4.5亿元，分别在上海、广州建设现代化的全透明中式面点生产中心及物流中心，形成比较成熟的、可复制的品牌连锁管理体系、中式面点工业化生产管理体系，通过可视化全天候生产流程监控与严格的营运操作标准，确保食品从田间到餐桌的安全放心。

(2) 信息化建设步伐加快。公司投入数千万元，导入世界顶级SAP管理系统，完成企业信息化一期建设，使企业由原来的人工管理逐步向信息化管理转变，为企业快速发展夯实基础。

(3) 电商平台应运而生。为适应消费习惯的改变，公司投入数千万元，打造专业电商团队，自主开发移动终端电商平台，使消费者体验线上订单、支付，线下验证、收货等服务，建立起强大的会员体系，为未来的业务拓展了巨大潜力。

(4) 产品结构丰富扩展。公司的产品从最初的包子馒头等单一早餐食品，逐步延伸至馅饼、油条、粥、饮品、特色点心等，使公司早餐食品更加丰富。公司推出预包装系列面点食品、卡通系列面点、养生系列产品等，多样化的产品满足了不同年龄层次顾客的需求。

(5) 门店形象升级优化。公司的巴比终端门店形象不断优化，公司从一代店、二代店的升级，到现在的三代店形象，更加体现时尚、亲民。

(6) 销售渠道多元化。公司的产品销售从原来的专卖店销售，逐步涉足团餐销售。目前为上百家医院、学校、工矿、企事业单位食堂供餐，同时给众多餐饮连锁企业、便利店定制产品。公司除了自建电商销售平台，还在天猫、京东、1号店等知名电商平台上开设网店，消费者可以在平台上订购公司的产品，享受送到家的服务。公司基本形成了“工业化生产、全冷链配送、线上线下全渠道销售、团体供餐为一体”的商业模式。同时解决上万人就业，帮助数千人成功创业，带动上游初级农产品行业稳步增收发展，有效促进本地农业产业化的进程。

三、未来发展

随着全球经济一体化的发展，大量面包、汉堡等西式食品遍布全中国，同时也在影响着国人的饮食习惯。在传统美食文化渐弱的今天，巴比深知自身肩负的重担，也更加明确了“与世界分享中华美食”的远大使命，“成为中式面点世界第一品牌”的奋斗愿景。

未来，中饮集团将围绕“品牌化、专业化、规模化、标准化”经营方针，力争至2018

年末，将中饮建成拥有一个中国第一品牌的早餐连锁企业和一个国内知名的中式面点制造企业，具备较强核心竞争力的现代化大中型食品集团公司。具体目标如下。

一是打造中国第一品牌的早餐连锁企业。中饮集团努力将“巴比”馒头打造成为中国早餐第一品牌，品牌销售网络覆盖长三角、珠三角、环渤海经济圈，积极探索和开拓海外市场，向海外进军。

二是打造世界著名中式面点制造企业。公司将着力完善产品规划，适度推出预包装食品，不断追求产品推陈出新，丰富门店产品结构，提炼中式面点制造技术，发扬中式面点制造精华。拓宽产品销售渠道，强化学校、医院、大型制造企业等团体客户的销售。

三是搭建中饮食品电子商务交易平台（B2C＋B2B＋O2O）。公司延伸自身业务模式，借助线下实体门店的渠道网点和既有的仓储系统，充分发挥冷链物流的优势，发展网上商城业务，销售公司制造基地生产的所有产品。

第六章　其他生活性服务业

一、 家庭服务业发展态势

随着家庭小型化、人口老龄化、生活现代化和服务社会化，家政服务业已成为上海城市生活不可或缺的重要组成部分，在满足民需、增加就业、改善生活等方面发挥着积极作用。

（一）2015年发展概况

2015年，上海家庭服务业行业规模快速扩大。年末注册登记的家政服务机构为2 392家，实际经营726家，法人企业营业面积41.6万平方米，比2014年增长5.4%。2015年，抽样调查的438家家庭服务业企业增长显著，全年实现营业收入4.23亿元，比2014年增长17.8%；2015年末资产总规模6.13亿元，比2014年增长17.4%。

2015年，上海家庭服务业发展呈现细分化、专业化趋势。随着居民服务消费的持续升温，家庭服务业的服务对象范围不断扩展，服务内容不断丰富。家庭服务业的服务对象已从过往的高收入家庭为主，转变为中等收入家庭为主。家政服务的内容已从过往的日常家务料理为主，转变为涵盖日常家务料理、母婴护理、照看孩子、陪护老人、医院和家庭病床陪护、高级管家等诸多方面。高端涉外家政服务的逐步兴起也满足了一大批境外来沪人士的家庭服务需求。雇主对家庭服务业的满意度也在不断提升，有超过半数的家庭对家庭服务业的满意度较高。

2015年，上海家庭服务业吸纳就业快速增加。据上海市家庭服务业协会估算，2015年末家庭服务业从业人员突破80万人，比2014年增长40%以上。主要特点：一是呈现年轻化趋势，30～40岁的占36%，40～50岁的占49%。二是人员素质仍然不高，未受过正规教育的占 7%，初中及以下文化程度的占 81%，高中以上的占 12%。三是地域分布以外省市为主，95%是外省市进沪的务工人员，上海本地从业人员不到 5%；四是收入进一步提高，10%以上从业人员月收入已经超过 5 000 元。

2015 年，上海研究制订《关于本市加强家政服务业管理体系建设的实施意见》，结合上海发展实际，借鉴香港、纽约等地家政服务业的管理经验，坚持“市场主导、政府引导、强化管理、规范提升”的建设原则，围绕从业人员登记管理、服务机构规范管理、政府强化行业监管的 3 个环节，提升从业人员职业化、服务机构规范化、政府服务信息化、行业发展产业化水平，构建与国际化大都市发展相适应的家政服务业管理体系。

2015 年，上海启动制订上海家政服务业标准规范。以政府购买服务的形式，委托上海市家庭服务业协会，启动制订上海地方的“家政服务业标准规范”，从源头上规范行业建设。项目内容为三类标准八类规范。三类标准为：上海家政服务行业服务全过程溯源标准、上海家政服务业（服务机构、从业人员）从业标准。八类规范为：家政服务业从业人员行为规范，家政服务业服务机构（员工制、中介制、服务交易平台）经营管理规范，家政服务业行业自律规范，母婴护理、养老护理、育婴师、催乳师、家政服务员等专业服务规范。

（二）2016 年发展重点

2016 年，上海将进一步规范发展家庭服务业，重点发展家政、社区照护等服务，满足家庭基本需求，逐步构建以准员工制企业为主导、从业人员注册制为主体、公共信息服务平台为载体的家政服务体系。重点围绕以下方面展开：一是完善家政服务信息平台功能，逐步实现上海家政行业大数据管理。优化上海家政公共管理平台，提升上海家政公共服务网、上海家政微信公众号的服务功能，启动沪家政移动 APP，开通家政从业人员在线自助注册登记、签注功能，完善家政工作从信息化管理到信息化服务的转变。二是全面推进家政从业人员登记注册制度，扩大家政从业人员登记注册覆盖率。继续研究和创新登记注册工作的新思路和新方法，重点将非组织化家政从业人员纳入登记注册。三是夯实家政从业人员登记注册工作，深化注册制工作的有效性和延续性。研究和制订登记注册家政从业人员签注（家政卡年检）相关操作流程和办法，方便家政从业人员网上办理签注；继续研究和制订与家政从业人员登记注册相关的配套政策和措施。四是加强示范性家政服务站的监管。健全评估督察制度，进一步完善创建有目标、评估有标准、督察有内容的标准化、规范化评价体系。引导家政企业依法经营，诚信服务。五是规范家政服务行业的标准化建设。推广使用家政服务标准，进一步落实“准员工制”管理模式，加强家政从业人员职业技能培训，定期发布家政从业人员收入薪酬指导价，提升家政行业规范化和从业人员职业化水平。

二、 家电维修业发展态势

受家电市场逐步进入更新周期影响，上海家电维修服务业经营效益有所提高，各企业积极实施创新战略，以调整市场格局为抓手，从追求规模转向追求效益，走出了一条适合上海实际情况的发展之路。

（一）2015年发展概况

2015年，上海家电维修服务业实现营业收入约19.2亿元，其中，维修业务实现营业收入约4.6亿元，安装业务实现营业收入约5.5亿元，销售业务（含配件销售、新机销售及附加品种销售）实现营业收入约9.1亿元。行业转型发展取得一定成果，全年效益整体上升。2015年上海家电维修服务业实现利润约2.95亿元，利润率为15.3%，比2014年明显上升。其中手机、空调和小家电维修企业利润均有较大幅度增长。

2015年末，上海家电维修服务业共有服务企业约2 150家，与2014年相比减少140家。从业人员总数略有下降，为16 800人左右。2015年上海家电维修服务业仍处于“小、散”状态，小规模经营企业仍是行业的经营主体。其中，年营业收入超过1 000万元的企业仍只有30多家，占比仅为2%不到，而年营业收入低于100万元的则高达1 800余家，占比高达83.7%。

2015年是上海家电维修服务行业信息化系统发展较快的一年。各大家电维修企业纷纷升级转型，从开源节流，加快服务响应速度的实际出发，开发使用较先进的信息平台，开展电子商务，打通线上销售环节。如上海百电通生活服务有限公司推出“家电管家维修公共平台”项目，通过软件升级和呼叫座席双重扩容，使日服务量保持在2 000单左右，在提高服务水平同时实现了销售额的增长。2015年，上海还涌现了一批网络家电服务平台，如“一站通”“一修哥”“小邻通”等，增加了市场活力。

（二）2016年发展重点

2016年，上海家电维修业将进一步推动规范化、标准化、提升化发展。一是积极调整服务模式。从原来的单一维修模式向以修带卖、以卖促修的综合性经营模式转变,形成服务集成商的经营格局,促进一些大维修企业从单一的家电维修商向居家服务提供商转变,为消费者居家生活提供全方位、立体式的服务。二是尽快实施服务产业化。以市场的力量,使上游的生产企业和下游的服务企业形成一种合力,以市场需求来调节生产和销售、服务之间的利益分配,打造产业资本和服务资本一体化的服务产业。这其中更多地依靠产业资本重新诠释服务理念和服务规则,有助于促进服务商成为服务产业化中的主力军之一。三是建立行业资源调配机制。在行业协会的推动下,建立行业内部资源共享的零配件调剂平台、服务项目、合作平台、异业合作联盟等多种类型的内联外合的资源调配机制,使单个企业在这种合作平台上共享资源,从而起到节约资金和人力成本,扩大盈利空间的作用。

三、 美容美发业

2015 年,上海美容美发业继续保持平稳发展态势,为服务民生、促进消费做出了重要贡献。2015 年末,上海美容美发业共有 2 万多家门店,35 万从业人员。主要发展特点:一是美容企业占比较高、效益较好。上海美发美容行业协会统计的企业中,87.3%为美容企业;2015 年行业平均利润率为 1.2%,其中美容企业利润率达 2.7%。二是行业缺乏高技能人才,专业化程度不高。美容美发从业人员,主要来自外省市初中毕业的务工人员,员工综合素质不高。三是行业规范化程度不高。部分企业不按《商业预付卡管理细则》要求备案,甚至为追求短期利益超量售卡,消费者投诉居高不下,造成不良社会影响。

2016 年,上海美发美容行业协会将为推动行业的健康有序发展,将上海打造成国际时尚之都,做出新的贡献。一是开展课题调研,研究互联网和传统服务行业相结合的问题,出台网络经济发展的指导性意见。二是增强行业协会实力,充分发挥行业协会的作用,协作搭建行业管理新模式。

四、 洗染业

2015 年,上海洗染业保持平稳发展,全年营业收入约 12 亿元,年末从业人员约 10 万人。主要发展特点:一是互联网 O2O 洗衣服务平台发展迅速,涌现出 e 袋洗、泰迪、衣贝洁、象王、干洗客等众多服务平台,并与线下传统洗衣店建立起线上收线下洗的 O2O 互动创新模式。二是产业链整合迈出新的一步。2015 年底干洗连锁加盟品牌“赛维”和互联网 O2O 洗衣生态服务平台“懒到家”宣告合并,实现了从专业技术、原料、设备、耗材等上游供应，到中央干洗工厂、干洗加盟连锁终端、物流配送体系、互联网干洗服务平台，以及供应链金融服务的全面整合，最终构成线上线下全产业链干洗生态服务系统，为用户提供快速、专业、安全的洗衣服务及优质的用户体验。三是行业整体获利水平不高。上海洗染业企业仍存在规模小、设备陈旧、员工文化程度和技术水平偏低等问题，近几年随着企业用工成本逐年增加，能源费用增长幅度大，原材料价格连年上涨等因素，整个行业利润总额增长缓慢，企业新开门店、设备改造、扩大再生产能力普遍不足。

2016 年，上海洗染业主要发展趋势：一是绿色洗涤成为行业发展新趋势，更多企业采用绿色洗涤原料，进一步减少对环境的影响。二是行业标准化规范化建设加快推进，通过深化行业标准宣贯工作，优化行业发展环境，促进行业有序发展。三是加强品牌建设，广泛征询社会各界意见，推出新一轮上海洗染业十大优秀品牌企业，树立行业排头兵形象，推动整个行业品牌建设。四是创新服务模式，面向移动终端，开展定洗服务，满足消费者个性化洗涤需求。

五、 沐浴业

2015 年，上海沐浴业保持健康、平稳发展，大型综合性浴场处在积极调整中，大众便民浴室持续减少，足浴行业规模有所扩大，品牌效应开始凸现。主要发展特点：一是营业收入保持稳定。2015 年上海沐浴业的营业收入为 210 亿元，与 2014 年持平，其中浴场(室)为 75 亿元左右，占营业收入总额的 36%；足浴为 85 亿元，占营业收入总额的 40%；SPA 会所为 50 亿元，占营业收入总额的 24%。整个行业进入微利时期，平均利润率在 3%左右。二是行业现代化程度有所提高。2015 年，上海大型综合性浴场、连锁型的足浴企业及 SPA 会所的管理趋于规范，已基本实现电子化管理。2015 年全行业税收超过 13 亿元。

2016 年，上海沐浴业主要发展趋势：一是综合性浴场由于业态陈旧、市场饱和等原因，数量还会进一步减少，未来将加快对原有设施的必要改造，增设韩式汗蒸及日式温泉等经营项目。二是大众便民浴室在市中心的数量会逐年减少，市郊会基本维持在原有数量。三是足浴具有保健养生功能，市场欢迎度较高，足浴保健企业在数量上仍将有所增加，连锁规模会有所发展。四是 SPA 会所稳步发展。SPA 会所是在综合性浴场基础上转型发展的业态，兼有沐浴功能、餐饮服务，同综合性浴场相比，它更注重休闲和保健养生功能，环境更舒适、更幽静，私密性更强，服务技师一般都经过严格培训，综合素质较高。

六、人像摄影业

2015 年，上海人像摄影业保持稳定发展，全年营业收入超过 9 亿元，年末共有法人单位 561 家，从业人数 4 695 人，保持稳定增长态势。主要发展特点：一是商业模式积极创新。2015 年，上海人像摄影业已全面步入“互联网＋”时代，从简单的照片冲印和网络营销向全方位整合摄像师、摄影棚、外景地，集成在线下单，在线修片，在线支付等全方位 O2O 服务平台方向发展，呈现出从业人员个体化、品牌个人化、资源平台化、流程开放化等新趋势，更好地满足居民个性化、多样化的精神文化需求。二是深化应用高新技术。包括新型摄影器材和冲印技术，如激光照排技术、电子分色技术、电脑设计和印刷技术都有新突破。

2016 年，上海人像摄影业主要发展趋势：一是市场竞争日趋激烈。人像摄影服务具有低频次高单价典型特征，淡旺季市场需求波动大、服务链条长，加上人工成本、店面租金和营销成本的增加，市场竞争更趋激烈，利润水平进一步下降。二是行业诚信水平有望提升。随着人像摄影行业标准逐步健全，标准宣传贯彻进一步落实，市场规范程度有望进一步提高，消费者权益得到更好保护。

第七章　生活性服务业创新与发展

第一节　上海国内贸易流通体制改革发展综合试点

为贯彻落实《国务院办公厅关于同意在上海等 9 个城市开展国内贸易流通体制改革发展综合试点的复函》(国办函〔2015〕88 号)、《国务院关于推进国内贸易流通现代化建设法治化营商环境的意见》(国发〔2015〕49 号)及国务院全国推进内贸流通现代化电视电话会议精神，结合"十三五"规划编制要求，上海积极推进国内贸易流通体制改革发展综合试点，创新流通发展模式，建立适应大流通、大市场发展需要的新型流通管理体制，营造法治化营商环境。

截至 2015 年末，试点推进主要情况如下。

结合实施《上海市推进国际贸易中心建设条例》和《中国(上海)自由贸易试验区条例》等，坚持以法治化营商环境为主线，以制度建设为核心，推动建立"市场决定、政府有为、社会协同"三位一体的现代流通治理模式。积极贯彻"创新、协调、绿色、开放、共享"的发展理念，全力推动国际贸易中心建设，打造国际消费城市。全面推进 37 项改革发展工作任务，目前已完成 6 项，基本完成 18 项。先后制定发布各类促进流通业发展的制度 37 项，其中 23 项为国内首发。

试点以来，通过调研发现当前流通发展进入互联网时代的"四大特点"，一是生产资料、生活资料都已实现"买全球、卖全球"，二是基于互联网信息已基本实现对称，三是流通的价值不再依赖于赚取差价，而是来源于服务，四是内贸流通领域由于诚信缺失导致交易成本居高不下等问题依然突出。为此，上海明确将构建商务信用体系作为制度建设的首要任务，并围绕这一核心，形成现代流通治理模式的基本框架。并基于此，开展两个层面的探索，一是在法规、标准、治理模式等方面，率先探索形成一批在全国可复制、可推广的经验和模式；二是在流通开放创新的制度体系方面，抓住上海自贸试验区建设契机，着重解决上海国际贸易中心现代市场体系建设和国际消费城市建设中需要突破的政策和机制问题。

一、以政策和机制引导为动力，推动形成有利于流通开放创新的制度体系

针对流通发展所面临的新情况，注重加强政策引导，努力完善促进内贸流通创新发展的体制机制，推动流通业与产业融合发展，加快内外贸联动，实现商品、要素和服务的融合。

1. 推动形成统一开放大市场

制订平台经济、总部经济指导意见，打造市场“升级版”出台《关于上海加快推动平台经济发展的指导意见》《上海市鼓励企业设立服务全国面向世界的贸易型总部若干意见》和《上海市鼓励跨国公司设立地区总部的规定》，推进浦东、宝山、长宁、普陀、虹口等区建设“平台经济发展示范区”，集聚高能级的贸易型总部企业。2015 年，上海市平台交易规模保持两位数增长，超过 60%的买家和卖家为长三角企业。建立合作机制，拓展市场“区域版”。发起建立长三角区域市场一体化合作机制，推动规则体系共建、创新模式共推、市场监管共治、流通设施互联、市场信息互通、信用体系互认。在物流标准化、农产品流通、商品市场转型升级和“双打”等领域，与长三角各省市加强对接。借助现代服务业综合试点契机，上海已经在汽车、钢铁、有色、石化、天然气、食品、医药、物流资源、生活服务等领域，培育了一批服务、辐射长三角及全国市场的功能性平台，有色、石化、钢铁行业现货贸易额已经分别占全国的 60%、20%和 15%。对接自贸试验区建设，链接市场“国际版”。发布《中国(上海)自由贸易试验区大宗商品现货市场交易管理规定》和《中国(上海)自由贸易试验区大宗商品现货市场交易管理规则(试行)》等，引入社会化评审委员会机制，建立大宗商品市场监督体制，成立大宗商品现货市场联席会商机制，10 家大宗商品现货市场建设方案通过评审，其中 6 家已上线运营开展大宗商品现货保税交易，实现交易标的、交易参与方和交易价格的国际化。

2. 引导激活消费需求升级

颁布推进商业转型升级系列政策出台《关于加快上海商业转型升级提高商业综合竞争力的若干意见》，确定商业转型升级重点项目 63 项，涉及投资额 392 亿元。发布《上海市商业网点布局规划(2014—2020 年)》，引导大型商业网点有序建设、差异化

发展。制订《上海市城市更新实施办法》，完善商圈老旧商业建筑改造更新政策。截至2015年底，上海市逾10个重点商圈陆续启动基础设施改造升级项目。加快推进自主品牌建设。根据《本市加强品牌建设的若干意见》，设立加快自主品牌建设专项资金，推动上海成为老字号的重要聚集地，加快自主品牌“走出去”步伐。推进“上海国际时尚之都示范区”建设，黄浦区率先发布区域时尚产业创新发展规划。依托中英高级别人文交流机制，引导时尚产业转型，打造具有全球影响力的上海时装周。建立“会商旅文体”联动发展机制。市商务、旅游、文广影视和体育部门签署《加强会商旅文体联动发展的合作框架协议》，合力打造22个联动示范项目。发行“魔都消费卡”，集聚具有代表性的商旅文体资源，挖掘来沪消费者的需求。推进消费国际化。出台《关于促进本市跨境电子商务发展的若干意见》和《本市跨境电子商务示范园区认定办法》，推动跨境电商规范化、产业化和规模化发展。截至2015年11月中旬，上海跨境电商公共服务平台累计进口货值突破3.5亿元。贯彻落实境外旅客购物离境退税政策，逐步增加离境退税网点数量，提升退税便利度。截至2015年底，首批27家定点退税商店完成开单数逾3 000单，已离境退税额130万元，全市退税商店数量已达182家。完善“四位一体”的社区商业服务体系。打造15分钟社区生活服务圈，推动建立集社区事务受理、社区文化活动中心、社区卫生服务中心和社区商业中心的服务体系。出台《关于促进本市生活性服务业发展的若干意见》，建立部门联合、市区联手推进机制。截至2015年底，全市改造标准化菜市场960余个，开设社区智慧微菜场逾400家，建成早餐示范工程中心厨房24个，供应全市80%的早餐供应点。已有50个社区成为市级社区商业示范社区，17个成为国家级社区商业示范社区，社区商业销售规模占全市社会消费品零售总额超过50%。

3. 促进流通业先进技术应用创新

以电子商务示范工程推动流通业先进技术应用。积极创建国家及市级两级电子商务示范基地和示范企业，推动产业转型升级。目前上海市共有国家示范基地4家，市级示范园区7家，国家级电子商务示范企业12家，市级示范企业35家。发挥自贸试验区集聚全球商贸企业电子商务总部政策效用。吸引全球商贸企业电子商务总部在上海加速集聚，麦德龙、家乐福等已在自贸试验区设立全球或亚太电商及跨境电商总部、沃尔玛全资收购1号店、谷歌在上海建设创新体验中心项目。创新流通发展支持方式。试点将过去的补贴资金支持，转为发展引导基金支持，探索以光明、百联集团等企业发展基金为基础，研究制订流通创新发展引导基金方案，重点支持物联网和供应链管理技术应用等先进技术的研发应用。培育发展新型行业组织推进新技术应用。支持成立供应链管理协会，借鉴国际先进的管理技术，布局一批供应链管理技术应用重点项目，实现流通企业组织创新。

4. 创新流通基础设施发展模式

完善智慧物流配送三级服务网络。集成现代服务业相关政策，加快区域分拨中心建设，重点支持28个现代化配送中心建设，填补现有物流设施空白，百联集团20万平方米全温带共同配送中心和京东、顺丰等的电子商务区域分拨中心的建成，满足了华东地区的物流配送需求。推进专业配送中心建设，积极推动物流技术装备升级，在食品冷链、医药、化工、汽车等行业建成一批具有行业引领性、示范性的专业化配送中心。盘活现有的物流网络，支持购物网站、快递企业等与便利店开展合作，提供全天候的“网订店取(送)”服务，开展配送储物柜设立试点，逐步实现城市末端配送社会化。建设公益性农产品批发市场。牵头做好西郊国际农产品交易中心规划调整的顶层设计，明确西郊国际农产品交易中心作为上海市规划建设的主中心批发市场，建成现代化、国际化的生鲜配送体系，成为全市农产品集散枢纽。

二、 以标准与法规建设为重点，推动建立覆盖流通全过程的市场规则体系

为适应流通新业态、新模式的发展，立足发挥自贸试验区改革溢出效应，以国家物流标准化试点为契机，努力建设适应内贸流通创新发展的市场规则体系。

1. 改革市场准入制度和退出机制

探索建立国内贸易负面清单管理模式。贯彻落实国务院《关于实行市场准入负面清单制度的意见》，围绕“批发和零售业”“住宿和餐饮业”“居民服务、修理和其他服务业”，以及与商品流通关联度密切的专业服务等行业，梳理相关法规规章，初步形成涉及19个行业小类内贸流通领域市场准入负面清单。围绕事中事后监管，汇编形成涉及58个行业小类的上海内贸流通领域与企业经营相关的行政管理目录。开展行政事项清理并发布行政权力和责任清单。按照有权必有责的原则，针对134项内贸流通领域行政权力事项，依照行使程序和实体性规范，逐项明确不履行或者不正确履行法定职责的具体行为、责任形式、追究情形、追究幅度等，并对外发布行政权力清单和行政责任清单。深化商事制度改革。全面实行营业执照、组织机构代码证和税务登记证“三证合一、一照一码”登记制度。推进“先照后证”试点，制定全市“先照后证”审批事项目录，并在浦东新区推进“证照分离”改革试点。在浦东新区、自贸试验区试点市场主体简易注销程序，以“便捷高效、公开透明、控制风险”为基本原则，进一步完善市场退出机制，目前已受理企业公示简易注销96户。

2. 加强商贸流通标准化建设

牵头成立全国城市标准化创新联盟。会同其他 8 个试点城市成立全国城市标准化创新联盟，搭建城市间标准化合作交流的平台。与江苏、浙江联合举办“长三角标准化研讨会”，在地方标准共享互认、团体标准合作共赢等方面形成新的合作亮点。率先试点“政府倡导、市场引导、行业主导、专业指导”的团体标准地方培育发展新模式，先后推出了电子商务、数字化营销等两批 20 余项团体标准，研究制订地方关于促进团体标准发展指导意见。积极推动国家物流标准化试点。聚焦快消品、农产品两大领域，以“一块板、一辆车、一个筐、一个平台”为载体，推进以托盘社会化循环共用为重点的物流标准化体系。目前，标准化托盘循环共用体系基本形成，上海标准托盘池新增标准托盘 250 多万个，快消品领域试点企业联合供应链上下游供应商实施带板运输、托盘共用，供应链效率提升 35%，装卸效率提升 2～3 倍，人工成本降低 15%，商品破损率降低 50%。农产品全流程物流包装标准化体系雏形初现，通过周转箱和标准化托盘的应用，形成了豆制品和生鲜农产品从生产到销售配送的全过程冷链化。上海国家级医药物流服务业标准化试点项目和司法鉴定技术与服务标准，通过国家评估验收。率先推行企业标准自我公开声明制度。制订出台《上海市企业产品标准自我声明公开和监督管理试行办法》。完善企业产品标准自我声明公开公共服务平台，截至 2015 年底，共有 2 052 家企业 8 387 个企业产品和服务标准通过平台完成自我声明公开。开通了“企标掌上查”公众微信系统，为建立完善上海企业标准公开制度、引导消费和畅通社会监督渠道奠定了基础。

3. 健全流通关键领域法规规章

出台《上海市食品安全信息追溯管理办法》，公布 2015 年版上海市食品安全信息追溯管理品种目录，明确政府各相关部门的职责，落实了食品和食用农产品生产经营者信息追溯的主体责任，强调了执法监督和消费者的知情权保护。研究制订关于《国务院关于进一步促进展览业改革发展的若干意见》的贯彻落实意见，启动展览业地方立法工作。制订流通业发展财税问题政策建议报告，包括大宗商品交易税收政策、二手车交易税收政策、大型连锁商业企业总分支机构汇总纳税和财力分配办法的执行情况和有关建议。研究起草《上海市大宗商品现货交易市场管理规定》(征求意见稿)，进一步规范大宗商品市场发展。贯彻落实《国家税务总局关于全面推行增值税发票系统升级版工作有关问题的通知》，深入推进电子发票试点，开具升级版增值税发票和首份保险电子发票。

4. 加强发展战略和规划布局引导

围绕贯彻落实国家和上海“十三五”规划，以及上海市国际贸易中心“十三五”规划的编制，加快推进内贸流通规划制订，适应上海国际贸易中心建设和国际消费城市建设需要。研究制定《上海市商业发展规划纲要》和《上海市商务集聚区发展规划纲要》，进一步深化商业和商务集聚区专项规划的初步方案。形成加快完善上海现代市场体系、上海建设国际消费城市的规划思路，完成上海国际贸易中心与长三角、长江经济带建设联动、提升发展上海大宗商品市场、上海批发业发展现状和趋势、上海城市物流发展等基本思路的课题研究。注重开展国际比较研究，就推动建设具有国际影响力的上海时装周以及物流标准化、商务诚信公共服务平台建设项目等进行国际比较调研，并形成专题调研报告。

三、以信用体系建设为基础，推动建立高效统一的市场治理体系

针对市场跨区域、跨行业融合发展趋势，充分发挥市场机制在社会治理中的作用，以商务信用为抓手，创新构建社会共治的流通治理模式，建设以市场信用体系为基础的法治化营商环境。

1. 建立健全市场信用体系

(1) 探索建立商务诚信公众服务平台。依托市公共信用信息服务平台，以“1＋X＋N”为总体框架，搭建全市统一的商务诚信公众服务平台，强化 X 个市场信用信息子平台对商务信用的自律作用，推进 N 个领域事中事后协同监管平台对商务信用的应用，围绕“政府服务、行业服务、公众服务”的功能定位，着力打破政府公共信用信息与市场信用信息的壁垒，推动市公共信用信息服务平台与企业信用信息公示系统的对接。

(2) 推进行业信用监管试点。在上海酒类专卖管理局推进政府政务管理领域基于“三清单”(数据清单、行为清单、应用清单)的全过程信用管理试点，探索应用信用信息改造酒类流通领域管理业务流程。在许可证审批、市场稽查、商品抽检、行政处罚等工作中增加诚信承诺、诚信核查、信用预警、信用奖惩等措施安排，探索建立“三清单”联动，覆盖事前告知承诺、事中分类评估、事后联动奖惩“三阶段”的信用管理模式，发挥信用机制的约束作用，并将“三清单”上升为地方标准。

(3) 推动商务信用服务业发展。大宗商品、商业连锁、网络零售、进出口贸易等领域一批平台型企业探索构建商务诚信子平台征信、评信、用信的商务诚信体系生态闭环，探索将商务诚信评信结果广泛应用于贸易、金融等领域，部分企业已经完成子平台建设方案，主动推进商务诚信信息转化为信用资产，释放信用红利，大力促进商务信用经济的发展。

(4) 启动试点国内贸易信用保证保险。专题研讨发展内贸信用保证保险，建立市场风险防范机制。建立内贸信用保证保险工作联合推进工作机制，探索制订发展内贸信用保证保险发展方案，在单用途商业预付卡和大宗商品交易领域开展试点。

(5) 建设企业信息公示制度。推进政府部门统一公示企业信息，印发《上海市政府部门公示企业信息管理办法》。目前，工商等25家政府部门已通过企业信用信息公示系统累计公示信息747万余条。

2. 加强事中事后监管

(1) 推动将商务执法纳入市场综合执法。在上海市各区(县)将工商、质量技监、食药监和物价执法进行整合实现市场综合执法的基础上，进一步在浦东新区探索将商务行政执法纳入市场综合执法试点。目前，浦东新区政府正在积极研究工作方案，启动试点工作。建立行业协同监管平台。在自贸试验区大宗贸易方面，研究建立“仓单、提单、订单(产能预售)”交易规则，建立第三方仓单公示和资金清算平台，实现交易、托管、清算、仓储“四分开”，防范交易风险发生；搭建动产质押平台，实现大宗商品市场化信用监管模式。在商业保理方面，商业保理协同监管平台启动立项，研究制订平台建设方案。在食品安全方面，进一步完善食品流通追溯平台建设，探索应用新技术、新模式提高流通追溯系统运行质量水平。在家政服务方面，启动建设家政监管平台，推动实现家政服务业大数据信息集成共享。在拍卖方面，继续完善公共资源拍卖平台和互联网拍卖平台，推进“互联网＋”与传统拍卖行业的全面深度融合，推动实现“智慧拍卖”。

(2) 建立政府法律顾问制度。制订《上海市商务委员会政府法律顾问制度实施办法》，启动并初步完成了2016年度兼职法律顾问选聘工作，聘任2名法学专家、5名执业律师为我委兼职法律顾问，重点参与我委法治政府建设重大问题研究、重大决策咨询、行政复议、诉讼案件办理、重大事项风险评估、信访矛盾化解、立法研究起草、规范性文件制订审查等工作。

(3) 建立跨区域“双打”工作机制。在全国率先推出《长三角四省一市打击侵权假冒工作联动机制》和《长三角四省一市打击侵权假冒行政处罚信息公开工作方案》，推进“双打”区域协作机制落地。

3. 发展流通领域公共服务

(1) 提升中小商贸流通企业公共服务能级。开展国家双创基地城市示范试点，贯彻落实“大众创业、万众创新”战略，支持浦东新区成功申报入围国家首批“小微企业创业创新基地城市示范”，指导浦东新区细化小微企业创业创新政策举措，引导其他区县争创“小微企业创业创新基地城市示范”。开展各类专业培训，推进平台型和电商类中小企业参与上交所“新兴战略版”，完善服务中小企业融资、诚信、走出去、电子商务拓展支持政策。加强与区县、企业合作，基本形成与区县商务部门和主要行业协会合作的总体框架，进一步扩大公共平台服务覆盖面和资源整合空间，与市场活跃度高、影响力大的平台型市场主体、社会组织合作，共同搭建以中小微企业创新创业为主题的孵化平台。

(2) 贯彻落实“人才强商”战略。扩大“贸易领域重点机构落户优惠政策”覆盖面，推动建立“引进内贸流通领域人才申办本市常住户口重点机构目录”。组织开展“百名商事纠纷调解人才培育计划”，开办“国际贸易商事调解员高级研修班”。与全球最大的职场社交平台 LinkedIn(领英)签署“互联网＋商务”的国际人才交流合作战略框架协议，借助 LinkedIn(领英)遍布全球的高端人才库和专业的服务，帮助上海打造世界一流的人才高地。

(3) 创新内贸流通领域统计监测。从行业转型及发展成效两方面构建上海商贸转型发展评价指标体系框架。全国首创平台经济统计制度，实现了线下线上市场统计的有机结合，并引入服务交易额类别和分地区交易情况。

(4) 成立上海大宗商品信息中心。发布中国大宗商品价格指数、上海大宗商品价格指数、“我的钢铁”铁矿石价格指数(MyIpic)、有色金属现货价格指数(SMEI)、中国白银现货指数(CSSI)等一系列指数。

4. 促进市场公平竞争

在经营者集中反垄断领域建立以事前识别、审查配合和事后监管三位一体的协助工作体系。协助商务部反垄断局开展反垄断执法实地调研，就涉案企业义务履行、相关行业发展趋势、涉案产品生产销售等情况，深入企业及生产、研发现场开展调研，为商务部更加全面掌握限制性条件的履行情况，形成有关方案及报告提供了重要参考。协助商务部秩序司开展地区封锁网上问卷调查，梳理限定购买指定产品或服务、设立关卡、歧视性收费、限制排斥外地企业招投标等问题，并提出政策建议。

第二节 品牌建设

为贯彻落实《关于本市加强品牌建设的若干意见》(沪府办〔2012〕93 号)精神，结合上海“四个中心”和具有全球影响力的科技创新中心建设，“十二五”以来，市商务委大力推进品牌建设工作，围绕完善工作机制、加强国际交流合作以及营造品牌发展环境，取得了积极成效。

一、 完善工作机制，协同推进“老字号”发展

自2006年商务部认定“中华老字号”以来，上海共有180家“中华老字号”企业，加上42家企业被首批认定“上海老字号”，目前上海总共拥有222家老字号，在国内居于前列，成为老字号的重要聚集地。上海市的老字号保护和促进工作始终坚持政策扶持与企业自身发展相结合，行业促进与社会广泛参与相结合，通过各方共同努力，逐步建立老字号发展的保护和促进体系，形成了良好的工作机制。

(1) 市区联手，措施有力。市商务委会同市经信委等部门出台的《本市加强品牌建设的若干意见》中，将“振兴一批老字号品牌”作为发展重点，充分挖掘上海市老字号品牌资源，组织企业积极申报，开展了“上海老字号”认定；黄浦区、静安区政府制订《黄浦区品牌创新发展专项资金管理办法》《静安区关于加强品牌建设的实施意见》，推进“品牌消费集聚区”以及“国际时尚之都示范区”建设。

(2) 各方协同，氛围良好。上海中华老字号协会深入调研上海市老字号发展情况，认真筹备每年一次的上海中华老字号博览会，组织老字号开展国内交流。上海交通大学、复旦大学等开办了上海品牌管理人才培训班、品牌掌门人培训等多层次培训。上海财经大学品牌研究中心对上海市老字号企业开展调研，对老字号发展面临的问题进行专题研究。华东师范大学在创意设计中设立老字号专题课程，开展老字号品牌产品系列开发、传播策略研究。依托媒体资源，制作播放了《感谢有你》《阿拉制造》等宣传片，人民网推出“品牌上海——国货正自强”专栏报道，编印了《上海自主品牌案例集》等宣传材料。

(3) 政策引导，作用显现。结合贯彻落实商务部和上海市关于保护和促进老字号发展的意见，商务部促进中小企业发展资金、上海市加快自主品牌建设专项资金和服务业发展引导资金，聚焦老字号文化传承、技艺保护、技术创新和市场开拓等领域，给予项目资助。据统计自2006年以来，上海市共有258个老字号技艺传承、非物质文化遗产保护、工艺流程改造项目获得约2.2亿元财政直接支持，其中，上海市市级财政资助资金约1.1亿元，使老字号企业获得了新的发展动力。

二、 加强国际交流，推动品牌“走出去”

1. “老字号”品牌“走出去”

“老字号”企业通过品牌运作，将品牌和产品推向全国乃至国际。一批上海市“老

字号”企业的佼佼者开始逐步跨国经营，打通国内、国际两个市场。

(1) 海外收购，实现快速扩张。光明乳业收购新西兰优质奶源企业新莱特并在新西兰证券交易所主板成功挂牌上市，上海糖酒集团收购了澳大利亚玛纳森分销平台、法国 DIVA 葡萄酒经销商、西班牙米盖尔食品集成平台，并继续在全球布局，把更多更好的资源拿来对接中国巨大的市场，提高消费层级。上工申贝跨国并购了 3 家德国著名的工业缝制设备企业：德国百福公司、KSL 公司和 DA 公司，揭开了缝制设备国际化经营的历史新篇章，开启了以技术创新为引领，提升企业国际综合竞争力的新航程。上工申贝海外公司凸显实力，重在研发，已取得创新项目 36 项，包括德国 DA 公司研发的各类自动特种缝纫机新品 12 项、百福公司研发的各类焊接机、缝纫机新品 21 项、KSL 公司研发的自动缝制工作站新品 3 项等。其中多项家用缝纫机新产品分别获得国家专利并荣获中国相关国际展览会的金奖和优新特产品奖。

(2) 全球布点，拓展国际市场。老凤祥将在纽约第五大道开出 5 000 平方米的专卖店，在全球 11 个地区拥有 20 项海外注册商标、408 项专利，是中国内地唯一一家进入全球珠宝 100 强的企业。上海家化营销网络渠道覆盖了全国 300 多个城市，“佰草集”成功登陆法国香榭丽舍大街。南翔小笼、王家沙等上海特色点心店已准备走到中国香港、日本、东南亚等地。

(3) 抓住机遇，加快创新发展。上海培罗蒙服装有限公司利用上海自贸区试点改革的先机，引进国际一流的服装设计师、优质的服装面料、先进的加工装备，打造高端私人定制业务，打开国际、国内两个市场。

(4) 整合资源，打造全球供应链。恒源祥通过品牌运作，原料采购国际化，已形成一个有 100 多家加盟厂、8 000 多个经销商的恒源祥联合体，发展为全球最大的绒线制造商。

2. 外贸品牌“走出去”

外贸企业通过开展收购、并购以及自主品牌培育，积极拓展海外市场。

(1) 收购国外品牌，促进外贸企业转型。上海申达进出口有限公司收购 PFI Holdings LLC 及其子公司 100%股东权益，该公司主要涉及三大业务：床品和家纺、加热产品，在美国专利和商标局注册 51 个有效商标和 7 项专利技术。拥有的自主品牌包括 Perfect Fit、Soft Heat、Tailor Fit、Aller-Free 等，拥有众多专卖店品牌和零售商品牌的销售许可。目前，通过亚马逊等电子商务平台销售额每年已超过 800 万美元。上海申达(美国)公司以北美零售品牌商为投资目标群，通过企业收并购，担保融资并投资 150 万美元用于购买 MM&R, Inc 公司所拥有的品牌和商标。该公司注册于美国新泽西州，主营女装业务。通过收购国外品牌，帮助传统纺织服装企业转型升级、拓展海外市场。

(2) 培育自主出口品牌，扩大外贸出口。上海丝绸集团股份有限公司从十年前开始培育自主女装品牌 lily，2006 年曾被意大利“米兰时装周”组委会选中，作为中国两个受邀品牌之一与全球最佳 100 个服装品牌在“米兰时装周”同台展演。目前 lily 品牌已进入快速成长阶段，lily 商标已在 66 个国家和地区进行注册，并在国内 30 多个省市开设了 200 多家零售店铺，在海外 10 多个国家开设 20 多家专卖店，品牌影响力不断上升。上海振华重工(集团)股份有限公司主营业务包括港口机械、海洋工程装备、大重特型钢结构、海上运输与安装、系统总承包、电气等八大业务，公司自主品牌 ZPMC 享誉全球。港口集装箱机械连续 17 年占据该行业世界第一的市场份额，占据美国 90%的港机市场，是世界公认的港口机械领军企业，实现了“凡是有集装箱港口的地方就有 ZPMC 品牌的起重机”这一目标，迄今公司港机产品进入全球 88 个国家和地区，带动外贸出口 20 多亿美元。上汽大通汽车有限公司主营业务是生产宽体轻客、MPV 等，在海外注册自主品牌“MAXUS”和“LDV”，目前已在 42 个国家完成注册，集中于亚太和中东地区。海外自主品牌注册给该司扩展国外市场奠定了雄厚的基础，2015 年出口 4 700 余台货车客车等，分别出口至 28 个国家。上海荣威塑胶制品有限公司经过多年的品牌培育，成功创建了自主品牌 bestway，主要是做充气玩具和按摩浴缸等，80%出口至欧美地区，带动外贸出口 10 多亿美元。

(3) 走国际化和品牌发展道路，建立全球化的营销体系。生产汽车零部件(包括新能源汽车配套零部件)的民营企业上海保隆汽车科技股份有限公司先后培育了 TOPSEAL\DIGITIRE\VALOR 自主出口品牌，完成 35 项国际商标的注册，并相继获得了中国台湾专利“轮胎压力监测系统”和美国专利“汽车自动组网装置及系统”，产品出口至欧、美、澳大利亚和东南亚等 80 多个国家和地区，通过品牌的创建提升了企业的国际市场竞争力。上海美瑞实业有限公司是一家专业从事手工具、五金工具、电动工具附件、园林工具和储藏类工具产品的研发设计、生产和销售。拥有 TACTIX、ONSITE、YARDSMITH、BODEN 等自主出口品牌，营销网络遍及世界 70 多个国家和地区。

3. 上海时装周“走出去”

历经十余年的锤炼，上海时装周已成为专业化、国际化的时装发布平台，吸引来自美国、法国、英国、意大利、日本、瑞典、加拿大、澳大利亚等 20 多个国家的著名品牌和设计师，逐步形成了以时装发布为主，高端论坛、专业展售兼顾的活动体系。发布秀每年分为秋冬、春夏两季在多个专业主秀场发布百余场，新天地、静安 800 秀两大秀场占地总面积达 6 000 平方米，近百位模特、80 多位中外服装设计师或品牌参与，三大专业 T 台共可容纳 1 500 人同时观看。“MODE 上海服装服饰展”作为上海时装周的配套展会，集合了 ONTIMESHOW、ALTER、DFO、VDS、新联纺和上海工艺美术行业协会等 9 家高品质品牌资源的 SHOWROOM 参展商，带来共计 200 多个国内外设计师品牌和商业品牌参展，实现从“秀场”向“市场”的过渡。

由上海时装周和上海服装设计协会共同倾力打造的 Design by Shanghai（简称“DBSH 项目”）设计师海外推广项目，自 2013 年 9 月起，已连续举办 3 年。作为伦敦时装周的官方合作项目，通过作品将中国文化精髓与现代时装设计相融合，并采用更为国际化的设计语言表达创意，成为伦敦时装周上一道别致的风景线。上海时装周通过“走出去”与国际时装周交流合作，使中国近百位设计师跻身国际时尚舞台，直接参与最专业成熟的时装市场，让才华横溢的设计师得到更全面的展示和曝光，从而在国际时尚圈建立起了中国设计的全新概念，让充满活力的中国设计新力量获得关注，并由此开拓出更为广阔的发展空间。

三、 严厉打击侵权假冒，营造良好的品牌发展环境

上海市认真贯彻全国打击侵权假冒工作要求，对侵权假冒现象保持严打态势。开展跨区执法、联合执法，积极营造法治化营商环境。

(1) 加强组织领导。市、区打击侵权假冒领导小组认真履职，按照内贸流通体制改革的总体要求，持续深入推进上海市打击侵权假冒工作，做到年初有计划，进程有跟踪，年终有考核，效果有评估。各成员单位积极配合，制订部门工作方案，完善工作协调机制，加强信息主动公开，促进形成社会共治氛围。

(2) 突出工作重点。针对互联网领域的侵权假冒多发态势，探索建立“科技＋制度＋保护＋诚信”的互联网领域打击侵权假冒治理模式：加强科技手段的应用和互联网企业内部管控制度建设，强化权利人企业合法权益保护工作，引导行业诚信自律，促进行业健康发展。

(3) 推进改革创新。推进形成长三角地区打击侵权假冒工作区域协作机制，发布《长三角四省一市打击侵权假冒行政处罚信息公开工作方案》和《长三角四省一市打击侵权假冒专项行动联动机制》。自贸试验区积极推进知识产权保护新模式，成立专利、商标、版权“三合一”的行政管理和执法机构。检察院、法院成立专门的知识产权案件审理部门。

(4) 强化信用监管。将打击侵权假冒工作列为社会诚信体系建设的突破口和重要抓手，通过上海公共信用服务平台，实现了打击侵权假冒信息对接。探索完善第三

方评估、发布指数等做法，做到打击侵权假冒工作与社会诚信体系建设有机结合，实现了良性互补、共同推进。

（5）开展专项整治。2015 年，开展了中国制造海外形象维护“清风”行动、车用汽柴油专项整治、农村和城乡结合部专项整治、旅游纪念品市场专项整治等工作。开展中心城区小商品市场的综合整治，引导小商品市场转型发展，优化上海市创新创业环境，为上海市科技创新中心建设目标提供坚实保障。

第八章 生活性服务业管理

第一节 2015年度重大活动

一、2015上海购物节

2015上海购物节于2015年9月11日至10月11日举行。这是上海市连续第九次举办上海购物节,该届上海购物节在延续“体验都市魅力,就从购物开始”的主题下,以“女人的上海”为年度主题,从扩内需、促消费、调结构、惠民生的基点出发,打造了一场金秋购物消费盛会。购物节期间,全市抽样调查的百余家大中型零售、餐饮、服务企业2 600余个商业网点营收总额同比增长10.1%,比全市1~8月社会消费品零售总额增速高出2.1个百分点。

1. 创新办节方式,提升互动体验

该届购物节启动仪式相较往届作出重大变革,一是企业积极性更高,该届启动仪式同时选定浦东正大广场、长宁金虹桥商场、普陀百联中环购物广场等3个主会场和浦东苏宁易购云店、五角场苏宁易购云店等2个分会场同步启动,将购物节启动仪式与跨境通、1号店等企业O2O营销活动相结合,激发企业积极性。二是互动体验感更强。市民可在启动仪式现场或家中通过手机“摇一摇”形式参与购物节启动仪式并获得实体店优惠券等众多奖品,这是自购物节举办以来首次尝试将启动仪式由传统舞台延伸至移动端,共有11.7万人次参与摇一摇活动。三是市民参与度更高,开展2015上海购物节互动评选(系列)活动,通过有奖微信投票鼓励市民参与,评选出购物节“十佳”活动、30种优选伴手礼,以及40条人气商业街区,展示上海商业新形象。

2. 整合各类资源,拉动销售增长

该届购物节共打造7个专题板块、400项主题活动、98项重点活动,吸引2 000余家企业参与,涉及门店2万余个。从商圈看,豫园商圈和南京东路商圈表现突出,位居销售增幅榜前两位。从业态看,专业专卖店和购物中心业态表现抢眼,两业态销售同比增长分别为13.2%和13.3%。从行业看,餐饮业营业额占购物中心销售总额的比重达到27.1%,比2014年高出1.4个百分点。从消费人群看,女性消费成为热点。2015上海购物节,围绕女性消费特点,推出时装、化妆、休闲等系列活动。黄金珠宝类商品销售额同比增长31.6%;化妆品的销售量同比增长14.6%,销售额同比增长8.1%,自2012年以来,化妆品的年均销售量增速为12.6%,年均销售额增速为3.1%。

3. 加强跨界联动,提升消费人气

2015上海购物节呈现出"会商旅文体联动"新亮点,有效带动商圈、商街、商场人气上升,该届购物节重点监测商家的日均客流量达到4.57万人次,比2014年增加了2 700人次,比2012年增加了9 800人次。一是主题嘉年华精彩纷呈。各大商圈、商业街区、商业企业逐步从"单打式"降价促销转变为"抱团式"打造节庆氛围,长宁区旅游节、购物节、艺术节三节联动,实现整体宣传、资源共享;徐家汇、五角场等12个商圈整合各大商场资源打造主题各异的商圈嘉年华。二是"商业＋X"模式提升人气。购物节期间,商业企业将商品营销与文化艺术展览、体育运动赛事、旅游节庆活动相结合,共推出20余项联动活动,例如大悦城"乾隆文物"穿越奇幻之旅、正大广场20余场商场"文化艺术、互动体验类"营销方式的平均次数达到了4.0次,3年平均增加0.4次。文化娱乐业销售额占比为5%,比上年高出0.6个百分点。三是主题活动应接不暇,拉动销售高增长。仲盛英国文化节、环球港旅游文化购物节、通过展示英国历史文化、衣食住行、运动旅游、休闲娱乐,将英式风情与购物消费相融合,为中英文化交流年添上华彩。虹口酒节节日期间,现场直接销售额同比增加17.1%。国庆期间,普陀"环球港旅游文化购物节"进入高潮,"趣看立体书展""超级英雄联盟发布会""卢浮宫艺术版画展"、小黄人展等活动轮番上演,环球港实现营业额1.6亿元,同比增长7.1%,吸引客流82万人次。闵行老外街,开展英雄主题派对,实现营业额377.5万元,吸引客流2.9万人次。

4. 均衡市郊发展,便民走进社区

2015上海购物节非常注重市郊均衡发展,整体繁华繁荣。同时,关注民生,走进社区、便民惠民,因地制宜凸显特色:举办朱家角古镇旅游购物节、南翔小笼文化展、崇明芦穄节、松江美食系列活动、奉贤南桥商圈嘉年华活动、金山区"互联网＋"欢乐购系列活动,让市民在购物的同时,尽情欣赏郊区的自然人文景观。走进社区便民利民;举办"中药养生、呵护健康——上海中药养生节""健康商品·健康消费——百家药店进社区"等活动,参与活动的企业通过打折促销、赠品促销、有奖促销、满意促销等多种形式,满足市民消费需求。

5. 依托"互联网+",改变商业模式

从实体商场门店向互联网、移动互联网等全流通渠道转变;从单纯商品购物向体验式服务购物转变……是 2015 上海购物节期间商业模式转型、提升能级的驱动内核。一是移动支付大受沪上商家青睐。近几年来,移动支付方式以其快捷、便利的优势吸引了不同年龄层次的消费者,同时也逐渐被沪上的商家所采用。在监测企业中,2015 年采用移动支付的商家占比达到 35%,与 2014 年相比占比比例提高了 20 个百分点,与 2012 年相比提高了 32 个百分点。二是实体企业大力推广线上活动。实体企业已不满足于线下单一渠道的推广促销,慢慢将触角延伸至网络、微信、微博、官网等线上渠道。据监测,2015 年推出线上活动的企业数占总数的比重达到 42%,占比较 2014 年提高了 13 个百分点,较 2012 年提高了 28 个百分点。如苏宁易购五角场云店 2.0 版本,推出了易付宝快捷支付等八大时尚新颖的购物体验。"百家欢 联城购——2015 百联股份购物节",推出线上秒杀、抢券等活动。微信、微博、官网等层出不穷的线上营销活动,已成为吸引人流的新利器。

二、 2015 上海时装周

2015 上海时装周于 10 月 13 日至 21 日举办。该季时装周共发布作品 52 场,其中,原创独立设计师超过 64%,商业品牌近 23%,海外品牌所占比率为 13%。该季开幕秀牌设计师品牌 ZHUCHONGYUN(朱崇恽)及闭幕秀 FAIRWHALE JEANS(马克华菲 FJ 男装)皆为具有影响力及市场号召力的本土时装品牌,传递了属于中国独立价值观的设计态度。中国原创设计师的作品越发成熟和创新,贴近市场又有设计感的时装层出不穷。本季首次在上海时装周开秀的品牌占发布总场次的近半数,上海时装周为新锐设计力量提供了最为优化的展示平台。

(一) 2015 上海时装周的主要特点

1. 单一秀演向多元功能的服务型平台转化

面对不断更新的产业环境,上海时装周正由单一秀演展示向多元功能的服务型平台转化,积极同参与主体深度互动,串联起产业链各个环节,进而形成时装周体系的良性循环。在这样的基调下,MODE 上海服装服饰展应运而生。

2015 年 4 月 12 日至 14 日，MODE 上海服装服饰展在巨鹿路上的大同坊举行，展览面积约 5 000 平方米，集合了高品质品牌资源的 9 家 Showroom 参展商，覆盖 260 家中外参展品牌，展示内容包括时装成衣、鞋帽、饰品以及涉及生活方式的时尚用品等，吸引了近 2 500 位专业人士到场。继 4 月首次亮相收获良好业界口碑之后，10 月 15 日至 18 日 MODE 上海服装服饰展再度升级，展示面积扩充至 6 000 平方米，Showroom 数量也从原先的 9 家猛增至 22 家，呈现近 400 个国内外品牌。展览期间到场买手、代理商和设计师达 6 成，专业观众 5 300 人次。MODE 展与时装周秀场作品发布相得益彰，为秀场向市场的过渡提供了桥梁。

2. 自媒体传播力的全面提升

上海时装周官方微博与官方微信在近年来的运营过程中得到了越来越多的关注和好评，2015 年秋冬发布的微博话题"上海时装周"共计讨论次数达 1 023 万次，微信点击阅读总量达 15 万，海外自媒体 Twitter 和 Instagram 引发有效互动 1.5 万次，全新网站点击量提升 30%。此外，时装周还推出了包括"前日回顾""今明看点"与"设计师专访"等丰富内容的时装周即时日刊，日均发放量 6 000 份，共 5 万余份。场内及场外 25 个热门地标派发，包括淮海路太平洋、K11、淮海路百盛、IAPM、静安寺芮欧百货、尚嘉中心、来福士、港汇广场、新天地等，覆盖人群超过 150 万。

3. 时尚商圈的硬广传播效益日益凸显

每一季上海时装周还特别制作主形象和宣传片，在时装周期间于高架、秀场周边路段和各商圈大屏幕展示，使上海时装周的宣传范围进一步扩大。以上海时装周 2015 秋冬为例，海尚国际论坛上，上海、伦敦、米兰三大时尚之都通过视频连线，展开具有里程碑意义的对话，探讨"城市与时尚"的发展。"MODE 上海服装服饰展"作为上海时装周的配套展会，集合了高品质品牌资源的 Showroom，200 多个国内外设计师品牌和商业品牌参展。在国内时尚零售市场追求个性化市场需求的大环境下，为来自世界各地的买手及行业人士搭建了一个促进商贸对接与合作的展示交易平台，促进了上海时装周产业链的进一步完整。

（二）上海时装周的影响力日益扩大

时尚产业是城市经济文化发展的助推器，也是整个城市综合经济实力的直接体现。在上海建设国际文化大都市、打造设计之都、时尚之都的大背景下，时装周无疑成为了城市向世界展示城市软实力的名片。通过上海时装周的文化产业平台，用时尚的国际化语言达成文化价值的融合与新价值的构建正在形成。上海时装周正努力推动行业前沿的品牌和商业诉求，提升上海作为亚洲时尚之都的文化影响力。

1. 宣传范围不断扩大,社会影响力日益提升

经过多年的积累,时装周期间各项活动已形成了比较稳定的媒体宣传模式,并积极保持与数字媒体发展趋势的融合,形成囊括新闻发布会、网络媒体、平面媒体、电视媒体、新媒体等线上线下全媒体覆盖,特别是与全球时尚媒体引领者康泰纳仕集团(旗下拥有《Vogue 服饰与美容》杂志)和全球权威时装商业媒体 The Business of Fashion(时装商业评论)的战略合作,使上海时装周的行业影响力日益增强。

2. 坚持打造"走出去项目",国际化影响力日益提升

从 2013—2015 年,上海时装周组委会携手上海服装设计协会打造"Design by Shanghai 设计师海外推广项目",帮助本土设计在世界舞台上展示。通过组织设计师参与海外活动,正式向国际时尚界展示中国原创设计力量,为中国设计师寻找更广阔的海外商贸合作和推广机会。作为上海设计之都活动周和上海设计走出去系列活动之一,"Design by Shanghai"已举办了 6 次海外项目,曾 3 次远赴伦敦、巴黎、米兰、洛杉矶等时尚之都展示中国本土设计师的先锋设计,创造本土设计师的海外商业落地的机会。以"中英文化年"为契机,受国家文化部委托承办,以一场完整的系列活动"创意中国,风尚上海",让国际时尚界近距离了解最当下的中国时尚,关注和重视中国时尚创意行业的生态环境,为城市增加软实力,提高上海文化创意产业的力量。该项目曾二度获得"上海设计之都"最佳活动奖,并且"创意中国,风尚上海"被 *China Daily* 评选为"中英文化年"十大项目之一。

第二节　主副食品流通市场管理

一、 2015 年主副食品流通行业发展情况

2015 年,上海主副食品流通行业在多方面实现转型发展。

一是发挥农产品批发市场体系商品集散重要作用。按照《上海市食用农产品批发和零售市场发展规划(2013—2020 年)》,明确西郊国际农产品交易中心作为上海市规划建设的主中心批发市场,结合全国农产品流通骨干网络建设的契机,将会建设成现代化、国际化的生鲜配送体系,成为全市农产品集散枢纽。

二是依托标准化菜市场建设畅通农产品市场渠道。传统菜市场按照超市的管理模式进行改造提升,改变传统的经营理念、布局陈列、交易方式、设施配置和管理方式,强化公司化经营的基本理念,配备现代化的设施设备,引进信息化管理系统,学习超市化的管理模式,营造商场化的购物环境。

三是发展农超对接等直销配送模式满足市场多样化消费需求。大型超市卖场和越来越多的标准超市经营农产品。全国各省市优质农产品通过农超对接的形式进入家乐福、农工商、联华、卜蜂莲花、沃尔玛等大型连锁超市，销售渠道得到有效扩大，销售成本也降低约20%，减少了农产品流通环节，保障了农民受益，降低了零售价格，受到农民和市民的欢迎，收到良好的社会效益和经济效益。

四是发挥农产品流通专业化、一体化等特点，降本增效。支持具有一定经济实力、行业背景、经营能力和良好社会信誉的公司积极探索农产品自主经营，实现从源头基地到零售终端的“四统一”：统一标识、统一管理、统一结算、统一售货。将传统菜市场生鲜产品新鲜、品类齐全、供应充足且价格实惠的优势与现代超市舒适的购物环境、一站式购物便利相结合，降低采购成本，提高流通效率。

五是加快“互联网+”经济与传统农产品流通模式融合。传统线下菜场零售与现代电子商务进行创新性融合，以互联网思维创新传统营销模式，利用公众信息平台和移动终端平台拓展互联互通的信息发布渠道，以现代化网络平台为服务核心，配合完善的供应链管理和高效的物流配送，为市民提供高品质的生鲜食品与服务保障。

二、 2015年主副食品市场运行特点及趋势

2015年，市商务委会同市农委、市食药监局、市发改委等部门加强主副食品市场和价格监管，大力推动食用农产品流通企业开展跨区域、跨所有制的产销对接，在全国范围组织蔬菜、猪肉、粮食、水产品、水果等货源，并利用上海市主副食品主销区的特点吸引外省市食用农产品展示展销，扩大外省市农产品市场份额。总体上，上海市主副食品市场供应充足、价格平稳、食品安全可控。

（一）猪肉批发价4月起止跌回升，成交量出现波动

1. 2015年市场情况

根据上海猪肉流通安全信息追溯系统数据中心(采集数据样本包含上海农产品中心批发市场、上海江桥批发市场华江分场、上海江杨农产品批发市场、上海西郊国际农产品批发市场四大主要猪肉批发交易市场)监测数据显示，2015年1—12月猪肉批发交易总量为22.59万吨，较2014年25.01万吨减少2.42万吨，年同比下降9.7%；1—12月批发均价为19.22元/千克，较2014年16.95元/千克上升2.27元/千克，年同比上升13.4%。2015年1—12月猪肉零售均价为28.94元/千克，较去年的27.96元/千克上升0.98元/千克，年同比上升3.5%。

2015 年 1—3 月猪肉批发价跌幅较为明显，从 1 月的 16.96 元/千克持续跌至 3 月的 14.67 元/千克。主要影响因素有：一是生猪单位收益持续下降，三月份以来已经进入深度亏损状态；二是市场供应不断增加，2014 年以来，区内及周边地区，生猪未发生大的疾病流行，母猪产子量多，成活率提高，可供出栏生猪数量不断增加；三是居民消费习惯变化，也使得猪肉消费能力回落；四是消费环境、政策的影响，随着反腐力度的不断增加，公款吃喝大幅减少，集体单位福利锐减，导致原本属于旺销的猪肉销量出现下滑，价格不断下降，市场对猪肉等副食消费相对减少，这在一定程度上也影响了猪肉价格的低迷。

相关部门迅速启动相应措施，4 月起价格开始止跌回升，4 月批发价已回升至 16.43 元/千克，较去年同期上升 23.3%；4—8 月批发价持续稳步回升，8 月达 23.18 元/千克，月环比上升 5.3%，年同比上升 18.8%。下半年批发价走势与去年相较无大幅波动，相对稳定，其中 8 月中至 11 月中，供需博弈初显，猪肉价格偏弱调整。8 月中旬开始，生猪价格符合养殖户出栏预期，出栏数增加，国内生猪价格冲高小幅回落，整体呈现弱势调整局面。中秋节前，国内生猪市场依旧未见回暖，同时部分地区库存冷冻肉陆续出库，国内生猪市场成交清淡，生猪市场供强需弱，全国猪价偏弱运行。10 月国内玉米价格大幅跳水，豆粕、酒糟蛋白饲料等饲料原料价格持续弱势，养殖成本大幅降低，生猪价格虽持续弱势调整，三、四季度国内猪粮比持续高出 8∶1，养殖利润并未出现明显下滑，养殖户出栏意愿不减，屠宰企业不断下调收购价格，同时天气转凉，生猪疫情高发也对生猪出栏起到一定推进作用，生猪价格持续下调。

2015 年 1 月由于元旦、春节的关系，猪肉交易量一直处在全年最高位，2 月较 1 月有所回落，但同比 2014 年上升 30.6%。3 月开始，交易量出现下降，下降幅度在 8.1%～18.1%，6—11 月交易量较为稳定，在 1.7 万～1.8 万吨上下波动，临近年底，12 月交易量又有所回升。

2. 后期市场趋势预测

2015 年，国内生猪存栏量以及能繁母猪存栏量大幅下跌，国内生猪市场触底大幅反弹，下半年养殖业整体进入赢利局面且赢利幅度不断扩大。目前国内生猪存栏量依旧处于较低水平，短期内出栏量将难以恢复至 2014 年水平，年前生猪虽有阶段性集中出栏，预计出栏量仍将低于 2014 年同期，市场供应同比有所减少，加之冬季肉类消费旺季提振，将对春节前国内生猪价格形成一定支撑。

2016 年 1 月生猪价格已涨至 17.3 元/千克，由于春节的临近，市民开始腌制咸肉、腊肉等，后期生猪价格将继续上涨，春节后肉类市场需求将大幅减少，加之春节期间存栏生猪陆续出栏，2 至 4 月国内生猪价格整体将呈现小幅下滑趋势，预计 3 月国内生猪均价将下滑至15.5元/千克附近。5月生猪价格将回升至16.4元/千克附近。进入三季度天气逐渐炎热，肉类市场需求将降至最低，2016年国内养殖成本仍将偏弱运行，将对国内生猪价格形成一定压制，预计三季度生猪价格将持续偏弱调整，10月将下滑至14.0元/千克附近。四季度生猪价格将随着市场需求回暖而逐渐小幅回升，同时受到国内养殖成本持续下滑影响，预计2016年四季度国内生猪价格整体将低于2015年，预计12月生猪价格将小幅回升至14.8元/千克附近。

（二）蔬菜批发价阶段性波动较为明显，成交量稳中有升

1. 2015年市场情况

根据重点监测的上海地区七大农产品批发市场（江桥、江杨、上农批、西郊国际、龙上、七宝商城、中山）的数据显示，蔬菜2015年1—12月批发均价为3.29元/千克，较2014年1—12月批发均价3.27元/千克上涨0.02元/千克，年同比上升0.6%。蔬菜1—12月成交总量为304.06万吨，较2014年1—12月成交总量319.27万吨下降15.21万吨，年同比下降4.8%。蔬菜2015年1—12月零售均价为5.10元/千克，较2014年1—12月零售均价4.96元/千克上涨0.14元/千克，年同比上涨2.8%。

1—12月，蔬菜批发月均价波动较大，波动主要呈四个阶段：第一阶段为1—4月，批发价稳中有升，2月达到全年峰值，为3.81元/千克，同比2014年上涨3.5%；第二阶段为4—5月，批发价明显回落至2.85元/千克，与2014年同期持平；第三阶段为5—9月，批发价持续回升，从5月的2.85元/千克到9月的3.24元/千克，上升0.39元/千克，回升幅度为13.7%；第四阶段，10月蔬菜批发价下降趋势较为明显，为2.82元/千克，月环比下降13.0%。11月蔬菜批发价趋稳。12月蔬菜价格上涨至3.64元/千克，主要受大幅降温和持续阴雨天气的影响，蔬菜产量下降，运输成本加大，导致价格大幅上升。

整体看，我国蔬菜价格仍将保持“夏淡”“冬淡”的季节性波动的总体运行态势，但受天气影响，蔬菜生产、流通、调运等可能会发生断档、脱节等现象，不排除个别品种价格出现大幅波动的可能。短期来看，随着青椒、番茄、黄瓜、豆角等应季蔬菜的大量上市，市场供给总体充足，蔬菜总体价格可望有所回落；但南方暴雨致使蔬菜生产、流通等受到较大影响，加上夏季高温对叶类菜等运输影响较大，流通成本有所增加，蔬菜价格的上行压力仍然较大。因此，需密切关注后期天气变化和部分地区个别品种可能出现的价格异动。

2015年1—12月蔬菜月成交量基本稳定，其中3月成交25.56万吨，增长较为明显，月环比上升62.7%，与2014年同期相比增长4.8%；8月达全年成交量峰值，为

30.73 万吨。

2. 后期市场趋势预测

郊菜方面，随着春节、元宵等传统佳节的来临，蔬菜将进入阶段性的销售高峰，预计 2016 年四五月份天气回暖后，蔬菜价格将出现季节性回落，7 月下旬开始，由于高温天气的增加，蔬菜价格将出现小幅回升，9 月下旬，随着气温的下降，蔬菜价格将出现小幅回落，直到 11 月中下旬开始回升。

客菜方面，随着天气逐渐变冷，加上受到雨雪天气的影响，外省市蔬菜入沪的运输成本将有所增高，预计后期客菜价格或将稳中略升，等天气回暖后，价格又将出现小幅波动，蔬菜价格受天气变化影响较大。

（三）粮食价格稳中有升，油脂价格小幅回落

根据重点监测的上海地区四个大型粮油批发市场(上海真新粮食交易市场、上海农产品中心批发市场、上海高湖粮油食品市场、上海大场农副产品批发交易市场)的数据显示，粮油批发价格以稳为主，小幅波动。

1. 2015 年市场情况

(1) 粳米批发价格平稳，成交量稳中略降

2015 年 1—12 月普通粳米批发价格在 4.26～4.51 元/千克之间波动，批发均价为 4.44 元/千克，同比去年的批发均价 4.31 元/千克上涨 0.13 元/千克，涨幅 3.02%；普通粳米 1—12 月成交总量为 28.29 万吨，同比回落 8.09%。

2015 年粮食丰收，粮价下跌，农民收入大幅下降。2015 年入秋以来，粮食主产区的玉米、小麦价格均出现不同程度下跌。玉米价格下跌明显，农户价格平均下跌 20% 以上，最高跌幅相比 2014 年达 30%，而小麦价格在国庆前也经历了一轮大幅下跌。目前，水稻收购价总体稳定，但部分地区较往年也有小的跌幅。

三大主粮全线下挫，在往年并不多见。国际低粮价与国内库存积压，被视为该轮粮价下跌的主要原因。由于国家粮库容量有限，且粮食最多储存 2 年，国家收储能力有限。而国际粮价又低于国内，对国内粮价冲击很大。

(2) 食用油批发价平稳运行

5 L 桶装豆油 2015 年 1—12 月批发均价 39.97 元/桶，比 2014 年 44.04 元/桶下降 4.07 元，降幅为 10.19%。2015 年大豆油价格平稳运行，在 39.66 至 41.52 元/桶之间波动，同时，零售渠道中金龙鱼、海狮的 5L 大豆油在此区间中也呈小幅下降趋势。

2015 年国内大豆价格大幅震荡下行，2015 年 1 月 1 日大豆均价为 4 365.33 元/吨，12 月 31 日均价为 3 792.00 元/吨，大幅下跌 13.13%。纵观 2015 年全年，国内大

豆种植面积以及产量均呈现继续下降趋势，进口大豆持续低位运行。在低价进口大豆持续打压下，国产大豆市场价格压力重重，同时大豆市场需求有限，种植户大多不认可大豆直接补贴政策。

2. 后期市场趋势预测

大米方面，国内稻谷库存充足，低价进口大米到港量大，国内稻米市场供给压力较大。并且由于国家连年调整稻谷最低收购价格，使得“稻强米弱”格局更加明显，中小型米业利润空间变小，因此预计 2016 年稻谷最低收购价格或与 2015 年持平(2015 年生产的早籼稻、中晚籼稻和粳稻最低收购价格分别为每千克 2.7 元、2.76 元和 3.1 元)。

食用油方面，如果 2016 年国家政策不做出改变，预计 2016 年国产大豆种植面积以及产量将仍有小幅下滑可能，将对 2016 年国产大豆市场价格形成一定支撑，但是整体涨幅有限。预计 2016 年东北产区国产大豆市场价格整体仍将呈现季节性涨跌，春节前将有小幅上涨，1 月预计均价为 3 850 元/吨，春节后市场上量增加，大豆价格将小幅弱势运行，将于 4 月春播前期价格跌至低点，预估为 3 780 元/吨。后市将随着春播开始，市场贸易减少，同时市场优质余粮渐少，东北产区大豆市场价格将逐渐走强，预计 9 月将达到 4 050 元/吨附近。9 月开始，国产大豆将由南到北陆续上市，国产大豆市场供应增加，大豆价格将呈现季节性下跌，将于 12 月再次下滑至 3 800 元/吨附近。

（四）鸡蛋价格高位回落

根据重点监测的上海中心城区 9 个区 50 家标准化菜市场零售价数据显示，2015 年 1—12 月零售均价为 9.64 元/千克，同比 2014 年 10.74 元/千克下降 1.10 元，降幅为 10.24%。

1. 2015 年市场情况

1—6 月，鸡蛋零售价高位回落，从 1 月的 11.20 元/千克回落至 6 月的 8.83 元/千克，下降幅度为 21.16%。春节期间收购商基本停收，鸡蛋市场流通基本停止。节后，蛋商开始收货，春节放假期间养殖企业与养殖户存货较多，蛋源集中供应，节后鸡蛋消费能力较弱，蛋价应势大跌。2015 年 5 月在产蛋鸡存栏量为 11.23 亿只，环比增加 2.62%。5—6 月上旬，蛋价一路下跌，步步探底，跌至近几年价格最低点。

7—9 月为蛋价的上涨季，一路飙升的蛋价涨至年内最高，并且达到年内最大涨幅。由于鸡蛋价格长期萎靡，蛋价连连探底，养殖户加速老鸡淘汰，鸡龄相对年轻化，加上夏季高温高湿，蛋鸡易受病，进食减少，蛋鸡歇伏产蛋性能下降，产区鸡蛋季节性的供应下降。气温偏高，鸡蛋保存时间缩短，确保蛋品质量，养殖户手中存蛋偏低，夏季养殖成本增加，养殖户有意挺价。

国庆节过后，受供需主导，集中需求退却，国庆零售备货量减少，秋季蛋鸡产蛋性能增加，货源供应持续增加。随着温度下降，鸡蛋保存时间延长，增加养殖户对于过低蛋价的抵触心理。进入冬季，雨雪以及雾霾等恶劣天气影响，养殖成本与运输成本均有提高，蛋鸡易受疫病，产蛋量较高峰期减少1～2成。但随着在产蛋鸡存栏数量逐月减少，鸡蛋供应较上几个季度均有所减少，且临近年关，备货需求增加，蛋价在年末小幅上行调整。

2. 后期市场趋势预测

2015年蛋价呈季节性震荡走势，蛋鸡存栏供应逐渐复苏，2015年度饲料原料的长期走低降低蛋鸡饲料成本，过高蛋价受限。供需主导市场，2016年春节前，备货采购需求增加，蛋价在年初走向或趋强；春节后，需求进一步减弱，饲料价格也将处于低位，蛋价缺少支撑，或将呈现季节性淡季，在3月中下旬蛋价或将走势8.80元/千克左右。下半年受传统中秋、国庆等重大节日提振，需求集中且大量增加，鸡蛋呈现季节性旺季，蛋价走高，预计2016年最高蛋价或将出现在8月上旬，均价或可走至9.00元/千克。

案例5　农贸市场与现代超市的完美结合

——上蔬永辉升级版中心菜场

近年来，上海的农产品流通行业和生鲜零售业态的转型发展方兴未艾，这既是政府部门实施民生工程，满足百姓呼声的强烈要求，也是业内企业寻求发展、扩展社会影响力的重要契机。2013年12月20日，上海蔬菜集团联手永辉超市等合作伙伴，共同出资成立上海上蔬永辉生鲜食品有限公司（以下简称"上蔬永辉"），致力于把蔬菜集团在上海农产品流通领域的资源优势和影响力与永辉超市在农超运营方面的产业优势和管理经验结合起来，在政府相关部门支持下深入探索上海菜市场未来的发展方向，共同打造具有国内领先水平的新型生鲜零售业态。

一、商业模式和创新

上蔬永辉升级版中心菜场是指用于销售生鲜食品、现制现售加工食品为主，同时兼营结构配套性的预包装食品、日用品为辅，以零售经营为主的固定场所。升级版中心菜场由具有强大的经济实力、经营能力和良好的社会信誉的（集团）公司采取连锁方式经营，实行集中采购，集中配送；冷库储存、冷链运输；商品追溯，质量控制的方式，通过选取现有的和计划新开业的传统农贸市场，将其打造成现代化的升级版中心菜场。主要特点如下。

(1) 统一标识：中心菜场采取连锁方式经营，具有合法化的统一 VI 标识，企业辨识度高。

(2) 统一采购：中心菜场有统一的采购团队，通过制度化的流程及领先的农产品集中采购配送和基地对接的优势，能快速高效地组织货源投放市场。

(3) 统一经营：中心菜场采取连锁方式经营，通过集中采购，集中配送；冷库储存、冷链运输；商品追溯，质量控制等的经营手段实现规模化。

(4) 统一管理：中心菜场将借鉴超市化的管理方式，通过专业的营运团队及管理模式，以规范和统一每家门店的营运标准。且通过公司化的经营模式，使中心菜场的所有员工，都能按照国家规定享受"五险一金"社保福利，同时统一化的人事管理模式，减少了潜在的社会矛盾。

(5) 统一结算：中心菜场采取连锁方式经营，所有在中心菜场内经营销售的商品，都将在规定的门店收银区内统一收银结算；且各个门店的营业额将通过制度化的流程汇总至总部进行统一结算，并按照国家规定进行统一纳税。

(6) 统一售后服务：中心菜场采取连锁方式经营，所有中心菜场都设有独立的客户服务中心，总部设有对应的客户管理部门，通过制度化的流程完成售后服务工作。

二、发展优势

1. 保障供应能力更强

上蔬永辉实施菜市场的升级改造，一方面依托蔬菜集团主导上海农产品流通主渠道，能有效调控市场货源和全国 130 多个生产基地，保障持续、稳定、优质的农副产品供应能力；另一方面充分发挥永辉超市国内领先的农产品集中采购配送和基地对接优势，能快速高效组织货源投放市场。通过蔬菜集团和永辉超市的强强联手和优势互补，升级版中心菜场的运营模式拥有强大的农产品货源调控保障能力。特别是在灾害性天气等非常时期，中心菜场根据政府部门的要求，可以有针对性地安排重点农产品货源的储备和投放，切实保障农产品供应工作大局。

2. 稳定菜价措施更有效

永辉超市率先在国内探索新型生鲜农产品的运营模式，其最早在福州建立的企业通过引入农产品直供直采、集中加工配送、大宗采购议价、零售网点专业化运营等手段，有效减少了农产品流通环节，降低了损耗，并在大幅提升农产品组织流通效率的基础上有效控制和降低了生鲜农产品的单价成本，为稳定福州市场菜价奠定了坚实的物质基础。目前上蔬永辉在上海打造的升级版菜场基本参照上述运营模式，并将根据上海"菜篮子"工作国内领先的特点，在经营上更加聚焦生鲜农产品和贴近政府部门指导，力求做到稳价有力、高效。从上蔬永辉已开业的尚博路、株洲路、云山路、陆翔路、嘉善路等几家升级版中心菜场的运营情况来看，农产品销售的平均价格比周边菜市场低了20%以上，稳定菜价效果明显，受到市民的普遍欢迎。

3. 管控食品安全更有抓手

上蔬永辉打造的升级版中心菜场在履行食品安全监管职能上优势明显。通过协议形式对生产基地的农产品安全监管工作进行掌控，农产品采购来源可控，集中采购安全检测到位，对于检测发现的问题，可以第一时间进行追溯、处置和追责。目前，上蔬永辉已经对接市商委的追溯系统进行开发设计，未来顾客可以通过APP系统扫描二维码获取商品来源信息。同时，升级版中心菜场也是政府部门推进食品安全监管的有力抓手，能主动到位地落实政府部门相关食品安全监管工作要求，避免了传统菜市场经营户执行政府部门要求不配合的现象。

4. 菜场购物体验更好

上蔬永辉作为连锁化的大型生鲜农产品供应商，企业信誉过硬，集约式的货源组织形式也能较好确保生鲜农产品的品质和安全，因此消费者在中心菜场购物更能产生安全放心、价格透明的良好购物体验。同时，改造后的升级版中心菜场具有良好的硬件设施，如新风系统、排油烟系统、地面防滑砖，并且区域划分及布局合理，配备各种提升商品质量的冷链系统及设备、规范化的商品包装、涵盖日常居家食品用品的一站式采购模式、超市化的购物结算方式，完善的售后服务和消费者权益保障措施等，都极大增进了消费者的购物体验。此外，中心菜场还保留部分传统菜市场的消费体验以提升顾客满意度与怀旧感。

5. 创新发展更有基础

随着电子商务的广泛应用，生鲜农产品电商配送业态的探索也在不断走向深化。上蔬永辉打造升级版中心菜场将逐步通过经营网点的全面铺开，为上海生鲜农产品零售O2O商业平台的搭建创造有利条件。今后消费者可以通过线上订单，在线下门店提货或者由门店物流提供送货上门服务。这一创新业态模式的发展，不仅满足了消费者个性化的需求，也与上海打造智慧型城市的要求相契合。

三、未来展望

上蔬永辉升级版中心菜场将结合传统农贸市场与现代超市的特点，既具备传统农贸市场生鲜产品新鲜、品类齐全、供应充足且价格实惠的特点，又有现代超市舒适的购物环境和一站式的购物体验，形成了具备核心竞争力的差异化经营模式。公司将尽最大努力负责使合资公司达到既定的目标，该目标以“保供稳价”为基本点，为公众健康和提升上海城市发展形象做出贡献，并有配合政府临时性的调控菜价的义务。

第三节　药品流通市场管理

一、2015年药品流通行业发展情况

2015年，上海医药流通行业总体特征是稳中趋缓，稳中有进，稳中有忧，购进、销售、利润都稳步增长。

1. 药品流通企业数量稳定，增长平稳

上海药品流通包括批发和零售药品经营企业，组成以大型药品流通企业为主体，中小型药品流通企业为辅助，覆盖整个城市并向全国延伸的药品供应保障体系。

据上海食品药品监督管理局数据显示，截至2015年底，上海市有药品批发企业122家，比2014年减少2家。药品零售连锁经营企业42家，比2014年减少1家；药品零售商店3 482家，比2014年增加35家，其中零售单体门店数432家，零售连锁企业下辖门店数3 050家(其中直营门店1 449家)。零售门店分布在中心城区1 735家，其他地区1 747家，医保定点零售门店数716家。

2. 药品销售保持稳定增长，增长幅度趋缓

伴随国民经济的发展和百姓健康需求的提高，上海市药品销售继续保持稳定增长，药品销售集中度进一步提高。2015年年报数据显示，上海医药商业销售增速持续放缓，销售总额增幅回落到个位数。2015年商品销售总额1 400.55亿元，同比增长9.15%，增幅比2014年同期下降2.01个百分点。销售总额中药品类销售1 250.44亿元，同比增长8.14%，其中西药类1 101.63亿元，同比增长7.28%，中成药类上升较快共计销售148.81亿元，同比增长14.90%；非药品类销售150.11亿元，同比增长18.12%，除玻璃仪器类同比下降外，其他都有较大幅度上升。

3. 药品采购阳光化，药品降价常态化

由市政府出资搭建的“上海市医药阳光采购信息系统”已正式启用。互联上海药品流通企业ERP和医保定点机构的信息系统，将医药采购供销从询报价到配送入库、结算支付，实现全部环节的阳光化，属国内首创。并覆盖上海市全部三级医院和区县的一、二级医院。通过该平台可显示不同医院机构的售价，采购、销售价格一目了然。一定程度防止暗箱操作，起到公开透明的效果。

药品定价则由原物价部门审定向医保支付部门转移，通过阳光平台向社会公布。2015年招标采购的药品有1 000多个品规，平均降幅超过10%；另外鼓励适合慢性病长期服用的口服化学药品采用大包装和简包装，来降低药品销售价格。这些措施对

降低百姓购药支出起到积极的作用，同时降低了药品企业的利润空间。

根据国务院办公厅的《指导意见》公立医院将实行药品分类采购，针对不同品种药品，采取不同的采购模式。上海市2014年开始试行医院用药量较大品种的带量采购，2015年继续研究扩大试点品种范围，进一步放大"带量采购"政策效应，这对生产和经营企业无疑是极大的考验。上海市正在探索通过社会第三方GPO，降低药品供应总成本。2015年在华山医院北院、瑞金医院北院、仁济医院南院、市六医院东院4家郊区新院开始探索GPO，后续将可能在条件成熟的区县进一步开展试点。这些措施的实施，将进一步压低药品企业的赢利能力，对中小企业更是带来生存危机。

4. 新医改不断向纵深发展，供应链模式发生新变化

上海首批社区医改试点长宁区在全国率先探索社区卫生服务综合改革，首批10家服务站"定点药房处方外配"模式，区域内的社区卫生服务站点尝试与临近连锁药房门店合作，携手开展处方药配送服务，共同探索提高社区卫生服务中心运行质量的新模式。居民在家门口社区卫生服务站就诊付费后，即可凭医保卡、处方、发票至附近定点药房取药，从而解决了居民排队等药的尴尬。继上海市郊区三级综合性医院"5＋3＋1"建设过程中，推出系列新思路、新制度和新举措，国药、上药分别试行SPD模式，并积累了一定经验。2015年上药控股与第一人民医院签署SPD服务框架协议，在市一南院已经成功运行SPD的基础上，在市一北院启动耗材供应链项目，7月起药品也加入了统一管理的范畴。实现了药品、耗材与试剂统一管理，形成稳定的固化模式，得到了院方与业界的一致好评。

5. 药品企业探索增值服务，寻找新的增长点

DTP越来越被行业所青睐。对于患者来说，提供高价值的信息服务，如特殊用药指导、私人疾病管理、咨询服务，也能够获得相对低廉的药价、及时便捷的购买条件以及完善的后续服务。对企业来说，可以及时获得患者用药信息反馈，获得更高的增值收益。上药、国控等企业相继开展此项业务，并呈上升趋势。

零售多样化经营模式，开始显露出成功的端倪。在我国药品零售多元化经营一直是经营者思考、探索的课题。经过多年的实践，上海市的部分药品零售企业逐步走出了个性化的道路，针对某些特定的病种，配备相关的系列商品，如糖尿病、高血压等增加辅助的家庭医疗器械，和疾病有关的生活用品、食品，提供一站式服务。部分企业实行会员制，建立顾客健康档案，下社区开展健康咨询活动，为居民提供便利服务。

6. 社会资本青睐生物产业，促进医药流通发展

上海医药集团旗下医药电商平台上药云健康3月完成1.35亿元A轮融资。作为上海医药战略定义为融通线上线下网络资源、服务和贸易一体化、专注于处方药

O2O 医药电商的上药云健康，以“互联网＋”为核心理念，将致力于打造线上三大平台：电子处方平台、药品数据平台及患者数据平台。8 月再次 A 轮融资后融资总额达 11.12 亿元。老百姓、益丰大药房等以零售药房为主的企业分别完成 A 股上市后，加快在零售门店收购步伐，其中益丰大药房近年来在沪收购零售药店门店数已超过 200 家。

二、 2016 年药品流通行业发展趋势预测

2016 年是“十三五”开门之年，如何抢抓市场机遇，集中优势资源完善网络布局，构建贴近医疗保健需求个性化及服务便利化的新业务组合，强化内部管理并做好价值服务，完善药品供应链安全高效管理，以实现转型升级将成为新常态。医药经济增长速率将进一步变缓；从严监管将严查税改变了医药流通格局，商业模式将会发生改变；医保控费、药品招标、抗生素限用，这都导致医院终端形势严峻；资本及市场竞争压力将提高批发、零售终端的集中度；成本下降与调价可望稳住利润下滑。

1.“互联网＋”将推进药品流通行业转型升级

“互联网＋医药”的发展将使得健康产业的生态型发展加速，构筑全新的药品流通行业智慧健康生态圈。新一代信息技术的推广应用，也将给行业发展带来新的变化，加快营销模式的转型升级，药品企业将利用互联网技术，改善和丰富药品流通渠道和发展模式，或加入医药电商，或参与移动互联、远程医疗、大数据分析等模式的融合发展。

2. 资本市场进一步促进药品流通行业实现跨越式发展

资本市场更加关注药品流通，并不断注入药品流通企业。大量的风投和直接上市给药品企业快速发展带来可能，产业的集中进一步提高。以“互联网＋”完成对传统企业商业模式的改造，以及对消费者需求的准确把握，则可稳步实现行业转型升级，促进药品流通行业效率提升。

3. 药品企业或将面临深度的变革

行业批零一体化将加速推进，更多的大型批发企业开始重视药品零售终端建设，以适应新医改带来的变化。部分零售连锁企业继续借助资本力量加快扩张和布局，实现跨区域发展和规模化经营。而中小型零售企业将继续选择重组方式“联大靠大”，或结成联盟方式，提高抗风险能力。

4. 加速培养专业化人才队伍

“十三五”医药行业人才紧缺仍然是影响行业发展关键。培养各类专业以适应医药行业发展的专业人才，针对行业发展的新趋势，药品流通企业将重点吸收具备医药专业背景、具备供应链管理意识和大数据应用思维的电子商务人才加盟，培养具有网络技术、医药专业、市场营销等专业知识的多元化的跨界人才，为采用互联网技术融合发展提供人才支持。

第三篇

生产性服务业[①]（部分）

① 本报告根据国家和上海市商务部门管理领域和范围，主要关注电子商务、现代物流业、商务服务业等生产性服务业。

第九章　电 子 商 务

一、 2015 年电子商务发展概况

2015 年,上海电子商务发展态势良好,交易总额占市场比重不断提高,对全市经济增长及服务经济发展发挥了重要的促进作用。

1. 规模持续扩大

2015 年上海电子商务交易总额实现 1.64 亿元,比 2014 年增长 21.4%,占到全国电子商务交易总额的 10%左右;B2B 交易额实现 12 312 亿元,比 2014 年增长15.7%,网络购物交易额实现 4 140 亿元,同比增长 42.6%,其中商品类网络购物交易额 2 251 亿元,服务类网络购物交易额 1 889 亿元。"十二五"期间,上海市电子商务交易总额年均增长 31%。

2. 应用领域不断拓展

电子商务从制造业、商贸业、旅游业等重点领域开始,加快向各行各业渗透。互联网金融、跨境电子商务、社区服务电子商务等成为新的亮点,电子商务与咨询、广告、营销等新兴服务业加快创新协作,技术、物流、支付、认证、数据等电子商务支撑服务业不断完善,电子商务产业链体系逐渐形成。厨易时代等垂直类电商则依托网络在社区设置生鲜直投保鲜柜,通过官网、自助终端、手机 APP、微信等多种途径为社区居民提供 24 小时生鲜订购服务。找钢网的钢铁零售,一站式仓储、加工服务、物流配送、供应链金融以及国际电商服务形成的全产业链运营模式,走在全国前列。饿了么等企业整合线下餐饮品牌和线上网络资源,发展网络外卖订餐平台,通过获取处理网络订单,实现大数据分析。途虎等养车服务平台,利用自建物流,统一配送的形式,确保商品质量。实现基于线上下单,自营发货,线下签约门店现场安装的服务模式。

3. 实体与电商转型融合加速发展

实体企业触网、电商企业落地的趋势更加明显。东方网利用存量东方信息苑改造成为智慧屋，融合"城市服务"功能的终端机、网购自提柜及社区 O2O，促进电子商务进驻社区。总部设立在上海的京东到家整合各类 O2O 生活类目，提供 3 公里范围内生鲜、超市产品、鲜花、外卖送餐等各类生活服务项目。我爱我家、齐家网等家居建材电商平台加快在杭州、武汉等地布局线下实体体验店，进一步提升用户体验、拓展全国市场。在 2015 年上海购物节中，五角场苏宁易购云店 2.0 版本，为消费者推出了 300 平方米实景样板房、易付宝快捷支付、互联体验在内的八大品牌与服务；银联用户可通过 PC 端东方 CJ 网站、手机端 APP、WAP 网页等，享受线上支付满额减等活动；百联集团推出了线上秒杀、抢券，线下欢乐折扣等购物体验，实现了线上线下的高度融合。

4. 电子商务总部集聚与对外拓展不断强化

国内外电子商务总部在上海加速集聚，电商企业在丰富本地消费市场的同时，也加快了在全国的发展布局。麦德龙、家乐福等国内外传统商贸企业在自贸区设立全球或亚太电商及跨境电商总部，支付宝总部从浙江搬迁至上海浦东；万达电商于 2015 年 5 月在上海设立总部；顺丰在上海设立第二总部，建设"顺丰国际物流园"项目。1 号店已在北京、上海、广州、武汉、成都等地建设六大运营中心，全国仓库总面积为 30 万平米，在全国 40 个城市自建配送站点近 200 个，在北京、天津、上海、广州、深圳、东莞、苏州、昆山等 8 个城市已实现当日达，全国 166 个城市实现次日达。截至 2015 年第三季度，大众点评月活跃用户数超过 2 亿，覆盖全国 2 500 多个城市及全球 200 多个国家和地区的 800 座城市。除上海总部之外，大众点评已经在北京、广州、深圳等 250 多座城市设立分支机构。上海还纳入"中国省与美国华盛顿州合作机制"，开展"华盛顿州"中美互联网＋商务协同创新论坛，组织推动执行中美互联网＋商务协同发展合作机制，促进双边电商发展。

二、 2016 年电子商务发展重点

上海相关部门将加快营造环境，促进电子商务应用，规范行业发展，推动电子商务持续健康发展。

1. 完善机制和政策保障

一是建立健全上海市电子商务发展联席会议制度，由上海市领导牵头，加强协作机制和规划设计，成员单位包括市发改委、经信委等 23 个部门，联席会议办公室设在市商务委。二是建立问题清单工作模式，梳理形成包括电子商务应用、行政监管规制

和市场准入机制、发展环境建设等方面的全市电子商务发展主要问题清单,集中解决一批包括电子商务政策咨询、电子合同应用、新能源车配送、农产品电商增值税发票等问题。三是进一步完善政策环境,推动出台《支付机构支付业务监督管理暂行办法》等一系列相关配套政策。

2. 实施电子商务示范工程

一是积极开展示范园区和示范企业建设,构建示范城市、示范园区(基地)和示范企业"三个层面"的示范工程体系,推动普陀区中环商贸区及虹桥临空经济园区建设国家级电子示范基地。推动东方钢铁、百联电商等企业成为国家级电子商务示范企业,发挥示范引领带动效应,努力打造电商云集的局面。二是加强市区联动,与普陀区共同推进普陀区"互联网+"商务创新实践区建设,加快互联网与商务工作的深度融合,促进商贸业创新发展。与徐汇区政府共同推动集聚一批国际贸易投资服务机构和人才,发挥它们在国际创新资源利用和整合方面的优势与能力。三是加快智慧商圈试点建设,与市经信委共同对智慧商圈创建试点单位进行评审,确定"智慧商圈"创建活动试点单位。

3. 转变政府管理方式

一是强化政府在企业服务中所发挥的作用。以"三服务"问题清单为驱动和引导,以项目化跟进、联动式解决等方式,为企业解决了包括无人提货柜入社区、跨境电子商务公共平台等在内一批实实在在的难题。二是加强相关领域统计监测,率先在全国建立全口径的"电子商务统计报表制度"。三是加快开展电子发票试点,鼓励开具电子发票。四是加快电子商务标准建设,加快制定电子商务标准框架体系,加快出台《电子商务服务平台入驻商户管理规范》《电子商务服务平台售后服务管理规范》等标准。五是注重电子商务人才培养和引进,将"电子商务师"项目纳入上海基础人才培训系列目录,对电子商务人才基本建成人才居住证、居住证转办常住户口、直接落户的电商人才引进体系。六是健全电子商务物流、支付、认证、信用体系,推进电子商务安全认证体系建设,维护电子商务交易安全,推动电子商务信用规范制定,探索信用建设的有效模式。七是不断完善以快递、城市配送、冷链物流、中转分拨中心等为核心的现代物流服务,建立和完善上海电子商务的物流支撑体系建设。

4. 积极支持电商企业发展壮大

一是加大引导性资金扶持力度,依托战略性新兴产业电子商务专项、促进服务业发展等资金重点支持企业发展。二是培育大型电商骨干企业。从不同的方面支持重点企业发展,1 号店已拥有超过 1 亿的注册用户,并拥有 5 000 万的移动端注册用户,网站流量已达到了每天近 2 000 万人次。大众点评月综合浏览量超过 200 亿,移动客户端累计独立用户数超过2.5亿,闪惠单月交易额已经突破10亿元。通过加强服务和引导,促进电商企业做大做强。三是积极开展跨境电子商务。启动跨境电商一般进口和保税进口模式。四是开展农产品电子商务推广。推动发展生鲜电商,搭建平台,促进马陆葡萄、南汇蜜桃等上海特色农产品网上销售。五是发展医药电子商务。支持国药、上药等建立B2B医药电子商务平台,支持企业发展网上药店。六是推动大型国有企业发展电子商务。支持上海国际集团跨境电商洋码头,推进内外贸融合发展;支持百联集团等国有企业做强电商板块等。七是推进社区电子商务。努力提高社区商业和社区服务的电子化进程,支持建设集成家政、维修、废旧回收、社区咨询等服务第三方平台,逐步提升社区商业的能级与水平。

案例6　挖掘O2O精髓,钻石电商带来新体验

——上海钻石小鸟珠宝商贸有限公司

一、基本情况

上海钻石小鸟珠宝商贸有限公司(以下简称"钻石小鸟")创立于2002年,国内知名婚戒定制品牌,售出了中国互联网上的第一颗钻石,并开创了"鼠标+水泥"的珠宝销售模式,也是国内珠宝O2O模式的缔造者和引领者。钻石小鸟目前在全国共开设14家线下体验中心,为消费者提供一对一专属珠宝顾问式服务。其上海旗舰体验中心占地近2 000平方米,比肩世界顶尖奢侈品的内饰装修,是目前"全亚洲最大的钻石珠宝体验中心"。作为钻石行业的领导品牌,钻石小鸟率先推出婚戒定制服务,为每一对情侣的爱情誓约打造专属的闪耀信物。14年来,钻石小鸟在产品上追求完美、精益求精,甄选全球顶级裸钻,率先推出全球仅0.15%闪耀切割的"北极光"圆钻系列及拥有专利切割的Fire Cushion垫形钻系列,始终坚持对钻石极致品质的追求,以精工工艺打造璀璨臻品钻戒,为消费者带来卓越的钻石体验。成立至今,钻石小鸟累计拥有百万会员,业已成为中国情侣婚戒定制首选品牌。同时,钻石小鸟不断创新,携手国内外知名设计师共同演绎绝美奢华,也成为众多明星偶像青睐的钻饰佩戴品牌。

二、创新做法

1. 全新3EX珠宝体验模式

钻石小鸟上海旗舰体验中心由国际知名奢侈品室内设计师打造,继其荣登目前亚洲最大钻石珠宝体验中心之后,钻石小鸟陆续对线下各大体验中心进行了全方位升级,多元化的舒适体验服务、私密化的顾问式服务、专属化的VIP会员服务,让顾客真正感到舒心、贴心和安心。

2. 入驻移动平台，构筑全渠道营销通路

近年来，随着移动互联技术的发展和智能设备的普及，顾客的消费习惯，尤其是年轻一代的消费习惯开始向移动端转移。作为国内钻石O2O行业的引领者，钻石小鸟一直注重线上渠道的布局。钻石小鸟在淘宝、京东等传统网络商城拥有近20个电商渠道。但是，不论是早期的“鼠标＋水泥”，还是近几年的线下线上融合，钻石小鸟的线上部分主要基于PC端。然而与PC端电子商务相比，基于手机等移动端电子商务具有更强的开放性、包容性、灵活性、便捷性，更易于进行精准的客户识别，进而提供基于地理位置的个性化、定制化服务。

3. 匠心工艺，夯实品牌基础

钻石小鸟对于钻石的品质一直追求完美，精益求精。甄选全球顶级钻石，钻石小鸟独家推出的“北极光”圆钻系列具有独特火彩，在亮度、火彩和闪烁度上，世间仅有0.15％的钻石能够达到北极光的严苛标准；而Fire Cushion垫形钻系列也独具专利切割技术。对于戒托，钻石小鸟对产品工艺要求也在不断升级。最初，钻石小鸟此类产品的生产全部委托国内厂商进行，先后经历三代工艺方面的升级。而到了2014年，钻石小鸟多个系列的产品开始与国外工厂合作，如意大利、日本工厂。虽然会带来更高的成本、更长的时间，但是国外工厂的匠心精神保证产品的工艺是无可挑剔的。

三、取得成效

在过去的14年中，钻石小鸟始终围绕用户体验，进行持续的产品升级、服务升级、品牌升级。钻石小鸟的努力和执著为其带来的是良好的口碑，忠诚的流量和实实在在的业绩。

2015年，上海旗舰店完成了再次升级，不仅给消费者带来了全新的购物体验，也带来了业绩的提升。钻石小鸟不仅在大众点评网口碑数量提升了200％，与此同时在线下的成交率也大幅提高。凭借舒适体验、优质产品和周到服务，钻石小鸟赢得了超高的网络口碑，并最终培养起极具品牌忠诚度的小鸟一族。

四、未来规划

未来，钻石小鸟将进一步洗去O2O模式的浮华，回归商业的本质，为消费者创造卓越的价值和专属的情感体验。在产品方面，重点是向微笑曲线的前端攀升，就是要用匠心精神加强产品设计并提升加工工艺。而在服务方面，则重点是向微笑曲线的后端攀升，就是要综合运用线上线下两个渠道，从可靠性、响应性、安全性、移情性、有形性等几个维度提升顾客的用户体验。秉承匠心精神细细雕琢产品和服务，利用卓越的用户体验构筑品牌口碑，借助口碑的力量进行更广泛的线上引流，再到线下提供卓越的产品和服务，最终构建消费体验的闭环。

案例7 引领"互联网＋"商务全方位发展

——普陀区"互联网＋"商务创新实践区

一、建设背景

在上海建设具有全球影响力的科技创新中心的背景下，结合商务部《"互联网＋流通"行动计划》，围绕普陀区建设上海西部新兴商贸科技区的发展目标，市商务委和普陀区人民政府决定建立紧密合作机制，发挥普陀区区位交通、产业集聚和空间载体等优势，大力实施"互联网＋"战略，加强公共投入和环境建设，以技术创新和商业模式创新为驱动，充分发挥"互联网＋流通"在释放消费潜力、激发行业活力和增加就业机会等方面的重要作用，积极建设上海"互联网＋"商务创新实践区，为全市积累经验。

二、主要内容

重点通过"互联网＋城区""互联网＋商圈""互联网＋平台""互联网＋社区""互联网＋展览"等建设，推动"智慧普陀"，助力"智慧上海"。

1．"互联网＋城区"：加快示范基地建设，促进创新应用

充分发挥普陀区在上海建设国家级电子商务示范城市中的积极作用，围绕建设"产城深度融合，发展低碳绿色，城市设计人性化"的"桃浦科技智慧城"，打造面向未来的智慧城区。主动对接自贸区制度创新和行政审批改革，加快自贸示范区建设，抓紧开展跨境电子商务试点和保税展示等工作。普陀区抓紧完善、提升"互联网＋"诚信建设、人才培训、监测统计等基础工作，不断提升基础设施网络服务能力，推进电子商务与物流快递协同发展。支持普陀区以电子商务示范基地等为载体，开展重点区域和特色领域电子商务创新应用，加快电子商务生态链建设，促进传统产业转型升级。

2．"互联网＋商圈"：推动线上线下互动，激发消费潜力

加快推进"互联网＋"商业转型升级，支持大型实体零售、餐饮、家政、家电维修、生鲜配送等生活性服务企业利用电子商务平台开展网订店取、预约上门服务等业务，为消费者提供全过程全方位的智能化"一站式消费体验"。支持中环商贸区创建国家电子商务示范基地，中环商圈建设智慧商圈，探索传统商贸区域的转型升级。发挥普陀区大型商贸企业总部集聚、相关技术服务企业集聚的优势，支持国内外具有行业特色和优势的电子商务企业入驻普陀区。加快成立普陀区电子商务行业协会，充分发挥社会组织在推动"互联网＋"商务创新实践中的积极作用。

3. “互联网+平台”：推动大宗商品交易，提升功能集聚

加快建设现代市场体系，开展商务诚信体系试点，大力发展平台经济，打造上海市平台经济示范区域。发挥普陀区既有优势，在有色金属等大宗商品交易、二手车市场交易等传统领域推动“交易平台互联网化”，通过制定和发布价格指数等，进一步增强市场话语权，提升引领产业发展的辐射力和影响力。积极利用存量商业资源，发展众创空间，促进大众创业、万众创新。

4. “互联网+社区”：鼓励电子商务进社区，拓展服务消费

将“互联网＋”商务创新实践惠及民生，让社区居民亲身体验“互联网＋”对生活的改变。支持曹杨、长征等智慧社区建设，鼓励探索社区商业发展新模式，为社区居民提供更加安全、舒适、便利的现代化、智慧化生活环境。支持“互联网＋”生活性服务业转型升级，探索“互联网＋”餐饮、菜篮子等服务消费新模式，促进线上线下互动融合。支持传统零售和电商企业相互合作、相互促进，推进社区共同配送，支持电商的线下业务拓展，试点电商线下大型体验中心，开展物流分拨、快件自取、电子缴费等便民服务。推动相关企业、机构成立中国社区电商联盟。

5. “互联网+跨境”：促进跨境电子商务发展，拓展海外市场

加快建立健全适应跨境电子商务的监管与综合服务体系，促进贸易便利。加强知识产权和消费者权益保护，在试点区域协同推进跨境电子商务通关、商检、结汇、退税等环节“单一窗口”综合服务体系建设，提高服务便利化水平。逐步开展涉外会展平台电子商务服务，培育跨国采购会展中心等新型交易平台。支持区内电子商务企业走出去建立海外营销渠道，创立自有品牌，多渠道、多方式建立海外仓储设施，提升全球化经营能力。

三、合作机制

市商务委与普陀区共同建立“互联网＋”商务创新实践区推进工作的长效机制，成立合作创建工作协调小组，召集相关委办局、街镇、重点地区、企业等负责人，进一步明确工作职责，建立工作网络。创建工作组联合调研走访“互联网＋”重点企业，协同帮助企业解决发展中面临的困难和问题。结合普陀的实际情况与优势资源，推介优秀企业、新兴项目与普陀区开展对接。指导和帮助普陀区以具体项目为依托，将“互联网＋”商务创新实践区建设落到实处，目前在“互联网＋”基地、服务、平台、社区、跨境等5方面梳理出47个重点项目，其中“互联网＋基地”项目9个，“互联网＋服务”项目13个，“互联网＋平台”项目12个，“互联网＋社区”项目10个，“互联网＋跨境”项目3个，旨在培育打造一批“互联网＋商务”优势企业。

第十章 现代物流业

一、 2015 年物流业发展概况

2015 年，上海物流业加快转变发展方式，进一步推动了高端资源集聚和功能塑造，为加快上海“四个中心”和社会主义现代化国际大都市建设提供了有力支撑。

1. 产业规模平稳增长

2015 年，上海物流业增加值达 3 044 亿元，比 2014 年增长 7.1%，占全市国民生产总值比重为 12.2%，占第三产业增加值比重为 18%；上海港口货物吞吐量达 71 740 万吨，集装箱吞吐量达 3 653.7 万标准箱，继续保持世界第一；上海航空货邮吞吐量完成 370.9 万吨，其中，浦东机场货邮吞吐量 327.5 万吨，连续 8 年位居世界第三。快递业保持高速增长，近 3 年业务量、业务收入连续保持年均 50%、35%以上增速，年人均快递使用量 53 件，是全国平均量的 5 倍。中国(上海)自由贸易试验区(以下简称“上海自贸试验区”或“自贸区”)建设激发市场主体活力，2015 年，上海自贸试验区保税区域完成航运物流服务收入 1 200 亿元，成为上海国际航运中心和国际贸易中心建设的有力支撑。

2. 质量效率持续提升

物流资源整合与组织效率不断提升，涌现出一批以互联网技术和供应链管理为依托的物流企业，带动传统小微物流企业转型发展，公路物流的信息化、标准化、规范化水平得到提升。物流信息化服务水平进一步提高，智慧物流技术应用不断推广，以电子口岸为代表的物流公共信息平台服务功能明显，口岸通关无纸化改革范围扩大到所有通关现场，报关单无纸化率达 92%以上。物流标准化试点企业标准化托盘使用率达 96%，仓库内人工装卸效率提高 50%，供应链协调作业效率提高 23%。

3. 制度功能突破创新

监管制度创新带动高端物流功能集聚，启运港退税和沿海捎带试点促进上海港水水中转业务发展，海关监管便利化举措推动集装箱国际中转集拼和航空快件国际中转取得突破。2015 年，洋山深水港集装箱水水中转比例达 50%，国际中转比例提升为 10%。国际贸易“单一窗口”试点和“一次申报、一次查验、一次放行”的关检合作机制，促进了监管部门信息互换、监管互认、执法互助，明显降低了贸易物流成本。国际采购、分拨配送、保税展示交易等物流贸易一体化功能快速发展。期货保税交割支持大宗商品交易与物流服务，提升上海价格话语权。先入区后报关、货物状态分类监管、区内自行运输等物流监管创新举措极大便利了物流运作。跨境电子商务物流服务网络逐步健全，从上海自贸试验区内向区外拓展。“互联网＋”物流平台、供应链管理、物流金融和物流大数据等成为新的增长点。

4. 设施网络日趋完善

海空枢纽建设继续推进，外高桥港区六期竣工，洋山深水港四期开工，芦潮港内河港区、外高桥内河港区工程加快实施。空港货运物流设施加快布局，形成了“一市两场”、5 个货运区的空港货运体系。集疏运体系持续优化，内河高等级航道整治有序推进，高速公路总里程达到 826 公里，形成“两环九射”网络结构；铁路集疏运设施加快建设，沪通铁路(南通—安亭段)顺利开工。外高桥物流园区、深水港物流园区、浦东空港物流园区依托上海自贸试验区建设，已经成为联通国际、服务全国的功能性枢纽型物流平台。西北综合物流园区加快转型步伐，西南综合物流园区以电子商务物流等重大项目为载体逐步推进。

5. 市场主体集聚壮大

制度创新进一步激发市场活力，物流业多元化市场主体不断丰富。上海自贸试验区吸引了国内外众多物流产业链上下游企业入驻。一批跨国公司将上海作为全球和区域物流业务整合运作基地，国有物流企业加快体制机制改革，市场活力和竞争力持续提升，一大批民营物流企业总部落户上海，形成了多元化企业共同发展局面。在新技术推动下，上海涌现出一批以“互联网＋”物流为特征的创新型物流服务平台企业，并形成集聚效应。如上海陆上货运交易中心 56135 平台每天发布 100 余万条服务信息，集聚 18 万多家物流企业，其中 80%以上为外省市企业，有效实现长三角、长江流域乃至全国物流企业的区域联动，平台上企业物流平均成本降到 8%以下。电气集团引入供应链运作参考(SCOR)模型，成为国内首家启动供应链管理咨询的国有企业，通过企业流程再造，有效整合物料流、信息流和资金流，建立敏捷高效的供应链管理体系，提升产业综合竞争能力。截至 2015 年底，上海的国家 A 级物流企业已达

165 家，其中 5A 级物流企业 18 家。上海已成为我国注册登记货代企业数量最多、业务最集中的地区；全球四大物流快递企业在上海设立中国区总部，其中，3 家建立了全球转运中心；全国十大民营快递企业中，有 8 家总部落户上海。

二、 2016 年物流业发展重点

上海紧抓国家"现代服务业综合试点"政策机遇，立足上海、辐射全国、瞄准国际，大力开展城市共同配送，积极开展标准化试点工作，创新先进流通技术应用，创新流通治理模式，推动现代物流业健康、有序和快速发展。

1. 推进物流标准化试点建设

加快制订《上海市物流标准化试点方案》，明确加快物流技术、服务模式创新，推进物流业与快消品、农产品、医药、化工等产业融合互动，着力提升产业链上下游协同能力，提高物流效率，着力降低社会物流成本。抓住"一块板"，推进以托盘社会化循环共用为重点的托盘标准化，支持企业带托运输，提高一贯化物流作业效率；依托"一辆车"，开展以新能源车辆为载体的城市末端配送服务标准化，解决最后一公里难题和城市配送车辆通行难题；围绕"一个筐"，实施农产品物流包装标准化，解决农产品流通领域货损率高等问题；面向长三角，建设服务于物流标准化的公共信息服务平台，加大物流标准实施和应用力度，带动平台中小微物流企业整体标准化服务水平提升。

2. 加强区域物流合作

发挥长三角地区现代物流联动发展推进机制的作用，加强与欧洲托盘协会(EPAL)交流与合作，通过引进先进的管理经验和运营模式，对标国际标准，强化长三角标准化合作，推进跨区域的物流标准共享互认，引导企业创新物流应用模式，进一步推动标准化托盘循环共用在沿长江经济带省市的应用。围绕长三角发展总体规划，进一步加强政府服务，完善物流政策，鼓励物流技术创新，培养物流专业人才，形成重要标准共同制定、联合发布等合作模式，共同推进长三角地区现代物流业健康、有序和快速发展。

3. 创新先进流通技术应用

大力推广应用现代管理方式和先进技术，带动流通效率大幅提升。健全支持流通企业创新投入的政策，推进流通领域技术先进型服务企业建设和认定工作。布局一批物联网和供应链管理技术应用重大战略项目，实施流通业流程再造。重点推进基于大数据的精准信息服务、基于第三方支付及互联网金融的支付服务、基于城市智慧物流配送服务等技术的示范应用。

4. 创新流通治理模式

构建以商务信用为核心的新型流通治理模式,形成市场主体自治、行业自律、社会监督、政府监管的社会共治格局。实施市场准入负面清单管理模式,制定发布《行业准入后行政管理目录》,搭建商务诚信公众服务平台,健全行业事中事后监管网络,将登记类、资质类、处罚类信息归集公共信用信息平台,并在事中事后监管中增加诚信承诺、诚信核查和信用奖惩等措施。

案例8 科技助力,快递企业优化升级

——顺丰自动化配送枢纽中心(一期工程)

一、基本情况

顺丰紧跟改革步伐,不断开拓创新,推动寄递服务质量和效益提升。为承接电子商务迅猛发展的需求,构筑坚固的快递供应链,顺丰投资17多亿元在青浦区华新镇购置场地,倾心打造顺丰自动化配送枢纽中心项目,竭尽全力将此其建设成为集团第二总部及行业标杆。顺丰自动化配送枢纽中心(一期工程)项目为总项目的第一期,总投资2.79亿元,引入国际先进技术、设备和管理理念,搭建高端、坚实、宏大的信息技术平台,助推快递分拣配送实现真正意义上的自动化、高效化、精准化,以科技力量推动公司发展并带动区域经济发展,从而为引领同行共同发展、推进快递业转型升级做出表率。

二、主要特色

顺丰自动化配送枢纽中心(一期工程)项目两层分拣中心建筑面积52 352平方米,每个楼层均配备了自动分拣系统,能连续、大批量地分拣货物,可实现24小时连续运行,运行速度达2米/秒,600个分拣方向,每小时小件分拣处理量达6万票。通过先进的智能地址解析、智能地址匹配、分布式数据处理、J2EE平台技术、光纤与NAS存储、VPN与光纤网络、PDA手持终端等高端技术所获得的精确的分拣路径信息等,充分保证分拣时效和精准,识别准确率可达99.99%,分拣误差率极低,同时可大大节省人力、物力、时间成本,减少能耗,在"按目的地城市完成初分拣"和"根据收货地址和网点划分完成细分拣"操作中提供有力支持,为提升整体营运效率奠定坚实的基础。

三、取得成效

1. 经济效益显著,提质增效

项目启动后,可实现自动分拣处理量69.5万件/日,较传统分拣系统处理能力每

天提升40万件；自动分拣目的地600～700个；自动分拣小件输送量每小时不少于6万件；预计至2020年，可实现处理量214万票/日，2025年达到736万票/日，可充分应对上海市2020年高增长业务需求。预计年新增销售收入约7 900万元，年新增利润约790万元，年纳税额达1亿元左右，每年新增就业岗位600个左右。

2. 社会效益突出，节能降耗

项目所引用自动分拣设备合乎人性化标准建设，具人体工效的工艺流程设计，皮带输送线以立柱布置在高空，可充分利用整个立体空间，空间利用少，并且设备选用国际知名品牌，具安全和质量保证，可确保每名操作员按照规范操作维持高效，劳动强度低，人员投入可减少50%左右。项目投产后，以先进的传动系统优化可减少能耗10 500千瓦时/年，二氧化碳释放减少146吨/年，总节能达86.9%，节能效果明显，完全符合国家节能减排政策规划要求及世界绿色低碳发展的理念。

3. 国际差距缩小，转型升级

项目所引用自动化分拣设备及分拣系统，达国际领先水平，在分拣处理效率和精确率上均将有很大提升，这为提升顺丰寄递服务时效和服务质量大大加码，同时也为引领行业朝着高科技方向转型升级、共铸我国民族快递品牌实力起到强大助推作用。

第十一章 商务服务业

第一节 会展业发展态势

一、2015年会展业发展概况

2015年，在国发15号《关于进一步促进展览业改革发展的若干意见》的引领下，上海会展业发展势头良好，亮点纷呈。

1. 行业发展稳中求进

2015年上海共举办各类展会851个，比2014年增加12.7%，展览总面积达1 513万平方米，比2014年增长22.0%。其中，举办国际展项目292个，比2014年增长4.3%，展览面积1 124万平方米，比2014年增长24.8%；国内展项目559个，比2014年增长17.7%，展览面积389万平方米，比2014年增长14.4%。2015年举办的展会中，举办面积5万～10万平方米的32个，10万～20万平方米的24个，20万平方米以上的8个。

2. 浦东浦西渐趋均衡

随着国家会展中心全面投入使用，浦东、浦西办展规模渐趋均衡。2015年，浦东、浦西主要展览场馆承接的展览会总面积分别为718.6万平方米和616.8万平方米，打破了往年浦东占比70%以上的情况。

3. 国际化程度继续提高

2015年，上海举办国际展览会项目占总项目数34.3%；展出面积占总展出面积的74.3%，国际化程度继续提高。国际展平均规模也有较大提升，从2010年的2.49万平方米提高到2015年的3.85万平方米。展览会项目的市场化和专业化分别达到98%、95%以上。

4. 会展企业性质多元

会展企业呈现出多元化发展态势，从会展行业协会评出的2015年"主承办十强"企业的性质来看，国有、外资企业各占40%，民营企业占20%。随着发展环境的不断优化，上海会展业的吸引力和辐射力进一步加强，大量外省市主办企业，如广州中贸、武汉尚格、青岛海名等纷纷在上海布局，并加入行业协会。

二、 2016年会展业发展重点

2016年，上海会展业将加快推进企业资质评审和信用体系建设，加快制订地方展览系列标准等，促进行业平稳有序发展。

1. 加快推进企业资质评审和信用体系建设

在现有9家已通过资质复评的展示工程企业及21家通过初评的展示工程企业的基础上，继续公平、公正地做好新一轮的企业资质评审工作。同时，与第三方评估机构合作，在长三角国际展会参展商信用信息核查产品的应用推广（一期）项目的基础上，加快探索行业信用体系建设，并将范围扩展至长三角区域，带动会展业良性发展。

2. 加快制订地方展览系列标准

与市质量技术监督局协作，积极推进《展览经营与服务规范》系列标准——"场馆经营单位"的服务规范、"展览项目等级评估"这两个地方标准的编制工作。

3. 积极推进会展人才培训

开展业内从业人员的培训工作。继续做好会展管理（中级）认证培训班工作，无论从课程的设计，还是师资的配备，强调务实和对培训人员职业能力的提升。根据具体业务发展的需要，探索会展管理初级培训。将继续探索实践会展管理初级培训模式，以便形成可复制的经验加以推广。

4. 加强合作交流

发挥会议活动专委会作用。加强与市旅游局、市统计局、市旅游协会等相关部门和组织沟通，构建会议数据统计体系，整合相关会议产业资源，加强会议产业链上企业团体的交流合作，并建立起长期稳定良好的合作关系，实现资源共享。

第二节 拍卖业发展态势

一、 2015年拍卖业发展概况

2015年，受宏观经济增速放缓的影响，全国拍卖行业经营出现了明显下滑，但是，上海拍卖行业克服了政策环境变化、市场竞争加剧等诸多不利因素,逆势领跑。

1. 行业总体发展平稳

2015 年,上海拍卖业拍卖成交额 465 亿元,比 2014 年增长 30%,占全国拍卖市场成交总额的 10%;全年拍卖场次 2 720 场,比 2014 年增加 21 场,创历史新高。网络拍卖发展迅速,2015 年,上海网络拍卖成交额为 228 亿元,占总成交额的 49%。

2015 年末,上海市共有拍卖企业 238 家,比 2014 年增加 23 家;从业人员 3 300 人,其中拍卖师 400 人,比 2014 年略有增加。全市现有拍卖企业等级评估 A 级以上资质企业 47 家,其中 AAA 级 14 家,AA 级 22 家,A 级 11 家。具有文物拍卖资质的企业 70 家,具有公物罚没物资拍卖资质的企业 32 家,承担司法委托拍卖的企业 33 家。2015 年,拍卖成交额 1 亿元以上的企业 46 家,合计成交额达 417 亿元,占总成交额的 96%。

2. 行业结构特征鲜明

一是无形资产拍卖回升明显。无形资产拍卖一直是上海拍卖行业的传统优势项目,历年来以上海国拍、上海拍卖行等为代表的拍卖企业在无形资产拍卖方面都处于国内龙头地位。2015 年,在市场和企业共同发力下,无形资产拍卖成交额比上年增长 18.3%。二是房地产拍卖大幅增长。2015 年,上海房地产拍卖成交 189.41 亿元,比 2014 年增长 75%。取得这一历史性的业绩,一方面是因为上海房地产市场出现了阶段性的火热趋势,另一面是因为房地产拍卖业务大部分来源于法院委托和机构委托。此外,拍卖机构主动出击,加强项目策划、招商宣传,做好售前、售后服务,用专业的服务赢得客户满意和信任,也积极地促进了房产成交。三是艺术品拍卖近 3 年来首现下滑。2015 年,上海艺术品拍卖成交 35.59 亿元,比 2014 年下降 26%,这是上海艺术品拍卖市场近 3 年来首次出现下滑。从全国艺术品拍卖市场来看,从 2012 年到 2015 年间,全国文物艺术品拍卖市场持续下行回调。上海艺术品拍卖整体成交额虽有下滑,但也出现了首件“亿元成交拍品”,尖端市场初露尖角,艺术消费逐步兴起,新的业务亮点不断涌现。同时,各拍卖企业积极增加大众化的艺术专场,中低价位拍品数量持续上升。

3. 行业贡献突出

2015 年,上海拍卖业实现税收 1.46 亿元。拍卖业积极参与社会公益事业,通过慈善义拍等方式向社会奉献爱心。2015 年,上海拍卖企业举行慈善义拍 35 场,为慈善机构筹得爱心款 3 200 余万元;拍卖企业直接向慈善机构捐款 210 余万元。2015 年,上海拍卖业实现佣金收入超过 9.66 亿元,占全国佣金收入的 15.7%;行业资产规模 29 亿元,营业利润 2.6 亿元,利润总额 3.62 亿元。

二、 2016 年拍卖业发展重点

2016 年，上海拍卖业呈现线上线下、专营兼营融合联动发展的新趋势，行业将积极推进服务创新，满足新的需求。

1. 迎接拍卖市场“跨界、兼容”

随着商事登记制度的改革，新修订的《拍卖法》《拍卖管理办法》明确了企业从事拍卖业务只需取得拍卖经营批准证书，这意味着企业只须取得拍卖经营资质即可“兼营”拍卖业务。对此，将有一些原本从事互联网、金融、二手车等其他经营的企业进入拍卖行业，他们自身已有的技术优势、资本优势、人才优势既是对行业注入的新鲜力量，也会给传统意义上“专营”拍卖的一些企业和专业领域带来一定的调整。行业的“跨界”将越发频繁。

2. 推进“互联网＋”与拍卖行业的融合

目前，很多互联网企业已经向拍卖市场伸出了触角，并且大有“颠覆、再造”之势，而作为传统拍卖企业，更要主动地拥抱“互联网＋”带来的新领域和新变革，给委托方带来价值，为客户带来便捷体验。上海拍卖行业在互联网应用方面起步较早，有比较好的基础，除了公拍网承担公共资源网络拍卖之外，一些企业的民品、艺术品网络拍卖已经实现了常态化，“微信拍卖”也正在兴起，并且创造了一定的品牌。拍卖企业可以借助互联网的特点，积极拓展经营思路，打造差异化、专业化发展路径。

第三节　典当业发展态势

一、 2015 年典当业发展概况

2015 年，上海典当业发展呈现小幅反弹，是连续两年下滑后的首次反弹。

1. 典当业总体发展情况

2015 年，上海典当业完成典当总额 466.44 亿元，比 2014 年增长 3.8％；典当业务笔数总计 35.1 万笔，比 2014 年下降 6.9％(其中：新当笔数 12.1 万笔，续当笔数 23 万笔)；典当收入 10.5 亿元，比 2014 年增长 6.1％。2015 年，典当业资金周转次数 7.22 次，平均息费率 2.1％，应交税金 1.24 亿元。2015 年末典当余额 64.57 亿元。

2015 年末，全市典当企业为 256 家(其中新设典当企业 4 家)，分支机构 69 家(其中新设分支机构 1 家)，共计 325 家典当经营网点。占全国 8 978 家经营网点的 3.6％。

2. 行业各项业务发展特点

房地产业务增长明显,整体行业业绩得以稳定。2015 年房地产业务比上年有近 5%的明显上升,所占比重也增至 58.3%。作为一线城市,上海房地产业非常兴盛,房地产已成为典当客户最为便捷的抵押物之一,典当业从事房地产正是找准定位,利用这一市场优势,依靠这一兴盛市场,让房地产业务成为行业最主要的业务,起到了稳定行业整体业绩的重要作用。

民品业务在逆境中求转型,在转型中得发展。2015 年民品业务继续保持两位数的快速增长势头,业务额首次突破百亿大关,所占比重增至 23.7%,有高达 192 家企业开展该项业务,可以说民品业务得到了全行业的重视,已成为行业转型发展的主阵地,其行业增长发动机地位不可动摇。业务品种也从原先贵金属饰品、钻石或有色宝石、世界名表等,拓展到古玩字画、翡翠玉石等艺术品,以及数码产品、名牌箱包等消费品。除此之外行业正利用"互联网+远程鉴定"或 QQ 群、微信群等平台打破原本民品鉴定限制,不仅提升企业的工作效率,方便了广大客户,而且整合了行业资源,实现了典当企业之间的互助互通。

生产资料业务继续呈萎缩态势,企业数量进一步萎缩。2015 年生产资料业务比上年下降 18.7%,所占比重跌至 5.6%,虽然该业务下跌幅度有所放缓,但继续呈现萎缩态势。所从事企业进一步减少,仅为 26 家。从事业务品种以建材、机器设备、非钢材类生产原料等为主,钢材类生产资料业务进一步萎缩。

财产权利业务下滑步伐不减,发展空间有限。2015 年财产权利业务比上年下降 14.5%。该业务自流通股典当的限制以来,下滑的步伐一直未停,所占比重也跌至近年来最低,占 10.4%。大部分业务规模还是集中在少数典当企业中,企业法人股或仓单提单已成为主要业务品种,难觅新发展方向。

机动车业务连增后略跌,发展步伐比较稳健。近年来机动车业务一直保持稳定小幅增长,虽然 2015 年比 2014 年下跌 1.7%,但稳健的发展步伐未改变,不过机动车业务所占比重仍然处于低位,仅为 2%,还属于边缘业务,发展的空间还很大。

二、 2016 年典当业发展重点

2016 年,上海典当业面对新的困难和挑战,将通过加快创新转型,加强信用建设,推动行业可持续发展。

1. 加快业务结构的调整优化

明确行业服务的目标群体,引导行业向一般居民消费者和小微实体经济融资服务的业务结构转型，有选择地针对特定的客户群体开展业务，从而保证业务的特性和业务的可控性。充分发挥典当业的经营特点，引导行业向短期小额的典当业务发展。在多层次的金融服务体系中，典当业的小额、短期是起到了救急解困的社会作用，是其他金融机构所不具备的融资业务特性。

2. 推动“互联网＋民品典当”发展

夯实行业的传统业务，继续引导行业向民品业务发展。民品业务作为行业独具特色的业务，是支撑典当业生存和发展的法则，同时要延伸和拓展民品业务的理念和范畴，业务品种的拓展，加速推进“互联网＋民品典当”在全行的实施。

3. 引导产权业务多元化发展

调整房地产业务结构比例，引导行业向动产、财产权利方向发展。随着房地产业务在行业结构中不断提高，而房地产市场的经营风险不断增大，不确定因素加剧，行业要平衡业务结构，齐头并进，改变一条腿走路的局面。

4. 完善行业发展环境

进一步完善法律法规、政策等环境，严查非法集资等原则问题，加大对守法合规企业的扶持力度，加强征信建设，保障行业健康发展。

第四节　融资租赁业发展态势

一、 2015 年融资租赁业发展概况

2015 年，上海融资租赁业实现快速发展，行业规模持续扩大，内资试点、外商投资、金融租赁等由不同部门监管的融资租赁企业齐头并进，整体发展势头良好。

1. 行业规模持续扩大

截至 2015 年末，国内外各类投资者在上海投资设立约 1 600 家融资租赁公司，占全国融资租赁企业的 1/3 以上，已成为全国融资租赁行业集聚度最高的城市。其中，金融租赁公司 6 家，内资试点公司 18 家，其余为外商投资融资租赁公司。

2. 服务对象更加广泛

目前，融资租赁已涵盖农业、工业和服务业等领域，并从航空、船舶、工程机械等逐步向节能环保、医疗设备，甚至文化传媒、高端消费等扩张。承租对象也开始向中小企业扩展，约有 1/6 的租赁公司专注服务中小企业。如上海电气公司 98.9％的客户为中小企业，累计为国内 2 367 家企业提供 94.2 亿元的设备融资服务。

3. 自贸区集聚效应明显

上海自贸试验区自成立以来，快速形成了融资租赁企业集聚。截至 2015 年末，

上海自贸试验区保税区域共设立融资租赁企业 1 771 家,其中母体公司 1 384 家,特殊项目子公司(SPV)387 家,累计注册资本 4 511 亿元人民币。其中既有交银租赁、东航租赁、中飞租赁等从事飞机、船舶、大型设备等融资租赁大项目的"巨无霸",也有服务中小企业以中小型设备为主的小型租赁公司。截至 2015 年三季度,保税区域内累计运营 235 架飞机,48 艘远洋船舶,大型设备包括发电机组、液压挖掘机、医疗设备、煤矿设备等,租赁资产总额达 2 110 亿元人民币。

4. 社会贡献度不断提高

整个行业纳税贡献度大。根据上海市税务局提供的数据,截至 2015 年 8 月,有税务登记的企业 1 005 户,有税收贡献的企业共 469 户,税收总额 25.84 亿元。共有 10 户企业纳税信用等级为 A 级,115 户为 B 级,6 户为 C 级,无纳税信用等级为 D 级的企业。此外,融资租赁日益成为解决中小企业融资难、融资贵的有效途径,约 1/6 租赁公司的业务专业服务于中小企业,服务客户遍布全国各地。

5. 多领域实现创新突破

各类融资租赁企业在业务模式、融资方式等方面不断进行创新突破。如中电投融和融资租赁有限公司通过交通银行上海市分行组建了总额 55 亿元的国内首个多品种混合银团贷款,该贷款横跨自由贸易账户和普通账户两个账户平台,涵盖 3 类融资品种,是全国融资租赁行业中的首个综合性银团;交银租赁是首家成功签约跨境人民币境外借款的非银行金融机构,并于 2010 年、2014 年成为首家成功发行金融债券及租赁资产证券化的金融租赁公司。

6. 各路资本争相涌入

融资租赁行业持续高速增长的发展势头,吸引各路资本争相涌入,不少上市公司、大型企业集团、券商、PE 等都积极布局融资租赁产业。中船、中建投、中电投、中国远洋海运等央企,海通证券、光大证券、国泰君安等券商,贝恩资本、TPG(德太投资)等国际著名私募都纷纷进入融资租赁行业。

7. 企业竞争力不断增强

企业服务模式不断创新,推出租赁担保、租赁保理、转租赁、联合租赁、杠杆租赁等新型业务模式,融资租赁渗透率和专业化程度显著提高。目前,已涌现了交银租赁、招银租赁、远东租赁等资产超过千亿规模的国内龙头企业,中航租赁、平安租赁、电气租赁、海通恒信租赁、聚信租赁等一大批专业化品牌企业。

二、 2016 年融资租赁业发展重点

2016 年,面临经济结构转型,固定资产投资增长放缓的新形势,融资租赁业也面

临新的挑战，重点从培育市场主体、完善发展环境等方面进一步推进行业发展。

1. 积极培育市场主体，不断拓宽融资租赁服务领域

鼓励融资租赁公司通过兼并重组、增资扩股等扩大规模、拓展业务，形成一批具有核心竞争力的行业龙头企业。支持有实力的融资租赁公司开展跨境租赁和跨境兼并，培育跨国融资租赁集团。鼓励融资租赁公司在飞机、船舶、工程机械等传统领域做大做强，积极拓展新一代信息技术、高端装备制造、新能源、节能环保和生物等战略性新兴产业及文化产业等新领域投融资渠道。同时，鼓励融资租赁公司参与基础设施、新兴服务业等领域发展。支持开展跨境租赁，鼓励通过融资租赁引进国外先进设备，扩大高端设备进口，推动大型设备制造企业“走出去”开拓国外市场。支持自贸试验区先行先试，促进融资租赁业集聚发展。

2. 支持自贸试验区先行先试，促进融资租赁业集聚发展

继续加大对融资租赁业的扶持力度，设立专项资金，鼓励和支持融资租赁公司开展业务运作。加强对融资租赁公司的专业化服务，引进专业化的第三方机构，提供管理咨询、行业培训等服务。支持符合条件的融资租赁公司设立专业子公司和特殊项目公司。放宽内资融资租赁试点企业举借外债资格条件中的外贸进出口权、净总资产比例以及盈利状况等的限制。支持融资租赁公司开展人民币跨境融资业务。设立绿色通道，便捷通关手续。

3. 深入推进制度创新，完善融资租赁行业发展环境

进一步转变管理方式，简化工作流程，促进各类融资租赁公司协同发展。进一步简化相关行业资质管理，如放宽对融资租赁公司购买资质要求，放宽融资租赁公司申报医疗器械经营许可或备案的条件，取消企业库房场地设立的要求等。加快完善融资租赁物登记公示制度，对符合规定的，登记部门应当依法及时办理，对于国家未有明确登记机关的，应在中国人民银行征信中心的“融资租赁登记公示系统”办理融资租赁登记，并公示。对有接入意愿、自身业务发展和系统建设较好的融资租赁公司（金融租赁公司除外），由中国人民银行上海总部积极稳妥有序地组织开展接入人民银行金融信用信息基础数据库的试点。

4. 切实落实各项政策，完善政策扶持体系

落实国家和本市各项扶持政策，支持实际使用者申报政府相关产业引导资金，落实国家融资租赁相关税收政策，引导融资租赁公司加大对中小微企业的融资支持力度，扩大融资租赁出口信用保险规模和覆盖面。加大对融资租赁公司的支持力度，鼓励融资租赁公司通过各种方式融资，鼓励股权投资基金、创业投资基金等各类资金进入融资租赁业。支持设立融资租赁产业基金，引导民间资本增加投入。

5. 完善公共服务，强化风险防范和监管工作

完善行业监管机制，建立监管指标体系和监管分类评级制度，鼓励融资租赁公司进行信用评级，加强行业风险防范，强化对重点环节及融资租赁公司吸收存款、发放贷款等违法违规行为的监督，加强风险监测、分析和预警，建立企业报送信息异常名录和黑名单制度，加强融资租赁公司信息报送管理，建立部门间工作沟通协调机制，加强信息共享与监管协作。积极推进租赁行业协会的组织建设，开展多层次的融资租赁人才培训，制定行业规则，研究行业发展方向，加大对融资租赁理念和知识的宣传与普及力度，不断提高融资租赁业的社会影响力和认知度，为行业发展营造良好的社会氛围。逐步建立统一、规范、全面的融资租赁业统计制度和评价指标体系。

第十二章 平台经济

一、 2015 年平台经济发展概况

2015 年,上海平台企业积极应对严峻复杂的经济形势,努力开拓国际市场,深耕国内市场,不断适应生产和消费需求,平台经济整体发展稳中有进,线上经济与线下经济进一步融合。

1. 总体规模趋于平稳

2015 年,上海平台经济交易规模达 1.6 万亿元,比 2014 年增长 11.4%,增速高于全市商品销售总额。分类型看,大宗商品贸易平台 23 家,消费品和生活服务平台 42 家,专业配套服务平台 35 家,跨境电子商务平台 3 家。分规模看,上百亿级平台有 16 家,其中千亿级平台 4 家,百亿级平台交易额之和占全市平台交易总额 93.5%。上海已在汽车、钢铁、有色、石化、天然气、食品、医药、物流资源、生活服务等领域,培育了一批服务、辐射长三角及全国市场的功能性平台,如在大宗商品领域,有色、石化、钢铁行业现货贸易额已分别占全国的 60%、20%和 15%。2015 年,主要钢铁电商平台如欧冶云商、找钢网、上海钢联等分别实现 31.5%、26.4%、25.1%的增长,钢铁电商业绩看好。上海石油化工交易中心交易额比 2014 年增长 39.7%,上海化工交易的交易额增长近两倍,化工交易迎来高速上涨态势。在消费品和生活服务、专业配套服务领域,平台线上线下融合发展,通过互联网完成交易额增长 18%。在跨境电子商务领域,平台异军突起,虽仅占平台交易总额的 1.4%,但增速达 17%以上,发展空间较大。

2. 大宗商品贸易平台及跨境电子商务平台快速发展

从分类平台发展来看,一是大宗商品贸易平台交易额超过 1.3 万亿元,在外部经济环境不振、钢材价格下降的形势下,仍实现了 6.2%的增幅,目前,10 家大宗商品现

货市场建设方案已通过评审，其中 6 家已上线运营开展大宗商品现货保税交易，实现了交易标的、交易参与方和交易价格的国际化。二是跨境电子商务平台全年实现 30.8%的增长，较 2015 年首季度增速翻番，如亿贝全年交易额达 226 亿元，商品数达 4 亿件。洋码头全年交易额增长近 9 倍，11 月“黑色星期五”活动当月交易额超 5 亿元人民币。国美在线 12 月 7 日宣布正式进军 O2O 跨境电商领域，启动海外购首站“日本国家馆”。反映出上海跨境电商平台快速发展。

3. 服务消费类及主副食品类交易额增长迅速

从平台交易的特点来看，2015 年，服务消费类及主副食品类交易额增长迅速。一是服务交易额 1 567 亿元，增速高于同期 B2B 交易额增速 19 个百分点。服务类交易额中，旅游服务类占比 54.5%，比 2014 年增长 32.7%。文化娱乐服务增长 188%。家装、旅游、餐饮、影视娱乐等专业化消费平台快速发展，有效刺激了消费需求。二是主副食品交易额增长迅速，较 2014 年增长近一倍。粮油、食品、饮料、烟酒在内的主副食品在线交易额比 2014 年增长 95.7%，在线消费已渗入到居民日常饮食需求。1 号店全年交易额中，主副食品交易额占 1/3。

二、 2016 年平台经济发展重点

2016 年，进一步推动传统商品市场转型，培育一批“百、千、万”亿能级的商品和服务市场，加快构建统一开放、竞争有序的市场体系。

1. 争取相关政策先行先试

紧紧抓住自贸试验区、国家内贸流通体制改革等试点机遇，加强与国家有关部门沟通协调，对平台经济发展中需要在国家层面统一协调落实的涉税问题，积极争取在本市开展相关试点，实现政策突破。

2. 推进“平台经济示范区”建设

在浦东、虹口、闵行、宝山、嘉定、奉贤等区，持续推进平台经济创新发展示范区建设，重点推广先进技术应用，培育一批新技术应用项目，如在商业转型升级中推广 AR、VR 技术应用，在追溯体系、标准体系建设中，推广 RFID 技术应用运用，力争将平台企业纳入高新技术企业认定范围。

3. 打造自贸试验区内面向国际的大宗商品交易平台

依托上海自贸试验区，以有色金属、钢铁等领域为突破口，推动期货市场和现货市场联动发展，加快构筑面向国际、服务全国的多层次商品体系，着力研究制定仓单互认互换、联动定价机制、衍生品研发等制度，推进监管信息共享、规范标准统一，仓

储、结算、保险等配套服务,加大金融市场服务实体经济的力度。

4. 建立平台型市场商务信用应用管理机制

以培育市场信用子平台为抓手,推进市场综合信用评价机制建设。在基础条件较为成熟的家居流通、网络零售、大宗商品交易等领域,以平台型企业为重点,加强指导,建立各领域的"商务诚信评价导则",建立子平台征信、评信和用信机制,并推动市场子平台与商务诚信公众服务平台的对接。

案例9 软硬件全面改造,交易市场加快转型

——上海二手车交易服务平台

一、基本情况

上海二手车交易服务平台以二手车交易市场的形态创新、服务功能创新、管理功能创新为主线,有效整合各类资源,推动形成以线上业务(二手车网络拍卖、信息服务、交易服务管理三大平台)功能为核心,以线下配套设施(二手车综合商务服务、品牌展销两大中心)和智能管理系统为支撑的二手车行业O2O公共服务平台,开创性地建设上海二手车线上线下联动发展的交易服务模式。项目位于上海市嘉定区江桥镇博园路和解放岛东环路,占地总面积7.5万平方米,建筑总面积9.1万平方米。项目总投资预算约4.2亿元。项目建设周期为2012年11月至2015年4月。

二、主要内容

1. 建设二手车交易服务"三大"平台

一是信息服务平台,整合二手车相关信息,全面提升二手车信息透明化程度和交易规范化水平。二是网络拍卖平台,包括即时拍、置换拍、会场拍,充分发挥平台快速便捷、辐射面广的优势,进一步拓宽二手车收购、销售渠道,扩大贸易规模。三是交易服务管理平台,通过进一步完善和提升,确保上海市二手车交易办证业务规范、便捷开展。

2. 建设二手车品牌展销中心

创建建筑造型体现时代特征、室内展示和室外展示相结合,具有国际现代化水准、集聚中高档品牌的二手车展示和经销新模式。

3. 建设二手车综合商务服务中心

依托市场新址建设,健全商务服务功能体系,全面提升市场综合服务能力,为广大消费者提供全方位、多样化、一站式服务。

4. 建设智能管理系统

运用计算机技术和网络技术,建设二手车智能化管理系统,提升市场管理的现代

化水平。

三、取得成效

实现二手车信息公开、线上电子商务和线下交易服务标准化运行。一是二手车信息发布平台,通过整合交易车辆相关信息,建成集车源信息(含车辆基本情况、备配备件、外观及内饰照片)、车辆型号和技术参数、在用状态,尤其是保险理赔、第三方质量认证信息、基准价格发布信息,以及行业资讯、服务指南、经销商介绍、邮箱和微信互动等功能为一体的"二手车在线"网站,成为行业中车源信息最多、基础信息最全、数据准确可靠、信息实时更新的公共信息服务平台。二是二手车拍卖平台,形成即时拍、会场拍等多样化拍卖模式,具有固定的拍卖场所,为市场拓展二手车拍卖业态,尤其是开展以电子竞价为主的二手车交易新业态进行有益探索,积累新的经验。三是二手车交易服务管理系统,通过对现有二手车交易服务和管理网络系统的车辆展示、查验、评估、交易登记、办证审核、内部交接、客户查询、政府部门专项管理等多个子系统的进一步完善,不断提升交易服务和管理层次。如在全行业推行二手车查验远程审核和监控,通过运用摄录像设备实时监控,实现车辆照片无线上网,以及相关资料网上传送,促使上海市二手车查验质量得到新的提高。又如配合政府部门在上海市推行二手车在用额度统一并轨拍卖的新政,充分运用网络系统对配套实施的二手车交易周转额度情况进行各环节、全过程实时控制和反映,成为政府部门和行业对全市二手车交易提供服务和加强管理的有效载体和技术支撑。

形成车辆档次分层、经营模式多样、各种业态并存的二手车卖场。通过对展销中心各层的分档定位,既有兼容品牌二手车经销商自主经营、市场二手车帮卖、线上电子商务等多种交易模式和交易业态,并以经销高中档车辆为主的卖场,又有主要适应上海市白领阶层和市外批量购车消费需求,并以经销中档二手车为主的卖场;还有为丰富市场展销车辆的车型车种,满足不同层次的二手车消费需求,扩大市场二手车交易规模,并以经销中低档二手车为主的卖场。项目完成后,整个展销中心的展示车辆约为 2 500 辆,将成为上海市二手车行业中展示车辆最多、经销模式最全、交易业态最新的二手车市场。

拓展二手车配套服务功能,为提升市场在行业新格局中的竞争优势创造良好的交易软环境。围绕二手车交易线下配套服务,在不断完善二手车查验、展示、评估、交易、办证,以及信息发布等功能的基础上,进一步拓展配套服务功能,如与银行合作,为经营企业扩大经销规模,提供融资贷款担保。目前试运行期可贷资金额度为 2 000 万元,项目建成后,将争取形成可贷资金 1 亿元以上的规模。又如引进银行、税务、保险等机构,全方位为二手车经营企业和消费者提供资金结算、税收解缴、车辆保险等便利服务。同时引进二手车整理、美容等后端服务商，在提供二手车交易一站式服务的同时，为全面实现二手车交易售后质保服务创造条件。

健全二手车场内管理系统，实现市场对展示和经销车辆管理的标准化、网络化和智能化目标。通过开发和应用以交易车辆进出及库位管理为主要内容的市场管理系统，对市场车辆进出、定位展示和交易环节等全过程实行有效监控和管理，形成集交易车辆相关信息采集(含外观照片拍摄)、车辆展示证打印、车辆定位监控、车源信息自动传输，以及对退牌二手车和涉及贷款抵押车辆实施门禁控制等为一体的全方位管理系统，并与二手车信息发布、二手车交易服务管理等系统相连接，成为市场线下交易环节十分重要的基础管理系统，对上海市各二手车市场具有引领、示范和可复制作用。

案例 10 发挥平台效应，完善现代化工流通服务

——上海市现代化工专业服务平台

一、基本情况

上海市现代化工专业服务平台作为上海华谊(集团)公司转身现代服务业的一个重要举措，为满足上海化学工业区建设和生产的化学品物流服务需求，突出为化工原料、化工产品提供安全可靠的配送、分拨和储运等物流服务，依托信息技术、网络技术和数字技术，拓展化工物流服务新方式和新业态，依靠科技进步提高服务质量、拓宽服务业领域，打造专业化的现代化工专业服务平台。项目总投资 2.4 亿元。

二、主要内容

华谊集团规划“上海市现代化工专业服务平台”，以上海化工区为主阵地，整合华谊旗下化工贸易和化工物流服务资源，以信息化提升专业化服务，实现包括仓储配送中心管理服务、大宗化工物资电子商务交易服务、安全管理信息服务、化工信息大数据服务等四大主要功能。

1. 仓储配送中心管理服务

天原集团下属华谊天原化工物流有限公司在上海化学工业区 E4 地块，建设乙类仓库 3 个，丙类液体仓库 2 个，丙类固体仓库 2 个，根据仓库建设需求，改造并增加相应配电、电信设施，仪表自控系统，消防喷淋系统，空调通风系统，事故应急设施，建设相应辅助用房和装卸场地等，项目新建总建筑面积超过 5 万平方米。

2. 安全管理信息服务

以建设“安全文化”为抓手，通过开展“打非治违”、强化安全监控等一系列行之有

效的措施,有效规范了内外贸货物装卸、储存、运输等物流过程的安全管理。

该系统总体目标为建立企业的安全信息平台,通过对企业的生产过程、物料移动、设备状态、产品指标等各种数据采集、存储并加工成安全生产的信息资源,提供给管理、技术、操作等各层次人员。大大提高化工区内的管理水平,使得所有管理集中于一个平台。安全管理部门还可以通过实时的信息访问,及时地发现安全问题并解决问题。

3. 大宗化工物资电子商务交易服务

2012年,特邀埃森哲咨询公司进行贸易方案编制和物流配套规划,旨在构建"以贸易为龙头、物流为支撑的"华谊化工物贸运作平台,发挥"贸易带动物流、物流促进贸易"的联动效应,做大华谊贸易,并组建了上海华谊贸易有限公司,共投入300万元。

大宗化工物资电子商务交易服务平台是以信息技术、网络技术、通信技术为支撑,以物流信息的共享和交换为手段,以"信息服务网站"为表现形式和纽带,通过连接物流企业、工商企业、政府部门、行业协会、金融机构、物流设备供应商等各类物流主体,有效整合各类物流信息资源,最终建成集成化的物流信息展示查询平台和物流行业服务窗口,以及网上虚拟综合物流市场。

4. 化工信息大数据服务

根据华谊集团统一的信息化规划和战略目标,对信息化基础设施和网络系统进行总体规划和设计,结合数据中心和网络中心的技术设计方案要求,通过现代化工专业服务平台项目实现一个公共的化工信息平台,引入先进管理思路整合集成仓储、物流、化工产品、供应链等多个专业数据库,使平台面向化工上下游客户可随时掌握化工贸易的交易状况和货物状态,提高平台的应变能力和竞争力。

通过各种交换接口的设置,能够与省际物流信息平台、省际物流数据交换中心、物流企业信息系统、工商企业信息系统、物流园区信息系统、国际物流信息系统等实现数据交换。

上海市现代化工专业服务平台建设,将是一个循序渐进的过程。华谊集团以"高端发展,转型发展,跨市发展,一体化发展"的总体思路,遵循"专业化功能突出,区位优势实现,社会效益显著,经济效益兼顾"原则,分期分步稳步推进,通过市场的检验和自身能力的提升,拓展"上海市现代化工专业服务平台"辐射区域。

三、发展前景

上海市现代化工专业服务平台的建设,将促进华谊传统化工产业优化升级,提升华谊化工服务业市场竞争力,通过平台建设为上海化工区企业提供专业化物流和供应链服务，促进化工贸易经济的发展。以信息技术的优势改变传统化工行业的管理方法和竞争模式，借助信息化手段强化业务管理，降低成本，规避风险，从而促进工业产业的优化升级。

(1) 平台管理模式得到创新。将信息化与管理变革紧密结合在一起，促进业务流程控制、资源配置和绩效考核，充当一体化变革的开路先锋，增强了平台竞争力和创新发展。

(2) 信息化设施得到提高。支持和保障集中式和大数据量的业务应用，提高信息化基础设施和网络系统的运行性能和安全可靠性，提升系统管理和维护的能力。

(3) 促进传统工业产业的优化升级。以信息技术的优势改变传统工业的管理方法和竞争模式，借助信息化手段强化业务管理，降低成本，规避风险，从而促进工业产业的优化升级。

平台拟为德国拜耳、英威达、巴斯夫、道普化工、赢创、美凯维奇、华谊丙烯酸、华谊聚合物、上海氯碱化工等企业提供全供应链管理服务，同时提供国家期货仓库等服务功能，预计建成后化工品服务量预计达到 600 万吨每年，其中危化品物流服务量占总量 60%，可以满足未来 3～5 年化工区内生产企业扩产带来的化学品物流需求。

第四篇

服务业布局

第十三章　服务业重点区域

第一节　现代服务业集聚区

2015 年，现代服务业集聚区作为全力推进创新驱动发展、经济转型升级的主阵地，持续保持平稳健康发展的态势。截至 2015 年末，上海市集聚区的建成面积达 4 300 万平方米，比 2014 年增加 10.1％。完成投资总额约 4 611.2 亿元，比 2014 年增长 44.1％。集聚服务业企业 5 万多家，其中吸引全球跨国公司地区总部 216 家（约占全市的 41％），比 2014 年增加 21 家。全年完成税收约 1 200 亿元，年度税收 1 亿元以上楼宇 132 栋。

一、 2015 年现代服务业集聚区建设步入良性发展期

1. 着力提升能级，集中体现建设成果

在“十二五”收官之年，现代服务业集聚区在积极投身“四个中心”和科技创新中心建设过程中，集中迈入建设成果收获期。如南京西路专业服务商务区“十二五”期间以商贸流通、专业服务、金融、文化创意等为支柱的产业体系逐渐成形。截至 2015 年底，入驻的地区总部已达 17 家，包括欧莱雅、辉瑞、阿克苏诺贝尔、爱特思亚太、罗兰贝格等国际知名企业，继续保持总部经济高地的地位。静安寺地区由嘉里中心、会德丰广场、1788 国际大厦、越洋广场、九百城市广场组成的“金五星”形成规模，成为继“金三角”之后南京西路新的楼宇集群制高点。2015 年，累计税收超亿元楼宇合计达 21 幢。世博园区会展商务集聚区各项基本建设按期推进，截至 2015 年底，纳入“十二五”时期开发规划的 AB 片区 55 幅地块共计出让了 48 幅，完成率 87％。金砖银行总部选址已明确落

户在A片区。中国商飞、中铝集团已部分入驻，大部分企业计划2016年内入驻。以商贸业为主的赵巷商业商务区冲破国内外经济不利因素，2015年共完成销售额134.27亿元，同比增长51.34%；上缴税金2.91亿元，同比增长33.41%。其中区域外完成销售90.44亿元，同比增长83.75%；上缴税金7 238.77万元，同比增长63.32%。长风生态商务区产业已形成并购金融、"四新"经济、商贸会展、高新科技、文化旅游等产业板块，入驻商务区的外向型、总部型现代服务业逐年增加。园区2015年区域全年完成总税收27.9亿元，其中完成区级税收11.67亿元。税收亿元楼达到10幢(2014年为6幢)。"十二五"期间，园区累计总税收约115亿元，区级税收约41亿元。

截至2015年底，虹桥商务区核心区社会投资项目总投资超过915亿元，政府配套项目总投资约60亿元；引进企业228家，其中引进外资企业54家(2015年引进外资企业20家)，累计外资注册资金37.25亿美元。2015年企业上缴各类税收12.6亿元，区级税收6.52亿元，合同外资4.4亿美元。以旅游休闲为特色产业的松江(欢乐谷)休闲旅游区2015年度经营业绩较2014年又有重大突破，入园总人次达到292.12万人次，经营收入达到4.32亿元，税收2 000万元。营收和入园人数均创历史新高。大连路总部研发集聚区目前建成区域已引进了总部经济、研发中心、营运中心、销售中心等功能性企业机构近10家，其中跨国公司4家。2015年实现营业收入约1 317亿元、区级税收5.1亿元，同比分别增长5.9%和4.5%。相比"十一五"末集聚区营业收入706亿，增长了86.5%。

2. 注重低碳环保，打造生态和谐型区域

现代服务业集聚区主动对标国际先进城市发展水准，积极践行低碳环保理念，提升集聚区品质。漕河泾高新科技产业服务区能源中心项目获得中国建筑节能协会区域能源专业委员会组织的"CDEA2015区域能源优秀项目"。能源中心采用冰蓄冷和集中燃气锅炉房的节能技术和清洁能源，对园区的楼宇实施集中供冷与供热，可以均衡多个建筑的负荷差异，实现移峰填谷，节省用户运行费用；降低设备总容量和台数，节省设备投资；大型设备运行效率高，利于节能及环保；设备集中设置便于运行管理，利于综合调度，提高可靠性。世博园区会展商务集聚区秉承世博会低碳理念，倡导采取量化的"低碳生态规划指标体系"指引建筑设计，建立集中供能体系，提出了园区新建建筑100%为绿色建筑的目标。截至2015年末，园区32个重点绿色建筑新建在建项目已有9成取得绿色建筑标识，并有20个建筑已获得或正在申报3星级绿色建筑，世博园区有望成为上海三星级绿色建筑最集中的区域之一。虹桥商务区核心区一期新增获得绿色建筑标识的项目面积36.87万平方米，10个地块的全部或部分建筑取得绿色建筑设计评价标识，部分项目拥有中国绿色星级建筑及美国LEED双重认证。低碳能效信息平台的工可审批和项目建设，以及集中供能应用平稳发展，绿色低碳品牌示范效应逐步形成。

3. 围绕补短板强功能，进一步优化商务环境

南桥中小企业总部商务区建设贯穿商务区东西向的“生态休闲绿带”，选择观赏价值高的树种和花卉，重点进行绿化，形成长年有绿叶，四季有繁花的城市绿化体系，规划中穿插其间的文化休闲娱乐建筑以及各式建筑小品和雕塑小品一起，以供市民游憩休闲之用，同时绿化和美化城市生活。世博园区后续开发开创了地下空间“统一规划、统一设计、统一建设、统一管理”和“地上地下由不同开发主体建设，地上建筑带初步设计方案出让”的创新开发模式。这一模式是对目前国内开发建设模式的一项创新，既保证了规划要求的落地，又保证了整个区域的开发品质。漕河泾集聚区地下餐厅“城市集市 CITY MART”开业运营，作为园区团膳服务创新转型的试点工程，“城市集市”采用“大食代”式团膳运营管理模式，运用市场化资源，集成 32 家风格各异的国内知名餐饮品牌，兼具港式、日式、韩式、饮品等多元餐饮业态，以高档次、个性化的装修风格，兼顾私密性的布局，满足客户多样消费需求。南京西路专业服务商务区作为上海市高端消费集聚地和时尚风向标，不断加大国际知名品牌旗舰店、体验店、主题购物店的引进力度。截至 2015 年底，南京西路沿线汇集国内外品牌近 1 600 个，其中国际知名品牌近 1 000 个，国际品牌占品牌总数的比重超过 60%，为推进国际购物天堂建设奠定了良好的基础。

4. 承接自贸区溢出效应，加快创新转型步伐

虹桥商务区核心区主动复制“自贸区”改革创新成果，按照“虹桥事、虹桥办”的目标，从商事制度、综合管理、投资贸易便利化等方面进行改革和创新，研究梳理虹桥商务区复制上海自贸区改革创新成果的工作方案。加强与市相关部门以及闵行区政府的沟通协调，凝聚各方力量，形成商事管理和公共服务制度的基本体系。严格落实行政审批委托事项审批要求，结合商务区实际，减少审批环节，压缩审批时限，简化审批程序，行政审批效能有了明显提升。枫泾现代服务业集聚区作为上海自贸区西南端产业园区，已运用上海自贸区发展战略及经验，以先试先行的方式来规划枫泾现代服务业聚集区的发展。目标将承担上海自贸区向郊区延伸发展现代服务业的产业升级和产业调整的功能。2015 年完成营业总收入 23.81 亿元，上缴税收 1.09 亿元，引进跨国公司总部 1 家，实现了零的突破。赵巷商业商务区积极主动对接自贸区，外高桥进口商品直销中心（DIG）米格店对外营业以来，销售持续火爆；自贸区“平行进口”汽车展厅项目于 2015 年 1 月正式对外营业，目前已销售豪车近 300 余部。自 2015 年 7 月 1 日奥特莱斯、米格天地入选首批“离境退税”商店名单以来，政策成效逐步显现，为

吸引外来消费者做出了积极贡献。南京西路专业服务商务区以争做标杆示范的精气神和改革创新举措，强化主动服务意识，不断提升区域贸易便利化和投资自由化水平，激发现代服务业的活力，有效降低了企业的货物通关成本。黄浦区西藏路环人民广场现代商务区和淮海中路国际时尚商务区围绕高端服务业发展，创新政府管理服务模式，积极营造创新创业环境，推动自贸区改革和自主创新联动，出台了《黄浦区对接自贸区(扩区)工作方案》。

5. 突出核心产业，建设与招商协调推进

南桥中小企业总部商务区积极开展楼宇招商和总部招商。商务区一直与中国中小企业协会、国家网联会和长三角地区服务中心的联系，利用好北京与长三角地区的优厚资源。着重加强抓住“营改增”机遇，以“园中园”方式，加强项目招商对接，实现“共同招商，利益共享”。七宝生态商务区既注重产业凝聚，也重视高品质招商，宝龙集团自 2014 年集团总部落地七宝镇以来，已相继将旗下 11 家公司迁址七宝镇，2015 年全年实现税收 5 963 万元。目前建设中的宝龙城市广场项目，建设与招商同步。陈家镇现代服务业集聚区 2015 年一共接洽了上百家企业、事业单位，涉及的行业有养老产业、医疗保健、游艇俱乐部、主题乐园、文化产业、国际教育、科技研发、商业旅游等门类。核心区——智慧岛园区到 2015 年底，已引进企业 220 多家，包括文化创意类、投资管理类、信息技术类等。枫泾国际商务区内由上海犇能资产管理有限公司投资的上海临港·枫泾科创小镇创客三村项目在商务区落户，开发公司是一家业务涵盖企业境外上市保荐、企业并购重组、产业园区运营、私募基金发行等，投资范围包括旅游、养老、PPP、政府项目、证券投资等多个传统投资领域的资产管理公司。嘉定新城总部企业集聚商务区积极鼓励各类优质现代服务业及生产性服务业企业行政总部、研发中心、销售中心及特色产业项目入驻。新城公司与入驻企业积极沟通，及时共享资源，引导企业做好产业定位，全力协助企业做好二次招商。虹桥商务区核心区引进了一批具有品牌优势、产业带动能力、集聚带动效应的企业。目前，世界 500 强和行业领先企业梅塞尔、罗氏、壳牌、安博物流、格兰富、基恩士、宣伟等已入驻虹桥商务区。其中，最先建成的瑞安虹桥天地办公部分出租率高达 90%，商业出租率超过 80%，万科时一区商业出租率超过 80%，起到了较好的引领带动作用。

二、 2016 年现代服务业集聚区主要推进措施

1. 巩固建设推进机制

持续强化市级集聚区联席会议制度、区县联络员制度、建设主体信息员制度，加

强部门间沟通和协调，注重发挥区县主导作用，体现市场主体作用。

2. 推动集聚区加快创新转型

着力提高集聚区3个能力：一是制度创新能力，积极承接自贸区溢出效应，推动集聚区体制、机制创新。二是核心产业竞争力，形成相对集聚的特色产业集群。抓住《关于促进本市生活性服务业发展的若干意见》出台的契机，推动具备条件的集聚区导入生活服务业产业；引导单一产业向多元化产业集聚转型。三是市场主体集聚能力，加强生活服务业等配套，着重打造集聚区商务环境，加大招商宣传力度，形成对高品质企业的吸引力。

3. 加大服务基层和企业力度

在深入调研的基础上，引导在建集聚区明确产业定位和布局，尽快步入良性发展轨道。在政策服务方面，着重在市服务业发展引导资金框架内，做好服务业集聚区相关项目推选和申报，并做好集聚区现代服务业综合试点、服务业综合改革试点等项目的申报服务工作。

第二节　特色商业街区

特色商业街区是传播城市商业文化、体现商业个性、承载商业内涵的重要载体和窗口。上海市商务委高度重视上海市特色商业街区的发展，通过编制《上海市商业网点布局规划(2014—2020年)》、制订《关于加快商业转型升级提高商业综合竞争力的若干意见》、连续多年开展特色商业街区评选工作，结合规划政策引导和项目培育，推动特色商业街区创新发展。

一、上海特色商业街区入选单位

近年来，各区县政府和商务主管部门积极推动特色商业街区培育、发展和升级，逐步涌现出一批特色鲜明、功能显著、管理有序、具有一定知名度和影响力的上海特色商业街区。根据《市商务委关于开展2015年上海特色商业街区评选工作的通知》(沪商商贸〔2015〕370号)，经申报推荐、区县审核、网上公示，共确定上海特色商业街区入选单位65个，其中2015年度新入选特色商业街区25个，已命名并通过复审特色商业街区40个。

未来，各区县商务主管部门将加强对特色商业街区的培育发展和跟踪指导，将特色商业街区发展与城市更新、社区管理、环境治理相结合，形成协同发展合力。通过电视、报刊、微信等各类媒体加大宣传力度、优化街区环境、提升商业能级、形成特色品牌，探索建立长效管理机制，加强特色商业街区与商业转型升级、会商旅文体联动、离境退税等工作的紧密融合，充分发挥上海特色商业街区示范作用，打造一批具有国内外知名度的优质特色商业街区。

表13.1 上海特色商业街区入选单位一览表

区 县	名 称	位 置	特 色
浦东新区	昌里路休闲街	浦东新区昌里路（长清路—上南路）	昌里路最繁华地段数上钢地区，马路两侧商户聚集，吃穿用玩，一应俱全，服饰休闲类商家逾百户。
	张家浜休闲街	浦东新区锦延路（杨高南路—锦绣路）	沿张家浜景观河蜿蜒700米，街区建筑多呈不规则立方体，强调入驻商家的首创性、唯一性和高端性。
	陆家嘴96广场	浦东新区东方路796号	将上海传统风貌与现代时尚元素融合，是一家集零售、餐饮、童玩、健身、美容美发于一体的开放式休闲广场。
	亚太盛汇广场老上海裁缝街	浦东新区世纪大道2002号	海派手作潮流扑面而来，每家店铺总有十多个“模特”，穿着店主精心剪裁的成衣样品。时常可见外国顾客身影。
	上海金桥国际茶城	浦东新区东陆路1651—1711号	全国唯一集品茶、制壶、销售为一体的花园式商业街，顾客们在此品味茶香、挑选茶具，是一种自然回归。
	上海湾时尚休闲街	浦东新区浦东南路1138号	上海湾构筑了具有异域情愫、创意灵动的整体包合式“商店街”，尽显风雨无阻小资购物情结。
	滨江大道休闲餐饮街	浦东新区滨江大道（东昌路码头—泰同栈码头）	拥有绿地、亲水平台和风情各异的玻璃房餐厅，酒吧、咖啡店、甜品屋、冰品屋、料理店临江而立。
黄浦	新天地休闲娱乐街区	黄浦区淮海中路（黄陂南路—马当路）	由石库门居住区嬗变而成，具有历史文化的轮廓、现代化的内部空间、国际性的经营内容。
	老码头滨江特色餐饮、酒吧街区	黄浦区中山南路505弄（毛家园）	以老上海历史文化为背景，网罗各国美食，汇集特色酒吧，无论是大餐还是小食，都可在此得到满足。
	豫园时尚街	黄浦区豫园文昌路	整条街由生活用品、工艺礼品、休闲食品等组成，格调高雅，通透明亮，已成豫园商城一景。
	云南路老字号美食街	黄浦区云南路（金陵东路—延安东路）	看似波澜不惊的市井气息，深蕴“生活情结”。尝尝这里的老上海小吃，别有一番滋味在舌尖。
	雁荡路休闲文化街	黄浦区雁荡路（淮海中路—复兴公园北门大道）	连着淮海中路与复兴公园，有碎石路、棕榈树、咖啡茶座、历史建筑，放在任何年代，都是纷繁中的一缕娴静。

续表

区 县	名 称	位 置	特 色
黄浦	茂名南路定制服装街	黄浦区茂名南路（延安中路—永嘉路）	延续了20世纪30年代上海旗袍的传统特色，服装设计极尽女性妩媚典型，而设计制作者也是20世纪30年代生人。
	北京东路生产资料街	黄浦区北京东路（四川中路—西藏中路）	从开埠之初的土路到机电设备、机械配件、各类工具专业街，数万种产品、上百个海内外品牌在此汇聚。
	福州路文化用品街	黄浦区福州路（河南中路—西藏中路）	这里是书的海洋，有上海书城、古籍书店、外文书店、科技书店等，这里也是“笔墨纸砚”文化用品聚集地。
	豫园老街	黄浦区豫园商城北端	既有历史悠久的中华老字号，也有全国独一无二的特色专业户。庙会假日，人头攒动，更似“吃玩带”民俗画。
	绍兴路文化街	黄浦区绍兴路（瑞金二路—陕西南路）	这里闹中取静，满眼是大片梧桐和精巧洋楼，树下掩映着好几家知名出版社。书吧、画廊，文艺范十足。
静安	吴江路休闲街	静安区吴江路（石门一路—茂名北路）	毗邻南京西路，商务人士、青年一族，喜欢移步于此。有接地气的小吃，也有休闲服务、时尚风情品牌。
	陕西北路服饰街	静安区陕西北路（南京西路—威海路）	鸿翔、龙凤、亨生、雷允上、开开……这里以老字号品牌服饰创意设计发布、展示和销售为主打。
	阳曲路餐饮特色街	静安区阳曲路（闻喜路—景凤路）	这条街色香味俱全。餐饮店铺琳琅，美食节、厨艺技能比拼大赛相当出彩，是口福、眼福齐享的盛宴。
	青云路眼镜街	静安区青云路（宝昌路—西藏北路）	总商户上百家，技术过硬、品质优良、价格实惠、服务上乘，专注眼镜光学，设有上海眼镜博物馆。
徐汇	天钥桥路休闲餐饮街	徐汇区天钥桥路（肇嘉浜路—零陵路）	这里“崛”起不少美食商厦：腾飞广场、永新坊、星游城……美食的香气，从街头一直飘到街尾。
	宜山路建材街	徐汇区宜山路（钦州路—虹漕路）	从1995年的“建材一条街”至今，宜山路日趋繁荣。商业网点密布，形成建材销售、家具设计、家居园艺三大专业区域。
长宁	虹桥南丰城丰尚街	长宁区遵义路100号	阳光、露天、时尚是这里的主题，全球美食品牌集结在此。定期开展的“丰尚周末荟”，让吃喝与视听享受并行。
	仙霞路美食特色街	长宁区仙霞路（芙蓉江路—威宁路）	作为老牌美食街，仙霞路的魅力为吃货津津乐道。不单美食丰富，一些品牌连锁餐厅最初就起步于此。

续表

区县	名称	位置	特色
普陀	梅川路休闲商业街	普陀区梅川路（真光路—万镇路）	乐、享、食、赏，这里有多层次的消费体验。定期开展创意市集，把文创的静气，写入生活品位。
虹口	多伦路文化名人街	虹口区多伦路（四川北路—海伦西路—宝山路）	历史上的“现代文学重镇”，现在开设了不少画廊、茶艺书吧、文博馆，是海派文化的延续。
杨浦	金储休闲广场	杨浦区国定东路1—299号	经营特色餐饮、品牌酒店和连锁企业，与五角场核心位置的大型购物商城错位经营，形成业态互补。
宝山	牡丹江路北翼服饰街	宝山区牡丹江路（友谊支路—牡丹江路）	宝山最长的内廊式商业街，超500户商家入驻，形成“女性服饰、时尚潮流、平民路线、学生乐园”四大特色。
闵行	虹梅路休闲街——老外街	闵行区虹梅路3338弄1号	由废弃铁路改造而来，集中了上海菜、皖南菜、西北菜等多家中餐馆，日本、美国、加拿大等多国主题餐厅及酒吧。
	七宝老街	闵行区七宝古镇北大街南大街（青年路—富强街）	“千年上海看七宝”，整条老街分南北两部分，南大街以特色小吃为主，北大街以工艺古玩为主，拍客常穿梭于此。
	十尚坊休闲餐饮街	闵行区龙茗路（平阳路—顾戴路）	十栋时尚商业建筑，组成餐饮新地标。每逢周末，龙茗路就排起“长蛇阵”，都是来此吃饭停车惹的“祸”。
嘉定	州桥老街特色商业街区	嘉定区沙霞路（博乐路—城中路段）	嘉定古镇繁华所在，有孔庙等历史文化资源。可在“十字”河畔品风味小吃，购嘉定竹刻、黄草编织等土特产。
	新源路餐饮特色街	嘉定区新源路（曹安公路—宝安公路）	上海汽车城安亭最热闹的地方。由于饭馆多、菜品多，每到饭点，停车场就“一位难求”，小镇居民也常来此聚会。
	曹安路专业市场特色街	嘉定区曹安公路（万镇路—外环线）	集汽车用品、茶文化、蔬菜批发、家居建材、电子商务于一体，为周边居民提供生活保障，也为经济发展助力。
	南翔老街	嘉定区人民街21—75号	南翔小笼因鲜美而脍炙人口，南翔老街的汤圆店也食客如织。经过一个世纪的风雨，许多百年老字号重返老街。
松江	松江松东路饮食文化街	松江区松东路（荣乐路—环城路）	与松江最繁华商业街中山路形成“丁”字交错，汇聚了湘菜、川菜、徽菜、本帮菜等各色菜肴。价位合理，造福一方。

续表

区 县	名 称	位 置	特 色
青浦	朱家角镇北大街	青浦区朱家角镇北大街(新风路—城隍庙桥)	旧时有“长街三里、店铺千家”之美称,如今繁华依旧,百年老店涵大隆酱园、茂苏馆、古镇老茶馆等仍在开门迎客。
奉贤	奉浦餐饮娱乐休闲街	奉贤区环城东路(航南公路—韩村路)	建筑群体气势如虹,门面布局精美别致。有几十家餐饮店和多家娱乐场所,菜品丰富,饭店类型多元。
	人民南路服饰街	奉贤区人民南路(南奉公路—育秀路)	这条街对奉贤人民的颜值提升贡献不小,是“专业特色明显、购物环境舒适”的知名品牌专卖店集聚地。
浦东新区	佛罗伦萨小镇	浦东新区卓耀路58弄1—365号	广场、游廊、喷泉、浮雕,申城首座纯意式大型高端名品折扣购物中心,尖牌荟萃,优惠幅度诱人。
黄浦	田子坊	黄浦区泰康路210弄	创意店铺与石库门建筑群的完美融合,可寻觅陈逸飞、尔冬强、郑祎等大师的艺术踪迹。
	思南公馆	黄浦区复兴中路523号	徜徉于成片花园洋房,品味思南书集的魅力,与柳亚子、梅兰芳等穿越时空,赏花品茗。
徐汇	衡山坊	徐汇区衡山路880号	艺术画廊、创意办公、国内外高端设计师品牌零售精品店……这里封存着老上海一场绵软的梦。
	衡山路东段特色餐饮街区(桃江路、东平路、岳阳路、汾阳路区域)	徐汇区衡山路(桃江路—东平路—岳阳路—汾阳路)	衡复历史风貌保护区核心区域,名人故居、老洋房餐厅、散步道,怀旧基因中透着优雅与浪漫。
	新乐路时尚街区	徐汇区新乐路(陕西南路—东湖路)	圣母大堂、东湖宾馆、首席公馆、买手店铺、独立设计师店,融合成一条典雅时尚的老派上海马路。
	武康路安福路慢生活街区	徐汇区武康路安福路(乌鲁木齐中路—淮海中路—华山路)	“浓缩了上海近代百年历史”的“名人路”,历史建筑林立,有武康庭等休闲取静好去处。
	田林路社区商业特色街	徐汇区田林路(钦州路—虹漕路)	住宅环绕,靠近光大会展中心、市六医院和学校,毗邻漕河泾开发区。东侧服务社区民生,西侧向服务园区发展。
长宁	ART愚园生活美学街区	长宁区愚园路(江苏路—定西路)	多角度艺术展览和讲座活动,设计师品牌概念店,高端定制类workshops,唤醒你对“生活美学”的认知。
虹口	瑞虹天地星星堂	虹口区天宝路280弄	亲子体验型商街,集聚知名儿童教育、运动娱乐与服务品牌,更有家庭式餐饮名店、生活零售、个人护理等业态。
	1933老场坊	虹口区溧阳路611号	外方内圆、无梁楼盖、廊道盘旋,“远东第一屠宰场”如今变身拥有特色小店、时尚美食、空中舞台的摩登地。

续表

区 县	名 称	位 置	特 色
虹口	星乐汇商业街	虹口区公平路 36 号	地处黄浦江畔星外滩项目腹地，集餐饮休闲、生活服务于一体。坐游轮，尝美食，赏江景，别具情怀。
杨浦	大学路创智生活休闲街	杨浦区大学路（智星路—国定路）	通往复旦，聚集创客梦想，仿佛巴黎左岸圣日耳曼街区。异国餐厅、咖吧、酒吧、创意零售百花齐放。
宝山	诺亚新天地商业广场	宝山区牡丹江路 318 号	在霓虹儿童广场，享受亲子温馨；在红宝石蛋糕店，细品美味层叠的“小方”，与周边住宅紧密融合。
闵行	虹泉路韩国街	闵行区虹泉路（金汇南路—虹秀路）	“阿尼阿赛哟”，这里有韩味浓浓的 1004 超市、料理店、桑拿会所，韩国欧巴的聚居地。
嘉定	疁城新天地	嘉定区塔城路 295 号	丰富的商业，活跃了曾经的老厂房。结合“简约、环保”理念，打造颇具内涵的休闲、娱乐环境。
	江桥老街·生活大院	嘉定区虞姬墩路（江佳路—华江公路）	传统老街，复古大院。明快的分隔形式，组成流动的室内空间；10 幢独栋建筑分立两侧，交相呼应。
金山	金山嘴老街	金山区山阳镇金山嘴老街（近沪杭公路 6394 号）	上海最早和最后的渔村都在这里。海·渔文化馆、渔民老宅、渔具馆值得一观。各色海鲜叫人难以拒绝。
	枫泾古镇生产街	金山区枫泾古镇生产街（白牛路—新泾路）	行走于明清风格建筑间，乏时依河傍屋小憩。近百家大小店铺，在古镇大街次第展开，诉说着“繁华”。
松江	泰晤士小镇文创休闲街区	松江区三新北路 900 弄	哥特式教堂、红色邮亭、鹅卵石小径，在咖啡店发发呆，去最美书店坐坐，这里有曼妙的英伦时光。
青浦	尚都里	青浦区朱家角镇新风路 240 弄	与朱家角古镇隔水相望，这里前卫而不失沉稳。建筑匠心独运，商户多与文创相关，设计无处不在。
	赵巷商业商务街区	G50 高速赵巷出口	这里有超大规模的奥特莱斯，吸引众多明星、老外、长三角中高端消费人士来此血拼，被誉为大虹桥后花园。
奉贤	南桥镇人民中路黄金、钻石、珠宝商业街	奉贤区南桥镇人民中路（南奉公路—解放中路）	南桥最成熟的商业街，集聚了大量知名品牌的黄金珠宝店，专注于打造地方特色，提升专业化水准。
	南方国际广场美人鱼休闲街	奉贤区南奉公路 8505 号	“美人鱼”雕塑屹立水中，百泉各异，百桥迥然。众多商业形态汇聚，是生态购物时尚之选。
崇明	新崇南路餐饮街	崇明县新崇南路（新崇东路—八一路步行街）	这里是崇明岛最热闹的街区。“吃”是这里的主题，本土风味自然飘香，各地美食亦来增色。

二、 2015年度新入选特色商业街区概况

1. 佛罗伦萨小镇:约一场罗马假日

作为上海首座纯意大利风格的大型高端名品折扣购物中心,“佛罗伦萨小镇——上海名品奥特莱斯”引进了来自意大利、法国、美国和中国等国家的知名品牌,小镇独有的奥莱品牌如 Marc Jacobs, Celine, Jimmy Choo, Fendi, Givenchy, Toms, L'occitane, Cath Kidston, Dolce & Gabbana 等,其他已入驻的品牌包括 Armani, Bally, Brooks Brothers, CK jeans, Coach, Etro, Ferragamo, I.T, Michael Kors, Moncler, Peutery, Ports, Swarovski, UGG, Versace, Vertu, Montblanc, Tod's, Hugo Boss, Zegna 等,以最优质的品牌荟萃,提供消费者全国最丰富的品牌选择,全年均可以平均3折起的诱人价格购买顶级名品的潮流款式。佛罗伦萨小镇带来的不仅是一场时尚购物盛宴,更让身为时尚达人的你在纯正的意大利生活方式和艺术氛围中感受无与伦比的购物体验:以意大利经典建筑风格为设计灵感,通过露天建筑群、广场、石板路、游廊拱廊、喷泉、纪念性建筑物等意大利经典元素的应用,将古罗马、文艺复兴时期的佛罗伦萨完美呈现。除此之外,在购物和游览之余,还可在超过10家不同风味的餐厅品尝地道的意大利餐以及中西方美食。来到小镇最具特色的“Bella Vita 美好生活”餐厅,你也将品味到最地道风味的意大利美食。在意大利时尚、零售与房地产业巨子 RDM 集团的设计之下,佛罗伦萨小镇体现了当今世界顶级的设计和管理理念,并集中了意大利古典文化的精髓成为国内独一无二的设计经典。这美丽的风景、浪漫的异国情怀及诱人的高额折扣将使“佛罗伦萨小镇——上海名品奥特莱斯”成为适合家庭、朋友、情侣们心仪的购物休闲胜地。

上海佛罗伦萨小镇坐落于浦东新区祝桥镇华洲路和海滨路交口,靠近上海浦东国际机场,周边有上海绕城高速、华夏高架路、迎宾高速等公路交通,离地铁2号线远东大道站仅400米,交通便捷、公共配套设施完善。更有往返地铁2号线远东大道站的短途接驳车提供免费接送服务。

2. 田子坊:石库门里的文艺大片

田子坊位于上海市黄浦区中部,它南面毗邻世博园区,北面连接新天地,东面接壤豫园商场,西面紧邻徐汇商圈,处在得天独厚的地理位置,形成了以创意产业为基础,旅游休闲为载体,文化创造为灵魂的文化创意经济。

田子坊的泰康路因其历史形成的特殊性,积淀了大量不同形态的建筑,各种各样的石库门即为居民提供居住空间,又为各个创意小店营造了古朴的氛围。其内部结

构由两大板块构成：一是旧厂房，在 20 世纪 90 年代末，田子坊里面的 6 家小工厂以其优越的地理位置和旧厂房的低租金吸引了一批文化领军人物，如著名油画家陈逸飞、摄影家尔冬强、陶艺家郑祎等，这些“先知先觉”的领军人物最先把纽约“苏荷”概念引进田子坊，并把田子坊打造成为上海创意产业发源地。二是石库门，随着创意产业蓬勃发展，与旧厂房相毗邻的石库门居民亲身感悟到文化产业带来的经济效益和社会效应，便纷纷仿照旧厂房出租模式，自主招商，由此形成田子坊两大景观，一类是旧厂房的创意风格，另一类是集休闲、购物、观赏、美食为一体的建筑文化。多样的建筑元素夹杂在传统上海民居中，在田子坊里充分展示，通过文化创产业、历史文脉传承、旧区软改造三者融合发展，实现旧区价值再造。

3. 思南公馆：法式情调，小资时光

思南公馆是上海市中心唯一一个以成片花园洋房的保留保护为宗旨的项目，坐拥 51 栋历史悠久的花园洋房，同时汇聚了独立式花园洋房、联立式花园洋房、带内院独立式花园洋房、联排式建筑、外廊式建筑、新式里弄、花园里弄、现代公寓等多种建筑样式，是上海近代居住类建筑的集中地。

思南公馆内设有精品酒店、酒店式公寓、企业公馆和商业区，与淮海路沿线的百年经典建筑、名人故居交相辉映，成为上海市中心集人文、历史和时尚底蕴于一身，最具特色的风景。

4. 衡山坊：徐家汇后花园

衡山坊坐落于衡山路天平路交汇处，处于徐家汇商圈核心地带，是上海市中心徐家汇公园旁一处再现 1930 年代海派建筑风情的历史建筑精品街区。包括两排建于 1934 年的新式里弄住宅以及建于 1948 年的 11 幢独立的花园洋房，占地 0.57 公顷(8.55 亩)，建筑总面积达 7 300 平方米。上海衡复投资发展有限公司在保留原有建筑风格、建筑体量及空间布局的前提下，对建筑进行修缮、加固与提升，完整呈现了原有建筑的肌理与空间形态，重现历史建筑韵味，又巧妙融入现代商业元素，最终成功打造出由花园洋房、新式里弄组合形成的精品历史建筑街区，成为徐家汇的后花园。

在商业业态上，衡山坊更加聚焦于文化和精品商业的结合：北部新里集合了创意办公、艺术空间及异国美食；南部花园洋房主要以精品零售店为主。整个衡山坊糅合了时尚精品店、高端餐厅酒吧、创意办公、艺术空间等休闲与商业空间。打造成了具有独特上海魅力的城市慢生活街区。同时，静安国际雕塑公园和韩国最知名的阿拉里奥画廊的入住，将使衡山坊跻身上海时尚生活地标的最前列。

5. 衡山路东段特色餐饮街区(桃江路、东平路、岳阳路、汾阳路区域)：著名的“情侣路”

衡山路东段，衡复历史风貌保护区核心区域，由两条支马路桃江路、东平路，以及岳阳路合围而成的街区，以衡山路为中轴。80余年的历史，为今日衡山路留下了许多优秀的历史建筑和人文景观。比邻使馆区和高级住宅区，吸引着大批外籍工作人员和社会地位相对较高的人群。衡山路街区是海派文化荟萃之地，20世纪三四十年代，众多文化名家、达官显贵在这里居住的老洋房就有近2 000多栋，这里是上海最具特色的住宅群落，汇聚了世界各国的建筑精华和艺术风格。老洋房餐厅不仅有着神秘的出身，怀旧、优雅的文化基因，就餐中的任何细节，包括寻他千百度的体验，更成为都市饕餮客标榜的过程享受。

桃江路长不超过500米，东端起始于它与汾阳路、岳阳路以及东平路交汇的三角花园，西头止于乌鲁木齐南路。保留了一段200米的“散步道”“弹硌路”——由卵石、块石铺筑的路，至今，仍是许多上海人儿时记忆中的重要片断。经过人们对昔日岁月各种掌故的不断挖掘以及周边潮流的引领带动，今天的桃江路俨然成了一条既蕴含有深厚历史人文故事，又充满着时尚浪漫情调的街道。桃江路有服饰店、家具饰品店以及售卖各种厨房用具的小店；此外，这厢里还开着一家挂着“LA CREPERIE”法文店名的西餐厅，可谓吃、穿、用俱全，各显各的精彩。

相比政、商人物，岳阳路更多的是“文艺范”和“书卷气”。岳阳路168号，这里是上海京剧院的所在地，而在过去，这里是著名京剧大师周信芳的故居，在大院的入口处，还竖立着周信芳先生的半身铜像，一旁还有另一位京剧大师俞振飞的题字。

6. 新乐路时尚街区：低调的华尔兹

新乐路位于淮海路以北，陕西路以西，东湖路以东，长乐路以南，总长不足500米，是徐汇区湖南路街道辖区内一条独具特色的一类风貌保护道路。法式梧桐张扬的枝叶、沿街林立的小店，每一个细节都足以让你驻足，消磨一天美好的时光。新乐路的圣母大堂，东湖宾馆，首席公馆和沿街法式洋房的浪漫气息，渲染出一条典雅、亲切的老派上海马路。

作为上海时尚的前沿阵地，新乐路沿街花园洋房汇聚了130余家买手店铺、独立设计师店、时尚名牌和餐饮休闲店，其中服饰店98家(74%)，餐饮店9家，其他各类商户25家。那些从世界各时尚之都带来的与国际接轨的流行服饰，从几百到上万的衣服都可以在这找到。比如坐落于167号的时尚买手店MMC是一家集结了众多世界级顶尖品牌的最新潮品，而又充满艺术空间的时尚买手店，店主精心打造的水吧体验空间让整个店面充实、精致又随意；又比如新乐路158号，是继伦敦及纽约之后，全球第三家Nike潮流概念店铺X158，集限量鞋款发布、创意交流、艺术作品展览以及Nike运动科技展示多种功能于一身。除大牌商家外，嗅觉时尚的店主们还把各种小店开到静谧的花园深处，无论店面也好，还是店里的摆设也罢，都充满了生机盎然的设计气息，犹如一个个微缩的舞台、设计师的秀场。

近几年来，湖南路街道办事处根据新乐路优越的地理位置和逐渐形成的商业特色，从整个历史文化风貌区的业态规划着手，逐步引导、培育新乐路成为了一条自身特色显著，又能与周边淮海路等大商圈互补共赢的商业小街。如今，无论是白领小资，还是时尚潮人，逛逛新乐路都是一件有意思的事情。在新乐路法式的悠闲里，到处散发着异常浓郁的时尚气息，洋溢着老上海的经典品位——私密，亲切，令人心动。

7. 武康路安福路慢生活街区：在历史风貌中放空

武康路位于上海市徐汇区，原名福开森路（Route Ferguson），以美国传教士约翰·福开森命名，由上海法租界公董局修筑于 1907 年（光绪三十三年）。武康路被誉为“浓缩了上海近代百年历史”的“名人路”，沿线有优秀历史建筑总计 14 处，保留历史建筑 37 处。2011 年 6 月 11 日，上海市徐汇区武康路入选由文化部与国家文物局批准的第三届“中国历史文化名街”。

武康路上有分量的名人故居“密度”较高，沿线西班牙式、法国文艺复兴式等风格的建筑极富特色，是对上海历史的反映。其最大的意义在于这是一个文化遗产，可以是反映上海历史文化结点的典型的一个道路。它最大的作用是在于让人们感觉一个城市它在发展进程当中，它的历史，它的一些文化是怎么来沉淀下来的，一个城市是怎么一步步发展。它反映了一个城市发展的一个轨迹，所以保留一些风貌道路，和风貌相关的沿街的建筑，实际上是保留了城市的历史。

安福路与武康路相交，近年来发展成为慢生活休闲商业特色街区，与武康路的历史人文无法分割。武康路——安福路慢生活特色街区的特色商业大多集中在安福路上，武康路以风貌保护为主。该街区中较具有特色的商业项目是武康庭。

武康庭又名武康新里，主楼建于 20 世纪 70 年代，是上海仪表局的办公楼。外表相当朴实规矩的老楼在多年前被香港一家投资集团相中并开始华丽转身。武康庭的外围是三层高的红色小洋房，里边就是原仪表局的办公楼了。进驻了一些公司、工作室，当然更有提供游人休闲的咖啡吧、餐厅、服饰店等等。一楼的 Coffee tree 人气很旺，露天位和室内始终坐得满满的，客人以老外居多。咖啡以及当日出炉的点心均手工烹制。D.I.S 是一间由荷兰设计师开的女装小店。黑白配色，隐藏在大楼一楼的弄堂深处，低调又华丽。一位叫 Franck 的老板在这里开了他的第二间小酒馆。开放式的吧台设计洋溢着纯纯的巴黎风。不过 Franck 若是心情好，便会关上餐厅来一次出游，所以事先预约很有必要。另外还有 A Cote 意式餐厅，“邻”家的简洁设计，一如它的比萨一样，简单却值得回味。武康庭中还有 Sense of Touch 水疗馆，作为香港首屈一指的品牌，入驻上海之后便吸引了不少女性朋友。想象在一个午后躺在宽敞的摩洛哥式户外阳台上，如同一个城中的“欧洲村”，真是惬意非凡。

武康庭提倡的理念是优雅生活。这里的狮语画廊，定期会有小型展览上演。红色砖墙上的喷绘涂鸦显露着这里的年轻与活力。武康庭里随意摆设的艺术品及雕塑，均是出自狮语画廊的精心设计，将当代艺术美感与优雅现代的生活理念完美结合。

8. 田林路社区商业特色街：近400家商业网点密布

田林社区商业街主要分布在以田林路、田林东路（路幅宽度12米）为主轴，连接虹漕路、苍梧路、桂林路、柳州路和钦州路的区域范围内。

20世纪70年代末，伴随着社区的开发，田林的商业开始起步。80年代中期，田林社区商业已初具规模。到90年代，田林社区商业步入迅速发展阶段，大量商铺的入住奠定了田林社区商业街“楼上住人，楼下做商铺”的商业特色。

田林社区商业街四周住宅区环绕，附近有光大会展中心、市六医院和部分学校，毗邻漕河泾开发区。田林路东侧主要服务社区民生，是周边社区型消费的目的地，西侧随着近年来的发展，主要向服务园区发展，同时填补了整条商业街业态功能的空白。加上轨道交通的建设，1号线、3号线辐射及9号线地铁的贯穿，让田林社区商业街更加繁荣繁华。据不完全统计，田林社区商业街共有各类商贸服务网点371家。其中，涉及金融网点10家（含银行、证券、典当等），涉及美容网点（含美发、美甲、美容、护肤以及化妆品专卖）13家，涉及中西餐饮35家，涉及宾馆2家，涉及文化娱乐（含书店、影院、网吧、影楼、冲印、KTV等）12家，涉及其他类（含服饰、电子、电信、仪表、体育、药材、食品、超市等）网点299家。

田林社区商业街的成熟及其拥有的知名度已经在上海处于最前端。2009年，田林社区商业街获得了全国社区商业示范点的殊荣。今后田林社区商业街将把更多的精力投入到完善现有特色、保持既有风貌上，使其成为一条能使消费者更为满意的社区商业示范街。

9. ART愚园生活美学街区：定制精品生活

愚园路初辟于1911年，以当时沪上名园——“愚园”而命名。愚园路沿线弄巷丰富，建筑类型多样，百年来诸多著名学者、政治家、艺术家、企业家、军官将领及工商巨子曾寓居于此，人文历史与雅致建筑相得益彰，是上海一条重要的历史风貌街区。

20世纪八九十年代“破墙开店”时兴，愚园路沿线形成违章多、绿化旧、商铺“小乱散”的情况。为恢复愚园路应有的精致街区形象，长宁区将愚园路历史风貌区的改造作为城市更新之案例，保持对历史建筑保护和再利用的前瞻性、开放性思路，通过弘基集团·创邑投资一系列的计划实施，愚园路改造已初具雏形。

形态改造上，弘基遵从“艺术建城”理念。少年宫图书馆及工人文化宫绿化景观也焕然一新，既为周边居民提供良好的户外休闲空间，也为举办活动提供了优雅环境。业态提升上，通过各类资源平台的组织与整合，突破传统区域发展特性，实现创意资源与商务资源共生。通过复合价值的有效重组，大幅提升了跨界产业的良性合作。引进了硅谷式的联合办公空间、优质创业企业孵化器以及集艺术、创意、零售于一体的体验式复合型业态，逐步营造愚园路商旅文一体的生活美学气氛。

经过不断的调整提升，愚园路已初步显现“跨界、精致、融合”的街区新形象。例如，艺术家国际交流空间的打造为愚园路带来多角度的艺术展览和讲座活动。而原本是美甲店、内衣店和小日用品店的商铺，如今已完美蜕变为具有国际视野的设计师品牌概念店，还有众多以 workshops 形式提供玻璃艺术创作、手工金属首饰打造、花艺课堂、香水专属调配等的高品质创意定制类店铺，唤醒大众对“定制生活”的认知。愚园路以独立、自由的全新姿态绽放，持续传递爱生活、爱艺术、匠心独运的生活理念。

10. 瑞虹天地星星堂：温馨精巧的亲子社交场

瑞虹天地星星堂以“上海首个亲子体验型商街”形象于 2015 年 5 月 30 日正式开幕。作为瑞虹天地首期开业的商业部分，星星堂分地上两层、地下一层，总建筑面积达 2 万多平方米，集聚众多知名儿童教育、运动娱乐与服务品牌，更有家庭式餐饮名店、生活零售、个人护理等多种业态，全方位满足年轻家庭的现代生活所需。

星星堂立志打造成为温馨精巧的亲子社交场，通过细致规划的商业组合与活动，建立一个让孩子与家庭“making friends”的乐活领地，当中的活动更强调参与感与归属感，优化孩子的社交技巧，建立自信健康的性格。目前，星星堂已有 Lego Education 乐高活动中心、Kidzooona 莫莉幻想、E3 Club 智游天地、Trzztop 见林见树、鳐鳐乐、Hani Sport Club 哈你运动馆、Feiyu Baby 鲱鱼宝宝、Quokka 夸咔、Carrera 卡雷拉、Mothercare、爱婴室、Dr.Kong 江博士、苏黎世家、Kids Eden 等亲子类品牌商户入驻。

此外，作为关注亲子关系的星星堂，每个周末更设有创意无限的亲子体验，鼓励孩子一家与其他群体之间快乐分享，在互动中建立友情，学会交流、分享与关爱。

11. 1933 老场坊：古老屠宰场的小清新

1933 老场坊系上海市优秀历史保护建筑，目前已成为集旅游、会展、文化、时尚元素为核心的时尚创意设计中心和全国工业旅游示范点。项目建于 1933 年，由当时工部局出资兴建、英国建筑师巴尔弗斯设计、蜚声沪上的余洪记营造厂承建，曾经是远东地区最大的现代化肉制品加工厂。1933 老场坊其充满雕塑感的混凝土坡道、廊桥、花纹装饰的伞状圆柱以及螺旋梯所营造出的灵性空间，将建筑艺术和生产工艺完美结合，形成外方内圆、高低错落、无梁楼盖、廊道盘旋、宛若迷宫却又次序分明的奇特布局和艺术空间。冷峻的英式建筑风格融合了巴西利卡式元素，并充分考虑了采光、通风、卫生等问题，体现了当时西方建筑艺术的最高水平。

随着1933空中剧院和1933微剧场的先后打造，使1933老场坊成为名副其实的"老建筑中的戏剧新天地"。作为上海时尚创意产业新地标的1933老场坊，已成为上海颇具知名度的活动热门场地，受到了各类国际国内知名品牌的青睐。举办过卡地亚高级珠宝贵宾尊享晚宴，Benz新车发布，阿斯顿马丁One-77发布，保时捷60周年庆，雷达50周年庆典，皇家礼炮马球赛晚宴，百事年会等重大活动。

1933老场坊内设有各类餐饮配套服务，有牛市中餐厅特色创意餐厅以及俄罗斯红场餐厅这类异域风情浓厚的餐饮服务企业。同时，园内也设有各种小型的咖啡吧、简餐餐厅等，方便游人自由选择。来自英国的品牌Retro Revo，荷兰的KUSHI家居，以及香港的时尚设计品牌Caza，本土设计师手工店铺等商铺先后进驻1933老场坊，在观光休闲之余，又为游客增添了购物的乐趣。

12. 星乐汇商业街：北外滩风光尽收眼底

星乐汇商业街位于星外滩项目腹地，东至杨树浦路西至公平路，全长820米，集餐饮休闲、生活服务为一体，由西区、中区、东区三部分构成。

2015年5月27日星乐汇商业街正式开业，西区260米26家商户揭牌起灶，入驻的品牌包括星巴克、赛百味、邑鹿咖啡、吉食、Hit Wicket运动主题酒吧、珥玛意大利餐厅、上港精选进口超市等。此外，7—11超市、森彩美容美发、华氏大药房、一针一线等生活配套商户也将为消费者提供更便捷的服务。

未来，待星乐汇商业街三区全部开放后，将会有超过60家各具特色的餐饮、超市、美容及配套服务商户入驻于此，能满足星外滩项目周边白领及居民的消费需求。

星外滩项目占地150万平方米，与外滩、陆家嘴咫尺相对，共同构成"黄金三角"，是黄浦江两岸综合开发的重点项目。以国际客运中心、国际航运中心为建设背景，着力打造具有国际水准、规划合理、设计新颖、服务完善的文化商业项目。

13. 大学路创智生活休闲街：创客的梦想起跑地

创智天地，一个知识汇聚，撞出创新火花的地方，是每分每秒诞生"New Idea"(新的创意)的地方。

创智天地由公共活动中心区、生活工作区、北区三大板块组成，互相依存。其中大学路位于生活工作区的核心位置，一条新辟的约600米的林荫大道直通复旦大学，路的一头是高等学府，一头连接公共活动中心区，好似一条智慧长廊，一头连着"知识"，一头通向"创意"。

大学路的特点是马路窄，街面宽，弱化交通功能、强化沟通功能。它的业态规划是露天咖啡馆、文化书吧、特色餐厅酒吧、创意零售，是具有独特人文气氛的创业、乐活、文化一条街，其借鉴法国巴黎左岸的环境文化为周围居民、大学生和创业工作者提供了休闲舒适又充满活力的交流场所和容纳艺术与生活的公共空间。

在业态规划上，咖啡馆是许多创业者开始的地方，所以在大学路目前共近70余店铺中，各类咖啡馆就有10家，其中雕刻时光在上海的第一家店就落户于此，韩国知名咖啡连锁品牌TOMMA也将中国第一家店选在大学路，猫的天空之城以其浓厚的人文气息吸引了众多的知识工作者。除了咖啡馆，茶吧、文化书吧、面包烘焙、特色餐饮酒吧、创意零售无一不是从创意创业者需求考虑，为他们提供几乎24小时全天候的品质服务。

大学路上还精心设计了一个街心小广场，定期举办社区的市集活动。特色的市集活动还包括创意手工市集、亲子市集等等，大学路更是成为2012年市长咨询会议的参观地点，并在2013年被评为杨浦区特色商业街，2015年上海人气商业街，获得了多方的认可。

经过多年来的打造，大学路已经初具雏形，特别是这两年大学路进行了全面升级，成效显著。一是绿化景观层次丰富，四季新感受。二是灯光夜景焕然一新，绚丽到黎明。三是标识系统全面升级，行人不迷路。四是机动车道双向行驶，驾车自由行。五是三大广场各成一景，乐活无限量。六是露天餐吧创意潮店，左岸新风情。

创新意味着不断颠覆，大学路也在发展中不断完善。未来大学路将更多的创意与活力带给创智天地这片充满智慧的乐土，并与云集于此的校区、社区、园区一起，以“五区融合，联动发展”为核心理念，打造出一块杨浦区的人文创意高地，让更多人感受到“上海智库”带给这座城市的无限创意和乐趣。

创新无止境，创意无极限，乐活生活聚集地！

14. 宝山诺亚新天地商业广场：吃喝玩乐新欢喜

诺亚新天地位于宝山核心城区牡丹江路318号，商场建筑面积约4.5万平方米，集零售、餐饮、娱乐、教育为一体，打造多方位的综合性商业平台，更与周边醇热的住宅区交相辉映。

商场内汇集了UME国际影城、海上歌友量贩式KTV、爱贝英语、霓虹儿童广场、指精灵琴行、爱婴室、必胜客、星巴克、苹果专卖店、三星体验店、老凤祥、红宝石、中国珠宝、丽粤茶餐厅、彩云朵云南菜、今年牛事、爱茜茜里、炭宝贝、麻省理工、七婆串串香、本素酸菜鱼、新秀丽、海澜之家、UR、ONLY、Jack & Jones、VEROMODA、

SELECTED、Binkeke、Jessica、CacheCache、阿迪达斯、耐克、李宁等众多国内外知名品牌。吃喝玩乐，一应俱全！

专业的管理团队，一流的商场环境，体贴周到的服务，完善的配套设施，诺亚新天地正在全力打造宝山消费者心中的消费圣地，也必将成为引领宝山潮流时尚文化生活概念的商业新地标。

15. 虹泉路韩国街：邂逅长腿欧巴

虹泉路商业娱乐一条街主要是由井亭大厦、井亭天地、吉祥酒店、帝璟酒店 4 幢商务楼宇构成，位于虹桥镇西首，毗邻外环线，南北各有地铁 9 号线和 10 号线站点一座，属虹桥大枢纽辐射区，交通便利，人流不断。

在金汇南路、虹泉路这片区域，聚集了 3 万多韩国人，依托这些韩国居民，井亭虹泉路俨然形成了一片韩国城区，各种韩式美食、商场、娱乐场所一应俱全，还有很多没有人发觉的小店，从老板到商品全部来自韩国，使虹桥井亭日渐成为一个现代化国际商务区和休闲区。

井亭大厦于 2006 年 12 月建造完成，建筑面积 3.6 万平方米，2007 年招商，现有餐饮企业 9 家，其他公司 116 家。

井亭天地于 2008 年年底建造完成，建筑面积 2.0 万平方米，2009 年招商，现有餐饮企业 10 家，韩式浴场 1 家，其他公司 17 家。

历经 3 年的建设，虹泉路商业街由不起眼的一条小马路演变成热闹繁华的韩式商业娱乐一条街，全街长约 500 米。

没机会去韩国旅行，要想在上海也能买到正宗的韩国货，玩到道地的韩国娱乐，来井亭虹泉路就是来对了地方。

1004 超市：去一次，一桌韩国料理就齐了。看韩剧引得技痒，想试做韩国菜的“煮妇”们，去一般的超市可能很难采购到正宗的食材。虹泉路上的“1004 超市”可以帮你一网打尽——既有各种鱼类、肉类，也有各种韩国进口的蔬菜与水果。什么大酱汤、石锅拌饭专用辣椒酱、腌泡菜的专用酱汁，什么都有。在这里采购完所用的食材与各种酱汁、作料，还可以捎回几瓶韩国进口的生米酒或烧酒。在家一一摆上，就是一桌完美的韩国菜了。

井亭大厦：韩国“百货”店，化妆品、保养品、药品全是进口货。位于虹泉路上的井亭大厦几乎包罗了所有韩国货。最有特色的是这里的韩国药房，所用的都是进口药，也有韩国过来的医生，专开处方药。一楼超市里还有不少原装进口的口服保养品，比如我们很熟知的高丽参，在这里可以找到每日一次的小瓶装，已经去除了原液的苦味，更像是保健饮料。也有 MM 们喜欢的韩妆，如兰芝、梦妆这些在中国流行的品牌都可以看到，还有韩国人自己喜欢的品牌，如雪花秀等。除此之外，韩国面膜店、美容、美甲店也琳琅满目。

韩式 SPA：一天玩不够。韩国的浴场与中国的桑拿可是完全不同的概念。New-Star 纽斯桑拿是由韩国人所开，所经营的项目自然是完全韩式的。这里的桑拿不止是洗浴，更像是一个游乐中心，适合情侣、家人与朋友在里面聚会，玩上一天都不够。

除此之外，虹泉路上的餐馆、理发室、健身房、美容院等等应有尽有，几乎就是一座休闲小城。周末约上三五好友来虹泉路上兜兜逛逛、吃吃玩玩让你彻底放松。

咖啡店：让心灵小憩。一个闲散的下午，在虹泉路上逛累了，不妨在这里的任意一家咖啡店休息一下。每家咖啡店的环境风格迥异，都很安静，店里的咖啡和料理做得都很用心，在里面坐一坐，喝杯咖啡，放松一下心情，真的特别舒服。

16. 疁城新天地：老厂房，新天地

疁城新天地位于博乐路、塔城路交叉路口，与汇龙潭公园、孔庙、州桥老街、秋霞圃毗邻，是嘉定老城区的中心。它的前身是中科院上海光机所，建于上世纪五六十年代，厂房多为一到三层的砖瓦建筑。一栋栋格调独特的老房子，数十年树龄的参天大树由青石板路串连着，错落有致，散发着浓郁的古朴风格。老厂房斑驳的水泥墙面和爬山虎蔓藤交缠；块块青砖和片片红瓦相互辉映，在一年四季的每个晨曦与暮色中诉说着如烟往事。夜色中，华灯绽放，老房子的绰绰身影在现代的灯光和音乐中恢复了昔日的活力，成为年轻人乐此不疲的伊甸园。

依托老厂房建造的疁城新天地，改造过程坚持“保护是最好的开发”，将“简约、环保”的理念贯穿整个过程，让历史得以保留和传承，为市民营造了享受“慢生活”的休闲、娱乐环境。

疁城新天地目前汇聚了休闲娱乐、餐饮、时尚购物、美体健身、教育培训等五大板块业态。其中休闲娱乐包括电影院、KTV、电玩城以及星巴克等咖啡馆、甜品店。菲林国际影城以工业元素为设计灵感，简约时尚，共 10 个观影厅，1 200 个座位，其中有嘉定首个 Atmos 全景声巨幕影厅，特别是昔日的工厂车间才会见到的“行车”得以保留，高悬于影厅大堂；KTV 共有 40 多间风格迥异，音响设备最新的包房，站在立式麦克风前放喉恍若歌星的感觉；营业面积近 200 平方米，层高超 4 米的星巴克，堪称咖啡馆的高大上。特色餐饮汇聚了不同风味近 20 家餐厅，有西式、日式、韩式、东南亚等外来美食，也有特色鲜明的粤、闽台、云贵、川、湘等中华菜肴，避免了同质化竞争，让食客有更多选择。比如：Bella CIAO 意大利餐厅经营传统意大利高级西餐，主厨 Alessio 来自威尼斯，装修风格流淌着意大利文化和历史的韵味；古丽仙西域餐厅，完美地结合了新疆名族风与现代简约时尚感，菜肴精致中透出粗犷与热情；斗牛士牛排馆更是在开业首月就做到单店月营业额突破170万元的佳绩。中心广场的下午茶同样颇具特色，既有知名品牌如西树泡芙、和米堂，也有本地原创但业绩和口碑俱佳的品牌如三花奶奶等。晴好天气时，顾客悠闲散座室外，被伞花鲜花簇拥，边品尝佳肴，边享受那一份怡然自得。疁城新天地的零售店也各有特色，“纯在”作为嘉定首家设计师买手店，集合了数位当代有影响力的设计师原创品牌，无论服装、背包、饰品还是陶艺，材质均采自天然，尽可能地运用传统的手工工艺打造，倡导“个性、复古、回归自然”；竹刻、银饰、香道这类个性化的商铺，传递着时尚与小资的讯息。此外，健体养身和教育培训一直是疁城新天地倡导的健康生活方式不可或缺部分。除了SPA、美容、纤体等项目外，瑜伽会所、健身工作室通过专业教练的辅导，让学员在运动中提高身体素质，学会正确的锻炼方式，从而达到身心灵的和谐统一。疁城新天地的教育板块可谓嘉定最高端的，引进的都为一线品牌，从零岁开始的金宝贝早教到画神闲开设的闲画馆；从开心豆少儿英语到韦博成人英语，均体现了重视人生各阶段素质提升的理念。

疁城新天地是一个平台，一个嫁接市民需求与品质服务的平台；疁城新天地不但提供优美环境、特色商品和贴心服务，更提供一种生活方式与态度。

17. 江桥老街·生活大院：东情西韵妙合

传统老街，复古大院；文化江桥，时尚江桥；传统与现代的交汇。江桥老街生活大院整体项目总建筑面积约6万平方米，拥有大型KTV、酒店、餐饮娱乐品牌以及生活服务品牌等，商业业态丰富，规划庞大，布局合理，必将成为江桥地区的又一商业中心。目前星巴克、KFC、全季酒店、上海纯K等一批国内外知名商家已进驻。

为实现地区经济增值70多亿元，江桥镇政府规划依托对接虹桥商务区的优势，重点推进“三带一轴”的“丰”字走廊，形成现代服务业体系，带动江桥产业能级与经济效益的双重提升，以发展商业广场和商业街区为重点，加大发展和招商工作力度，完善配套设施建设，提升商业服务功能，进一步改善江桥生活环境。江桥老街生活大院坐落在大虹桥商圈核心北延伸段，它的建成与开业对推动江桥地区经济发展有十分重要的意义。

作为江桥地区商业地产开发的重点项目，江桥老街生活大院总投资数十亿元，仅用短短两年时间，就实现了建设、招商、开业的一步到位，而江桥老街生活大院的正式开业让江桥地区新增了一个大型商业广场，同时也让江桥周边居民又多了一处购物休闲的好去处。

这座融合了传统砖墙黑瓦和现代建筑元素的时尚休闲商业中心，其后现代主义的建筑风格以及开放式的空间设计，早在项目落成之初就已吸引了周边广大居民的关注和热议。

整体商业中心由10幢独栋建筑分布在虞姬墩路及江佳路两侧，通过造型要素综合地运用变化和对比，以黑白灰作为主基调，形成简练而丰富的空间内容。明快通透的分隔形式组成流动的室内空间，多个空间互相紧扣，体现了建筑空间的时代特质。

江桥老街生活大院整体设计遵循现代商业的布局理念，将购物休闲功能需求与建筑的格局相融合，让人流连其间的同时能充分享受到空间的美感。

开业后的江桥老街将成为江桥地区新的流行时尚中心，星巴克咖啡、肯德基、上海纯K、元祖及深井大叔等国内外一流品牌纷纷进驻经营。江桥老街生活大院餐饮区面积约1万平方米，引入餐饮品牌20多个，涵盖各种菜系。既有肯德基、星巴克等国际品牌，也包括深井大叔、肥猫餐厅、奥尔堡丹麦风情餐厅、小绍兴等著名特色餐饮品牌。还有松禾养生会所、娇兰佳人、上海纯K等生活服务品牌加盟，丰富了顾客的身心体验。其营业面积之大、引入品牌之多在江桥地区商业中心中首屈一指。

6万平方米的特色风情商业街，汇聚餐饮、购物、休闲、娱乐、文化、时尚六大黄金商业业态，顺应了江桥地区市场消费需求，更注重商业发展规律，将餐饮、早教、娱乐的功能占比放大，注入体验式消费的新理念，使之成为江桥周边居民全家休闲的客厅，朋友欢聚的地标。江桥老街生活大院以其现代化的商业空间形态，科学的业态规划以及先进的管理理念，众多高端时尚休闲品牌和生活基础品牌，这些都将成为江桥老街发展的强劲动力。江桥老街生活大院开业后，将大大提升江桥地区的商业、酒店水平，推动江桥地区经济的发展。智者择邻而居，金凤择地而栖，江桥老街生活大院起帆远航正当其时。

18. 金山嘴老街：海的味道，我知道

金山嘴老街坐落在上海市西南部，金山区境内，濒临杭州湾，沪杭公路北侧，南北长约200米。老街开设了渔村博物馆、渔具文化馆、画家工作室、渔家客栈等颇具海洋文化特色的展厅和餐厅旅馆，带来别样的沪上渔村风韵。金山嘴老街有木栈道、大地景观《金山嘴.祥鱼》、海·渔文化馆、妈祖文化馆和民间收藏馆五大特色景点。其中，海·渔文化馆保存着珍贵的历史图片和完好的渔船、渔具等，见证着渔文化的发展历史，展示了传统的渔业生活。

金山嘴老街的特色文化旅游活动："金山海鲜文化节"——景区依托得天独厚的海洋生态优势，以及世代传承的海渔文化积淀，自2011年起，每年的8—10月，历时3个月的"海鲜文化节"围绕"享渔情、品渔味、寻渔忆"的活动理念，吸引八方市民游客前来感受浓浓的海渔文化。金山观日出和天文观潮也是极具地方特色的旅游活动，每年也会吸引大批旅游和摄影爱好者。此外,金山嘴老街的美食品种多样、味道鲜美,“经典渔家老八样”“十大特色海鲜菜”都让食客赞不绝口。金山嘴老街、金山嘴海鲜城(三岛海鲜城)和金山嘴海鲜一条街,作为金山黄金海岸线的一个旅游点,使古老的渔村重新焕发出崭新的活力。

19. 枫泾古镇生产街:古镇游客必游之地

枫泾古镇是中国历史文化名镇,位于金山区境内,镇区规模宏大,全镇有 29 处街、坊,84 条巷、弄。据了解,枫泾古镇有保存完好的和平街、生产街、北大街、友好街等四处古建筑群,总面积达 48 750 平方米,是上海地区现存规模较大保存完好的水乡古镇。

根据《上海市城市总体规划》及上海市国民经济和社会发展的总体要求,按照枫泾镇“十五”规划纲要,充分利用枫泾镇所具有的区位优势、环境容量优势、潜在的经济发展能力,至规划期末,逐步将枫泾镇建设成为以商贸、交通、休闲、居住、文化旅游等为城镇主导功能,规模合理、基础设施和公共设施齐全,经济发达、交通便捷、环境优美、具有鲜明特色风貌的与上海国际大都市相匹配的现代化宜居城镇。

枫泾古镇生产街是旅游区内的一条重要街道,2014 年 6 月旅游公司对古镇生产街进行了改造,主要的改造工程包括:三线三管入地、路面翻修、增加污水管和消防管、自来水管改造。2016 年,为创建国家 5A 景区工作与创新“两化两空间”行动相结合,美化古镇工程项目也正式启动,枫泾古镇旅游区委托相关机构对包括生产街在内的几条主街道进行了绿化升级,全面有序、科学地推进了景区绿化、美化、亮化工作,加快推进景区标准化、规范化管理,确保景区完成提档升级。目前,生产街上遍布着众多特色饭店和商店,也因此被称为“枫泾小吃一条街”,其中“唔呶喔哩”酒家备受游客追捧。此外,位于生产街西头,由清风桥、竹行桥、北丰桥组成的三桥景观是枫泾古镇最美的景观之一。

20. 泰晤士小镇文创休闲街区:优哉,英伦时光

泰晤士小镇建设于“十五”期间,位于松江城区,松江大学城南侧,占地 1 平方公里,绿化覆盖率达 60%。位于泰晤士小镇的中心的文创休闲街区,坐落着很多咖啡店、画廊和美术展馆,这里一直是婚纱摄影和拍写真的热门取景地,电影《小时代》也曾在此取景。商业区域的东部是一片景观湖泊,还可乘游艇兜风或驾驭手划船在湖上荡漾。小镇商业区域的北部、南部和西部均是住宅区,同样是英式的独栋、联排别墅以及多层公寓,不对外开放。

从 2006 年 10 月 20 日开镇至今,泰晤士小镇经过了多年的探索和发展,如今,SOHO 式创意产业集聚区新概念的提出,正不断汇集以“时尚、传媒、创意”为核心的

商户入驻，随着原创设计、会展、文化传播、广告、动漫影视、剧院演出的日益丰富，“生活着、休闲着、创意着”的 24 小时不间断的创意生活，为小镇平添了无限时尚魅力。引进的特色商家，如星空剧场、国际大师、钟书阁、思想家咖啡书廊、深海 800 米、上井日料、新乐坊、全家超市、菲堤主题酒店、瑞士进口蛋糕房、芭斯罗缤冰激凌店等，都富有鲜明的品牌特色，钟书阁更是受到众多网友的追捧，获得了“中国最美书店”的美誉。各类创意产业在这里生根发芽，枝繁叶茂。随着小镇内涵的日益丰富，这里正逐渐成为大家艺术追求、时尚追随、浪漫追梦的休闲首选地。

未来的泰晤士小镇，将坚持走“产业”与“商业”并进的发展路线，紧紧围绕以时尚、传媒等产业为核心，依托松江美术馆、松江城市规划展示馆、星空剧场等文化服务平台，聚焦时尚设计、会展发布、动漫影视、剧院演出等，努力将小镇打造成为上海的又一个时尚新地标、传媒产业平台，成为时尚潮流发布的首选地；又一个话剧、音乐剧、舞台剧的艺术演绎和展示中心；工业与家具等特色设计的展销中心以及汇集各类时尚工作室和大师工作室的艺术集结地，让商业焕发生机，艺术迸发生命，产业集聚能量。

21. 尚都里：让时尚倾听江南

由上海弘怡房地产开发有限公司打造的尚都里项目，坐落于千年古镇朱家角核心景点放生桥旁。作为上海的慢生活地标之一，同时也是上海十大文艺小清新聚集地之一，区别于一般的旅游地产和购物中心，尚都里崇尚的是一种现代江南水乡生活方式，并通过艺术、设计、生活三位一体的方式来复兴江南水乡。江南地带自古便是中国的时尚中心和文化中心，当下它依然会是。

尚都里项目设计初，便本着尝试未来水乡空间发展可能性的目的，对项目的功能定位、业态形式等做了多方位探讨。并邀请张永和、马清运、柳亦春 & 陈屹峰、登琨艳四大顶级建筑大师设计，打造出预留多种发展可能性的独特的现代水乡空间。项目空间预留了艺术中心、大面白墙、街项等。

(1) 艺术。打造互动的艺术空间。通过上海城市空间艺术季等大型展览活动，与国内外现代互动艺术家合作，打造多个现代互动艺术作品，通过作品与空间的互动、作品与人的互动，打造充满互动性的现代水乡空间。邀请多位艺术家于项目户外空间进行墙绘艺术创作，打造极具特色的水乡墙面和空间。引进 3D 艺术馆，打造与游客和群众产生互动的艺术商业模式。定期组织多个画展、艺术展、艺术活动、演出活动，打造现代艺术氛围。

(2) 设计。树立多样的设计商业。项目内开设多家创意独特的设计品商店，集聚了包括画家、设计师、手工艺人等在项目内成长。项目内的创意店铺琳琅满目，同时也有创意集市、手作坊、尚课等多种活动不断发生，以设计创意打造了真正具有活力的水乡生活街区。

(3) 生活。激活现代的水乡生活。随着项目的发展，各种创意餐饮、气质花店、精品酒店、活动空间等不断落户。伴随着多样的音乐节、时装秀、旗袍大赛以及各种公益活动的发生，项目逐渐成为现代水乡生活方式的代表，吸引文人雅士聚集，更成为广大游客和群众喜欢的休闲之地，被称为"上海十大文艺小清新聚集地之一"。

22. 赵巷商业商务街区:血拼嗨购集散地

赵巷商业商务区位于青浦区赵巷镇东部，区位位置优越。距上海城市中心人民广场 25 千米，距上海虹桥机场仅 10 千米，东有沈海高速、上海外环高速，西有上海绕城高速，南有沪渝高速(赵巷出口)、沪昆高速，北有京沪高速、沪常高速，区域内设有轨交 17 号线嘉松中路站点。

赵巷商业商务区于 2003 年 11 月正式启动开发建设，规划区总用地面积为 334.4 公顷(约合 5 016 亩)。区域以发展现代服务业为核心，完善现代商贸、专业会展、总部经济、文化娱乐、休闲旅游等主体功能，体现商业、商务、旅游的融合联动，形成空间布局合理、功能配套完善、交通组织科学、建筑形态新颖、生态环境协调，充分体现以人为本，具有较强服务产业集群功能的区域。

近年来，赵巷商业商务区成功吸引了一大批长三角地区高端消费者，已成为"休闲、旅游、购物"的知名品牌，先发效应凸显，区域商业价值不断提升。

2014 年赵巷商业商务区共实现销售额 39.51 亿元，同比增长 12.25%；上缴税收 1.73 亿元，同比增长 10.55%。

截至 2015 年 10 月底，商区共完成销售 34.85 亿元，同比增长 10%；上缴税金 1.71 亿元，同比增长 21.97%。

目前赵巷商业商务区已有落户项目 5 个，其中已开业运营项目 3 个(奥特莱斯、吉盛伟邦、珠江—米格天地)，商业运营总量约 70 万平方米，近 1 200 个商铺。在建项目 3 个(珠江创展凯悦嘉轩酒店和悦公馆二期、熊猫集团豪车汇、元祖梦世界)，项目总体量约 38 万平方米。

奥特莱斯品牌直销广场目前入驻商铺数 385 家，品牌总数为 604 个。广场自 2006 年 4 月 28 日营业以来，先后获得了"上海商业创新奖""上海商业优质服务先进集体""中国长三角最具影响力购物中心"等多项荣誉证书。2014 年已超过北京燕莎奥莱，位居全国奥莱销售榜首。

吉盛伟邦国际家具村一期总面积 20 万平方米，于 2007 年 9 月开业，二期 25 万平方米，于 2011 年 5 月开业。目前已拥有 580 家品牌旗舰店，13 大家居主题馆，涵盖了家具、家饰、灯饰等“全程体验一站式”的购物体验中心。

珠江国际中心西区项目——米格天地于 2013 年 1 月正式营业，是集购物娱乐、餐饮休闲于一体的折扣主题时尚生活中心，目前入驻商铺总数为 188 个；9 屏巨幕影院和 DIG 上海外高桥进口商品直销中心也已相继开业。

元祖梦世界项目由著名建筑设计大师安藤忠雄设计规划，项目定位为亲子体验及家庭生活，商业规划主要分为时尚类、餐饮类、家居生活、服务文化、亲子主题五大类。目前已基本完成施工手续报批程序，计划年底前正式动工建设，预计 2017 年竣工。

熊猫豪车会主要集豪车销售、保养、美容项目为一体，是一个定位独特的汽车集中展示与销售为主题的广场、企业总部大楼及商务办公楼项目。先期引入的平行进口汽车展厅已于年初对外营业，销售态势良好。而该项目主体已启动建设，施工进展顺利，预计 2017 年竣工。

- 2005 年被市政府确定为首批启动的 9 个现代服务业集聚区
- 2012 年被市政府批准为首批 10 个现代服务业综合改革试点区
- 获评“2014 上海最爱购物地”称号(2014.10)
- 奥特莱斯、米格天地入选首批“离境退税”商店名单(2015.6)
- 获评“2015 上海人气商业街(区)”称号(2015.10)
- 申报“上海 100 个最美城市空间”评选(2015.11)

23. 南桥镇人民中路黄金、钻石、珠宝商业街：珠光宝气一条街

人民中路是南桥最成熟最繁华的商业街，而黄金珠宝行业是一个千百年来存续发展的行业，市场前景非常广阔，珠宝产业伴随的财富、时尚及设计价值，是朝阳产业，大有可为。南桥的黄金珠宝行业市场是一个年轻的行业，但由于缺乏规范管理，市场分散、潜力没有充分挖掘，没有好的发展平台，这次上海奉贤商业投资有限公司与上海钻石交易联合管理办公室合作是一个最好的机遇，也是一个做大做强的新起点。

现人民中路已集聚了大量知名品牌的黄金珠宝店。现有：周大生、周大福、亚一金店 2 家、中国黄金 2 家、老庙黄金、老凤祥银楼、中国珠宝、上海鸿祥宝珠宝、茗钻坊、东华美钻、金伯利钻石，亚一珠宝、翠莲珠宝等知名品牌入驻，共计 15 家黄金钻石珠宝品牌店，占南桥镇金银珠宝消费的 40%。

2016 年，人民中路 117-123 号整幢建筑(两层，共约 1 387 平方米)将打造成奉贤区自己的特色珠宝城，届时街铺将引入如珂兰钻石、周大福、城隍庙金福银楼等知名

的黄金、钻石、珠宝品牌；二层将作为珠宝加工区，包括镶嵌、鉴定、清洗、VIP私人定制等服务以及专注于珍珠、水晶、古玩、银饰K金等相关产品。

将依靠自有资产的产业调整，引导、引领整条商业街的产业走向。

24. 南方国际广场美人鱼休闲街：南上海CBD

由上海南方国际购物中心(集团)有限公司鼎力打造的南上海CBD——南方国际广场，坐落于南桥新城核心区域。2011年，南方国际广场被命名为中国十大最佳城市综合体。项目中心地带东西迂回走向，开发商匠心独具，以江南水乡为核心构造元素，突出生命之源“水”文化特色，科学规划并精心打造一条长约一华里，惟妙惟肖、吸引眼球的东方“美人鱼”屹立景观河中央，横跨河岸两侧、密布几十座不同风格的小桥，几百个音乐喷泉映衬其间，沿线辅以海豚、企鹅等景观小品，全水景“美人鱼休闲街”尽收眼帘。2014年，南方国际广场——“美人鱼休闲街”被命名为奉贤区商业示范社区。

“美人鱼休闲街”北接多元文化广场(南桥耶稣堂)，东至望园路与南奉公路交叉口，共有2万多平方米纯商业区组成，主要业态包括：国际连锁精品专卖、青少年儿童购物中心、特色餐饮、高档酒吧、咖啡吧、健身(养身)会所、儿童乐园、连锁超市、文化教育等众多商业形态。“美人鱼休闲街”还配以下沉式广场、观光连廊、观景平台等，河道上方景观遮阳伞、小息桌椅等遍布其间，勾勒出大气繁华、美不胜收的商业画卷，为整个项目增光添彩。

整个“美人鱼休闲街”纵贯南方国际广场东西两端，琳琅店铺应接不暇，文化气息颇为浓厚，生态时尚购物环境成最大亮点。关注生态与绿色，购物环境不再一成不变，清溪川流，沿川而下，移步易景，怡然自得，绝美景色一览无余。倘若琳琅的商品应接不暇，坐下仔细品味“美人鱼”雕塑的纯净，品品音乐喷泉的韵味，目光所及皆是一片壮观景致，感受景观瀑布溅起的水珠气雾，滋润心田。闲庭信步之间，稍坐片刻，一杯咖啡，蕴染悠闲自得的恬静，此时此刻，举手投足便成风景。华灯初上，霓虹闪耀，万种风情尽收眼帘，时尚购物新主张完美呈现。

瑰丽乡村，曼妙景色，浓缩方寸之间。小桥流水，和谐人家，浑然天成画卷。当你徜徉于“美人鱼休闲街”，浏览水情美景，放眼之处皆妖娆。凭栏静思，人生如画，生活本五彩斑斓，任由想象、描绘和铺展。南方国际广场——“美人鱼休闲街”超凡脱俗，集聚能量，以大智慧、大手笔、大创意，历尽艰辛，任性打造，终于梦想成真，圆满完成“美人鱼休闲街”经典巨作，造福百姓，永恒传承。

25. 新崇南路餐饮街：崇明岛的闹市喧嚣

新崇南路位于城桥镇商业区的核心区，东接新崇东路，西连八一路步行街，中段连接富民街“八一广场购物中心”，该中心 2012 年初改建而成是目前崇明县商业的地标性设施。

新崇南路长约 1 000 米，宽 20 米，以带状建筑形态为主体，商业店铺沿街两侧分布，日人流量数万人，环境卫生整洁。

在新崇南路街区显要位置有体现街区综合性能的“街标”，建筑风格、景观设计、户外广告、公共设施风格统一，符合商业街环境的总体特色和风貌。商业门店、牌匾、招牌、橱窗、广告、标志、店外照明和临街外墙的装修与商业街总体风格保持协调。

新崇南路有良好的照明设施，夜景灯光符合街景规划。有与经营规模配套的机动车、非机动车停车场、公用洗手间。配置方便盲人、残疾人等使用的无障碍设施。

新崇南路布局以餐饮为主的服务业，投入使用已十多年。沿线商铺主要是以经营餐饮、品牌小吃为主，共有 40 多家，年销售额达 2 亿多元，经营面积总量约 2 万多平方米，集聚了天鹤大酒店、锦绣宾馆、顺利大酒店、乐岛宾馆、新老板娘大酒店、必胜客店以及崇明本地菜馆等县内较为知名的餐饮企业，约占街区店铺总数 50%。该商业街整合规模、经营、文化、特色、功能等要素，兼具购物、娱乐、旅游、商务、文化、休闲等多项功能，已成为县域的特色街区。

第十四章　区（县）服务业发展

第一节　浦 东 新 区

（一）2015 年浦东新区服务业、商业发展基本数据

2015 年浦东新区服务业、商业发展基本数据见表 14.1。

表 14.1　2015 年浦东新区服务业、商业发展基本数据

指　标　名　称	2015 年	比 2014 年增长/%
生产总值/亿元	7 898.35	9.1
# 第三产业增加值/亿元	5 684.91	12.5
# 商业[1] 增加值/亿元	1 272.51	6.9
商品销售总额/亿元	29 838.38	8.0
社会消费品零售总额/亿元	1 883.80	8.3
年末户籍人口数/万人	291.87	1.2
年末常住人口数/万人	547.49	0.4

[1]商业口径为批发零售业。

（二）2015 年商业运行情况及特点

1. 商业流通规模进一步扩大，但增速趋于平缓

2015 年商贸业受国际经济复苏缓慢、国内经济运行承压、大宗商品价格下跌、国际国内需求疲软等多种因素共同作用影响，商业流通规模虽然进一步扩大，但增速呈

现明显的回落，全年实现商品销售总额 29 838.38 亿元，同比增长 8%，增速较 2014 年同期下降 7 个百分点。

2. 商业消费市场平稳增长

2015 年浦东新区累计实现社会消费品零售总额 1 883.8 亿元，同比增长 8.3%，增幅较 2014 年同期回落 0.3 个百分点。

（1）新兴零售业态保持较快增长。2015 年网络零售企业 1 号店自营部分全年实现零售额同比增长 16.56%，对新区社零增长的贡献率为 11.5%，特速乐（特斯拉）全年通过网络实现零售额超 8 亿元，天天鲜果全年实现零售额超 6 亿元，同比增长 2.4 倍；受持续火热的境外旅游和境外消费等因素拉动，日上免税行继续保持平稳增长，全年实现零售额同比增长 9.8%。苹果（中国）受 2015 年推出新款手机、手表、平板电脑热卖拉动，同比增长超 1 倍。佛罗伦萨小镇全年实现零售额超 8 亿元，出租率超 9 成，销售趋势良好。

（2）传统实体零售业绩下滑明显。2015 年实体商业受经济环境、电商分流消费、同质化竞争等因素影响，仍未走出低迷。百货、购物中心、大卖场、家居建材等业态业绩均出现进一步下滑。百货龙头第一八佰伴虽在岁末迎新活动表现不俗，当天实现零售额超 6 亿元，但全年业绩仍出现较大幅度下滑，零售同比下降 17.8%，浦东商场全年实现零售同比下滑 1.3%；购物中心中，周浦万达、正大广场、文峰广场全年实现零售同比分别增长 8.32%、4.59%、3.29%，证大大拇指、金桥国际全年零售均同比下滑两位数，大卖场超市成为下滑最严重的业态，仅沃尔玛、易初莲花、乐购全年实现零售额同比增长，家乐福、农工商、麦德龙、大润发全年实现零售额同比下滑 10.6%、9.6%、6.6%、2%。家居建材方面，红心美凯龙同比微增 6.4%，宜家同比下滑 9.4%，百安居同比下滑 4%。

（3）汽车类商品低位增长。2015 年浦东新区汽车类商品零售由一季度（同比下滑 0.5%）出现下滑后逐渐回暖，保持低位平稳增长的态势，全年实现零售额 500.01 亿元（占浦东社零总额 26.5%），同比增长 2.5%。二手车市场由于受去年年末新政实施直接影响零售额下降 34%。

3. 住宿餐饮业增速稳定向好

住宿餐饮业全年实现消费 1 697.21 亿元，同比增长 9.8%。其中以大众化餐饮人气最高，业绩最好，成为浦东餐饮业消费增长的主力，避风塘、望湘园、星巴克业绩分别同比增长 61.9%、37.3%、15.5%。

（三）2016 年浦东新区商业发展形势判断

批发贸易方面，由于 2016 年国内外经济环境依然严峻，大宗商品价格和人民币汇率仍将是影响商品销售最主要的因素，从商品类别方面看，石油类商品销售预计将进一步下滑，铜、铅、锌等有色金属类商品自 2015 年 10 月以来价格出现了断崖式下跌，预计 2016 年形势严峻，预计支撑批发贸易增长主力的金属类商品增速将放缓，而汽车类商品受汽车市场饱和影响，预计销售额将出现负增长。

零售消费市场方面，新型零售业态（网络零售、免税店、新兴电子产品）仍将是拉动社零增长的主要贡献，但近两年经历高增速后基数已经较大，预计 2016 年增速将有所放缓。传统零售实体店仍面临转型和调整的压力，预计明年购物中百货、大卖场超市、家居建材等实体企业销售将呈现平稳过渡的态势。受小排量车购置税减半政策红利及新能源车沪牌免费使用的拉动，预计 2016 年汽车零售市场将保持稳中有升的趋势。从增量情况看，2016 年 6 月即将开业的迪士尼乐园预计将为新区社零贡献 0.5～1 个百分点增长拉动，佛罗伦萨小镇、迪士尼旗舰店、长泰广场等 2015 年新开业的商业体预计明年业绩期待有进一步的突破。

住宿餐饮业方面，在受购物中心逐渐调高餐饮比例、网络零售平台日趋成熟火爆等因素的影响下，预计 2016 年浦东新区住宿餐饮业消费市场将保持较快增长，增速将好于零售消费市场。

（四）2016 年浦东新区商业发展相关举措

2016 年浦东应继续积极在商业消费市场、商业流通领域、商业投资方面探索新模式，保持商业经济整体平稳可持续发展。为此，要推进以下几方面工作。

(1) 积极拓展完善商贸行业发展。一是试点建立服务业消费指数体系，结合消费市场和零售数据形成综合全面的商业经济指标。二是推进典当和拍卖行业审批事项改革，做好承接市商务委下放自贸区典当和拍卖行业审批和监管的准备工作，将典当拍卖行业纳入部门统计。三是加强对批发贸易行业的工作开拓，全面熟悉、掌握、了解批发贸易行业及批发贸易企业发展情况。

(2) 重点抓牢增量商业建设。一是协调世纪大都会、上海中心、尚悦湾、丁香国际商业广场、浦东金融城（SN1）等增量商业项目的建设和开业工作。二是对接上海国际旅游度假区，配合做好 6 月迪士尼乐园开园工作，以及后续商业配套设施建设等相关工作。

(3) 结合购物节、旅游节、桃花节、跨年迎新等活动，鼓励企业开展会、商、旅、文、体联动经营及创新营销，以节兴市；推进落实相关扩内需的政策措施和新区扶持商贸业发展的财政扶持政策；支持传统商业转型，推进智慧商圈建设。

（五）"十三五"浦东新区商贸业发展规划要点

"十三五"期间，浦东商贸业发展将着力于存量转型升级、增量有控制的发展，创新商业模式，提升竞争能力，力争建成上海和全国重要的商业消费中心和商贸业创新中心。社会消费品零售额增长快于同期经济增速，商品销售总额年均增长7%以上，经认定的贸易型总部达到100家以上。

"十三五"时期浦东新区商贸业发展的主要任务如下。

(1) 聚焦重点，促进商贸业四大领域发展。

做强商贸批发，构建大宗商品市场体系；

做专商业零售，把握"商品＋服务"趋势；

做精新兴业态，提升体验经济和电子商务发展水平；

做大社区商业，从不同人群需求出发补齐短板。

(2) 提质增效，深化供给侧结构改革。

业态结构：优化"四新"商业业态模式，培育商业新增长点；

能级结构：增加商贸业国际化元素，提高商业能级；

布局结构：建设更高能级的商业消费中心，缩小南北差异，加强商业流通基础设施建设。

(3) 激发活力，引进培育一批有竞争力的商贸业主体。

培育一批有竞争力的商贸龙头企业；

吸引国内外商贸龙头企业落户浦东。

(4) 提高效率，汇聚商贸业发展新功能。

集聚商贸业稀缺资源，增强地铁上盖空间资源开发强度；

发展平台经济，提高资源配置效率。

(5) 创新引领，形成商贸业发展新增长点。

增强商贸业技术创新能力，积极创新服务模式；

推进商贸业与信息技术相互渗透，建设智慧商圈；

推进产业跨界融合，促进商旅文体展多种业态和功能融合发展。

（六）浦东新区主要功能区介绍

"十三五"期间，浦东新区要在现有中心商业圈、特色商业圈、地区商业中心、居住区商业4个层次布局基础上，进一步优化全区商业布局，注重存量转型升级、增量控制性发展，提升全区商业资源配置效率。打造"两区、十圈、一网、多点"的多层次商业体系。

1.“两区”

是指陆家嘴商贸区、国际旅游度假区商贸区两个市级商业中心。“十三五”期间，要更进一步促进这两个地区商贸开发和要素集聚，发挥对浦东新区商贸业的支撑作用。

(1) 小陆家嘴—张杨路商业中心。以世纪大道为轴，通过扩大小陆家嘴地区、张杨路沿线以及轨道交通枢纽周边地区商业规模、优化业态结构、增强综合功能，商业商务融合发展，发展成为浦东新区商业的地标，成为上海体量较大、集聚度较高、业态较全的综合商业功能区。完善高端商务商业、餐饮娱乐、都市观光、文化休闲等城市综合功能，探索高端商业与高端商务集聚互动的发展模式，形成具有国际影响力的商业中心，打造世界级中央商务区。做强总部经济和国际贸易服务功能，成为大宗商品交易市场总部基地。

(2) 国际旅游度假区商业中心。以国际旅游度假区为核心，整合川沙新镇的商业资源，与周边旅游联动发展，建成休闲、娱乐、购物功能突出的特色商业集聚区。核心区商业主要为旅游区服务配套。核心区周边集中发展具有主题特色的商业旅游综合体，以满足国内外各类游客多样化消费需求。

2.“十圈”

十圈是指世博前滩、张江、航空城、外高桥、金桥、南汇新城、周浦、惠南、唐镇、御桥等10个地区级商业中心。

(1) 张江地区商业中心。以传奇广场城市更新试点项目为契机，打造高端商务办公和体验式消费为一体的城市商业综合体；以长泰广场和汇智国际商业中心为载体，打造集一流办公研发环境、商业商务环境、人文生活环境于一体的产业社区；推进广兰路地铁站商圈建设，为张江集镇居住区提供完善的社区商业配套；着力打造张江中区居住社区商业配套，重点体现张江科学城特色，营造优质的居住环境。

(2) 航空城地区商业中心。争取海关政策支持，拓展空运货物国际中转集拼，推进上海火车站东站建设，促进空铁联运，打造跨国贸易商务区；发挥国际国内客运、货运优势，在浦东机场综合保税区建设跨境电子商务展示、分拨和交易中心；在祝桥建设临空农产品展示集散中心。

(3) 世博前滩地区商业中心。在原世博轴改建的“世博源”商业区域，围绕顶级国际交流核心功能，以“体验”为核心元素，形成时尚购物、文化博览创意、总部商务、高端会展、旅游休闲和生态人居为一体的综合性商业中心。完善会展商务区与城市最佳实践区配套商业服务设施。前滩地区立足于服务新兴总部商务区及周边大型社区，主要依托轨道交通站点及钱家滩路两侧集中布局综合性商业设施，以商务配套、文化休闲、时尚购物为主要功能，包括商务餐饮、品牌专业专卖店、特色零售等商业设施，形成高品质的地区商业中心。

(4) 外高桥地区商业中心。借助自贸区建设的契机，以洲海路两侧、杨高北路周边地块为重点，进一步明确功能定位及主力业态，有序建设商务楼宇、会展设施、星级酒店等设施，形成外高桥地区商业中心。拓展贸易结算功能，成为跨境电商商业中心；推动大宗商品国际现货交易市场和大宗商品电子商务物流基地建设；构建“Mall of Mall”商业创新平台模式，全力打造森兰平台，在消费功能之外提供商业创新孵化空间、开设商业创客中心。

(5) 金桥地区商业中心。以金桥开发区三角地区域城市更新试点项目为契机，打造集“商业商务、总部办公、技术研发、教育培训、会展交流”为一体的综合型公共服务中心；以啦啦宝都商办项目、金桥太茂国际商业广场等为载体，打造集高端商业商务环境和人文生活环境于一体的产业社区；促进生产性服务业向专业化和价值链高端延伸，推进跨境电子商务产业基地建设。

(6) 南汇新城地区商业中心。主要布局在新城一环带内，集中建设高品质、现代化的商务楼宇、星级酒店和商业设施，突出商业与商务相融合、商业与旅游相配套、商业与轨交相结合，形成充分体现独立新城核心城市功能、凸显滨海文化特色的新城商业商务中心；要依托原南汇农业提升发展，形成农旅文融合的特色农产品商业中心。此外，要以临港为试点区域，加强自贸试验区(FTZ)和国家间自由贸易区(FTA)的对接，打造跨国贸易承载区和大宗商品现代流通产学研基地。

(7) 周浦地区商业中心。以万达为中心，以年家浜路周边区域为载体，发展周浦区域商业中心。

(8) 惠南地区商业中心。优化原有商业设施的基础上，加快 16 号线地铁上盖商业建设，惠南民乐大型居住区的商业建设，提升惠南商业竞争力和吸引力。

(9) 御桥地区商业中心。围绕沪南路、御桥路、康衫路、临御路等区域，结合宜家、红星美凯龙和东郊百联等大型商业设施，进一步提升能级，完善配套，形成功能齐全的地区商业中心。

(10) 唐镇地区商业中心。依托已建、新建重点地块和重点项目，以高科东路、唐陆公路为主轴，以大型都市购物中心为核心，形成地区商业中心。

3. 一网：轨交沿线现代商贸延伸网

利用浦东新区轨交大发展机遇，结合上海迪士尼建设，在 2 号线、6 号线、9 号线(三期)、10 号线、13 号线、14 号线、18 号线沿线加快重要商务载体建设，打造若干个新的有特色商业商务集聚区，着力体现商贸创新和产业集聚，形成轨交沿线现代服务业延伸网。特别是适应“互联网＋”时代需求，在广兰路、锦绣东路、浦东大道、高桥、唐镇、曹路、北蔡、周浦、康桥、新场、惠南等核心站点周边提供低成本、便利化、全要素、开放式的空间载体，促进多种类型的生产性/消费性服务业实现快速集聚式发展，形成溢出效应。

4. 多点：特色商业街和社区商业

一是布局特色商业街。提高专业特色集聚度，做深特色商业街区。完善世纪大道高端商业街的商业化改造，形成时尚和个性化特征明显、文化特色鲜明的设计师品牌商业街。形成迪士尼小镇、佛罗伦萨小镇、奕欧来精品购物村、新场下塘生活休闲街区、宣桥珠宝小镇、三林塘老街等特色商业街。

二是加快建设社区商业。结合轨道交通站点、房地产建设等现状条件及发展趋势，形成曹路、合庆、新场、航头、宣桥、大团、书院等十几个社区级商业中心。

第二节 黄 浦 区

（一）2015 年黄浦区服务业、商业发展基本数据

2015 年黄浦区服务业、商业发展基本数据见表 14.2。

表 14.2 2015 年黄浦区服务业、商业发展基本数据

指 标 名 称	2015 年	比 2014 年增长/%
生产总值/亿元	1 786.98	9.7
# 第三产业增加值/亿元	1 727.87	10.3
# 商业增加值/亿元	326.34	0.7
商品销售总额/亿元	5 650.6	0.6
社会消费品零售总额/亿元	791.6	1.7
地方税收总额/亿元	502.4	18.0
# 商业税收/亿元	123.5	1.2
年末户籍人口数/万人	87.39	−1.5
年末常住人口数/万人	65.86	−3.4

（二）2015 年黄浦区服务业发展概况

1. 总体经济规模情况

2015 年，黄浦区实现地区生产总值 1 786.98 亿元，比 2014 年增长 9.73%。其中

服务业实现地区生产总值 1 727.87 亿元，增长 10.25%，占地区生产总值的 96.69%。

2. 服务业总体投资情况

2015 年，黄浦区引进内资 160.26 亿元，引进合同外资 14.50 亿美元。引进现代服务业企业 844 家。引进了一批行业领先企业，蚂蚁达客、和讯聚信等创新型金融企业加速集聚；中民投系、阿里系等核心企业产业集群持续扩容，总数已分别增至 18 家和 7 家。外滩金融创新试验区建设强势发力，引进金融机构 168 家，成功引进跨境银行间支付清算公司(CIPS)等国家级专业要素市场和机构。2015 年实现社会消费品零售额(以下简称"社零额")791.6 亿元，同比增长 1.7%。实现商品销售额 5 650.6 亿元，同比增长 0.6%，超额完成"十二五"目标；合同引进外资 14.5 亿美元，同比增长 13.7%，超额完成全年任务，实到外资 22 亿美元，引进地区总部 3 家；完成两街商业结构调整 12 万平方米。

3. 服务业总体税收情况

2015 年，黄浦区第三产业完成税收收入 475.25 亿元，比 2014 年增长 18.00%，占全区税收收入的 94.60%；其中区级税收 164.59 亿元，增长 12.42%，占全区区级税收的 95.56%。

以金融服务业、专业服务业、商贸流通业、文化创意业、休闲旅游业、航运物流业等六大产业为主的现代服务业完成税收收入 401.10 亿元，比 2014 年增长 20.69%，占全区税收收入的 79.84%，其中区级税收 124.39 亿元，增长 17.44%，占区级税收的 72.22%。

4. 总部经济发展情况

2015 年，黄浦区引进现代服务业企业 844 家，其中总部型企业 10 家，金融机构 168 家。引进外资项目 200 个，新增经市政府认定的跨国公司地区总部 3 家，总部型企业集聚程度进一步提高。存量楼宇落税率提升 5 个百分点，63 幢楼宇税收超亿元，比 2014 年增加 5 幢楼宇，其中区级税收超亿元的楼宇 25 幢，经济贡献进一步增强。

（三）黄浦区服务业重点领域发展情况

加快产业结构调整，主动学习借力自贸试验区，深化重点领域和关键环节改革，坚持集聚发展现代服务业和改造提升传统服务业，以金融为核心，现代服务业为主导，金融服务业、专业服务业、商贸流通业、文化创意业、休闲旅游业、航运物流业六大产业间互相支撑、互相融合的服务经济发展格局不断巩固，新金融、新消费、创意 2.0、大健康、"互联网+"等高端服务业重点领域发展优势不断增强，服务能级不断提升，服务半径逐年扩大。

1. 金融服务业

金融服务业高速增长。证券、基金、资本投资服务等行业实现翻倍增长，信托、金融信息服务等行业呈现快速增长；国家级要素市场、功能性机构加速集聚，要素市场总量达到4家，上海首家互联网金融园区——盟智园同比增长近4倍。2015年，金融服务业完成税收115.43亿元，增长90.70%，占全区税收收入的22.98%。

巩固外滩沿江地带“金融产业发展轴”“生态景观和公共活动轴”的发展轴心地位，加快建设老外滩、十六铺和董家渡等三个功能组团，形成“一轴三段”发展格局，不断推动外滩金融集聚功能向世博滨江文化博览商务区、新天地国际高端商务区、人民广场公共文化商务区、打浦桥综合商务区等功能区拓展和延伸。

（1）证券业

证券行业实现翻倍增长。2015年，证券业完成区级税收收入17.43亿元，比2014年增长142.16%，占全区区级税收收入的10.12%。

（2）金融信托

上海国际信托、爱建信托等努力适应新的行业形式，积极创新业务领域。2015年，金融信托完成区级税收收入3.61亿元，比2014年增长19.71%，占全区区级税收收入的2.09%。

（3）互联网金融

互联网金融发展趋势良好。新增互联网金融企业60家，总量达到136家，区级税收比2014年增长近5倍，上海首家互联网金融园区——盟智园同比增长近4倍。

2. 商贸流通业

2015年实现社会消费品零售额791.6亿元，同比增长1.7%。实现商品销售额5 650.6亿元，同比增长0.6%，超额完成“十二五”目标。2015年，商贸流通业完成税收123.5亿元，增长1.2%，占全区税收收入的24.6%。

聚焦时尚产业培育，大力发展时尚产业，打造“上海国际时尚之都示范区”。黄浦区与上海市商务委员会就时尚产业发展签订战略合作协议，明确黄浦区将以国际化、市场化、现代化为方向，进一步聚焦新技术应用、新服务拓展，创新扩展时尚产业链，把时尚产业发展作为传统产业转型升级的重要突破口和产业发展新动力。上海市商务委员会授予黄浦区“上海国际时尚之都示范区”称号。全力推进结构调整，促进商业转型升级。推动两街商业结构调整，完成新世界大丸百货、华为南京东路高级体验店、爱瑞尚旗舰店、F21旗舰店、珂图美创、东方商厦淮海店等项目。推动了豫园黄金珠宝商贸功能区建设，上海黄金珠宝藏品交易中心等5个项目列入商务部现代服务业综合试点项目，获国家和市财政拨付支持。

(1) 社会消费品零售总额

2015 年,全区共实现社会消费品零售总额 791.6 亿元,同比增长 1.7%;全区社零总额继续保持中心城区首位(购买力指数继续保持全市各区县第一)。结构调整工作成效初显,消费升级初见成效。

(2) 商品销售总额

全区共实现商品销售总额 5 650.6 亿元,同比增长 0.6%。2015 年,华信石油、上海烟草两家大型企业纳入全区商品销售总额统计。

3. 文化创意业

紧紧抓住产业和园区两大关键,主动对接上海科技创新中心建设,巩固扩大文化创意产业发展的先发优势,充分发挥创意产业园区的辐射带动效应,加快形成名企集聚、名家荟萃、品牌迭出、市场活跃的文化创意业发展高地。2015 年,文化创意业完成税收收入 54.27 亿元,比 2014 年增长 12.91%,占全区税收收入的 10.80%。

重点行业发展步入快车道,以广告会展、软件信息、文化娱乐等为主的创新、创意行业保持两位数以上增幅;以咨询服务业、创意设计为主的高端行业优势地位进一步巩固。创意园区质量效益提升,园区品牌效应持续显现。14 个创意园区被命名为“上海市文化创意产业园区”,8 号桥一期获评市首批文创示范园区。

(1) 广告会展

黄浦区广告会展服务业拥有包括世界十大广告公司之一的恒美广告等在内的一批优秀广告会展服务公司。上海市 20 家 4A 广告公司,黄浦区占半壁江山。2015 年,广告会展业完成区级税收收入 2.01 亿元,比 2014 年增长 8.09%,占全区区级税收收入的 1.17%。

(2) 软件信息

黄浦区网络与信息服务业以基础软件服务、应用软件服务、动漫为重点,以手机研发为特色。科技京城集聚了闻泰、多普达等一批优势企业,手机设计研发、无线增值业务新高地逐步形成。2015 年,软件与信息技术服务完成区级税收收入 3.23 亿元,比上年增长 23.49%,占全区区级税收收入的 1.88%。

(3) 文化娱乐

黄浦区文化艺术服务业和娱乐业集聚了思远影视、上海文化出版社、上海书城等一批名家、名企、名牌,拥有美格菲、好乐迪、汤姆熊等重量级企业,通过城市文化名片、文化功能集聚区的建设,不断丰富公共文化设施和各式演艺项目,提升产业能级和影响力。2015 年,文化艺术业完成区级税收收入 0.17 亿元,比上年增长 21.01%,占全区区级税收收入的 0.10%。

（四）黄浦区服务业发展布局

1. 总体发展布局

黄浦区以提升区域功能、增强发展后劲为核心，进一步深化、优化功能布局，在更大范围内推动资源整合，提升区域聚集、辐射和引领功能，"一带引领，四组团联动"的空间布局不断深化，高端商业商务设施建设不断加快，存量商业商务设施不断改造提升，重点区域亮点不断涌现。

2. 主要服务业集聚区发展布局

（1）一带：外滩金融集聚带

稳步推进商业商务项目建设。外滩国际金融服务中心（8-1 地块）已完成结构封顶，正在装修；洛克外滩源部分项目、596 地块两栋建筑已结构封顶，594 地块按计划顺利推进；复兴地块 6 栋办公楼正式开工；外滩·中央（179 地块）项目美伦大楼完成桩基工程。董家渡 13、15 地块正办理相关手续。

加强历史风貌保护。成立区历史文化风貌区和优秀历史建筑保护委员会，启动老城厢地区改造国际方案征集和 160 街坊风貌保护改造。外滩成为上海唯一入选首批国家级历史文化街区的历史文化风貌区。

（2）四组团联动

南京东路—人民广场功能组团，以会商旅文联动为纽带，推动南京东路商业街和人民广场文化商务区的联动融合发展，打造繁荣繁华的世界级商业街区和世界知名文化演艺集聚区。持续推进商业结构调整，南京路街区新世界大丸百货、华为南京东路高级体验店正式开业；16 家商店列入全市首批 27 家购物离境退税定点商店名单；打造数字商圈提升消费体验，入选全市首批智慧商圈试点。稳步推进环人民广场文化演艺集聚区建设，充分发挥演艺设施规模化、集群化、品牌化作用；大世界传艺中心修缮工程正在施工。中国大戏院已启动修缮改造。

淮海中路—新天地功能组团，以国际化、高端化为方向，推动淮海中路商业街和新天地国际高端商务区的联动融合发展，打造时尚高雅的世界级商业街区和国际高端商务区。淮海路街区华为淮海路高级体验店、无印良品旗舰店正式开业；阳光新业、龙凤地块启动施工；助推时尚产业发展。制定出台了时尚产业创新发展规划和配套专项资金使用办法；实现 Wi-Fi 全覆盖，上线"网上淮海路南京路"等微信和 APP。新天地国际高端商务区进一步拓展发展空间，增强高端要素集聚和辐射能力，不断提高世界 500 强企业、跨国公司地区总部和功能性机构集聚度。

南外滩—豫园功能组团，以传承、融合为引导，推动南外滩和豫园地区的联动融合发展，基本建成国际一流的南外滩中央活动区、上海最具民俗特色的文化旅游区和国内外高端品牌集聚的国际黄金珠宝商贸功能区。豫园商业文化旅游区加快推进国际黄金珠宝商贸功能区建设。完善黄金珠宝藏品交易中心网络平台和市场服务功能，引进华东理工宝石检测中心合作开设黄金珠宝质量鉴定，与上海商旅职业学校合作开设黄金珠宝职业技能培训项目。

打浦桥—世博浦西园区功能组团，以创新、创意为重点，推动打浦桥和世博浦西园区的联动融合发展，打造具有国际影响力的创新创意集聚区和极具人气的商业商务中心。充分发挥世博效应，延伸外滩金融功能。国内最大影视后期制作基地"立鼎"杜比全景声白金级认证影视后期制作中心正式运行。

3. 服务业重点项目建设和运营情况

(1) 外滩金融创新试验区建设进展情况

升级金融创新政策，出台《关于进一步推进金融创新发展的若干意见》和《关于进一步支持互联网金融健康发展的若干意见》(3.0版)"双十条"意见。由央行批准设立的跨境银行间支付清算(上海)有限公司(CIPS)落户外滩。互联网金融发展趋势良好，新增互联网金融企业60家，总量达到136家。众安在线保险等互联网金融企业进入快速成长期，区级税收比上年增长近5倍。加强金融风险防控，调整完善区打击非法金融活动领导小组，制订《黄浦区防范金融风险工作机制的方案》，完成金融维稳排查和专项整治工作，建立健全联动工作机制。

(2) 张江黄浦园建设进展情况

张江黄浦园建设进展顺利。深化财政扶持资金统筹运作管理机制，强化创意园区建设，推动思南路孵化园等园区成为大健康特色产业园。推进具有众创、众包、众扶、众筹内涵的众创空间建设。

(3) 世博滨江地区建设进展情况

加快南外滩滨水区综合改造。中山南路地下通道工程完成管线搬迁工程第一阶段，主体结构启动围护施工。滨江公共岸线贯通项目中，十六铺综合改造二期项目正在地下结构施工，滨江公共岸线综合改造工程(试验段)正在深化设计方案，卢浦大桥断点贯通工程、苗江路公共绿地通道工程正在完善方案，日晖港平桥工程正在施工中，2个码头搬迁完成初步选址。

(4) 国际黄金珠宝商贸功能区建设进展情况

完善黄金珠宝藏品交易中心网络平台和市场服务功能，引进华东理工宝石检测中心合作开设黄金珠宝质量鉴定，与上海商旅职业学校合作开设黄金珠宝职业技能培训项目。

（5）服务业综合改革试点情况

重点形态建设与功能开发齐头并进，外滩金融集聚带建设取得新突破，文化创意集聚区建设亮点不断涌现；重点产业稳步发展。金融服务业高速增长，区域经济增量贡献最大，国家级要素市场、功能性机构加速集聚，互联网金融发展趋势良好，金融创新能力增强。文化创意业快速增长，重点行业发展驶入快车道，创意园区量质齐升，时尚产业发展良好，商旅文联动方式不断创新。

（6）贸易便利推进情况

联合海关和商检推进制度创新，使更多企业受益于“口岸延伸”“直通式放行”等工作机制，积极推动在区内设立保税仓库提供更便利服务。兰生大厦上海宝玉石交易中心保税仓库设立工作正在积极推进中，已上报海关审核。

（五）2016年黄浦区服务业发展面临的机遇和挑战

为主动对接上海自贸区建设，加大改革创新力度，进一步扩大服务业领域对外开放，黄浦区将以企业需求为导向，积极争取金融服务等领域的服务业扩大开放措施在黄浦实施，为全面深化改革和扩大开放探索新途径，积累新经验，创造新成效。

（1）金融服务领域

“一城一带”（陆家嘴金融城、外滩金融集聚带）是上海国际金融中心建设的重要组成部分，在“十三五”期间，外滩金融集聚带重大项目建设和环境建设将取得重大突破。自贸区扩区后，陆家嘴金融城金融政策优势进一步扩大，“一城一带”在金融政策方面不平衡加剧，不利于“一城一带”错位发展和协调发展。

（2）专业服务领域

推进旅行社、人才中介服务和工程设计等专业服务领域扩大开放，学习和借鉴外国先进服务理念，加快高端人才培养，推动国内相关行业进一步规范运作，提升管理水平和服务质量，增强市场竞争力。

（3）商贸流通领域

以“四新”引领，积极推进南京东路东段、淮海中路中段以及“两街”支马路等重点区域的商业结构调整工作，使“两街”为代表的黄浦商业成为新产业的主阵地、新业态的引领地、新模式的示范地、新技术的推广地。以“两街”公共区域Wi-Fi网络全覆盖为基础，引入大数据分析，实现精准营销；建立商家数字联盟，实现信息共享；营造数字商业生态圈，提供一站式服务平台。

（4）文化服务领域

积极争取在设立外商独资演出经纪机构方面取得突破，进一步扩大和规范国内演出经纪市场，促进演艺行业发展；同时，充分发挥黄浦区文化演艺资源集聚优势，放大社会效益。积极争取在设立外商独资的娱乐场所方面取得突破，为市民提供更多的休闲娱乐选择，丰富市民文化生活。

(5) 社会服务领域

积极争取在外资进入教育领域方面取得突破，力争吸引一批国际高端教育机构入驻，实现中外教育资源的有益互补，提升教育服务整体水平，满足多样化需求。

（六）黄浦区服务业总体发展趋势判断

"十三五"时期，是我国实现"两个一百年"奋斗目标的第一个百年奋斗目标、全面建成小康社会的决胜阶段，是上海建设"四个中心"、科创中心和社会主义国际大都市的关键时期，也是黄浦建设世界最具影响力的国际大都市中心城区的重要时期。综合判断，今后 5 年，黄浦仍处于大有作为的重要战略机遇期。黄浦将顺应世界多极化、经济全球化的趋势，把握中国经济与世界经济深度融合的契机，积极抢占高端服务业发展先机，加快集聚跨国公司地区总部、功能性机构、国际性协会，进一步提高城区国际化水平；着眼国家加快全面深化改革、大力转变经济发展方式、实施创新驱动发展的战略，进一步提升城区经济发展能级；立足上海深入推进"双自联动"战略的大局，向改革要动力，向创新要活力，积极发展"四新"经济，进一步增强城区核心竞争力，以创新发展、协调发展、绿色发展、开放发展、共享发展的新理念引领区域经济社会新发展。

第三节　徐　汇　区

（一）2015 年徐汇区服务业、商业发展基本数据

2015 年徐汇区服务业、商业发展基本数据见表 14.3。

表 14.3　2015 年徐汇区服务业、商业发展基本数据

指　标　名　称	2015 年	比 2014 年增长/%
生产总值/亿元	1 329.28	8.0
# 第三产业增加值/亿元	1 160.96	9.6
# 商业增加值/亿元	290.66	4.4
商品销售总额/亿元	4 260.99	6.0
社会消费品零售总额/亿元	599.85	4.0

续表

指　标　名　称	2015 年	比 2014 年增长/%
地方税收总额/亿元	377	11.5
＃ 第三产业税收/亿元	334.19	14.2
＃ 商业税收/亿元	73.48	4.1
年末户籍人口数/万人	91.97	0.2
年末常住人口数/万人	108.91	−1.9

（二）2015 年徐汇区现代服务业发展现状和运行分析

2015 年现代服务业实现营业收入 1 780.69 亿元，比 2010 年翻了近一倍。现代服务业税收总额达到 171.58 亿元，占全区税收的 45.51%。现代服务业实现增加值 574.89 亿元，占到全区生产总值比重的 43.2%，比 2010 年提高 8.4 个百分点，占到全区第三产业增加值比重达到 49.5%。现代服务业对全区经济增长的贡献度达到 67.9%，拉动全区生产总值增长 5.4 个百分点，对整个区域经济发展起到了重要的支撑作用。其中专业服务业增速明显加快，2015 年实现营收 908.89 亿元，营收占现代服务业的比重达到 51%，位居现代服务业各行业首位；信息服务业保持较快增速，实现营收 337.95 亿元，是 2010 年的 2 倍，金融服务业实现营收 259.80 亿元，科技研发服务业受产业调整等因素影响，实现营收 198.7 亿元。文化和旅游会展服务业、生命健康服务业、教育培训服务业均保持健康发展态势。全区现代服务业发展呈现产业规模继续扩大，产业结构不断优化，空间布局持续强化，载体集聚成效显著，创新资源加速聚集等特点。

（三）2016 年徐汇区现代服务业发展特点和预测分析

2016 年徐汇区现代服务业在总量规模不断扩大的前提下，仍然保持持续增长，完成全年指标 2 030 亿元，同比增长 14%，确保完成“十三五”规划开局之年的目标。现代服务业（特别是专业服务业和信息服务业）已成为区域经济增长的第一推动力，对整个区域经济发展起到了重要的支撑作用。

（四）2016 年徐汇区现代服务业重点工作

1. 初步完成政策梳理和修订上报工作

主要涉及区现代服务业、产业园区有关政策并作适当修订工作，按照“产业类”与

"服务类"的归口，重点考虑政策的增减，把握精准、专业的原则，考虑更适当的方式和力度对接"十三五"规划相关目标。

2. 继续持续推进重点产业化、公共服务平台项目的建设

完成2016年度53个现代服务业重点建设项目评审工作，通过项目材料预评审、企业信用评级、专家评审、委办局连审等环节，重点聚焦"互联网+"、科技创新和产学研对接，推动企业运用科技创新等手段提升产业化能力与服务水平，最终立项的30个项目总投资额3亿元，扶持资金2 480万元，预计达纲后企业营收246亿元，项目收入达到14.9亿元，企业实现税收18.6亿元。

3. 跟踪推进两个市级集聚区建设

(1) 漕河泾开发区现代服务业集聚区总规划建筑面积约84万平方米，目前建成总建筑面积53万平方米，在建面积32万平方米。其中首期工程和二期工程中的总部区、综合配套区、星联科研产业区、集聚区总部区(二期三)工程已竣工并完成招商，目前入驻企业约160余家，入住率超过90%，其中有500强企业11家；2015年底开工的集聚区商贸区，总建筑面积32.5万平方米，将继续引进"一部三中心"(即地区总部、研发设计中心、运营结算中心和管理服务中心)项目和战略性新兴产业入驻集聚区。跟踪推进"腾讯创业基地"，促进该地区移动互联网产业的发展，每年至少孵化30个项目和企业；深化"中国首批服务外包示范区"、首批"上海市信息服务产业基地"和"首批国家知识产权服务业集聚发展示范区"建设。

(2) 徐家汇中心现代服务业集聚区主要分四个地块，目前都在建设中。2016年底竣工的徐家汇中心华山路地块项目，规划占地面积1.43公顷，规划建筑面积6.45万平方米，计划总投入17.6亿元。另外徐家汇中心恭城路地块项目、虹桥路地块项目、宜山路地块项目正在加快建设中。

4. 推动产业园区提质增效、转型升级

(1) 开展2016年度31家产业园区星级评定工作，指标体系更加细化、完善，引导强化园区管理服务功能的提升。

(2) 完善创意产业园区入驻企业备案登记管理系统。及时服务园区登记备案工作。发挥功能区平台公司作用，加强产业园区招商动态信息跟踪分析，梳理园区入驻企业清单，统计产业业态情况，跟踪重点园区的业态调整。

(3) 落实"一园一策"工作，对签约的8家园区开展跟踪考核，其中6家园区因经济贡献增长获资金奖励，合计90万元，总计税收6.5亿元，净增1.7亿元，同比增长36%。推动园区转型升级，提升贡献度与影响力。

(4) 推动园区转型升级，完善功能。聚焦政策，鼓励有条件的园区补短板，加紧

建设如白领食堂、共享办公空间、休闲文化空间、体育健身空间等配套服务功能；鼓励积极争取多种附加属性，如区内12家市级创意产业园区已有11家获得了市文创园区授牌。

(5) 修订“一园一策”政策，向“一楼一策”政策并轨，重点鼓励园区开展产业招商、完善服务功能、突出产业集聚。

(6) 完善创意产业园区入驻企业备案登记管理系统。按时完成园区登记备案工作。加强产业园区招商动态信息跟踪分析，梳理园区入驻企业清单，统计产业业态情况，跟踪重点园区的业态调整工作。

5. 做好生产性服务业相关工作

(1) 推进市生产性服务业专项统计工作；组织部分样本企业培训、沟通统计工作，了解企业需求，对接相关政策。完成97家企业的季报审核上报。

(2) 根据市经信委编撰《2015年上海市生产性服务业发展报告》的编制工作要求，拟写并报送区2015年生产性服务业重点行业、典型企业发展情况、工作推进成效，以及2016年发展展望与工作重点相关材料。

6. 牵头区生活性服务业工作的推进

按照市商务委的要求，牵头推进区生活性服务业的发展。规范区内家政服务业企业的经营管理，建立完善的备案制度与审批流程，引导家政企业合理健康发展，摸清家政行业市场需求，做好区家政服务业调研工作。完成漕河泾社区家庭文明建设指导中心等8家家政企业的材料搜集、审核工作，完成灵活就业系统相应的信息录入工作。截至目前完成55名家政人员灵活就业证明办理个人申报，并完成系统录入工作。

7. 完善政策，精准施策

根据徐汇区作为市科技创新中心的重要承载区的发展目标，以及结合区“十三五”产业规划中徐汇区“大信息、大科技、大健康、大文化”建设的要求，完成新一轮产业扶持政策的修订工作，将把科技服务业、四新经济、总部经济、研发中心、金融服务业、文化创意产业、中小微企业发展、人才服务等作为未来产业政策的扶持重点领域。

2015年年底前，完成《徐汇区关于加快推进现代服务业发展的扶持意见》(徐府发〔2014〕30号)政策修订及有关细则。推动科技服务业、生命健康产业、体育产业等产业新一轮政策的落地。

8. 其他重点工作

对接市现代服务业联合会、促进中心，就第二轮战略合作事宜进行商议，完成新合作协议起草，积极推进双方协议签订，同时积极配合“聚焦徐汇助推高端服务业发展论坛"暨《上海现代服务业发展报告 2015》发布活动的前期工作;完成商务委新一轮购买第三方服务政府采购(5 个包);完成区政协提案的走访和答复办理工作。

(五)"十三五"徐汇区现代服务业发展规划要点

"十三五"时期,是徐汇基本建成现代化国际大都市一流中心城区的重要时期。徐汇要把发展现代服务业作为"四个徐汇"建设的重要举措,坚持全球视野、创新驱动、集聚特色、融合互促的基本原则,着力深化服务业供给侧结构性改革,进一步巩固现代服务业的主体地位。

1. 指导思想

牢固树立创新、协调、绿色、开放、共享的发展理念,围绕上海建设"四个中心"和"具有全球影响力的科技创新中心"总目标,以"创新徐汇、幸福徐汇、文化徐汇、美丽徐汇"建设为战略框架,有效实施"经济创新驱动,产业转型升级"发展战略,加快推动以"信息、生命健康、文化创意、创新金融"为引领的产业集聚创新,着眼"国际化、高端化、新兴化"战略方针,不断提升现代服务业规模和能级,努力构建结构优化、特色鲜明、功能完善、融合创新的服务经济新体系,推动徐汇成为上海国际大都市中心城区最具核心竞争力和创新力的高端服务业集聚高地。

2. 发展原则

(1) 全球视野,优化配置。立足区域基础和优势,聚焦重点产业发展方向,凸显徐汇特色,主动服务国家和上海战略布局,对标国际大都市一流中心城区,进一步提高服务业领域的改革深度和开放广度,在全球范围内优化配置服务资源,增强徐汇现代服务业的辐射力和影响力。

(2) 创新驱动,资源共享。发挥创新对现代服务业的驱动作用,引导企业深化推进技术创新、模式创新、业态创新和管理创新,在创新中提升供给质量,满足需求,促进消费。着力发展与制造业密切相关的生产性服务业,带动扩大社会就业,推动产业跨界融合和产城深度融合。顺应市场需求变化,强化企业主体地位,充分发挥市场配置资源的决定性作用,促进资源要素合理有序流动、集聚和共享。

(3) 集聚特色,集群发展。以形态促功能,以形态促环境,形成现代服务业集聚发展的态势。充分发挥现代服务业与高新技术产业的联动效应,促进服务经济高端化,优化高新技术产业结构,增强高技术对服务业的支撑和引领作用。加强规划引领、资金引导和政策聚焦,推动现代服务业集群发展、融合发展和创新发展。

(4) 融合互促,转型升级。推进传统产业和互联网的跨界融合,鼓励传统企业运用信息技术优化生产及服务要素配置。支持发展共享经济,鼓励各种商业模式创新。

着力构建文化、健康、金融、信息等生产性服务平台，促进传统产业与互联网的融合互促，推动现代服务业与制造业深度融合，探索全新管理与服务模式。

3. 发展目标

根据“十三五”产业发展更加注重提质增效、转型升级的总体要求，聚焦优势重点领域，按照“总量增长、能级提升、创新特色、融合发展”的原则，进一步增强现代服务业在促进产业结构优化、经济稳定增长、消费需求升级的主导作用；进一步凸显现代服务业重点功能区在集聚高端产业、新兴产业和特色产业的优势；进一步提升现代服务业在全市乃至国际的综合竞争力。

（六）徐汇区主要功能区介绍

1. 市级商业中心

(1) 徐家汇地区。1984 年，时任上海市市长的汪道涵在《政府工作报告》中提出：在徐家汇建立上海市第二个商业中心。翌年，《上海市城市总体规划》把徐家汇地区确定为市级副中心。《上海市经济和社会发展规划纲要》又把徐家汇定为市商业中心之一。1993 年 10 月 15 日，“徐家汇商城国际研讨会”召开。同年，市规划局批准了《徐家汇地区城市设计规划》。这一设计首次运用城市设计理论，将徐家汇地区的建设范围从广场四周向外扩展，使建设突破了传统的建筑管理模式，做到建筑形态、建筑群体、空间场所、城市景观和路径组织的和谐统一。徐家汇商城第一期工程从 1992 年开始，一共 10 个项目，当年规划，当年设计，当年开工，当年竣工。这项目中，有东方商厦、太平洋百货和大千美食林(后改为太平洋数码二期，现已拆除待重建)等。之后的徐家汇数期建设均在 20 世纪末完成，总面积超过 200 万平方米(含商业、办公、住宅等)，总投资在 160 亿元左右。由此确定了徐家汇城市副中心的地位。

早年的徐家汇，东起漕溪北路，西到徐虹路，南临南丹路，北至今天的虹桥路，至 20 世纪初，其区域范围内有天主教大教堂、天文台、土山湾之工艺院、妇女修道院等，与 1951 年的《上海市交通全图》中“徐家汇镇”位置相符，即所述的“镇前河道通松江枫泾，船只往来颇形热闹，亦沪上之大镇也”。1993 年确定的徐家汇的范围为 1.2 平方公里，其中核心区域 0.24 平方公里。现在的徐家汇根据沪府〔2005〕7 号文提出的徐家汇知识文化商务区的功能定位，主要指：东起宛平路、宛平南路，至宜山路、南自中山南二路，北至淮海西路，总面积 4.69 平方公里。区域内有大小各类商业服务业销售网点千余家，商业建筑面积近 80 万平方米(含宜山路专业特色街及各支马路)。徐汇年客流总量 1.6 亿人次，日均客流量近 40 万人次，节假日间日均客流量近 70 万人次，并在业态上构成融购、娱、赏、食、游为一体的综合消费的商业布局，其中百货、餐饮、娱乐、文化成为主力业态。

商圈目前较大的商业企业有：百货商店5家（东方商厦旗舰店、汇金百货徐汇店、第六百货、汇联商厦、太平洋百货徐汇店）；购物中心5家（港汇、美罗城、百联徐汇、腾飞、光启城）；大型电子电器专业专卖市场及自营店5家（太平洋数码一期、百脑汇中金店、国美肇嘉浜路店、苏宁肇嘉浜路店、宏图三胞电脑）；大型休闲娱乐城（街）2家（星游城、永新坊）；大型超市1家（世纪联华体育场店）。另外，商圈内还有近千家开设在商厦内或沿街门面的餐饮、食品、电器、计算机、医药、运动器械、金银饰品、服饰鞋帽店并影院（永华影院、柯达数码影院、衡山电影院）、书店、咖啡馆等。

另，徐家汇街道辖区范围现有1万平方米以上的商务楼宇31幢，楼宇总面积100.90万平方米，入驻各类企业2 314家，其中税收属地企业907家，属地企业2014年度实现税收46.55亿元。

（2）淮海中路（徐汇段）。淮海中路是一条跨区商业街，横跨了新黄浦和徐汇两区，从道路长度来看，两区大致各占一半。徐汇区境内的淮海中路长2 730米；东起陕西南路，西至华山路，该路段东与淮海中路（新黄浦段）的高档商业圈接壤，西邻上海最高档的住宅区域，经过历史的沉淀，逐渐发展成为淮海路上的“时尚购物圈”。

淮海路筑路在1901年（清光绪二十六年），它起先是条泥石路。从1849年的法租界，到1906年的宝昌路，再到1914年的霞飞路，历经风风雨雨，饱经历史沧桑。这条栽满梧桐树的马路在殖民时期曾是住在东方的西洋人生活的地方，也曾为一众政商名流、绅士名媛穿梭其间的所在，直到新中国成立后的第二年，为纪念淮海战役，夺得这场胜利的指挥者之一陈毅，也是新政权下这座城市的首任市长将其改名为淮海路并沿用至今。

经过90年代初的改造以及近20年的发展，淮海中路（徐汇段）今天已是一条宽畅繁华、闻名遐迩的商业街。虽然这里没有淮海中路（新黄浦段）那样繁华，但作为淮海中路的时尚购物圈，在这里消费更多呈现出的是一种品味，一种风格，一种时尚。

淮海中路沿线商铺种类齐全，集餐饮、购物、金融服务、娱乐休闲、文化艺术于一体。这里不仅有环境优雅的特色餐厅、高层次的购物场所，还有精致奢华的专业专卖店，富有文化内涵的艺术馆、画廊古玩店等。据统计，该路段共有各类沿街商贸服务类网点83家，其中，涉及金融（主要为银行网点）类8家，涉及母婴中心1家，涉及大小各类中西餐饮网点20家，涉及宾馆1家，涉及文化娱乐（含画廊、古玩、照相器材和俱乐部等）5家，涉及其他类（服饰、灯具、家具、食品、眼镜、药品等）网点共48家。这里，正以丰富的中西交汇的人文底蕴，引领着上海时尚精品消费和休闲生活的潮流。

当前，淮海中路（徐汇段）商业街正积极演变为上海市高档商业商务集聚区，2013

年下半年开业的新鸿基 IAPM 商办综合体项目，由 12 万平方米的高级商场、两幢写字楼及两幢住宅组成，项目以糅合上海优美城市特色及大都会活力为设计蓝本，并巧妙结合欧陆风情与现代气息，该项目将成为淮海中路商务商贸集聚区的地标性项目。

2. 地区级商业中心

(1) 徐汇滨江。徐汇滨江位于徐汇区西南域，北起日晖港，南至关港，东临黄浦江，西至宛平南路—龙华港—龙吴路，紧邻徐家汇、龙华历史文化风貌区，与世博园区、后滩花园隔江相望，面积约达 9.4 平方公里，岸线长约 11.4 公里，是目前上海黄浦江两岸可成片开发面积最大的区域，区域开发总量约达 900 万平方米。

徐汇滨江地区曾是中国近代民族工业的摇篮之一，因其紧邻黄浦江岸，地势开阔，河道纵横，曾集聚了包括龙华机场、上海铁路南浦站、北票煤炭码头、上海水泥厂等众多工业设施和重要的民族企业，是当时上海最主要的交通运输、物流仓储和生产加工基地，承载了中华百年民族工业历史。2010 年，上海市启动包括世博会场在内的“黄浦江两岸综合开发计划”，徐汇滨江成为上海市“十二五”规划六大重点建设功能区之一。参照德国汉堡港、英国金丝雀码头等“棕地”复兴成功经验，徐汇滨江地区创造性地运用“上海 CORNICHE”的设计理念，结合对历史遗存的保护性开发，构建出开放空间整体的故事线索，完成了旧工业的搬迁以及公共开放空间的打造。2011 年末，徐汇区第九次党代会提出“文化先导，产业主导”的徐汇滨江整体开发理念以及打造“西岸文化走廊品牌”工程战略，“上海西岸”正式作为上海徐汇滨江地区的新称谓被广泛使用。

2012 年起，遵循“规划引领、文化先导、产业主导”的总体开发思路，徐汇滨江围绕“西岸文化走廊”品牌工程、“西岸传媒港”等核心项目，着力打造汇集国内外顶尖文化艺术、信息传媒、时尚设计、创新金融等业界领袖的国际级滨水文化金融集聚区，目标成为与巴黎左岸、伦敦南岸比肩的，独具魅力与活力的世界级滨水新城区。

经过一轮的发展建设，徐汇滨江目前已成功吸引了龙美术馆、余德耀美术馆、上海摄影艺术中心、香格纳画廊等众多知名文化艺术机构，以及上海梦中心、腾讯、湘芒果、申银万国、华鑫证券等优质文化及金融产业项目的入驻。与此同时，在西岸音乐节、西岸建筑与当代艺术双年展、西岸艺术与设计博览会等品牌活动的引领下，徐汇滨江正在成为沪上高品质文化、商业和体育活动的聚集区。

在新一轮的发展进程中，徐汇滨江还将着力推进西岸传媒港、星美术馆、油罐艺术公园、西岸美术馆、水边剧场等更多文化载体建设，扩大“美术馆大道”版图，并借由产业聚集优势，进一步深化艺术品、娱乐传媒及文化金融三大核心产业板块的建设和发展。

3. 现代服务业集聚区

(1) 漕河泾现代服务业集聚区。漕河泾开发区现代服务业集聚区位于漕河泾开发区中心区域，东起虹梅路中环线，南沿漕宝路，西至古美路，北临宜山路，总占地面积约 23 万平方米，总建设规模约 85 万平方米。目前集聚区开发建设全面开展，众多国内外企业总部、研发中心等已纷纷入驻，集聚区先发效应、带动效应已逐渐显现。

集聚区总部区(二期三)工程已于 2014 年年底竣工。该工程紧邻虹梅路田林路，地铁 9 号线从北侧通过，12 号线从南侧通过，坐拥双地铁服务的优良交通环境。工程总建筑面积约 9 万平方米，其中地上建筑面积 5.9 万平方米，建造三幢以“品”字形分布的单体建筑。该工程由德国排名第一的 GMP 建筑事务所负责设计，三幢建筑造型简洁大方，错落有致。项目设计具有革命性的参数化外立面设计，建筑白色折线形幕墙立面严整、简洁优雅，竖向幕墙肌理和开放式的下沉式商业广场强调和谐统一，营造出优美、别致的室内外空间环境。2015 年 12 月，该工程获得 2015 年度上海市优秀工程设计二等奖，同时获得美国绿色建筑委员会(USGBC)颁发的 LEED 金奖认证。

集聚区商贸区于 2015 年底开工，预计将于 2019 年竣工。项目总建筑面积 32.5 万平方米，包括 4 栋独立的高层办公楼和 1 栋 4 层裙房。该项目与地铁 12 号线实现无缝对接，交通非常便利。项目充分融入人与自然和谐共生的理念，以现代、时尚、生态、高科技为特点，营造出一个现代化、国际化、智能化、集群化的高档综合商务区。项目建设完成后，漕河泾开发区现代服务业集聚区将成为功能完善、生态环保、富有文化底蕴及现代气息的现代科技服务产业示范区。

集聚区能源中心项目获得中国建筑节能协会区域能源专业委员会组织的“CDEA2015 区域能源优秀项目”。能源中心采用冰蓄冷和集中燃气锅炉房的节能技术和清洁能源，对园区的楼宇实施集中供冷与供热，可以均衡多个建筑的负荷差异，实现移峰填谷，节省用户运行费用；降低设备总容量和台数，节省设备投资；大型设备运行效率高，利于节能及环保；设备集中设置便于运行管理，利于综合调度，提高可靠性。能源中心响应了国家关于“资源节约型、环境友好型”的能源利用方式，做到了能源供应的低碳环保，符合园区建设“生态、人文、和谐”的发展原则。

2015 年，世界 500 强企业默沙东增资 1.5 亿美元，加强其在商业和研发的重点领域，成为一个更具竞争力、创新性的公司；麦当劳中国区总部增资 8 000 万美元，再次证明其对中国市场投入的信心；全球三大连锁快餐企业之一汉堡王中国区总部新增投资近 1 亿美元，彰显了其扎根中国迅速扩张的战略构想。

集聚区地下餐厅“城市集市 CITY MART”开业运营，作为园区团膳服务创新转型的试点工程,“城市集市”采用“大食代”式团膳运营管理模式,运用市场化资源,集成星巴克、韩膳宫、喜士多、咖喱皇后、考拉生活等32家风格各异的国内知名餐饮品牌,兼具港式、日式、韩式、饮品等多元餐饮业态,以高档次、个性化的装修风格,兼顾私密性的布局,满足客户多样消费需求。“城市集市”公共餐厅是漕河泾开发区园区团膳运营模式创新的开篇之作,为园区员工提供更加丰富便利的餐饮服务,并翻开园区团膳服务升级的新篇章,后续园区内“小食代”式新型团膳公共餐厅(基础团膳+商业配套)也将陆续亮相,不断刷新园区团膳服务体验,提升餐饮服务水平。

2016年,开发区将大力进行集聚区商贸区建设,并继续引进“一部三中心”(即地区总部、研发设计中心、运营结算中心和管理服务中心)项目和战略性新兴产业入驻集聚区,大力发展体现国家发展战略、上海发展优势和国际竞争力的高新技术产业和现代服务业,推动开发区成为具有国际一流水准的多功能综合性科技产业园区。

4. 社区商业、特色街

(1) 天钥桥路休闲娱乐特色街(市级)。天钥桥路餐饮娱乐休闲街是本世纪初逐渐兴起的市级专业特色街之一,紧邻徐家汇商圈核心圈,北起肇嘉浜路,南至零陵路,其间与辛耕路、南丹东路、斜土路相交,全长将近1公里,是徐家汇商圈的重要组成部分。

20世纪80年代天钥桥路仍是一条断头路,当时该条街因汇联商厦和衡山食品店崭露头角。90年代初,汇民百货(已关闭)等一批商业零售网点涌现,当时该街以百货、食品专卖为主业态。从1993年起,随着原老米蛇岛的开业,该路段的餐饮业逐步兴起发展,到1996年聚集了近30多家餐饮,餐饮特色初具规模。

21世纪初,徐汇区政府按照“大徐家汇商圈”的概念推进商圈新一轮的发展,天钥桥路上的商业气氛越发浓厚。随着腾飞大厦、星游城、永新坊等3家休闲娱乐城的先后开业,天钥桥路餐饮娱乐特色日益鲜明。时至今日,据不完全统计,天钥侨路餐饮娱乐休闲街(肇嘉浜路至零陵路段沿街)已有166家沿街商铺,其中3家文化娱乐企业,11家金融机构,2家宾馆酒店,3家休闲娱乐城,9家美容美发店及健身会所,74家各式餐饮店,64家其他商业企业。天钥桥路的餐饮业态涵盖了西点、咖啡厅、茶饮、小吃、快餐、特色餐厅、饭店等,形成了以餐饮休闲娱乐为主要特色的多元化商业网点布局态势。

对于该路段在“十三五”期间的发展路径将本着市场调节为主流方向,从协调化、合理化、特色化等方面入手,进一步调整其特色定位,提升特色路段品质,以此吸引更多的目标客户群光顾,为核心商圈集聚人气和商气,与商圈形成互动,互为依托、互为支撑，进一步提升徐家汇商圈的辐射力和影响力。

（2）宜山路建材家居特色街（市级）。宜山路建材家居特色街毗邻徐家汇商业中心，南起中山西路及内环高架，轨道交通 3、4、9 号线穿街而过，北至虹桥路，紧靠徐家汇商业中心，全长 1.2 公里，并向东西两侧辐射，东至文定路，西到徐虹北路，还在漕溪路 198 号设立好饰家建材园艺购物广场分中心，街区占地面积逾 300 万平方米。

宜山路，这条以浙江省“纺织之乡”命名的马路，在新中国成立后一直默默无闻，直到 1995 年，“建材一条街”兴起，宜山路日趋繁荣。1999 年 9 月，宜山路被市商委命名为“市商业专业特色街”。据不完全统计，宜山路商业街区现共有各类沿街商贸服务类网点 111 家，入驻厂商 5 000 余家，其中，涉及经营建筑装潢、家具及配套商业的商家 68 家，涉及家电类 1 家，涉及各类中西餐饮 10 家，宾馆 2 家，房产中介 6 家，涉及其他类网点 24 家。

街区网点布局形成建材、家具销售如下三个专业区域。

1）建材装潢市场中心，汇集在宜山路、凯旋路交汇处，由家饰佳商场、上房装潢总汇、科拉胜建材广场、家饰佳装饰精品城、喜盈门卫浴陶瓷商城、兴力达国际装饰家具城等 6 家大型商场及一批中小型建材装潢商店组成。

2）家具市场中心，汇集在文定路、裕德路交汇处，由优宝国际家居、喜盈门红木精品馆、盛源大地家居城、世贸家具、美依美家居廊、文定生活等大型商场及一批小型家具商店组成。其中喜盈门“专业化”经营特色比较鲜明，先后创建了喜盈门橱柜商场、卫浴陶瓷商城、新款家具中心、地板木业商城，营业面积达 5 万平方米，经营品牌 300 余个。

3）好饰家建材园艺购物广场，坐落在漕溪路、田林东路上，集中经营建材家具、布艺、家电、园艺、灯具、石材等 10 大类商品，平均年销售额 10 亿元。

街区经多年开发和调整，已具备“超市大卖场”“品牌专卖店”和“专业特色街”的经营框架。同时也形成了“经营专”“品种齐”“服务优”的特色。汇集了建筑装潢材料、五金配件、家具办公用具等各种高、中、低档商品及中外品牌，商品总数达 10 万余种。各家商场经营基本形成主体型、专业化、连销化。宜山路建材家居特色街的商品质量和优质服务受到消费者称赞和社会肯定。1996—2006 年，相关企业分别获得“企国建材装潢规范市场”“上海市文明单位”“上海市十佳文明市场”“上海市模范集体”“上海商业优良服务先进单位”等荣誉称号。随着近年徐汇区经济的发展，宜山路建材家居特色街的功能将日趋完善，并将迎来新一轮的调整与发展。

第四节　长　宁　区

（一）2015年长宁区服务业、商业发展基本数据

2015年长宁区服务业、商业发展基本数据见表14.4。

表14.4　2015年长宁区服务业、商业发展基本数据

指　标　名　称	2015年	比2014年增长/%
生产总值/亿元	1 046.58	8.5
＃ 第三产业增加值/亿元	975.17	6.8
＃ 商业增加值/亿元	217.24	−3.5
商品销售总额/亿元	5 623.81	−10.1
社会消费品零售总额/亿元	273.67	4.3
年末户籍人口数/万人	58.59	−1.1
年末常住人口数/万人	69.11	−1.1

（二）2015年长宁区现代服务业发展概况

2015年长宁区实现生产总值(GDP)1 046.58亿元，按可比价格计算，比2014年增长8.5%。其中，第二产业增加值71.41亿元，增长35.2%；第三产业增加值975.17亿元，增长6.8%。第三产业增加值占全区生产总值的93.2%，比重比2014年下降1.4个百分点。

1. 现代服务业税收持续增长

2015年现代服务业实现全区税收262.84亿元，比2014年增长17.1%，占全区税收比重上升到74.35%；房地产业实现税收62.98亿元，增长26.5%；现代业态商业实现税收18.93亿元，增长8.9%；都市产业实现税收4.25亿元，下降47.7%。

2. 揭牌成立上海虹桥航空服务业创新试验区

加强与东片区五大驻场单位合作，着力引进航空公司及相关企业，做大做强航空服务业，航空服务业税收增速同比上升了近10个百分点。

3. 以科技创新推动产业转型发展

围绕上海科创中心建设，制订并出台长宁建设科创中心实施意见和实施细则，率先试点放宽企业名称、经营范围等方面的准入标准。推动以互联网金融为引领的“互

联网＋"产业集聚发展，虹桥互联网金融财富天地注册企业达 127 家。

4. 推动大众创业、万众创新

9 个基地被认定为市级科技企业孵化器和新型孵化器，2 个基地被评为市创业示范孵化基地。

5. 优化招商体制

形成"1＋3"招商模式，探索产业招商、品牌招商，引进"四有企业"346 家，其中，跨国公司地区总部 3 家。加快楼宇经济发展，重点经济楼宇税收落地率提高到 54.94％，全区税收"亿元楼"达 25 幢。

6. 复制推广服务自贸试验区试点经验实施方案

推动外商投资、金融创新、贸易便利化等领域政策落地。与上海海关、上海国检局签署第二轮全面战略合作协议，推动通关便利、保税展示等制度创新。围绕商事登记制度改革，全面实施注册资本认缴制、"先照后证""三证合一、一照一码"登记制，制订企业住所登记管理细则，降低企业准入门槛，激发市场活力，全年新设企业数、注册资本额同比分别增长了 16.28％和 51.73％。

（三）2015 年长宁区主要商圈发展情况

1. 虹桥商圈

虹桥商圈东到中山西路，西至芙蓉江路，南起黄金城道，北至玉屏南路和天山支路，占地 3.15 平方公里，是《上海市商业网点布局规划（2014—2020 年）》确定的 15 个市级商业中心之一。

虹桥商圈的崛起，是轨道交通 2 号线相继串起的陆家嘴、南京东路、人民广场、南京西路、静安寺和中山公园商圈这条商业黄金线的完美延伸。

虹桥商圈是集购物、餐饮、休闲、文化、娱乐等功能为一体的上海西部新兴商业中心，有汇聚国际高端品牌的尚嘉中心、上海首家日资独资百货高岛屋百货、花园体验式金虹桥商场、亲子娱乐特色的虹桥南丰城、老牌高档百货虹桥友谊商城、中档亲民百货汇金百货虹桥店及天山百盛等众多商场。新虹桥—天山商业中心构建"两纵"（娄山关路、遵义路）"两横"（天山路、仙霞路），南高北低、梯度错位的商业空间布局：形成以尚嘉中心、虹桥友谊商城为核心的高端商业空间布局；以虹桥南丰城、金虹桥商场为核心的中、高兼容的商业空间布局，以天山路（遵义路—古北路）商业载体为核心的中档为主的商业空间布局。

2015 年，高岛屋百货进一步做强日本商品特色，开设日本进口商品保税展示区，协助申请成为首批离境退税商店。巴黎春天天山店围绕"呼朋唤友聚会地"的定位，实施形象改造和品牌调整。天山百盛与韩国衣恋集团合作进行全面改造调整，打造全新百盛优客城市广场，于2015年底试营业。

2. 中山公园商圈

中山公园商圈位于长宁区东北部，东起华阳路、安西路，西至中山西路，南抵安化路，北临苏州河，面积约1.14平方公里，是上海市15个市级商业中心之一。

中山公园地区是上海城市交通的重要枢纽之一。轨道交通2号线与3、4号线在此成"十"字交叉，29条公交线路始发或途经，日人流量达到40余万人次。区域内已建成发达的地下勾连网络，连通龙之梦购物中心、上海书城长宁店、玫瑰坊、兆丰广场、巴黎春天中山公园店等商业载体。

中山公园商圈已初步形成了以龙之梦购物中心为"龙头"的交通枢纽型商业中心框架，凸现家电集聚的商业特色。聚集了龙之梦、巴黎春天、玫瑰坊、华宁弘基生活中心、爱室丽家居等重点企业和国美、苏宁、永乐等家电、电子巨头。在全市家电零售行业中具有较强的影响力，主要家电零售企业区外外来消费的比例达到70%左右。一年一度上海购物节的重点活动——中山家电节已成为沪上家电行业的重要节日。

2015年，兆丰广场进一步调整优化，引进日本尼达利家居旗舰店。愚园路改造调整一期启动，引进香水调香室、体验式玻璃艺术馆、生活创意品牌集成店等特色商户。

（四）2015年长宁区现代服务业集聚区发展情况

虹桥涉外商务区由虹桥涉外贸易中心、中山公园商业中心和临空经济园区三部分组成，其中中山公园商业中心东至华阳路、安西路，南到安化路，西抵中山西路内环线，北至万航渡路；虹桥涉外贸易中心东到中山西路，西至芙蓉江路，南至红宝石路，北到玉屏南路和天山支路；临空经济园区北至苏州河、东淞虹路、南至泉口路、西至绥宁路。集聚区规划占地面积9.43平方公里，主导产业为现代商贸业、专业服务业、信息服务业、航空物流业等。

1. 集聚区建设项目有序推进

进一步优化完善整体规划，理顺牵头协调机制，加快现有的地块的开发和商务楼宇建设，拓展提升现有楼宇群的功能，进而提升整个区域功能。"十二五"期间，虹桥涉外商务区新增载体面积196.8万平方米(原有面积420万平方米)，在建项目面积205万平方米。

中山公园商业中心有龙之梦雅仕大厦竣工，建筑面积12万平方米；长宁来福士广场37.91万平方米、88金庭商务楼11.2万平方米在建项目按计划推进。

虹桥涉外贸易中心建成项目有金虹桥、尚嘉中心、古北财富二期、南丰城三期，建筑68.5万平方米；绿城广场、新虹桥俱乐部、虹开发31号地块、虹桥文化艺术中心、古北SOHO项目等在建项目稳步推进，规划总面积38.2万平方米。

临空经济园区建成项目有虹桥SOHUO国际会议中心、博世研发楼、扬子江产业楼、旭辉、明基二期、博世二期、神州数码二期、民营城、10-3新长宁项目、融真、SOHO、17街坊明基、中海油、新长宁1-8号楼、东方国信、索菲亚、建涛广场等项目，黄金交易中心等项目在建。

2. 服务业发展取得明显成效

虹桥涉外商务区对长宁现代服务业发展推动作用明显。2011—2015年，长宁现代服务业税收年均增长16.5%。截至2015年底，长宁区现代服务业实现全区税收262.84亿元，比2014年增长17.1%。其中：

现代商贸业实现税收67.25亿元，比2014年增长10%；

航空及物流业实现税收63.63亿元，比2014年增长18.4%；

专业服务业实现税收49.50亿元，比2014年增长34.2%；

信息服务业实现税收31.96亿元，比2014年增长12.6%；

金融服务业实现税收31.30亿元，比2014年增长8.1%；

会展旅游业实现税收10.79亿元，比2014年增长30.8%；

社会服务业实现税收8.42亿元，比2014年增长16.3%。

3. 对全区经济贡献支撑明显

以三大组团为核心的虹桥涉外商务区加快聚焦发展，对全区经济贡献支撑明显。2015年，虹桥涉外商务区全年实现税收181.76亿元，比2014年增长24.8%，占全区税收的51.4%。其中：

虹桥国际贸易中心实现税收91.41亿元，增长17.3%，占全区税收的25.9%；

中山公园商业中心实现税收47.71亿元，增长61.9%，占全区税收的13.5%；

临空经济园区实现税收42.65亿元，增长11.7%，占全区税收的12.1%。

4. 集聚区综合环境品质提升

软硬措施并举，提升区域综合发展环境。深化文化产业理念打造，集聚区商务功能开发强调内涵式发展。推动市政路网建设，打造交通功能。推进虹桥"井"字形区域地下勾连项目，推进中山公园整体环境优化工作。增加集聚区金融配套、商业配套、宾馆配套项目，提高商务活力。持续开展文商旅结合的活动，营造宜商氛围。推进"六个便利"、"白领午餐"、低碳出行公共自行车便利服务项目，做好人才、科技、金融、商标、名牌、租房六大服务平台的基础性政策性服务。

第五节 静 安 区

（一）2015年静安区[①]服务业、商业发展基本数据

2015年静安区服务业、商业发展基本数据见表14.5。

表14.5 2015年静安区服务业、商业发展基本数据

指标名称	2015年	比2014年增长/%
生产总值/亿元	811.19	9.7
# 第三产业增加值/亿元	797.83	9.8
# 商业增加值/亿元	160.45	3.4
商品销售总额/亿元	1 910.50	8.09
社会消费品零售总额/亿元	319.60	6.02
地方税收总额/亿元	314.32	7.83
# 第三产业税收/亿元	310.40	8.64
# 商业税收/亿元	104.66	12.64
年末户籍人口数/万人	28.81	−1.7
年末常住人口数/万人	23.69	−4.7

（二）2015年静安区服务业发展概况及运行分析

2015年1—12月，静安商贸流通业、专业服务业、文化创意服务业三产业累计完成税收收入186.53亿元，占静安税收收入比重为59.35%。

其中，商贸流通业全年实现三级税收104.66亿元，同比增长7.52%，占全区三级税收比重33.30%；其中区级税收23.75亿元，同比增长17.38%，占区级税收比重23.35%。专业服务业全年实现三级税收57.45亿元，同比增长7.15%，占全区三级税收比重18.28%；其中区级税收19.31亿元，同比增长36.39%，占区级税收比重18.99%。文化创意服务业全年实现三级税收24.42亿元，同比增长−5.99%，占全区三级税收比重7.77%；其中区级税收8.96亿元，同比增长−1.91%，占区级税收比重8.81%。

① 静安区与闸北区已于2015年11月4日正式合并为静安区，因统计数据仍按原辖区划分，故本书仍保留原辖区的名称。

（三）2015 年静安区主要做法及举措

1. 优化商圈功能，提升区域商业能级

强化“商旅文体”联动。积极推动静安南京路沿线商铺的调整，进一步完善静安南京路商业生态结构。富邦晶品全面开业，ports 1961 开始试营业，南京西路 688 广场商铺全部开业。进一步完善“商旅文体”联动工作机制，加强与各商场的互动联系，成功举办了“福满静安奔牛展”“静安城市定向越野”“静安国际咖啡文化节”“静安国际购物嘉年华”等一批影响力大、人气足、广受好评的活动，作为上海国际艺术节的重要节目之一，BANDALOOP 空中芭蕾内地首演近期落户静安嘉里中心，结合高空绳索和现代舞蹈，起舞在高楼云间，颇受上海市民关注。静安国际购物嘉年华活动更是被上海市商务委等部门评为上海市“会商旅文体”联动示范项目。初步形成全区商业商街功能规划和江宁路功能开发规划。

利用移动互联网和大数据技术，加快智慧商圈建设，促进线上线下良性互动，着力优化商圈消费的服务体验。根据《上海市经济和信息化委、上海市商务委关于开展本市首批智慧商圈创建活动试点单位申报工作的通知》要求，与区科委建立联动机制，共同开展智慧商圈创建活动试点申报工作，拟定静安智慧商圈实施单位为上海数银科技有限公司，试点创建推荐单位为梅龙镇广场、雷允上药城、百乐门大酒店以及吴江路休闲街，静安智慧商圈项目通过市商务委、市经济和信息化委举办的专家评审会评审，静安成为上海首批智慧商圈建设试点单位。7 月 18 日上午，2015 上海国际信息消费节商圈秀开幕式暨静安建设智慧商圈示范启动仪式在吴江路休闲街举行。吴江路休闲街、梅龙镇广场和雷允上药城成为静安智慧商圈首批试点创建单位。区商务委、区统计局还与上海商务发展研究中心签署了商圈消费指数发布的合作协议，计划发布静安商圈信息消费指数。

借鉴自贸区“森兰商都”模式，探索研究在我区设立“保税—展示—销售”的保税商品展示交易中心的可行性。推动上海出国人员服务中心静安免税店在悦达 889 落地。免税店营业总面积 3 600 平方米，将充分宣传国家相关免税商品销售规定，积极扩大免税经营品类和利用“跨境通”平台扩大细分市场。

鼓励商业模式及业态创新，大力发展“四新”企业。引进上海有浩信息科技有限公司（蜘蛛网投资设立），开展电子商务。继续跟踪“上海鸿洋电子商务有限公司——建材家居电子商务智能体验交易平台”“上海领秀电子商务有限公司——高端品牌电子商务交易平台”项目，确保项目稳步推进，资金落实到位。

举办各类主题活动。举办主题为“奢侈品行业新格局”的 2015 中欧顶级品牌高峰论坛，并为“中欧·静安国际时尚产业研究中心”揭牌。主题为“互联网＋”时代商圈新发展的2015福布斯·静安南京路论坛于11月12日在上海展览中心举办。

2. 聚焦改革创新，提升区域贸易便利化水平

对接上海出入境检验检疫局的各项贸易便利化举措，争取先行先试。不断完善区行政服务中心出入境检验检疫办事咨询窗口功能，业务范围已经由单纯咨询和政策宣传扩展为受理检验检疫政策和业务咨询、出入境自理报检单位注册、进出境展品的备案申请和代理报检单位年审等。2015年间，与上海出入境检验检疫局就进一步推进检政合作、扩大地方贸易便利措施等签订了《关于深化合作的2015年行动计划》，明确在促进总部经济、免税店、跨境电子商务、进口商品直销中心、保税展示交易、进口服装面料预评估、进口商品分类监管模式、静安国检窗口职能拓展等内容和项目上与静安进行紧密合作。进一步开放外商投资领域，开展外商增加网上零售相关工作的宣传及审批工作；组织赴洋山保税港区与自贸区管委会洋山保税港区办事处代表进行座谈交流，研究区域贸易便利化的创新试点工作。

建立重点企业便利通关机制，共同加大知识产权保护力度，推进优化海关监管模式等深层次业务交流合作。鉴于海关信用资质A类和AA类企业能在海关业务现场享受通关优先便利和差别化管理待遇，区商务委从静安实际出发，着力提升区域内进出口企业的海关信用资质，引导骨干企业申请海关A类和AA类信用资质，帮助企业争取进入海关各项改革的先行先试名单，享受海关各项监管的绿色通道服务。截至目前，普拉达等39家企业经海关认证为A类企业，上海中洲企业发展有限公司等3家企业为AA类企业。在提升企业信用资质的基础上，区商务委在上海海关关税处的支持下，会同金融机构对符合条件的区内企业率先试行进口企业集中汇总征税。目前，已有多家重点进出口贸易企业成功实现了该项业务。

3. 整合各方资源，提升创意产业能级

(1) 促进创意园区创新发展。推进“静安梅迪亚工场”“华山创意园区”“七立方科技园”“美影厂”等园区建设。华山创意园项目举办开园仪式，园区1.2万平方米，目前入驻37家企业，主要为开心麻花、何念工作室、姚基金等文化传媒类企业。通过区校合作，以静安区威海路777号房屋为载体，合作打造“7立方·静安科技文化创意产业园”项目，项目内部装修正在进行中，已有5家企业工商注册完毕，分别是斐讯信息科技(上海)有限公司、上海慧球通信科技有限公司、上海众宸信息科技有限公司、上海程昱投资管理中心(有限合伙)，园区正筹备申报“上海市文化创意产业园区”。在市经济和信息化委的指导下，积极推进“上海众创空间促进中心”落地800秀园区，800秀园区提供900平方米的办公场地作为众创空间载体。积极指导上海禾延文化

发展有限公司推进延平路135号(原国泰君安证券大厦)载体项目建设工作。

(2) 加强文化创意企业政策扶持。上海禾延文化发展有限公司等文化创意领军企业实现税收落地,引进"上海设计周投资管理有限公司"。"上海工美艺术品交易中心"落地同乐坊园区。积极动员企业申报市级文创扶持专项,广泛做好市级文创扶持政策宣传,辅导企业落实相关申报材料准备。

(3) 承办重要时尚活动。上海展览中心举办了"2015年上海设计之都活动周"主场展示活动,活动以"大设计 新常态"为主题,体现设计跨界融合以及协同创新的成果和趋势。另外,在上海展览中心举办"2015年上海时装周"活动。活动周期间,有宝姿(Ports 1961)品牌主力店开幕及明星走秀、普拉巴·高隆(Prabal Gurung)时装秀、李奥纳德(Leonard)时装秀3场活动,这三档品牌的发布时间与欧洲保持同步时尚节奏。世界城市(上海)文化论坛在宏安瑞士举办,以"世界城市的设计创意战略"为主基调,从设计思考、公共艺术、城市设计、社会创新等角度,讨论城市是如何促进设计、激发创意活力,展示如何将设计解决方案广泛应用于经济、社会、文化等领域的最佳实践。

(四) 2016年新静安重点工作

1. 围绕消费引领,着力建设商圈生态体系

发挥消费对供给的引领作用,围绕上海国际消费城市建设,推动我区商圈转型升级,打造有国际影响力的商街商圈和品牌活动。

(1) 商圈能级提升方面。利用互联网技术运用,推动南京西路、大宁商圈智慧商圈建设,培育发展电商企业,开展跨境电商试点,实现线上线下商业融合发展,不断优化商圈消费的服务体验。指导推动静安南京路商圈、大宁商圈、曹家渡商圈调整升级,完善商业生态结构,形成错落有致的商业发展格局;指导推进协信星光广场、大悦城二期、晶品购物中心等新兴商业载体提升功能定位;聚焦江宁路文化特色街的业态调整,积极关注支马路商业发展,提升后街商业价值。围绕上海国际贸易中心建设和国际消费城市建设,积极引进免税店,争取更多商家参加离境退税试点。

(2) 品牌建设方面。以商务部首批"品牌消费集聚区"建设为依托,推动区内顶尖奢侈品牌、高端品牌、轻奢品牌、老字号品牌、原创品牌协同发展的机制。充分发挥品牌品审机制,推进品牌与街区相结合,引导街区品牌梯度发展,引导顶尖奢侈品牌向"金三角"集聚、高端品牌和轻奢品牌向"大中里""金五星"集聚、老字号品牌向陕西北路集聚、原创品牌向南京西路支马路集聚,打造品牌梯度消费集聚区。

(3) 氛围营造方面。筹备举办2016静安—中欧顶级品牌论坛、2016福布斯—静安南京路论坛,承办2016年上海"设计之都"活动、2016上海时装周等相关活动提升静安南京

路的知名度和影响力;以商业诚信体系建设为抓手,推进商圈服务软环境建设,促进商圈企业建立健全诚信档案,定期发布商业诚信报告,营造商圈公正透明的消费环境。

(4) 营造服务白领优化企业环境。关注白领群体多元化需求,引导和培育有条件的餐饮单位加入白领午餐网络,加强重点楼宇和园区,特别是在建楼宇园区的食堂扶持和发展,拓展白领用餐保障的广度和深度。探索通过楼宇园区食堂开辟早餐点等方式发展白领早餐,促进区域大众化早餐网络建设。加强"白领午餐"网络单位监管,做好白领午餐项目的绩效评估。

2. 围绕功能完善,着力推进园区转型升级

2016 年是产业园区转型升级"深化年",在去年打好基础、开展试点的基础上,总结经验、提升质量、突出重点、扩大示范,加强南北深度融合,体现优势互补联动,努力推进产业园区转型升级工作持续深化、保质提速。

(1) 根据"四个一批"的升级方向,深入推进园区转型升级。"做强一批",主要体现经济效益、能级规模,推进园区功能升级,争取新增 3 个亿元园区。"做优一批",主要体现内涵发展、创新创业,重点聚焦诺诚 1895 创意园、大宁德必易园、锦和越界·乐平方、四行天地、雍和创智广场、清华科技园、源创创意园、安垦绿色仓库等 8 个园区。"培育一批",主要体现产业集聚、主题鲜明,重点聚焦名仕街+H671、新华园、健智天地、迅达商务园、中意设计交流中心、威海路 696 等 6 个园区。"调整一批",推动鑫协都市型产业园、不夜城都市型产业园区等 2 个园区的结构调整,体现资源优化、环境提升。

(2) 鼓励园区进一步提升管理服务能力,打造园区公共服务平台。依托区中小企业服务中心,市、区级公共服务机构,区中小企业服务网站等组成的中小企业服务网络,为区域内中小微企业提供涵盖综合指导、专业管理、创业辅导、法律咨询、市场开拓、人才培训等服务。积极搭建信息沟通平台,充分发挥德必 CEO 俱乐部、创越微沙龙等资源,以微信群、工作例会、座谈会、沙龙等丰富多样的形式,增强园区之间的学习交流与互动,提高区域内园区载体的关联度及社会影响力。建立周联系制度,落实专人负责对接园区,及时了解园区建设运营、安全生产、闲置资源等情况。借助静安区创意产业协会的力量,参与产业园区转型升级课题研究,制订相关规划、计划,推动和管理园区智慧化改造,负责园区考核激励、环境教育及相关宣传工作。

(3) 对接双创,推进众创空间建设。针对众创空间特色不明显、模式单一问题,引导众创空间向专业化、特色化方向发展,并将区域内各类众创空间进行串联,实现创新链和成长链全过程的服务体系,建设具有新静安特色的创业创新示范区:鼓励引进"飞马旅""联合创业办公社"等优质创新创业综合服务机构;利用区属国资企业资源,自主打造或合作打造众创空间,例如静工集团的"静工唯客空间 Weker Spaece"、

大宁资产的"环上大国际影视园区创客空间"等;支持"东海广场创客中心""Workface"之类的小微型众创空间;推动"源创设计创意互动平台""成功设计平台"等公共服务平台;同时引导类似"创客咖啡"等的配套设施。

(4) 完善相关制度建设。进一步规范和完善老厂房改造项目,通过建立发现、共商、跟踪等三大制度对老厂房改造项目进行管理设计和流程再造,确保园区安全生产,使宝贵有限的存量工业用地更好地为新静安经济社会发展服务。建立健全激励和倒逼机制,制订产业园区评估奖励办法,通过更加科学清晰的"标尺",引导和激励各类产业园区加快提高产业集聚度和土地集约利用水平。探索设立园区转型升级专项资金,对园区提升经济贡献度、调整产业结构、做优做强、支持创新创业等方面给予一定支持,为鼓励引导园区加快转型升级步伐创造良好的政策环境。

3. 围绕民生保障,着力发展社区商业

增强消费对经济增长的拉动作用,从保障民生和努力增加有效供给,释放居民服务消费需求,培育新的消费增长点出发,推进完善社区商业服务体系建设。

(1) 调整优化菜市场规划布局。结合区情实际,对菜市场规划进行调整和优化;推动桥东、新永和等在建菜市场项目落地开业;探索建设菜市场管理电子台账,远程监控,服务外包等管理体系及设备。突出重点,加强菜市场内部和周边环境整治,分类分步推进全区标准化菜场改造改建,建设和完善菜市场食品安全追溯管理体系,推动菜市场管理上台阶。

(2) 切实做好保供稳价工作。发挥静明、城超等产地直供的优势,加大对菜场蔬菜调配供应,重点加强"两节"(元旦春节、中秋国庆)优惠供应和冬夏"两淡"应急保障工作。加强对菜场、菜店、超市、卖场菜价全方位的监测和分析,及时客观反映区内价格总体水平。根据老年人的消费特点和季节特色,按照保基本、更便利的要求合理安排直供服务企业,提供适销对路的商品和服务。

(3) 发展社区智能微菜场。根据社区需求,进一步扩大自动售菜机等社区智能微菜场的覆盖面,填补主、副食品供应盲点;发挥社区商业为老直供服务联盟的协调作用,以购买社会组织服务的形式,进一步优化社区直供点布局,努力解决老旧小区的买菜难题。

(4) 推进社区商业中心建设。依托菜场载体,提升和延伸菜场功能,按照社区商业设施配置规范,有计划推进菜场周边业态升级换代,在保证必备型商业业态的基础上,引入老字号店、社区百货、社区餐饮等网点,不断配置居民更高层次需求的商业业态,强化功能、提高能级,方便居民生活。全年推进 2 家以菜场为中心的社区商业中心建设,方便居民生活。

4. 围绕“双试联动”，着力营造国际化、便利化营商环境

围绕“国家服务业改革试点”和承接自贸区溢出效应先行先试改革试点，对标国际高标准投资贸易通行规则的一级地方政府服务管理新模式，大力推进“国际静安”建设，坚持市场导向、坚持问题导向、坚持开放导向，加快转变政府职能，在简政放权、投资贸易便利化、事中事后监管等方面进行深入探索，努力将静安打造成为上海“行政透明度最高、行政效率最高、行政收费最少”的示范区之一。

（1）探索投资管理制度和商事登记制度改革。创新优化审批流程，与区市场监管局共同探索研究外资商事制度改革，推动外资投资管理制度改革。建立企业准入“单一窗口”制度。在外商投资新设等环节，推动实行“单一窗口集中受理”，逐步实现工商、质监、税务、发展改革、商务等部门“统一收件、统一发证”。建立审批流程再造工作机制，实施对外资企业设立及变更审批“告知承诺＋格式审批”的管理模式。精简前置审批事项，施行“先照后证”，放宽登记条件，对企业申报材料进行精简，新设企业的申请材料由 11 项减至 6 项，材料清单不再设置兜底条款。坚持简政放权和加强事中事后监管同步推进，商务主管部门将把重点转向对外商企业的事后管理，强化登记后续监管。如实施企业信息公开、公示制度。实行年度报告制度，建立经营异常名录管理制度和公示信息抽查制度。

（2）提升区域贸易便利化水平。加强与对口海关、国检部门对接，重新签订合作备忘录。逐年扩大进口服装面料预评估试点工作企业覆盖面，争取每年提供 2～5 个新的预评估企业名额。依托“上海国际贸易技术标准服务中心”和“国家公共检验检测服务平台示范区”，承接自贸区检验检测认证领域各项改革新政策和新措施，试点区内商品进出口检验优先采信区内第三方检验认证机构的检验结果。与海关进一步探讨，将原有“绿色通道”待遇机制化，明确标准，将更多符合条件的重点企业纳入试点。结合新静安办事大厅的重新规划设置，提前与国检沟通，一方面接轨国检对窗口环境的硬性要求，加强硬件配备和人员培训，另一方面争取更多的窗口业务咨询和受理功能。同时试点推动新静安政府办事大厅商务委、海关“单一窗口”建设。

（五）静安区主要功能区介绍

1. 南京西路商业中心

南京西路商业中心，由成都北路—威海路—延安中路—乌鲁木齐—万航渡路—愚园路—南阳路—奉贤路—凤阳路围合而成的区域，总用地面积约 118.3 公顷。

按照“高起点、外向型、国际化”的发展思路，规划形成以南京西路为主轴，吴江路、威海路、陕西北路、铜仁路等支马路为支撑，纵横条状发展的空间格局。进一步提

升高端商务商业的集聚度和影响力，建设成集国际商务活动、精品服务、时尚生活消费、繁荣城市景观于一体的综合商业功能区，具有国际影响力的商业中心。

2. 曹家渡地区商业中心

素有"沪西小上海"之称的曹家渡商圈位于武定路以北，苏州河以南，江苏路以东，武宁南路以西，面积约1.5平方公里。交通便利，四通八达，拥有十多条公交车线路和地铁13号线武宁路站，周边地铁2、3及11号线环绕。商业总面积已超过150万平方米，覆盖范围达到1.5～2公里，辐射超过250万人流量。

曹家渡地区商业中心以万航渡路和长寿路为十字发展轴，以长宁88广场、悦达889广场、芳汇广场等大型商业设施为核心，重点推进周边长寿路、武宁南路、安远路、余姚路和万航渡路沿线商厦的功能置换开发，加强硬件建设，调整经营结构，着力引进知名品牌专业专卖店，与现有百货店、大型餐饮娱乐设施形成联动错位发展，形成现代化、高品质的曹家渡地区商业中心。

3. 武定菜市场

武定菜市场位于武定路1140号，是全市首批三星示范菜市场之一，不论是硬件设施还是规范经营和管理服务，在居民中均拥有较高的口碑和美誉度，是区内居民最满意也是最常去的菜市场。在2015年原静安年度菜市场满意度综合测评中，武定路菜市场排名第一，功能分区、环境卫生、明码标价、智能化建设等指标均遥遥领先静安区各大菜市场，市场营运和建设规范化现代化特征明显。

第六节　普　陀　区

（一）2015年普陀区服务业、商业发展基本数据

2015年普陀区服务业、商业发展基本数据见表14.6。

表14.6　2015年普陀区服务业、商业发展基本数据

指　标　名　称	2015年	比2014年增长/%
生产总值/亿元	838.74	8.4
# 第三产业增加值/亿元	726.87	9.1
# 商业增加值/亿元	210.51	6.8
商品销售总额/亿元	9 634.85	8.2
社会消费品零售总额/亿元	566.33	3.0

续表

指 标 名 称	2015 年	比 2014 年增长/%
地方税收总额/亿元	83.65	11.0
# 第三产业税收/亿元	74.43	13.5
# 商业税收/亿元	14.13	6.0
年末户籍人口数/万人	89.46	0.2
年末常住人口数/万人	128.80	−0.6

（二）2015 年普陀区商业经济运行情况

1. 智慧商圈建设升级，软硬件设施整体提升

2015 年，中环商圈主动融入普陀转型发展大局，将电子商务与传统商贸相融合，在商圈信息基础设施建设、传统商业转型升级、提升商圈整体经营管理和服务水平上下功夫。5 月，中环商圈被正式认定为上海市首批 7 个智慧商圈创建活动试点区域之一。为让智慧商圈建设更加贴近普通居民生活，中环商圈还探索举办了以“智慧生活就在身边”为主题的“智慧生活中环行”系列活动，活动以推广体验为主，全新的智慧消费新模式体验受到周边居民的欢迎，3 场活动吸引了近万人次现场体验。7 月，中环商贸区成为商务部第二批“国家电子商务示范基地”中上海仅有的两家基地之一，并在 2015 中国(上海)全球电商互联网大会上揭牌展示。

百联中环购物广场推进硬件设施改造，车库停车导向系统已投入使用，B1 红心舞台将原有 1 层楼高的电子屏幕升级为 4 层楼高，并新增一块电子互动屏，消费者可通过摄像头与大屏进行游戏互动。东方商厦中环店为现有商品增加条形码属性，以便将线下商品与线上对接并销售。红星美凯龙并购酷漫居，整合儿童家居消费平台，完善授权、设计、生产、物流、零售、体验店等线上线下的 O2O 互动链条，建设营销的电子商务及社群营销平台。麦德龙全新升级电子商务平台，覆盖线上线下及移动终端，并与线下门店实现无缝对接；同时与阿里巴巴达成独家战略合作，麦德龙官方旗舰店入驻天猫国际，“双十一”期间麦德龙自有品牌“aka 宜客”全脂牛奶备货 14 万箱，在预购期间就几近销售一空。

2. 营销活动突出特色，跨界融合吸引人气

在竞争日趋激烈的今天，各大百货、购物中心不再简单地依靠打折、满减、满送等手段来吸引客流，而是不断探索新的营销模式。一方面深入挖掘节日内涵，创新活动内容，一方面整合多方资源，将商业与旅游、文化、体育等其他产业融合，重点突出特

色，力求给消费者带去更好的消费体验。

上海环球港陆续推出了"梦想の港"首届COSPLAY大赛、京剧文化展、喜羊羊星光十周年特展、上海市民乒乓球擂台赛、卢浮宫艺术品展、笑乐汇相声专场演出、传奇·毕加索艺术大展等多项活动，其中"上海环球港旅游文化购物节"成为"上海市会商旅文体联动示范项目"。长风景畔广场结合自身区域优势，推出了一系列家庭亲子活动，如携手CIBOYS推出生气小子冒险世界、携手五星体育广播举办"亲子运动嘉年华"、携手宠物救助机构举办中秋"宠爱有家"活动，还有适合全家活动的"萌宠乐园"等。曹杨商城针对社区特点，母亲节推出免费为妈妈们量血压、测骨密度、测血糖等服务，深受居民欢迎，周末两天销售同比增长50%；儿童节举办了首届"庆六一"现场绘画比赛，并通过微信公众平台招募了一批幼儿园小朋友参加，聚集人气效果显著。百联中环购物广场利用外广场资源搭建"重返侏罗纪，恐龙也疯狂"大型主题展，极具吸引力。近铁城市广场利用临近中环线的便利，配合"海绵宝宝嘉年华"活动在楼顶制作大型海绵宝宝模型，活动期间整体客流提升近4成。友谊商店则是将其特有的中国传统工艺特色与体验活动相结合，举办了"绣中乾坤，刺绣体验"活动。

3. 企业调整转型升级，满足消费多元需求

为了应对消费者理念不断发展，区内各大商业企业积极探索调整转型，通过整合营销资源、产品资源、文化资源、服务资源，挖掘新的经营手段，精准营销、高效转化，不断形成更有特色的商业定位和新的经济增长点，为消费者提供更便捷、更个性化的"一站式"购物体验。

近铁城市广场在北座B2下沉式广场内打造了11米高、逾700平方米的大型室内电子竞技演播室——暴雪电子竞技馆，每周末举办现场电竞比赛并向公众免费开放，一年来直播80场次活动，观展人数近5万人，开创了全新的商业运营模式。百联中环购物广场继续缩小百货经营面积，调整部分业绩较差的商铺，引进了新白鹿餐厅、小猪猪、80后I Can海陆自助餐厅等消费者认可度高的人气餐饮，带动人气效果显著，11月引入了伯德观岚羽毛球馆，12月引入了六艺学馆，丰富了广场业态布局。弘基时尚生活中心依靠周边居民区较多及临近7号线的优势，以轻餐饮、明星潮牌、儿童教育等为主重新规划装修，12月底部分餐饮开业迎客，进入试营业阶段。上海乐高探索中心在长风景畔广场举行了奠基仪式，项目正式进入了建造阶段，这是继迪士尼之后，全球另一大落户上海的儿童主题游乐场，也是中国首个乐高探索中心。巴黎春天陕西路店三楼调整营业，主打"儿童经济"，先后引进了母婴用品、儿童服饰、儿童教育等多种儿童业态，并定期举办亲子活动，客流增长明显。月星家居开启"智慧商城"的发展新模式，通过3D全景和交互技术，将真实的线下卖场和展厅全部实景搬

到线上，实现用户线上购物犹如线下逛商场的“仿真效果”，同时引入餐饮、艺术品展示等互补业态，给消费者创造更为丰富、多元的体验。红星美凯龙真北商场将4楼打造成“饰品·画家街”，引入了画廊、家居生活馆、艺术工作室等店铺。MCG现代城市购物花园充分利用空闲资源，先后引入全球旅拍、上房创业公寓等项目，进一步完善周边配套设施。

4. 传统超市受到冲击，围绕服务转变模式

为应对电商冲击等市场变化，各大卖场、连锁超市围绕提升服务水平、推动转型创新、加大优惠力度、拓展购物渠道等方式吸引顾客到店消费。

沃尔玛桃浦店将优质服务理念融入超市整体经营，推动“三米微笑”、生鲜商品14天无理由退货、同城免费退换货等服务，吸引了一批忠实会员。农工商118店由于搬迁至地下，为吸引客流，推出“月月15有半价”活动，同时通过宣传折页、广播电台进行大力度宣传。麦德龙普陀店改变经营思路，从追求销售转为追求利润，通过开展注册会员免费抽奖、积分换礼、互动厨房免费教授烹饪等活动，个人会员数量显著提升。世纪联华中环店作为百联商务电子化项目试点之一，全面升级超市硬件软件设施，全新打造自助收银区、体验区，同时安装提货柜，为消费者提供网订店取服务。除此之外，各超市卖场也在拓展支付渠道上下功夫，通过接入微信、支付宝、移动等多种支付方式，推出专属活动，进一步吸引客流，提升消费。

5. 注重生活转变观念，休闲消费增长迅速

随着物质生活水平的提高，人们的消费观念开始转变，诸如看电影、唱歌、聚餐等休闲消费的比例逐渐增长，成为闲暇时间必不可少的娱乐项目。

一年来，电影市场十分火爆，国内外好片不断，区内不少电影院也抓住机会推出明星见面会、首映礼、会员特价等多种活动。人气餐饮相继入驻区内不少商场，如近铁城市广场的桂满陇新店“西湖船宴”、百联中环购物广场的新白鹿餐厅、我格广场的鹿港小镇、芳汇广场的也牛牛板筋专门店等，对食客们产生了极大的吸引力，也有效带动了购物中心人气。大众餐饮企业则是采取亲民策略，加强特色营销，通过外卖外送、套餐优惠、网络订餐等多渠道聚集人气，许多餐厅还通过微博、微信进行精准营销。

（三）2016年普陀区商业发展趋势和热点分析

1. 智慧商圈成效显现，传统商业转型加速

中环商圈近年来主动融入普陀转型发展大局，将电子商务与传统商贸相融合，在商圈信息基础设施建设、传统商业转型升级、提升商圈整体经营管理和服务水平上下

功夫。为让智慧商圈建设更加贴近普通居民生活，活动以推广体验为主，全新的智慧消费新模式体验受到周边居民的欢迎。

2. 企业活动突出特色，体验营销成为主流

各大商场结合自身特点持续举办各类体验活动，整合营销、产品、文化、服务资源，创新经营手段，形成更有特色的商业定位，提升了消费者的购物体验。

3. 企业调整突出个性，满足消费多元需求

区内各大百货、购物中心不断调整转型，通过整合营销资源、产品资源、文化资源、服务资源，挖掘新的经营手段，精准营销、高效转化，不断形成更有特色的商业定位和新的经济增长点，为消费者提供更便捷、更个性化的"一站式"购物体验。

4. 传统超市受到冲击，围绕服务转变模式

因受电商冲击等原因，区内各大卖场、连锁超市业绩普遍明显下滑，为应对市场变化，各大卖场、连锁超市围绕提升服务水平、推动转型创新、加大优惠力度、拓展购物渠道等方式吸引顾客到店消费。

（四）2016年普陀区商业发展重点工作

1. 落实"互联网＋"战略，加快电子商务应用发展

贯彻落实与上海市商务委员会签订的《普陀建设"互联网＋"商务创新实践区战略合作协议》，围绕"互联网＋"基地、服务、平台、社区、跨境等五方面，积极布局，推进市区资源对接，吸引优秀项目落户普陀。创建中环商贸区国家电子商务示范基地，深化中环商贸区智慧商圈建设，推进曹杨智慧社区完善，推进长征智慧社区建设。整合资源，继续推进电商进商圈、电商进社区活动。

2. "商旅文会体"融合发展，推动传统企业转型升级

引导商业企业增加体验型、服务型业态，推进环球港等商业企业加快产业的融合发展。组织策划跨年、春节、消费促进月、购物节等重要节点营销活动，促进商业企业跨产业开展各类活动，多渠道进行宣传。着力深化市级商圈中环商圈的整体营销概念，以跨年迎新大型活动、上海购物节普陀区活动等为契机，扩大中环商圈影响力。

3. 对接上海市商业网点布局体系，加快重点地区功能完善和能级提升

立足普陀区商业发展基础现状，完善"市级、地区级、社区级"三级商业布局体系，加快推进特色商业街区和特色商贸功能区建设，形成点线面相结合、多层级、多组团的新格局。

4. 积极创新平台业务，推动平台经济上新台阶

推进上海有色金属交易中心、华通铂银交易市场、中山化工等商贸平台的提升发

展，提高对区域经济的贡献，力争使平台经济成为区域经济新的增长点。

5. 加强市场监测，做好研究分析

做好传统商业、电子商务的市场监测、掌握市场动态跟踪。完善监测网络，适时调整抽样单位，扩大抽样范围，对日常、节庆、突发状况开展有针对性的市场监测、分析。

6. 推进低端初级市场关闭工作，关闭铜川路水产市场

提升菜市场标准化建设，开展标准化菜市场二次改造及验收工作。在标准化菜市场开展"同心家园"主题活动，多层次、多渠道、全方位地提升菜市场的服务质量。推进"互联网＋菜篮子"，打造诚信 2.0 版智慧微菜场，设置无人售菜机，推进"菜价通"对接上海普陀微信公众号，进一步提高用户体验度和参与度。

（五）"十三五"普陀区商业发展规划要点

"十三五"期间，普陀区商业将以党的十八届五中全会、习近平同志系列重要讲话精神和"四个全面"战略布局为指引，以九届区委八次全会精神为指导，主动适应经济新常态，主动对接上海建设具有全球影响力的科创中心战略，主动融入互联网时代的创新步伐。按照科创驱动全区商贸业转型发展、环境引导全区商贸业提质增效、价值提升全区商贸业能级水平的目标定位，抓住机遇，凝聚力量，提质增效，攻坚克难，加快开放型经济的结构调整和发展速度，为实现普陀区"科创驱动转型实践区、宜居宜创宜业生态区"的战略愿景增光添彩。

1. 重点聚焦，推进商贸转型升级

"十三五"期间，商贸发展要主动服务和全面融入普陀区科创驱动转型实践区发展战略，积极对接上海国际贸易中心建设和自贸区创新，以"四新经济"（新产业、新业态、新技术和新模式）和"四型"商贸业（复合型、辐射型、智慧型和地标型）为抓手，推进全区商贸业转型发展。主要是落实"互联网＋"商贸创新发展战略，充分发挥平台载体集聚和引领效应，推进普陀自贸示范区建设，推动总部经济集聚，推动新模式高地建设，着力推动对外贸易优化发展。

2. 优化格局，促进商业稳步发展

"十三五"期间，普陀区的桃浦地区推倒重建、真如地区市场关闭、老旧小区动迁改造等城市更新步伐将进一步加快，将对普陀区城市形象、产业发展、生态环境、交通规划等带来大量的发展空间，也给商贸业发展带来机遇和挑战。主要是优化商业空间布局，推进特色商业发展，稳步发展民生商业。

（六）普陀区主要功能区介绍

1. 中环市级商业中心

中环市级商业中心：以中环线为中轴，东到丹巴路、西到万镇路、南到同普路、北到曹安路，其中，丹巴路、真光路、同普路、曹安路围合的范围为核心区域。

作为全市规划的市级商业中心之一，依托商业商务设施建成体量大、大型知名商贸企业集聚度高的独特优势，不断优化配套环境，提升商业能级，发展新兴业态，正逐步建设成为引领消费生活、凸显城市功能、辐射能级较高的上海新兴地标性都市商业中心之一，对外集聚力和辐射力明显增强。

功能定位：依托中环地区连接辐射长三角独特区位、商业商务设施体量大、大型知名商贸企业集聚度高的优势，围绕新兴商贸、科技服务、文化创意等产业定位，加快调整结构、优化布局、集聚功能、提升能级，进一步推动向综合性、体验型、智能化商圈发展，形成特色鲜明、布局合理、配套完善、具有较强集聚和辐射力的上海西部重要的市级商业中心。

重点发展业态：规划商业建筑面积约 110 万平方米。以大型综合购物中心、百货店、大型专业店为主力业态，引进更多国际知名品牌旗舰店、品牌集成店和时尚品牌专卖店。大力发展新兴商业业态，鼓励线上线下融合发展，鼓励发展主题型、体验式、文化类消费相关的服务业态。

2015 年，中环商贸区经过努力，成功创建成为第二批国家电子商务示范基地。中环商贸区发挥天地软件园的核心和技术支持作用，在区域内探索多种传统商贸电子商务转型模式；开展智慧商圈试点工作，商圈将通过 3 年时间建设，将实体商业与电子商务相结合，通过信息化手段促使商圈能级提升，推进商圈宽带和无线网络的覆盖；开展智慧社区建设，以社区民生服务为主切入点，结合政府各部门的规划和指导要求，围绕社区的政务服务、公共服务、商业服务进行展开，与社区居民形成良性互动的社区服务体系；推动传统商业电商转型，通过整合相关企业、整合线上线下资源，引导传统商贸企业通过自建网购平台或与第三方电子商务平台合作，推进网上电子商务平台建设；加强建设政产学研联盟，先后与上海市商业促进中心、东华大学、中国跨境电商应用联盟开展合作，着手筹备中环商贸区电商企业联盟。与中国跨境电商应用联盟共同主办“全球零售电商中国峰会 2015”。支持编著出版发行《2014—2015 中国跨境电子商务发展报告》；支持主办全球电商互联网大会，市商务委等 19 家省市商务主管部门及普陀区政府支持主办的 EChinaExpo2015 中国（上海）全球电商互联网大会在长风生态商务区跨国采购中心召开。其中中环商贸区与中国跨境电商应用联盟共同主办"全球零售电商中国峰会2015"，受到了来自美国、意大利、法国、德国、澳大利亚及俄罗斯、巴西、泰国等传统和新兴市场的国际电商协会和机构的关注。

2016年，继续培育核心电子商务企业，确定一批核心电子商务企业进行重点关注，支持核心电子商务企业做大做强；继续深化传统商贸企业电子商务转型，制定中环商贸区传统商贸企业、市场等业态的电子商务转型规划；继续推进智慧商圈建设，利用智慧商圈公共服务平台开展商家活动推广、营销互动；继续推进智慧社区建设，利用智慧社区公共平台，开展社区公共服务；推进电商公共服务平台建设，推动建立网上投诉、调解、仲裁机制和电子商务企业评价标准公共服务平台，规范电子商务市场经营主体及其交易行为，建立健全消费者权益纠纷信息公布机制，及时发布相关消费警示和指导信息。

未来，中环市级商业中心以结构调整和能级提升为核心任务，逐步优化区域交通、生态、人文、商务环境。优化空间结构，推进在建新建重点商业项目，形成"泛中环商圈"；加快业态提升、品牌提升、服务提升，形成品牌新高地；加快推进线上线下融合，打造智慧数字商圈；进一步优化区域环境，改善交通设施、公共活动空间建设；进一步强化营销宣传，提升整体知名度和影响力。发挥国家电子商务示范基地的品牌优势，引进和培育第三方电子商务交易与服务、电子支付等配套企业，吸引培育跨境电商企业，打造电子商务产业高地，着力打造"金中环"。全面推动中环智慧商圈建设，利用大数据系统促进商圈升级。着力培育智慧照明、教育装备、移动游戏、互联网影视等特色创新产业，进一步提升天地软件园、华大科技园产业能级。不断优化交通组织，全面改善交通环境。

2. 真如市级商业中心

真如市级商业中心：东至真华路、南至北石路、西至兰溪路、北至上海西站北侧富平路及规划边界。

依托上海真如城市副中心开发建设，通过完善发展规划、有序推进土地储备、加快建设基础设施、积极引进功能性引领性项目，特别是加快推进上海西站综合交通枢纽综合开发，高·尚领域、星光耀广场、天汇广场等重点项目建设，真如市级商业中心已现雏形。

功能定位：依托城市副中心规划建设，坚持绿色生态、智能低碳的发展理念，加快载体建设和品牌引进，以商务办公为引领，以休闲娱乐为亮点，完善商业购物功能，融合文化体验功能。建设成为集城市综合商业中心、现代商务中心、交通枢纽中心于一体，功能复合、空间集聚、形态优美的商业商务中心。

重点发展业态：规划商业建筑面积约50万平方米。以大型购物中心为核心，集聚国际知名品牌专业专卖店、大型餐饮和文化设施，突出儿童游艺体验和电影文化体验主题，集中多家 IMAX 影院，完善为商务配套的生活服务业态。

2015 年，真如市级商业中心继续推进一批在建项目，长江实业（高·尚领域）、绿地合景（天汇广场）、复星集团（星光耀广场）等项目加快推进。加快初级市场关闭，成功关闭曹杨果品市场，为后续土地供应、基础设施建设、项目落地提供支撑。

2016 年，加快基础性、功能性项目建设，推动地铁"上盖经济"和商、旅、文融合发展。加快红旗村改造，加大土地收储力度，推进低端市场调整，着力改善区域面貌和环境品质。推进长江实业高·尚领域、天汇广场、星光耀广场等项目建设，未来，以铜川路和曹杨路交汇处为重要节点，以高·尚领域、星光耀广场、天汇广场等重点项目为依托，建设成为高端商业商务集聚地、文化休闲体验目的地。稳步推进上海西站综合交通枢纽的建设，基本形成地下南北通道、南广场及地下空间、铁路还建楼等空间与载体。

3. 长寿商业中心

长寿地区级商业中心：由昌化路—澳门路—万航渡路—长寿路—新会路—苏州河围合的范围。

长寿地区级商业中心位于内环内苏州河以南区域，是普陀区发展条件和基础最为成熟的地区之一，也是最能展示都市繁荣繁华的地区之一。围绕打造生产、生活、生态融合发展的示范实践区目标，长寿地区级商业中心着力发展都市商业，聚焦发展楼宇经济，大力发展水岸经济，集聚和辐射能级进一步提升。

功能定位：着力发展滨河现代服务业和文化娱乐创意产业，进一步拓展功能、完善服务、深化联动、提升形象，形成普陀区内独具都市滨河景观、文化休闲功能与科技创新产业汇集特色鲜明的地区商业商务中心。

重点发展业态：规划商业建筑面积约 45 万平方米。以时尚主题购物中心、时尚百货店等为核心，大力发展商务餐饮、休闲餐饮等餐饮业，鼓励发展艺术画廊、文化展览等文化休闲业态，完善各类配套生活服务业态。

2015 年，长寿地区级商业中心功能进一步提升，着力促进商业、旅游、科技、文化融合发展。巴黎春天陕西路店三楼调整营业，主打"儿童经济"，引进多种儿童业态并定期举办亲子活动，客流增长明显。月星家居开启"智慧商城"的发展新模式，通过 3D 全景和交互技术实现用户线上购物犹如线下逛商场的"仿真效果"，同时引入餐饮、艺术品展示等互补业态。大自鸣钟商业广场、天安阳光半岛、安国大酒店建设继续推进。

2016 年，要充分发挥区位特点，全面提升形象与功能。坚持整治、改造、新建并举，推进大自鸣钟广场、天安阳光半岛、安国大酒店等项目建设。促进“街与河”的融合，推动长寿滨河文商旅复合带规划研究。

未来，依托已建、新建地块及重点项目，围绕以大自鸣钟板块、苏州河沿岸为核心的发展格局，按照产业融合、商圈互动、楼宇联动、园区带动的发展原则，加快载体建设，调整提升商业业态，引入知名品牌。加快大自鸣钟板块建设，推进餐饮娱乐特色商业与现代商务的联动发展，形成具有较高集聚度、较大知名度和较强吸引力的商业商务区，成为体现普陀区都市功能和形象的重要区域之一。加快巴黎春天、亚新生活广场等商业设施的调整提升，引进餐饮娱乐、文化休闲等体验式业态及时尚消费品牌，注重错位互补。合理配置生活服务网点设施，完善商务交流、购物休闲、餐饮娱乐等配套功能。加快苏州河沿岸改造提升，重点打造莫干山路码头、梦清园、曹家渡三大节点，形成辐射沿河两岸的高品质商业商务集聚带。加快规划建设以苏州河游艇码头、苏州河景观步行街等为重点的基础设施，打造旅游集散区域。

4. 长风商业中心

长风地区级商业中心：东起长风公园，南临苏州河，北到金沙江路，西至真北路中环线，规划开发土地面积约 220 公顷。其中，同普路—光复西路—丹巴路—大渡河路围合的范围为核心区域。

长风地区级商业中心依托长风生态商务区建设，形成了以跨国采购中心基地和跨国采购大会为引领的商贸会展服务板块、以长风景畔广场、“一园十馆”和苏州河国际水上旅游为引领的文化旅游板块，以“长风金融港”和股权投资、私募企业为引领的商贸金融服务板块、区域功能集聚效应进一步显现，对外辐射能力逐步增强。

功能定位：依托区位交通便利、生态环境优美、总部企业集聚等优势，突出生态、景观、公共活动、产业、居住、文化等特色，建成以现代化的都市购物中心、大型会展设施、总部商务楼宇为核心载体，成为集零售餐饮、文化娱乐、专业会展、都市旅游等多功能于一体，具有会商旅文融合特色的地区级商业中心。

重点发展业态：规划商业建筑面积约 35 万平方米。积极引进国际知名百货店、精品超市、品牌专业专卖店等零售业态，发展大型品牌餐饮、休闲餐饮等餐饮业态，鼓励引进影院、剧场等文化休闲业态，完善超市、便利店和其他生活服务业态。

2015 年，长风景畔广场举行了各类丰富多彩的活动，人气进一步集聚。上海乐高探索中心在长风景畔广场举行了奠基仪式，项目正式进入了建造阶段，这是继迪士尼之后，全球另一大落户上海的儿童主题游乐场，也是中国首个乐高探索中心。跨国采购中心成功举办 2015 第二届中国（上海）全球电商互联网大会。

2016 年，继续推进长风景畔广场提升发展，推进乐高探索中心建成开业，精心组织一年一度的中国(上海)全球电商互联网大会,提升配套功能,营造宜商宜人的发展环境。

未来,依托现有产业功能,着重发展滨河、东部、南部、北部四大商业板块。东部板块着力发展都市时尚商业,滨河板块着力发展文化旅游商业,南部板块着力发展会展与总部办公配套商业,北部板块依托高端住宅建设配套商业。

5. 长风生态商务区

现代服务业集聚区——长风生态商务区位于普陀区南部,内环和中环线之间,靠近虹桥国际机场和沪宁高速公路,东起长风公园,南临苏州河,北到金沙江路,西至真北路中环线。

长风生态商务区位于普陀区南部,内环和中环线之间,靠近虹桥国际机场和沪宁高速公路,苏州河岸线长约 2.7 公里,整体绿化率超过 50%。傍绿面水,交通便捷,区位优越,是未来上海浦西地区高级商务楼宇最为集聚的商务区之一。

长风生态商务区实际可规划开发的土地面积约 220 公顷,规划建筑面积 290 万平方米,其中高档商办楼宇 170 万平方米,商业娱乐设施 30 万平方米,高档住宅 70 万平方米,学校、医院等各种配套设施 20 万平方米。长风生态商务区列入《上海加速发展现代服务业实施纲要》和上海市"十一五"规划纲要,作为全市首批重点推进的九大现代服务业集聚区之一,今后将服务"长三角",辐射国内外。从以项目建设为主逐步转为以招商运营为主,增强文化旅游、商务休闲功能,努力形成以跨国采购中心基地为引领的商贸会展板块,以长风娱乐中心为引领的文化旅游板块,以长风金融港引领的金融服务板块,力争在大虹桥的发展初期,获取先发优势,承担更多的城市功能,建成上海西部商务城市地标。

2015 年,现代服务业集聚区——长风生态商务区进一步提升跨采中心功能,跨国采购中心成功举办国内外多场展会,同时吸引总部和高端服务机构集聚,逐步形成具有国际水平的会展平台。园区已吸引了包括法国施耐德电气、美国艺康、得嘉地板亚太区总部、劲霸男装、东方融资网、拉扎斯信息科技等近千家优质企业入驻。加快建设国浩二期等项目,加快土地收储,推进苏宁环球、近铁广场等项目招商运营。普陀区荣获 2014 年"中国并购创新奖","普陀区长风老工业区转型生态商务区建设项目"获得 2014 年中国人居环境范例奖,这是国家住房与城乡建设部设立的人居环境建设领域最高荣誉。积极打造"上海普陀并购金融集聚区",发挥园区内上海联交所和长风金融港平台功能作用,依托苏宁天御广场、东渡国际、国盛中心及规划建设中的国浩二期高端金融休闲街等近 20 幢楼宇打造云岭东路并购金融一条街,依托园区内上海跨国采购中心基地,打造商贸会展服务高端产业等,吸引更多优质企业落户。

率先创设并购金融集聚区，金融服务管理机制不断创新。向全球发布“上普并购指数”，并设立并购金融研究中心。并购要素进一步集聚，上海联交所、中国并购融资联盟等功能平台落户，并汇集舟隆等 113 家股权投资及管理企业，以及 800 余家在联交所交易的基金。支持中科院高研院与支点基金签署科技产业创新并购协议。推进金融产业和实体经济、科技创新融合发展，多渠道、多层次搭建融资平台，综合施策缓解中小企业融资难。

未来，着眼于上海国际金融中心建设总体布局规划，高标准打造的“上海普陀并购金融集聚区”。集聚区将立足上海，着眼国内和国际两个市场，充分发挥市场主体配置资源的决定性作用，重点推进产业结构调整和混合经济实现，形成上海国际并购金融平台。普陀并购金融集聚区还将探索通过并购金融带动主题产业园区建设和发展，支持有实力的并购基金主导或参与产业园区建设。支持各类基金、投资公司将更多的资金投资于普陀区的实体企业，创造各种条件使并购金融聚集区的基金与普陀区中小企业对接，并促使基金通过各种方式孵化、培育、引导普陀区中小企业，促进普陀区产业结构优化升级，加快培育一批优强骨干企业实现成功上市，达到并购金融产业和实体经济发展的共同提升。十三五期间力争并购金融聚集区的基金所投资的普陀区实体企业有 1～3 家登陆主板、创业板和中小板，3 至 8 家登陆新三板。

6. 中环商贸区智慧商圈

中环商贸区智慧商圈：中环商贸区作为普陀区五大重点功能区之一，按照“一轴两翼”空间布局，“一轴”为市级商业中心，“两翼”为“东翼”天地科技谷和“西翼”上海国际中小企业总部社区。核心区 2.44 平方公里，总面积 4.5 平方公里。

为了更好地贯彻落实建设上海“智慧城市”和“商业转型升级提高商业综合竞争力”的总体要求，围绕普陀区“商贸科技”的区域功能定位，中环商贸区按照《普陀区推进智慧城市建设实施方案》，紧紧围绕“转型发展”这一主题，加快基础设施建设，深入推进信息化应用，进一步优化电子商务发展环境，以“提升产业发展能级，促进传统产业转型升级”为工作目标，积极探索智慧商圈建设。

智慧商圈作为智慧城市的一部分，围绕传统商贸能级提升和模式创新，以商品营销和品牌服务为核心、商贸企业为主体、通过信息化手段提升商圈整体服务水平。中环商贸区智慧商圈建设，按照上海市首批智慧商圈建设试点的要求，得到了市商务委、市经济和信息化委以及区商务委、区科委的大力支持、具体指导，2015 年，被确定为全市首批 7 个智慧商圈试点区域。按照上海建设具有全球影响力的科技创新中心和普陀区建设“科技驱动转型发展示范区和宜居宜创宜业生态区”“互联网＋商务创新实践区"目标要求，中环智慧商圈围绕"转型发展"这一主题，加快基础设施建设，深入推进信息化应用，进一步优化电子商务发展环境，以提升产业发展能级，促进传统产业转型升级为工作目标，积极推进中环智慧商圈建设。

通过智慧商圈建设，用2～3年时间，加快商圈信息基础设施升级，推进商圈宽带和无线网络的覆盖，鼓励商家提供免费无线网络接入服务，推动停车诱导、导购导航、移动支付等智能服务在商圈中应用，提升商圈信息化管理和服务水平。鼓励电子商务企业与实体商圈互动，通过搭建信息化综合服务平台，推动以智能终端、商贸联动和会员互动为重点的基于商圈的网络社区建设。推进用户数据管理和共享，推动传统商业模式向基于大数据精准化营销的转型。

7. 梅川路缤纷生活体验街

梅川路缤纷生活体验街：位于上海市级商圈中环商贸区内，东起真光路，西至万镇路，全长750米。

市级商业特色街梅川路缤纷生活体验街原名为梅川路文化时尚休闲街，位于上海市级商圈中环商贸区内，东起真光路，西至万镇路，全长750米。总建筑面积5.5万平方米，休闲街广场面积近1万平方米。曾荣获"上海市十大休闲街"等荣誉，是上海旅游节花车巡游的定点站点，是普陀区具有代表性的商业街。在中心广场除了标志性的"祥和之光"塔外，还布置了一定的大型雕塑、绿地景观。

矗立于中心广场的"祥和之光"，塔高100米，获大世界基尼斯之最，是最高的钢结构干挂石材塔，是普陀区景观标志建筑。祥和之光塔身骨架为钢结构，总用钢量约800吨，塔身干挂花岗岩，总面积约3 500平方米，采用累积提升法、机器人液压同步施工工艺等技术建造，2009年9月9日施工，2010年4月28日竣工。

原梅川路文化时尚休闲街正式升级为梅川路缤纷生活体验街蜕变新生，以唯美的街景、开放的街区、可变的空间、时尚的元素、丰富多彩的主题活动，以青少年创智为特色集餐饮、商业、娱乐、文化为一体成为"海派"时尚新地标。

2014年梅川路缤纷生活体验街完成了华丽的转身，按休闲、体验式消费模式引入众多新商户，经过一年努力，招商入驻率、人气和知名度显著提升，商业氛围更显浓厚。

2015年协助商家开展了多次品牌推广系列活动，并通过微信等新媒介加强宣传推广力度。举办了品牌车展系列活动，联合中环商贸区举办"六一嘉年华活动"，与M50创艺工坊合作并联合杨梅红艺术教育机构开展圣诞街面布置及"创意市集"系列活动，取得了良好的效果，也得到了商户和消费者们的好评。

第七节 闸 北 区

（一）2015 年闸北区[①]服务业、商业发展基本数据

2015 年闸北区服务业、商业发展基本数据见表 14.7。

表 14.7 2015 年闸北区服务业、商业发展基本数据

指 标 名 称	2015 年	比 2014 年增长/%
生产总值/亿元	668.85	8.6
# 第三产业增加值/亿元	168.43	12.4
# 商业增加值	—	—
商品销售总额/亿元	2 098.46	7.4
社会消费品零售总额/亿元	301.18	7.0
地方税收总额/亿元	222.3	9.2
# 第三产业税收/亿元	157.37	5.5
# 商业税收/亿元	47.13	19.6
年末户籍人口数/万人	67.72	−0.5
年末常住人口数/万人	83.71	−1.2

（二）2015 年闸北区服务业发展概况及运行分析

2015 年，闸北商贸流通业、人力资源服务业、检验认证业、现代物流业、文化创意服务业、电子商务等产业累计完成三级税收 93.30 亿元，占闸北三级税收比重 45.32%。

商业商贸流通业全年实现三级税收 55.32 亿元，同比增长 2.37%，占全区三级税收比重 26.88%；其中区级税收 14.20 亿元，同比增长－0.44%，占区级税收比重 18.25%。

人力资源服务业全年实现三级税收 9.48 亿元，同比增长 42.42%，占全区三级税收比重 4.61%；其中区级税收 2.84 亿元，同比增长 64.51%，占区级税收比重 3.64%。

---

① 静安区与闸北区已于 2015 年 11 月 4 日正式合并为静安区，因统计数据仍按原辖区划分，故本书仍保留原辖区的名称。

检测认证业全年实现三级税收3.32亿元,同比增长6.18%,占全区三级税收比重1.61%:其中区级税收1.41亿元,同比增长22.88%,占区级税收比重1.82%。其中,区级税收达到3 000万元以上的有1家;区级税收达到1 000万元以上的有4家。

现代物流业全年实现三级税收9.08亿元,同比增长-17.31%,占全区三级税收比重4.41%;其中区级税收4.08亿元,同比增长-19.70%,占区级税收比重5.24%。

文化创意产业全年实现三级税收13.76亿元,同比增长7.19%,占全区三级税收比重6.68%;其中区级税收5.02亿元,同比增长-0.85%,占区级税收比重6.45%。其中影视文化产业实现三级税收3.00亿元,同比增长15.77%,区级税收0.90亿元,同比增长-17.33%。

电子商务全年实现三级税收2.34亿元,同比增长-33.05%,占全区三级税收比重1.14%;其中区级税收0.90亿元,同比增长-23.07%,占区级税收比重1.16%。

(三)闸北区主要做法及举措

1. 着力推进商业转型升级

加强商业信息网络建设,增强商业发展后劲。一是构建“好渠道”和“好人家”网络,与部分市级各行业协会、连锁企业、知名社区商业企业形成沟通机制,积极推荐区内空置商业载体。二是组建由市、区级政府官员、专家学者、商业企业代表等组成的“好顾问”团,对全区商业规划和布局进行研讨、出谋划策。三是整理汇总涉及商贸企业的各部门扶持政策的“好政策”目录,推进商贸企业健康发展。

聚焦商业品牌和新业态,提升发展高端商贸业。一是积极引进商业新业态。成功引入进口商品直销超市——上海市外高桥国际贸易营运中心有限公司(DIG)落户隆宇太阳广场。二是积极指导现有商业中心调整升级。指导大宁国际、太平洋、大悦城一期、五月花等商业企业进行品牌调整、提升品牌定位。三是积极指导重点在建商业项目功能定位和招商工作。指导协信广场、大悦城二期等新建项目提升商业定位,引进知名商贸品牌。

组织商业营促销活动,提升商圈活力。以元旦、春节、“妇女节”、“五一”劳动节、购物节为契机,加强会商旅文体联动,组区内各商家开展各项营促销活动,提升消费体验为重点。各类精彩纷呈的营促销活动取得良好效果,其中大悦城、绍兴饭店的在“五一”期间营业额同比增长近20%。大宁国际2015年上半年销售增长超过10%,在全市各商圈中一枝独秀。

2. 着力推进“双试”工作

以深入推进服务业综改试点为核心,以承接自贸区创新经验为抓手,通过加强市区合作和区内联动，一方面积极争取市商务委支持。推动出台了《市商务委关于进一步支持闸北区推进国家服务业综合改革试点的若干意见》(沪商办〔2015〕55号)，并通过与市商务委联组学习，形成《关于市商务委支持闸北区服务业综合改革试点重点工作》，提出第一批需重点支持的“十项工作”要求，在放宽服务业市场准入、推进贸易便利化、商事制度改革等方面积极争取“试点”。另一方面进一步加强与上海海关、上海出入境检验检疫局的沟通合作。与上海海关达成共识，明确了双方合作推进的重点工作，包括复制自贸区和综改先行先试相关内容。加强与出入境检验检疫局合作，明确5项工作要求，设立进出口商品检验鉴定机构行政许可窗口，与外资项目审批窗口并点受理。邀请出入境检验检疫局，就第三方采信制度事宜给全区重点检验检疫机构开展宣讲培训。

3. 着力推进产业园区转型升级

建立闸北区产业园区转型升级工作推进机制，强化部门联动，加强宣传发动，形成工作合力。一是2015年初建立“闸北区推进产业园区转型升级工作小组”(下称“工作小组”)，成员单位23个。“工作小组”下设规划编制组、发展改革组和政策创新组等3个专项工作组，形成“1＋3”工作构架，为形成合力、整体推进园区转型升级工作奠定坚实基础。二是制定《闸北区产业园区转型升级工作例会制度》，筹备召开三次工作组全体成员会议。三是制订并下发《2015年闸北区产业园区转型升级工作任务清单》及《每月重点工作任务计划表》。四是加强与市经济和信息化委、市文创办等市级部门沟通，了解市级层面及兄弟区县产业园区转型升级工作思路、经验做法，并重点推进全区老厂房改建园区的转型升级工作。

制订园区转型发展专项规划，明确园区产业定位，优化区域园区布局。编制完成《闸北区产业园区转型升级专项规划》，对全区50个产业园区进行综合评估，拟通过多种引逼措施推动产业园区结构调整。制订《闸北区产业园区星级评定方案》，进一步明确了产业园区转型升级的标准和要求。制订《闸北区促进产业园区转型升级的实施意见》，为鼓励引导产业园区加快转型升级步伐创造良好的政策环境。

(四) 2016年新静安重点工作(见“第五节　静安区”)

(五) 闸北区主要功能区介绍

1. 大宁商业中心

以广中西路为界分为南北两块，其中南块由南北高架路—延长中路—大宁支路—广中西路围合而成的区域，用地面积 33.8 公顷；北块由南北高架路—灵石路—大宁支路—广西中路—万荣路—永和路围合而成，用地面积 70.6 公顷。

紧扣"生态、文化、体验、人性化"主题，以打造商业繁荣、商务繁盛、文化繁华为目标，进一步优化布局、完善功能、提升能级、强化配套，整合商圈及周边的文化、商业、旅游资源，成为以现代商业商务为主导、融合文化、娱乐、消费、居住功能为一体的现代化生态及体验型都市商业中心。广中西路以北区域，打造现代商务区，满足地区商务人群和居民的消费需求。广中西路以南区域，形成文化演艺与休闲体验融合的消费时尚新地标。

2. 苏河湾地区商业中心

依托区域苏州河水资源和沿岸历史文化建筑资源的开发，以国际商务、商业、居住为主要功能，着力突出文化创意、商务商贸、休闲旅游、生态宜居四大功能，建设上海中心城区集聚海派文化和民族工商业历史底蕴的新兴商业商务中心。

空间布局以南北高架为中轴分为东西两片，东片区以华侨城、中粮大悦城、规划华兴地块等为重点，依托苏河湾四行仓库、福新面粉厂等历史建筑的保护性开发和高端现代化商业商务载体建设，鼓励各类新型体验消费业态，配套餐饮、文化、娱乐等服务设施，充分利用苏河湾景观水岸线，加快滨水旅游项目开发，形成上海中心城区重要的滨水休闲活动区之一。西片区以恒丰路商务大道为发展轴，以现代和规划新建商业商务项目为重点，发展品牌专业专卖店、特色餐饮、商务配套等商业服务设施，满足地区商务人群和周边居民的消费需求。

3. 五月花生活广场

五月花生活广场，建筑面积 3.2 万平方米。北临芷江西路，西面是普善路，东侧为大统路，南面对着普善路。地下一层有乐天玛特超市，地面商业业态有零售、餐饮、娱乐、教育、生活配套等。

作为芷江西路街道的核心社区生活广场，五月花生活广场满足了周边社区生活购物、休闲、教育、亲子等服务需求。

第八节　虹　口　区

（一）2015 年虹口区服务业、商业发展基本数据

2015 年虹口区服务业、商业发展基本数据见表 14.8。

表 14.8　2015 年虹口区服务业、商业发展基本数据

指　标　名　称	2015 年	比 2014 年增长/%
生产总值/亿元	721.16	11.5
# 第三产业增加值/亿元	632.49	11.6
# 商业[1] 增加值/亿元	118.89	11.0
商品销售总额/亿元	2 019.67	16.3
社会消费品零售总额/亿元	287.58	5.1
地方税收总额/亿元	68.93	14.3
# 第三产业税收/亿元	52.40	16.0
# 商业税收/亿元	9.55	0.5
年末户籍人口数/万人	77.23	−1.4
年末常住人口数/万人	80.94	−3.4

[1]商业口径为批发零售业。

（二）2015 年虹口区服务业、商业发展特点和运行分析

2015 年虹口区现代商贸业在电商崛起、市场竞争加剧、经营成本快速上涨等因素的冲击下，主动适应经济发展新常态，不断进行自我调整，创新商业模式，通过发展特色餐饮、体验消费、电子商务等新兴业态，完善社区商业配套保障民生，保持全区现代商贸业经济稳定的发展势头。

2015 年虹口区社会商品销售总额达 2 019.67 亿元，同比增长 7.7%；社会消费品零售总额达 287.58 亿元，同比增长 5.2%，增速较 2014 年提高 0.1 个百分点。社会消费品零售总额中“吃的商品”116.17 亿元，“穿的商品”40.49 亿元，“用的商品”119.80 亿元，同比增幅均在 5%以上；“烧的商品”11.13 亿元，较 2014 年同比下降 15.6%。

1. 引导传统企业加快转型

2015 年，虹口区区内商贸企业借“互联网＋”东风，促进传统商贸转型提升，保持良好发展态势。区内电子商务企业经营形式多样，并涌现了一批龙头企业，如 B2B（企业间交易）的有西本新干线、明凯照明；B2C（在线零售）的有苏宁易购、家化、百丽优购；OTA（在线旅游预订）的有号百商旅、途牛网；电子支付有翼支付；第三方平台有上外网络；酒类大宗交易有上海国际酒业、上海红酒交易中心；电商应用服务提供商有珍岛信息技术、凯长信息科技等，均在业内占有重要地位。

2. 载体建设提升商贸能级

2015 年，北外滩地区国航中心地下“星乐汇”商业街，主打进口商品体验的国客

中心全洲超市上港店，首个以“亲子互动”为主题的瑞虹天地一期——“星星堂”等新载体新业态纷纷投入运营，四川北路沿线凯德龙之梦虹口、嘉杰国际广场等商业载体也纷纷引入优衣库、DIG等时尚品牌和体验消费等，对业态进行优化调整，丰富消费选择……新业态新商户的对外营业，吸引消费者参与，带动消费人气，提升商业能级。

3. 节庆营销繁荣消费市场

2015年虹口区依托各传统节庆假日，借岁末迎新、消费促进月、上海购物节等契机，以市场为主体、企业为主角陆续举办2015第十一届上海酒节、2015上海进口商品博览会等品牌节庆活动及“小羊肖恩”“托马斯小火车巡回展”、“甜吻冰雪村”等儿童节、圣诞节商业营销活动，与2015上海旅游节·四川北路欢乐节联动，整合商业、旅游、文化资源，提升消费热情。通过对我区定点商家的抽样统计，元旦、春节、五一和国庆四大节日销售收入同期分别增长19.04%、11.98%、16.78%和14.84%，均保持两位数增长。

（三）2016年虹口区服务业、商业发展趋势和热点分析

2016年是“十三五”规划的开局之年。从政策层面看，2015年底国家陆续出台的内贸流通体制改革、供给侧改革和消费结构升级等相关指导意见，以及2016年上海将推进“互联网+生活”“智慧商圈”等项目建设，都将刺激传统消费转型升级。在这新常态背景下，虹口区现代商贸业的发展必须要有准确的功能再定位及创新的发展策略，通过创新激活需求，依托个性化、多样化新型消费来释放消费潜力。

（四）2016年虹口区服务业、商业发展重点工作

1. 以夯实信息为基础，推动和盘活商业资源活力

在进一步夯实区内商业信息数据的基础上，对存量商业资源进行梳理、形成项目包，推动资源盘活；对增量商业资源进行全生命周期管理，深入分析不同区域商业发展的现实状况和未来趋势，做好商业业态指导与招商协调，为现代商贸业发展营造良好环境。

2. 以业态规划为指导，完善和提升商业配套品质

创新工作思路，以《虹口区社区商业发展规划（2016—2020）》为基础，配合指导有关部门、街道，推动社区综合服务体建设，立足于满足市民群众15分钟生活圈需求，探索社区商业发展，提升市民生活品质。

3. 以跨界融合为纽带，激发和释放商业消费潜力

进一步促进内外贸融合发展，加快推进“补短板、调结构”和商业升级转型。同时

做好节日营销活动的动员和指导，发挥现有信息技术资源，融合和创新营销模式和手段，实现“会商旅文体”跨界联动和融合，展现虹口商业新形象。

（五）虹口区主要功能区介绍

1. 市级商业中心——四川北路商业街

四川北路商业街南起苏州河，北至大连西路，东起欧阳路—临平北路—四平路—吴淞路，西至中山北一路—东宝兴路—轨道交通 3 号线—宝山路—河南北路，共 248 公顷。

围绕“国际化、时尚化、智能化、低碳化”的商贸旅游文化休闲体验街，依据“商旅文娱、商业商务联动”的建设理念，进一步优化布局、调整结构、提升能级、拓展功能，逐步由单一商业街向都市综合商圈转型，集商业商务、都市生活、时尚创意于一体，成为上海历史传统悠久、人文底蕴深厚、商业环境较好的著名中心街区之一，成为上海苏州河北岸主要的市级商业中心之一。按照“三区段、五组团”的空间格局，明确各路段功能定位，积极培育主题特色，与周边商业设施实现错位联动发展。

北区段（大连西路至海伦路）：在运动休闲组团，继续推动凯德龙之梦虹口广场进一步优化调整业态结构，开展形式多样的商业文化和营销活动，加快鲁迅公园改造，提升精武体育馆能级，发挥虹口足球场及周边商旅文体综合功能，集聚年轻人群和消费人气；在文化游乐组团，进一步开发优秀历史建筑和人文资源，提升老上海品味，串联红色旅游景点，推出旅游产品，导入旅游人群。

中区段（海伦西路至海宁路）：在百货购物组团，优化各商场的业态品类，形成错位竞争；在时尚体验组团，围绕四川北路公园独特优势，携手知名商业地产开发商重点推进开发标志性的时尚文娱商圈；进一步调整壹丰广场、盛邦国际大厦等业态结构，增加体验式消费业态，更好促进商务办公和配套商业联动；围绕地铁 10 号线四川北路站建成互联互通的另一个“黄金四角”。

南区段（海宁路至苏州河）：在高端商务组团，加大力度推进四川北路 4 街坊 108 号地块（“上海 108 广场”）、北苏州路 190 号综合项目（“北外滩苏宁广场”）和中美信托金融大厦项目的建设；完成历史保护建筑“虹口大楼”的修缮改造；对南区段商铺开展大幅置换调整，政府搭台，市场化运作，对商铺外立面开展整治修缮，营造各类产品汇聚的街区整体氛围，使南区段真正成为服务上海核心 CBD（Central Business District，中央商务区）的重要区域。

2. 地区级商业中心——北外滩商业中心

北外滩位于上海黄浦江与苏州河交汇处，东起大连路、秦皇岛路，南临黄浦江和苏州河，西抵河南北路，北至海宁路、周家嘴路的围合区域，地域面积约为 4.7 平方公里，拥有 2.5 公里黄金滨水岸线。

北外滩是上海黄浦江两岸开发的重点区域之一，是体现虹口区城市形象和功能的标志性区域。经过多年的开发建设，北外滩地区已取得显著成效。

商业商务空间充足。北外滩自沿江一线向东大名路以北层进式发展，上海港国际客运中心、外滩茂悦大酒店、上海国际航运金融服务中心等商业商务载体已竣工，白玉兰广场等重点项目也将在 2～5 年内陆续落成。

商业商务发展重点。依托北外滩地区独特的区位优势、产业资源及历史人文资源，以新建的综合性商业商务设施为主要载体，形成高端商业为引领，免税商业为特色的商业发展格局。大力推进旅游特色商业和时尚休闲商业、适度发展地下商业、合理配置社区商业，进一步完善北外滩地区的购物、餐饮、休闲、娱乐、旅游、文化等综合服务功能，着力提高业态丰富度，推动商业模式创新，放大边际效益，全面提升北外滩地区的城市功能、形象和品位，营造宜商宜游宜居的城市环境。

商业商务联动发展。2015 年，北外滩“沿江一线”商务、商业氛围初具规模。深化完善北外滩商务商业规划，推动促进航运、金融、贸易融合发展，商业与商务、旅游、文化集聚发展，商业与交通、生态相协调。充分考虑北外滩地区商业价值发现与商务功能提升的衔接，以打造邮轮港功能为中心，拓展国际客运中心的服务功能。完善邮轮经济服务配套，促进邮轮产业与商贸、文化、旅游等产业的联动发展。

一是沿江区域载体建设规模化效应明显，高星级酒店已形成集群。将继续优化百货、餐饮、休闲的结构，不断适应区域内整体布局和消费群体的特征，依托综合交通枢纽站点建设，规划建成集主题购物中心、轨道交通站点商业服务、公共客运中心于一体的航运主题商业集聚地。

二是依托新建商务楼宇，大力引进贸易服务业和专业服务业；依托新建大型综合性商业项目，重点发展都市购物中心、时尚品牌专业专卖店、商务餐饮、文化休闲设施、专业会展设施等，带动改造提升现有商业街区，将第二层面打造成集时尚购物、文化休闲、商务配套、酒店住宿于一体的时尚消费集中区域。

三是历史风貌区主要是远洋宾馆周边区域，包括霍山路附近区域、摩西会堂附近区域、下海庙附近区域、提篮桥特色风貌街区等重点区域。

加快推进保护建筑修缮改造，建设“商旅文”结合的旅游文化特色街区，逐步发展成为历史与现代的融汇，建筑与商业的融汇，休闲与文化的融会的北外滩地区最具特色的一张“名片”。

3. 现代服务业功能集聚区——上海国际酒类现代商贸服务功能区

在国家商务部、市商务委的大力指导和支持下，在虹口区委、区政府的正确领导下，积极探索上海商贸发展新模式，紧紧围绕上海国际贸易中心建设，充分挖掘和发挥“上海酒节”已经集聚的品牌优势、资源优势和企业优势，创新性地打造以酒产业为重点的现代商贸服务功能区，努力将功能集聚优势转变为经济发展优势。

“上海国际酒类现代商贸服务功能区”作为国家商务部与上海市政府合作打造的现代服务业综合试点九个项目之一，被列入国家商务部出台的商业“十二五”规划；根据上海市人民政府办公厅关于《上海国际贸易中心建设重点工作及分工》(沪府办发〔2011〕64 号)，被列入上海国际贸易中心建设重点工作。因此，酒功能区不仅是市政府督办的“部市(商务部与上海市)合作”试点项目，也是“委区(市商务委与虹口区)合作”落地的示范项目，是国内唯一以“酒”为主题特色的商贸服务引领性功能区。

酒功能区以聚集产业链为切入点，以酒产业贸易服务、追溯、仓储物流、展示推广、新产品和衍生品研发、检测评价、职业培训、数据交换和信息发布等八大公共服务平台为核心进行打造，八大公共服务平台职能彼此整合，形成互补态势。一手牵政府，一手牵市场；一手牵消费者，一手牵生产商；一手牵生产领域，一手牵流通领域；一手牵国内市场，一手牵国际市场，用先进的系统平台和创新的商业生态链使其成为辐射国际酒类产业发展的核心平台，是上海在整合和拓展酒产业链上的有益尝试。

(1) 酒品交易平台。运用不断完善的电子商务技术和交易规则，突破传统酒品市场交易方式，创新性地构建公平公正的第三方贸易服务平台，为酒品的供给方、需求方服务，依托上海国际酒业交易中心和上海红酒交易中心，打造全酒品系列的消费酒、收藏酒、基酒等各类大宗酒业贸易服务平台，开发、推广和完善酒品网上交易竞拍系统，建成全国最大的酒类交易平台，3 年内赶超伦敦葡萄酒交易所，使上海真正成为国内外酒产品的贸易服务中心。

(2) 酒品检测评价公共服务平台。成立上海市酒类产品质量检验中心，建成以许可检验、监督检验和第三方委托检测为核心的检测机构，完成 CNAS 国家实验室认证，打造国家酒类鉴别中心，继而实现与国际检测机构的互认。与高校联合开展对塑化剂、添加剂、农残检测等的课题研究，提升科研水平；与名酒生产厂共建产品标样室与标样图谱，建立真假鉴别中心，把握酒品检测技术与质量标准等领域的话语权，为酒类市场监管提供强大的技术支撑，促进酒类行业自律发展。

(3) 酒类产品追溯平台。推进上海追溯酒品信息中心建设，形成一个以现代物联网、移动互联网、大数据等技术为核心的酒类商品追溯、信息咨询、酒文化传播及智能营销平台，建成政府、企业及消费者广泛参与的“来源可追溯、去向可查证、责任可追究”的全国性追溯体系，为保障酒类食品安全提供有力支撑。

(4) 酒品展示推广平台。依托成立后的上海酒文化展示中心、上海葡萄酒研究院、中国酒文化研究与交流中心、中国侍酒师协会、国际调酒师协会中国总会等功能性机构，同时联合国内外行业协会与功能性机构，促进酒文化交流与商贸合作。开展“葡策中国”国际高峰论坛、中国侍酒师个人和团队大赛、中国调酒师大赛、酒类沙龙、新品推介品鉴会等文化活动，为消费者、生产者和销售商提供体验互动、品牌推广服务，引导健康、理性饮酒消费理念与习惯。

(5) 数据交换与信息发布平台。建设上海酒类消费指数中心与上海酒消费信息中心，采集数据进行集成、分析、编制，发布上海酒类消费指数及酒产业发展白皮书。

(6) 酒类职业培训平台。开展酒类职业低、中、高端培训，开展与国际机构接轨的侍酒师、调酒师等酒类国际资质认证，推选国内酒类人才参与国际大赛为国争光，提高酒类服务水平与消费水平，推动酒文化交流，加强对酒类职业和专业人才队伍培养。

(7) 酒品仓储物流公共服务平台。联合自贸区、光明集团等资源丰富的企业和地区，共享与优化酒类公共物流服务与酒品配送物流网络，节省资源、提高效率。

(8) 酒类新产品及衍生品开发平台。开发适应消费潮流的保健酒、调制酒等新品酒，以及酒标、酒瓶、醒酒器等酒类衍生品，推进创意产业与酒产业融合发展，拓展和提升酒产业链。

4. 特色商业街——多伦路文化名人街介绍

多伦路文化名人街南傍四川北路商业闹市，北邻鲁迅公园、虹口足球场，全长 550 米，呈“L”形状。1911 年建成，当时命名为窦乐安路。1943 年改为现名——多伦路。于 1998 年以文化街定位，1999 年 10 月完成一期改建。

2010 年经多伦路管委会召集和组织，在同济大学建筑设计专家的多次论证下，确定了以“修旧如旧”为改建的原则，并于 2011 年 1 月正式启动多伦路二期沿街外立面改建工程，进一步优化了街区整体外貌与艺术观赏感。

在多伦路上曾经居住过诸多的文化名人。如鲁迅、瞿秋白、郭沫若、矛盾等；中国左翼作家联盟、中华艺大、上海艺术剧社等也曾把这里作为活动基地。一个多世纪来，多伦路从侧面集中显示了这个历史印迹和文化缩影，如今成为幽静而文化气息浓郁的一条特色小街。

多伦路经历 10 多年开发建设，荣获诸多称号如“特色文化街”“上海市十大休闲街”“上海市虹口区爱国主义和历史文化风貌保护教育实践园区”“文化休闲产业园区”等等。

多伦路集聚了老上海的人文风情和具有异国特色的建筑。在多伦路上走一走，您似乎还能聆听到激荡文坛的震耳呐喊；在多伦路上走一走，您仿佛还能触摸到“民族魂”的脉搏；在多伦路上走一走，您依稀还能呼吸到近现代文化名人的气息；在多伦路上走一走，您一定还能领略到百年上海滩的民俗风情。

第九节　杨　浦　区

（一）2015年杨浦区服务业、商业发展基本数据

2015年杨浦区服务业、商业发展基本数据见表14.9。

表14.9　2015年杨浦区服务业、商业发展基本数据

指　标　名　称	2015年	比2014年增长/%
生产总值/亿元	1 581.47	6.0
# 第三产业增加值/亿元	579.86	7.2
# 商业增加值/亿元	117.49	6.0
商品销售总额/亿元	2 559.08	5.0
社会消费品零售总额/亿元	410.75	10.1
地方税收总额/亿元	95.77	10.4
年末户籍人口数/万人	108.48	−0.4
年末常住人口数/万人	132.37	−0.6

（二）2015年杨浦区商业发展特点和运行分析

2015年杨浦区商业经济运行继续保持稳步增长态势。主要经济指标完成情况良好，实现社会消费品零售总额410.75亿元，比2014年增长8.1%。具体情况如下。

1. 规模以上商业销售增速趋缓

受宏观经济形势影响，2015年杨浦区规模以上商业企业销售增长速度呈放缓趋势，1—2月受节日市场表现拉动，销售增长累计同比略高于去年，至3月规模以上销售累计同比增速达到上半年最高的5.33%，之后受汽车、成品油销售的大幅下降拖累，开始出现比较明显的同比增速逐月下行。

2. 餐饮业回暖增长强劲

2015年区内几家大型餐饮企业经过2014年一年调整服务顾客群体定位，积极进行面向普通市民群体日常生活和节庆消费需求的服务转型，经营业绩提升显著。同时区内几大“洋快餐”品牌也已摆脱之前食品安全事件影响，目前全区餐饮服务业已

经摆脱低迷状态恢复稳健增长。随着各大实体零售商家日益重视餐饮业帮助实体商家吸引消费者上门的作用，调整业态布局增加餐饮业权重，有系统性的积极选择和引进各类餐饮企业入驻。

3. 零售各业态增减互现

2015 年杨浦区规模以上百货和购物中心企业共实现销售额 79.13 亿元，累计同比增长 9.01%，以东方电视购物为代表的无店铺销售企业累计实现销售 67.81 亿元，累计同比下降 1.99%。总体来看，杨浦区传统实体百货类销售和无店铺销售面对来自电商的挑战，在政府商务部门的支持下主动积极适应市场变化，在引进线上线下联动营销、改进消费体验、强化生活服务功能、缩短供应链环节等方面均取得了一定成果。由于新型互联网商业的兴起，东方电视购物由于受到多种购物和支付方式的冲击，2015 年销售额有所下降。

4. 重点商业表现稳定

2015 年五角场商圈重点商业企业累计实现销售额 64.52 亿元，同比增长 5.46%。从商圈主要商家销售增长情况看，五角场特力时尚汇增长最快，该企业选择以餐饮和青年人生活用品类消费商家作为主打商户，积极拓展线上推广营销，滚动安排新鲜餐饮企业入驻以适应青年消费群体偏好，全年累计同比增长达 41.24%。五角场巴黎春天、百联又一城等重点商家也积极适应市民消费需求变化，积极调整商品和业态，进行消费升级。

作为控江路区级商业中心重点载体的紫荆广场开局良好，人气集聚，有效改善了控江路的消费环境，其引进的影院、正餐和特色餐饮、亲子娱乐和精品超市等有效带动了控江路区级商业中心的整体业态档次提升。

5. 社区商业表现良好

为居民家庭生活和休闲提供全面服务的新型社区商业模式极具活力。如 2014 年底开张，主打家庭生活性、娱乐性消费的百联滨江购物中心，2015 年已累计实现销售 3.61 亿元；同为社区商业中心的中原城市广场 2015 年完成销售额 2.58 亿元，累计同比增长 2.94%。各社区商业中心与五角场商圈在消费对象和主打业态定位上形成了梯度布局，有效地激活全区居民消费需求，进一步激发区域商业销售潜力。

（三）2016 年杨浦区商业发展重点工作

（1）大力引导模式创新。协调推进内贸流通体制改革综合试点工作，将“互联网+”融入商贸服务领域；推动 O2O 模式与传统商业紧密融合，完善电子商务统计监测，加大对京东到家、苏宁云商、东方购物、众美联、欧坚网络等重点企业分类指导和针对性服务；以“京东到家”O2O项目为抓手，引导境内外电商对接合作，推动电商领域上下游产业联动发展，打造杨浦区跨境电商产业基地；继续推进五角场智慧商圈建设，一是依托NGB-W网络，为五角场商圈提供高效的景点、购物、配套设施等方面的信息导引，二是强化“时尚五角场”智能导购功能，丰富微信公众号的内容，进一步提升消费体验，促进商圈智慧化发展。

(2) 科学推动布局优化。根据消费发展趋势，不断优化调整全区商业布局，促进杨浦区商业发展质量和能级同步提升。加快形成杨浦区1个市级商业中心、2个区级商业中心、多个社区商业中心的布局体系。推动五角场市级商业中心业态调整。结合五角场地区发展质量指数年度测评，量化分析商圈发展情况；协调推动合生国际广场、五角场地下商业街(太平洋森活天地)项目功能打造和五角场广场改造；引导商圈主力商家适时调整业态、品牌，促进商圈商业布局更加合理、丰富。加快区级商业中心功能建设。指导紫荆广场业态培育和功能优化，跟踪海际商业广场招商、君欣时代广场竣工验收情况，促进控江路区级商业中心整体提升；协调推进渔人码头项目招商和开业情况，与上海国际时尚中心、百联滨江购物中心等商务商业项目联动发展，加快杨浦滨江区级商业中心建设。强化社区商业中心惠民服务。重点加强新江湾城社区商业中心、邻里中心等项目的招商服务和业态指导，继续跟踪殷行南社区商业中心等项目稳步开展建设。丰富特色商业街内涵。结合大学路市级特色商业街区调整升级，挖掘、引导周边其他支马路开展商业特色打造，与五角场商圈形成互动。

(3) 有效促进大众消费。依托“购物节”“旅游节”，坚持“以节兴市”，根据消费新热点和新趋势，引导商家创新形式和方法，谋划组织有特色、有亮点、有品质的节庆营销和主题营销活动，进一步积聚人气、拉动消费；突出杨浦“三个百年”文化历史内涵，加大城市旅游形象推介力度，扩大旅游消费，拓展旅游发展空间，同时充分发挥上海国际管乐艺术节、世界极限运动大赛等本区举办的文体活动效应，加强商旅文联动。

(4) 切实保障市场供应。提升菜市场建设和管理水平，继续推动菜市场的两次改造，实现菜市场功能提升；加强对已建成食品安全流通信息追溯系统的日常运维和管理，加大菜市场检查频次和力度，提高系统知晓度和使用率；鼓励主副食品供应实行公司化和品牌化运作，不断满足百姓需求。按照本区突发事件管理办法，进一步完善生活必需品储备和应急供应工作机制，强化商业储备为主体、实物储备为补充的应急供应相关措施，开展实战演习，增强应对突发情况的能力；继续深化产销对接，拓宽蔬菜供应渠道，保证市场蔬菜货源充足，价格平稳。促进惠民举措与群众需求的有效衔接，针对小区居民的生活习惯，引入新型主副食品供应模式，为社区居民提供更多元的便利服务；在商务区域周边，引入大众化白领午餐、便利超市等业态，促进商业服务便民、惠民。

(5) 着力规范市场秩序。进一步完善单用途商业预付卡备案管理工作机制，加强备案和检查；加大零售业、酒类、动物卫生监督等领域的管理整治力度，发挥“两法”衔接平台作用，联动职能部门，打击流通领域假冒侵权行为，不断优化市场环境，进一步规范行业经营行为；加强信用信息系统建设，实现资源共享，进一步完善商务、旅游诚信体系；通过引导、培训，提升企业及从业人员的管理水平和服务质量，牢固树立“诚信兴商、依法经营、规范管理”的从商理念。

（四）杨浦区主要功能区介绍

1. 市级、地区级商业中心

(1) 五角场市级商业中心。五角场市级商业中心位于五角场城市副中心的南部，由国和路—国定东路—国定路—政立路围合而成，总用地面积 0.96 平方公里。五角场市级商业中心于 20 世纪 90 年代末进行规划建设，2003 年进入大规模开发，2006 年底 2007 年初随着万达广场、百联又一城购物中心的建成并投入使用形成雏形，2009 年被认定为上海市名牌区域，截至 2015 年建成商业面积(含酒店)61.2 万平方米，包括万达、又一城、东方商厦、苏宁生活广场及新建成的合生国际广场等主力商家，目前已成为上海中心城区东北部最大的综合性商业商务中心、公共活动中心和交通枢纽。

2015 年发展概述：2015 年五角场市级商业中心实现销售额 134.9 亿元，同比增长 1.53%。五角场围绕上海购物节以及各类节日节庆，创新活动形式，开展整体营销，“邂逅五角场·缤纷购物季”——2015 年上海购物节五角场商圈主题活动月被评为“2015 上海购物节十佳活动”；五角场主力商家调整商场布局、提升品牌档次，2015 年更新单店(柜)累计超过 460 个；合生国际广场项目基本完工；2015 年度创智天地大学路特色商业街成功申报上海市特色商业街区。

2016 年建设和调整重点：2016 年，五角场市级商业中心环岛将继续推动万达、百联又一城等大型商业设施的业态优化、能级提升，结合合生国际广场项目商场、酒店、办公楼的开业，在商业商务空间上填补五角场的最后一个“角”，在业态结构上大力发展五角场较为缺乏的主题式、体验式商业，在消费层次上拉动五角场整体品牌档次的提升，形成几大主力商家良性错位的发展格局。通过高端办公、酒店的建设提升五角场商务消费的比重，丰富消费内涵，促进商业商务互动；继续推动大学路、国定东路特色街的商业环境和业态结构不断优化，积极跟踪和协调推动五角场淞沪路地下空间(太平洋森活天地)的建设和招商，通过打造绿色生态休闲为主题的地下商业街，使地下人行通道更有效地串联创智天地、轨道交通 10 号线江湾体育场站和五角场环岛，促进创智天地与五角场商圈的互通，充分发挥创智天地科技、文化、体育方面的产业优势，做好五角场商旅文体融合发展，进一步拓展五角场的发展空间和辐射范围。

中长期发展目标：五角场市级商业中心将围绕杨浦区打造科技创新中心重要承载区的中心任务，构建杨浦西部创新经济走廊的核心。围绕完善功能、提高品质、提升形象，进一步调整优化产业结构，综合治理发展环境，积极营造科技创新和文化氛围，确保城市生产安全和运行安全，大力提升市容环境管理水平，努力把五角场市级商业中心发展成为科教特色明显、商业商务发达、交通配套完善、管理规范有序，具有国际大都市品质的上海东北部最大的综合性商业商务区，为促进区域经济和社会发展提供更好的示范和带动作用。

(2) 控江路区级商业中心。控江路是杨浦区的传统商业街之一，经过20多年的发展，业态功能进一步齐全完善，商业结构以零售、餐饮、休闲娱乐为主，各类服务业均衡发展，主要商家包括假日百货、环球超市、上海书城、永乐电器、沈家花园、上海歌城等，中档消费基础深厚。根据上海市和杨浦区相关规划，控江路商业街区域被定位为区级商业中心，范围为控江路沿线的江浦路至打虎山路路段。

2015年发展概述：控江路区级商业中心内的紫荆广场开业，设置品牌专卖、休闲餐饮和大型餐饮、亲子游艺等业态，引进卢米埃影城、舒适堡、绿地Gsuper精品超市、金桂皇朝等主力店；君欣时代广场建设稳步推进，开展建筑结构修改，将三个单体建筑连接，营造更为良好的商业氛围；海际商业广场基本竣工；控江路沿线已有商业进一步调整提升，更好地满足杨浦中部居民的消费需求。

2016年建设和调整重点：根据杨浦区《控江路区级商业中心商业导则》等相关商业指导意见，控江路区级商业中心按照"多节点、纵深式、条块结合"的空间布局模式，以新建现代商业综合体为支点，强调各大板块相对集聚、各富特色、功能互补、联动发展。新建商业办公载体要高起点建设和合理定位功能，其中，君欣时代广场推进建设进度，加快制定招商方案，项目定位为以体验式商业为特色的年轻时尚购物中心；海际商业广场推进招商和开业，定位为结合轨道交通站点的休闲商业广场，同时满足商务办公人群和周边居民的消费需求。假日百货、环球超市及控江路沿线其他商业逐步调整提升商业环境和形象，同新建商业项目错位互动，丰富控江路消费层次，发扬控江路商业街传统内涵。进一步做好市容、环境、交通等方面的整治工作，完善配套服务。

中长期发展目标：在中长期发展中，控江路区级商业中心将依托区位、交通、产业、环境等综合优势，找准定位，以适应并扩大周边社区居民和商务群体的消费需求、完善城市综合功能为目标，打造重点商业载体，进一步扩大商业规模、提升商业能级、调整商业结构、完善商业功能。主要发展中高档品牌专业专卖店、人气休闲餐饮、大中型商务餐饮和中高档文体娱乐设施，突出自身商业特色，增强与五角场的错位发展、南北互动，将控江路打造为业态丰富、功能完善、时尚宜居、环境优美、交通便利的综合性商业商务区。

(3) 杨浦滨江地区商业中心。杨浦滨江是黄浦江沿线重要的组成部分，在当前全国产业转型发展的趋势下，杨浦滨江也从原来的工业区进入转型调整时期。按照黄浦江两岸规划的总体部署，2013 年 8 月杨浦滨江南段开发正式启动。在新一轮上海市商业网点布局规划修编中，首次提出远期将在杨浦滨江南段建成地区商业中心，为杨浦区南部和滨江发展带的产业载体及居住社区提供优质的购物消费、休闲娱乐场所。

杨浦滨江地区商业中心作为杨浦区南部和滨江未来重要的配套功能区，将以杨树浦路为发展轴，以杨浦大桥为界，形成东西两大商业片区，现有商业载体包括百联滨江购物中心、上海国际时尚中心（商业部分）、渔人码头一期、兴荣温德姆酒店等；1 街坊建发总部大厦、96 街坊绿地项目等在建，119 街坊、122 街坊（杨树浦发电厂）、84 街坊等一批项目（地块）拟建。

2015 年发展概述：2015 年，杨浦滨江地区级商业中心商业发展初具规模。主要载体中：上海国际时尚中心位于杨树浦路东端，由原第十七棉纺厂厂区改建，建筑风格极富特色，是集购物、观光旅游、休闲娱乐和时尚产业为一体的商业综合体，包括中央景观大道、多功能秀场、会所、时尚精品仓和滨江亲水平台等。时尚精品仓包括 A、B、C 三个主题馆，分别打造轻奢、时尚、运动三个不同主题，已引进 COLUMBIA、CHEVIGNON、NORTH FACE、GAP、IT、伊芙心悦、阿迪达斯、耐克等知名品牌，并配有金钱豹、江边城外、星巴克、啡你啡思、赛百味、西贝莜面村等配套餐饮，举办了爱尔兰庆典活动、CCBM 论坛等内容丰富的时尚活动；滨江国际广场项目竣工，定位为高端办公，计划主要引进企业总部等，将为杨浦滨江高端商业消费提供支撑。渔人码头一期项目基本建成，正在招商。

2016 年建设和调整重点：2016 年杨浦滨江地区商业中心将进一步提升商业设施服务能力，不断加快开发建设速度。上海国际时尚中心继续开展品牌调整提升，进一步提升知名度和品牌档次，四期公寓式办公项目继续推进建设；渔人码头一期项目计划 2016 年内各部分陆续开业，规划打造甲级办公楼和特色购物中心，将引进特色餐饮、主题购物、游乐场等，集文化、娱乐、休闲等元素为一体，结合高档江景办公和滨水空间，建设观光游乐特色突出的商办综合体。

中长期发展目标：在中长期发展中，杨浦滨江地区商业中心将依托渔人码头、上海国际时尚中心和其他商办项目，结合滨水公共空间和百年工业历史风貌，打造滨江亲水特色突出、观光旅游元素丰富、商务办公配套完善、历史人文气息浓郁的滨水休闲商业区。业态结构以零售、特色餐饮、休闲娱乐、观光旅游为主，着力引进演艺中心、时尚秀场、设计师工作室等设施,鼓励发展时尚专业专卖店、咖啡馆、酒吧等,并完善银行、便利店、美体健身等配套功能。

2. 现代服务业集聚区

(1) 大连路总部研发集聚区。大连路总部研发集聚区是杨浦区五大功能区之一,也是杨浦区两个市级现代服务业集聚区之一,主要发展以跨国公司和国内行业龙头企业地区总部、研发中心、营销中心等为主的总部经济。占地面积约 1.46 平方公里,四至边界为:控江路—打虎山路—周家嘴路—许昌路—茭白园路—怀德路—长阳路—通北路—平凉路—大连路。

从空间布局来看,分为北部、中部、南部 3 个地区。北部地区(周家嘴路以北),区域面积约 0.46 平方公里;中部地区(周家嘴路以南,长阳路以北),区域面积约 0.54 平方公里;南部地区(长阳路以南,平凉路以北),区域面积约 0.46 平方公里。

大连路总部研发集聚区规划商业与办公用地约 32.0 万平方米,可建面积 102.6 万平方米。至 2015 年底,集聚区已建成商务面积 42.6 万平方米,在建商务面积 56.6 万平方米。2015 年大连路总部研发集聚区实现区级税收 5.09 亿元。

北部已建成的商务楼宇有贵人大厦、五环大厦、众合金融大厦和海上海;中部已建成的商办载体有西门子华东地区总部、北美广场、宝地广场、文通集团总部、鞋钉厂改造项目、摩卡大楼和瀚海明玉大酒店;南部开展建设,保利绿地广场(22、23 街坊)、16 街坊等地块开工建设,12 街坊、12、13 街坊等项目处于方案阶段,平凉西块加快旧区改造。

在西门子、大陆集团、安莉芳等跨国公司相继落户大连路后,李尔公司、文通钾盐集团有限公司、中外建投资控股(上海)有限公司、金光创利办公纸品(上海)有限公司等一批国内外总部功能型或行业引领性企业也相继入驻,进一步完善了该区域的产业结构,提升了产业能级,为大连路集聚区的发展注入了新的活力。

2016 年重点推进项目如下。

16 街坊项目由中外建集团投资开发,位于大连路东、霍山路南,总建筑面积:14.9 万平方米,其中:商业:2.2 平方米,办公 7 万平方米,高星级酒店 3 万平方米。

保利绿地广场(22、23 街坊)项目位于长阳路、通北路,由保利置业开发,规划总建筑面积约 28 万平方米,其中:办公面积 15.2 万平方米,商业面积 3.1 万平方米,住宅面积 3.86 平方米。整个项目预计于 2016 年竣工。

中国联通移动互联网产业南方运营基地(12 街坊)项目地上核定商办建筑面积共 2.7 万平方米,已于 2014 年 12 月 26 日开工建设。

(2) 江湾—五角场科教商务区。江湾—五角场科教商务区,是杨浦区两个市级现代服务业集聚区之一,功能定位为以知识创新区公共活动为特色,融商业、金融、办公、文化体育、科技研发及居住为一体的综合性市级公共活动中心，以科教为特色的现代服务业集聚区、繁荣繁华为标志的市级商业中心、三区融合、联动发展的示范性区域。规划面积3.11平方公里。规划范围北至殷高路，东至民京路、国京路、政立路、国和路一线，西至国定路、政立路、南至国定路。

区域按功能分为，南部商业商务区规划面积0.96平方公里，中部创智天地规划面积0.86平方公里，北部知识商务中心规划面积1.29平方公里。规划开发总量约500万平方米，其中：地下空间为100万平方米，地面建筑400万平方米。其规划建设的主要目标在于分解上海市中央商务区的公共服务功能，并服务于上海市东北部地区。

截至2015年底，江湾—五角场科教商务区共建成项目总建筑面积294.4万平方米，在建面积174.1万平方米。2015年集聚区实现区级税收13.7亿元。

南部环岛地区商业商务基本成型。“十二五”已完成丰达一二期、财富商业广场二期等项目，与已有的金岛大厦、凯迪金融大厦、沪东金融大厦等形成了环岛地区主要的高级商务办公空间；以万达广场、百联又一城、东方商厦、苏宁生活广场等为核心的商圈基本形成城市副中心级商业中心。

中部依托知识杨浦的高校、科研院所、技术企业的优势，聚集了一批如EMC2、易保软件、IBM等在内的跨国企业研发总部及上海领军人才国家级“海外高层次人才创新创业基地”等建设，使创智天地商务区初具规模。大学路特色街以创业，学习，生活，交流，分享，洽谈合作，休闲娱乐等不同的需求，成为激发灵感火花，补充知识能量的创想空间站。

北部新江湾城加快建设。与五角场功能区相连接的尚浦领世、创智科技中心二期、君汇广场、凯迪商办楼、国正中心等项目建设稳步推进中。

2016年重点推进项目如下。

合生国际广场项目位于翔殷路、黄兴路，建筑面积约36.6万平方米，其中：地面19.7万平方米，地下4层16.8万平方米。是五角场规模最大的商业商务综合体，两幢塔楼将打造甲级办公楼和五星级酒店（凯悦），裙房将设置高档购物中心，于2015年基本完工，计划2016年正式投入使用。

君汇广场项目东至南至政高路，西至国安路，北至三门路，总建筑面积8.6万平方米，其中商业面积2.2万平方米，将打造兼顾商务办公配套和周边居民生活配套的特色休闲商业广场。项目目前正在建设，计划2016年竣工投入使用。

尚浦商务中心项目位于淞沪路、闸殷路，由美国铁狮门公司开发，规划总建筑面积约120万平方米，定位为集高档办公、商业、五星级酒店、剧院于一体的知识商务中心。2016年将主要推进其中汉高总部楼的建设，力争项目竣工。

赣商国际广场(334 街坊)项目总建筑面积约 16 万平方米，由一幢 21 层 5A 办公楼、一幢 27 层公寓式办公楼、一幢 3 层商业楼、一幢 5 层商业楼组成。目前项目正在施工，计划 2018 年竣工。

第十节 闵 行 区

(一) 2015 年闵行区服务业、商业发展基本数据

2015 年闵行区服务业、商业发展基本数据见表 14.10。

表 14.10 2015 年闵行区服务业、商业发展基本数据

指 标 名 称	2015 年	比 2014 年增长/%
生产总值/亿元	1 964.7	6.6
# 第三产业增加值/亿元	949.7	14.1
# 商业[1] 增加值/亿元	3 065.5	8.9
商品销售总额/亿元	823.7	5.1
社会消费品零售总额/亿元	823.7	5.1
地方税收总额/亿元	595.7	6.6
# 第三产业税收/亿元	323.0	16.5
年末户籍人口数/万人	106.6	2.2
年末常住人口数/万人	253.8	−0.1

[1]商业口径为批发零售业。

(二) 2015 年闵行区服务业、商业发展概况

1. 2015 年闵行区服务业、商业发展特点和运行分析

2015 年，在区委、区政府的坚强领导下，全区深入贯彻党的十八大、十八届三中、四中、五中全会和十届市委七次全会精神，把握和适应经济发展新常态，坚持创新驱动和经济转型升级，全区经济总体保持平稳健康发展，服务业比重呈现稳步上升态势，全区经济总体保持平稳健康发展。

(1) 经济运行平稳有序，三产比重进一步提升。2015 年实现地区生产总值 1 964.71 亿元，比 2014 年增长 6.6%。其中，第一产业增加值 1.27 亿元，增长 2.6%；第二产业增加值 1 013.72 亿元，增长 0.3%；第三产业增加值 949.71 亿元，增长

14.1%。第三产业增加值占全区生产总值的比重为48.3%，首次超过工业增加值比重，比2014年提高3.2个百分点。

2015年，全年实现财政总收入627.85亿元，比2014年增长8.0%，其中区级财政收入214.40亿元，比2014年增长12.0%。全年地方财政支出344.04亿元，比2014年增长38.9%。

（2）服务业比重提高，规模以上企业贡献大。现代服务业发展良好。2015年，全区服务业完成营业收入4 944.15亿元，增长12.0%，总量保持两位数增长；其中，规模以上服务业完成营业收入4 486.30亿元，增长12.8%，规模以上企业对服务业增长的贡献率达96.5%。从行业看，房地产业、信息传输、软件和信息技术服务业以及金融业增幅居前，分别增长28.5%、27.1%和26.3%。三大支柱行业批发和零售业、房地产业和租赁以及商务服务业合计占服务业的比重为82.6%，整体比2014年下滑0.5个百分点，其中，批发和零售业为64.2%，下滑1.7个百分点，租赁和商务服务业为6.3%，下滑0.4个百分点，房地产业为12.1%，上升1.6个百分点。

2. 2015年闵行区服务业、商业发展趋势和热点分析

（1）统筹楼宇经济发展，落实工作推进机制。楼宇经济发展品质提升。有效落实区楼宇经济工作推进机制，召开楼宇经济推进工作会议，专人跟踪服务商务区建设与招商，继续深化同虹桥商务区联合招商，紧盯飞利浦等重点项目招商落税。依托现有楼宇，逐步集聚创新要素、培育四新经济、承接创业孵化、发展高端服务业。截至2015年12月，闵行区重点楼宇实现税收41.69亿元，同比增长16.55%，单位面积产出同比增长16.55%，占区域总税收比重同比增长12.22%，利丰大厦、解放报业大厦、莘庄龙之梦、百联南方商城、梅美大厦、绿地蓝海、明谷科技大厦、华一大厦、丽婴房大楼、莱茵虹桥中心、仲盛世界商城等15幢重点楼宇完成亿元楼建设目标。

（2）加强文创载体建设，推进文创项目建设。2015年，全区文化创意产业实现增加值227.90亿元，比2014年增长8.6%，占地区生产总值的比重为11.6%。加强载体建设。紫竹网络视听产业基地主体区域土建工程施工、机电安装、绿化景观施工及各项验收工作均已完成，目前基地2号楼部分楼层正在装修协调。世纪出版园目前已全面完成底板浇筑；宝龙美术馆办理前期手续；号上书院项目立项完成；法拉利文化中心进行审图和办理施工招标；海派艺术馆地下桩基围护；闵行博物馆竣工，进入布展阶段。指导区内4家企业申报市级文化创意产业园区，4家园区通过初审，已上报市文创办。文创产业项目建设加速。以移动互联网为主导产业的七宝德必易园和以动漫游戏为主导产业的新意城在建设和招商中。虹桥天地、万象城、怡丰城等一批融合了商业、娱乐、休闲、旅游等功能的商业综合体逐步建成开业。

(3) 加快推进生产性服务业工作。2015 年,全区生产性服务业重点领域完成营业收入 2 389.66 亿元,增长 13.1%,吸纳从业人员约 20.7 万人,比 2014 年末增加 0.2 万人。其中,专业中介服务继续稳居龙头行业位置,完成营业收入 1 702.30 亿元,增长 10.5%;从业人员 10.4 万人,占半壁江山。此外,研发设计服务、供应链管理服务和电子商务及信息化服务比重也较大,分别完成营业收入 226.42 亿元、162.66 亿元和 134.61 亿元,比 2014 年增长依次为 20.3%、23.5%和 16.4%。开展 2015 年上海市产业转型升级发展专项资金项目(生产性服务业发展)申报,完成区内两家企业申报总集成总承包专项引导资金,申请金额合计 753 万元。

3. 2015 年闵行区服务业、商业发展重点工作

(1) 统筹推进各大商务区建设。虹桥商务区 26 个开工项目中,竣工 9 个、内装修 6 个、封顶 7 个、地上地下施工 4 个,商务区内 352 栋楼宇已有 233 栋结构封顶。南方商务区城开中心商务楼、沿街商铺、酒店均已结构封顶。七宝生态商务区世纪出版园已全面完成底板浇筑、宝龙城市广场部分已结构封顶。莘庄商务区西子联合项目已基本完成销售和出租,丰树项目一至三期项目已完成结构封顶;粤世宏项目已开始内装修,办公部分已开始对外预售,预计 2015 年底竣工。

(2) 聚焦服务业重点领域发展。一是大力发展楼宇经济。加强统筹规划引导,聚焦区域发展重点。配合做好闵行区商业商务空间布局规划的深化和落实,合理引导区内重点楼宇的布局。完善政策激励措施,努力提高楼宇能级。进一步完善和丰富相关政策和激励措施,调动方方面面的积极性。完善楼宇信息平台,强化政府服务功能。进一步提升和强化楼宇经济信息管理平台的功能。提升录入信息的完整性、准确性、及时性,增强信息平台的统计分析功能。优化招商服务手段,加快高端产业集聚。坚持存量增量一起抓,做好楼宇二次招商工作,努力拓展招商渠道,依托中介机构进行专业招商。加强楼宇物业管理,提升楼宇服务品质。重视楼宇公共配套,着力强化环境营造。二是推动文创产业发展。加强政策扶持。推动 2014 年市级文创资金的配套工作及区级扶持资金的落实。推进 2015 年市级文创资金的宣传发动工作,区内共 76 个项目申报,65 个项目通过市级预审,16 个项目通过市文创办最终评审,获得扶持资金合计 1 505 万元。做深文化金融合作平台,第一批共 8 家企业有意向银行申请融资。文创产业项目建设加速。以移动互联网为主导产业的七宝德必易园和以动漫游戏为主导产业的新意城在建设和招商中。虹桥天地、万象城、怡丰城等一批融合了商业、娱乐、休闲、旅游等功能的商业综合体逐步建成开业。

(三) 2016 年闵行区商业主要工作

2016 年,促进商旅文联动发展。一是推动商业重大项目建设、大型商业设施及

社区商业中心建设，积极推进商业中心建设。培育标志性商圈及特色智慧商圈。大力发展连锁经营、品牌专卖、电子商务、直销等现代商业业态。二是打造消费新增长点，推动消费升级。搭建商旅文体融合发展平台，引导消费结构升级。抓住节庆活动商机，促进旅游购物节联动，扩大消费市场。

2016年，着力规划闵行商业布局，跟进重点商务商业项目和社区商业配套，构建市级、区域级、社区级商业网点体系，着力打造虹桥天地、龙湖天街、万象城等一批重点商业综合体，完善提升社区商业配套，推动传统市场转型，形成功能错位、业态互补、充满活力的全区商业体系。重点推进虹桥商圈发展高品质都市型商业，吸引了丽宝、万科、新华联、龙湖等知名开发商，虹桥天地商业、办公和演艺中心已正式投入运营。2016年内闵行区开业的有宝龙城市广场、宝燕商城、七宝万科广场、莘庄怡丰城、浦江城市生活广场、万科虹桥中心等大体量的商圈。此外，莘庄永利生活广场、梅陇新荟城和浦江三弦海上金街三个社区商业中心也已建成，这些新社区商业的建成将为周边居民带来新的消费热点。

（四）闵行区主要功能区介绍

1. 市级商业中心

虹桥商务区。标准：市级商业中心是面向广域性、超广域性消费人群，提供综合消费服务，商业设施高度集聚，总建筑面积不低于50万平方米，日均客流量在30万人次以上的综合性商圈。范围：虹桥商务区核心区闵行部分东临虹桥综合交通枢纽，西至嘉闵高架，南至建虹路，北至扬虹路，占地1.43平方公里。定位：上海现代服务业的集聚区、上海国际贸易中心建设的新平台，企业总部和贸易机构的汇集地，服务长三角地区、服务长江流域、服务全国的高端商业商务中心。一期“一个核心区、四条特色商业街区、一个地下商业城”布局：以万通新地中心、龙湖天街、虹桥天地3个城市综合体为核心区，形成集商务办公、精品商业、特色餐饮、休闲娱乐、展览展示、星级酒店于一体的综合商业。以丽宝广场＋虹源盛世国际文化城、金臣联美＋虹桥万科中心、绿谷广场、三湘广场组成四条特色商业街区，重点打造休闲、商务、商业、文化功能。以一期10个地块连接共享的40万平方米地下商业空间为依托，打造成为中高端综合性地下商业城。二期北部商业中心和南部滨水休闲商业街布局：北部形成集购物中心、社区公共事务受理中心、文化卫生中心等功能于一体的商业综合体。南部围绕滨河、亲水、静谧的环境优势，形成优美滨水休闲商业特色街。

2. 地区级商业中心

南方商业中心。范围：莲花路—沪闵路—闵虹路—合川路—古美西路围合区域，总用地面积约71公顷。定位:上海南部新兴城市化区域的综合商业中心。规划以万源路为轴,形成东、西两个片区联动发展布局。东片:提升友谊商城、百联南方、莲花购物广场消费能级,加大自有商品和品牌培育,辐射更广域消费群体,带动南方休闲广场业态和品牌调整。西片:加快建设城开南方商业体项目,突出主题商业、商务办公、宾馆酒店等综合功能,完善公共活动、文化娱乐等休闲功能,提升商业品位。规划建设空中连廊、连接各商业单体,增强通达便利性,形成地区商业一体化。

吴中路商业中心。范围:以虹桥镇吴中路为发展轴线,东至虹梅路、西至外环高速。定位:街区型时尚生活消费为主导的综合商业中心。实现"一条中心城道、二大核心区域"的空间布局:①调整提升吴中路中段发展轴。依托盛世莲花广场、金虹桥广场、吴中路万源路、吴中路虹梅路等重要节点,凸显汽车销售与服务、家居零售与展示等特点,以品牌化、连锁化为导向,引进新业态、发展新模式,提升商业能级,优化商业发展环境。②吴中路西段商业区,推进虹桥万象城、顶新国际商务中心、成城购物广场建设,突出时尚购物、文化休闲等主要功能。③吴中路东段商务区。结合服装时尚集聚发展的产业基础,对接漕河泾开发区产业发展需求,建设成为高品质办公集聚地。大成商务广场吸引与区域内优势产业相关的总部企业及功能性机构入驻,26号地块引进英国奥特莱斯管理中心,吸引区域内外知名品牌设立设计中心、展示中心、运营中心和管理中心,形成时尚展示交易集聚地。

七宝商业中心。范围:以七莘路—漕宝路为节点,沿漕宝路向东至横沥港,沿七莘路向北至新龙路,向南至青年路。定位:生态文化商业相交融的综合商业中心。依托轨道交通站点和综合交通枢纽建设,调整提升已建七宝商城等各类传统商业设施,突出发展一站式、综合性消费的都市购物中心、百货店等,配套改造形成特色餐饮、文化娱乐为主的商业街区,建设成为上海西部地区能级较高、绿色生态、内涵丰富、功能完善、配套齐全的新兴现代化都市商业区。

莘庄商业中心。范围:以莘庄综合交通枢纽为核心,东至外环线莘庄立交,西至莘东路,北至沪闵路,南至名都路。定位:新兴交通枢纽型综合商业中心。已有仲盛世界商城、凯德龙之梦广场等大型商业设施,规划建设莘庄综合交通枢纽项目,全部建成后莘庄商业中心商业建筑面积约为52万平方米。

剑川商业中心。范围:以剑川路商务区为核心,东至横泾港,南至景谷东路、剑川路,西至华宁路,北至铁路吴闵支线,包括西面颛桥中心村改造项目。定位:科技产业城市功能相融合的综合商业中心。规划:以轨道交通5号线剑川路站为节点,块状集聚开发,服务于闵行经济技术开发区、紫竹高新区2个国家级开发区,服务于上海交通大学、华东师范大学2所高校,服务于颛桥、吴泾、江川地区企业和研发机构和居住人口,建设高品质商业、商务、会务、酒店等载体,成为产城融合功能突出的代表性商业中心。

3. 特色街

"井亭虹泉路韩国街"。井亭虹泉路商业娱乐一条街主要是由井亭大厦、井亭天地、吉祥酒店、帝璟酒店四幢商务楼宇构成，位于虹桥镇西首，毗邻外环线，南、北各有地铁 9 号线、10 号线站点一座，属虹桥大枢纽辐射区，交通便利、人流不断。在金汇南路、虹泉路这片区域，聚集了 3 万多名韩国人，依托这些韩国居民，井亭虹泉路俨然形成了一片韩国城区，各种韩式美食、商场、娱乐场所一应俱全，还有很多默默无闻的小店，从老板到商品全部来自韩国，使虹桥井亭日渐成为一个现代化国际商务区和休闲区。井亭大厦于 2006 年 12 月建造完成，建筑面积 3.6 万平方米，2007 年招商，现有餐饮企业 9 家，其他公司 116 家。井亭天地于 2008 年年底建造完成，建筑面积 2.0 万平方米，2009 年招商，现有餐饮企业 10 家，韩式浴场 1 家，其他公司 17 家。历经 3 年的建设，虹泉路商业街由不起眼的一条小马路演变成热闹繁华的韩式商业娱乐一条街，全街长约 500 米。没机会去韩国旅行，要想在上海也能买到正宗的韩国货，玩到地道的韩国娱乐，来井亭虹泉路就是来对了地方。

第十一节　宝　山　区

（一）2015 年宝山区服务业、商业发展基本数据

2015 年宝山区服务业、商业发展基本数据见表 14.11。

表 14.11　2015 年宝山区服务业、商业发展基本数据

指 标 名 称	2015 年	比 2014 年增长/%
生产总值/亿元	1 098.3	3.3
# 第三产业增加值/亿元	645.2	10.4
# 商业[1] 增加值/亿元	136.8	9.2
商品销售总额/亿元	3 304.5	10.1
社会消费品零售总额/亿元	594.5	6.0
地方税收总额/亿元	113.9	10.0
# 第三产业税收/亿元	87.1	13.2
# 商业税收/亿元	9.0	4.5
年末户籍人口数/万人	94.8	1.3
年末常住人口数/万人	202.3	−1.0

[1]商业口径为批发零售业。

（二）2015年宝山区服务业、商业发展特点和运行分析

1. 服务业发展特点和运行分析

服务业营收情况：2015年宝山区服务业实现营业收入5 273亿元，比2014年减少33.05%，减收2 603亿元。租赁商务服务业、房地产业、交通仓储邮政业、住宿和餐饮业实现营业利润分别为8.44亿元、5.37亿元、4.32亿元和2.07亿元；其中，租赁商务服务业和交通仓储邮政业这两个行业的营业利润较2014年均有所提高。

服务业总体投资情况：2015年服务业完成固定资产投资289.88亿元，比2014年下降8.3%。服务业占全区固定资产投资总额的比重为94.53%，比第二产业占比高89.06个百分点。剔除房地产业的服务业固定资产投资89.18亿元，增长0.65%。

服务业总体税收情况：2015年服务业实现税收收入175.73亿元，比2014年增长12.58%，占全区总税收的比为50.4%；其中服务业实现区级税收收入87.08亿元，增长13.24%，占区级税收收入的比为76.4%。

2015年，在服务业发展布局上，宝山区纳入监测的"一带三线五园"已建成服务业载体90个，建筑面积429.4万平方米，入驻单位数10 695户，全年实现税收收入22.8亿元，其中区级税收8.7亿元。在产业政策上，调结构、促转型"1+9"产业扶持政策继续实施，2015年通过服务业项目445个，扶持资金约1.33亿元。

2. 商业发展特点和运行分析

商品销售额。2015年，全区完成商品销售额3 304.54亿元，同比增长10.1%，其中，金属及金属矿批发完成销售额2 094.43亿元，同比增长12.5%，限额以上企业完成商品销售额1 838.31亿元，同比增长14.2%。

社会消费品零售额。全区全年完成社会消费品零售额594.46亿元，同比增长6.0%。从经济增长贡献来看，批发零售业对全区的增加值贡献率达到28.6%，拉动经济增长1.2个百分点。

商业增加值。批发和零售业完成增加值136.79亿元，同比增长9.2%，高于全区5.1个百分点，分别占全区和第三产业增加值的13.7%和21.2%。

商业税收。批发和零售业完成税收总收入35.60亿元，同比增长7.3%，快于全区增长1.8个百分点，分别占全区和第三产业税收总收入的10.2%和20.3%。

住餐行业增长好于批零业。2015年，批发零售业实现零售额553.00亿元，同比增长5.0%，占全区社零额的93.0%，为社零增长贡献了4.69个百分点。住宿餐饮类行业在知名品牌餐饮落户、连锁品牌加快布点等因素的影响下，餐饮消费快速升温。全区住宿餐饮业实现零售额41.45亿元，同比增长21.6%，占全区社零额的7.0%，为

社零增长贡献了1.31个百分点。

大型超市新店拉动较快。2015年内，全区新增大型超市2家：上蔬永辉正大乐城店（2月1日开业）、永辉超市殷高西路店（4月24日开业）；关停华联吉卖盛真北店，现有大型超市24家，完成零售37.42亿元，同比增长5.64%。其中，世纪联华宝山店销售增长最快，九百购物中心（大润发）销售规模最大。

新能源汽车带动汽车零售增速提升。汽车行业实现零售额125.53亿元，占全区社零额的21.1%，同比增长11.1%，增幅较2014年同期上涨6.2个百分点。其中华晨、昌河等国产品牌汽车及荣威新能源汽车销售增长超过1倍。

节庆营销促进消费增长。据对区内重点商业企业元旦、春节、五一、十一等重大节日的销售情况统计，四大节日销售分别同比增长22.68%、8.34%、7.94%和8.37%。

总量规模稳步扩大，经济贡献度逐步提升。近年来，宝山商业稳定发展，商业规模持续增长，已成为全区经济发展的重要支撑产业。全区商品销售总额从2011年的2 381.29亿元，增长到2015年的3 304.54亿元，年均增长8.5%，超额完成"十二五"规划目标；全区社会消费品零售总额从2011年的382.06亿元，增长到2015年的594.46亿元，年均增长11.7%，超额完成"十二五"规划目标。

业态结构不断提升，产业集聚度逐步加强。近几年，宝山商业进入快速发展阶段，业态逐步丰富，大型商业商务综合体稳步发展，大型综合超市、便利店、品牌专业专卖店、菜市场等密布全区，上蔬永辉正大乐城店、上海外高桥进口商品直销中心宝山店等新业态自开业以来持续高速增长，满足了居民日益增长的生鲜食品和进口食品的消费需求。目前，全区已建成开业有万达广场、大华虎城、绿地顾村公园商务广场、宝乐汇等大型商业综合体15个，其中商业建筑面积20万平方米的大型商业综合体3个；24家大卖场；68家标准化超市；101家菜市场；530家住宿企业，其中区旅馆业发展协会会员单位360家、星级和较大规模宾馆12家、经济型连锁酒店42家。

多组团格局日益清晰，繁荣繁华度逐步提高。商业商务载体加快建设，截至2015年底，全区商业设施面积达到410万平方米，商务设施建筑面积596万平方米。其中建成使用的建筑面积5 000平方米以上的商业设施建筑面积190万平方米，在建商业设施总建筑面积70万平方米。万达广场、宜家家居、绿地正大缤纷城、宝乐汇等一批商业项目建成启用并陆续开业，辐射集聚效应显现；宝龙双庆路商业广场、招商花园城、经纬汇商业广场、零点广场、日月光中心等重点项目有序推进，成为未来宝山商业的新兴增长点。围绕"一带、三线、三园"，宝山初步形成了淞宝、大华北中环、共康等在全市具有一定知名度的商圈，以及顾村、罗店、杨行等以本地消费为主导，辐射周边的商业组团，上大祁连、大场经纬、月浦、罗泾等居住区配套商业设施标准提高，功能逐步完备，多组团商业商务格局初步形成。

电子商务快速发展，平台经济效应显现。2015 年，全区共实现电子商务交易额 985.4 亿元，同比增长 31.6%，共集聚电子商务企业 274 家。跨境电子商务取得新突破，上海跨境网购平台项目“上海希游网络技术有限公司”落户上海移动互联网创新园，平台与海关网上系统实现对接，成为继“跨境通”之后的第二家跨境贸易电子交易平台。平台经济加快发展，目前宝山区共有规模以上“互联网＋”平台 38 家，初步形成了以上海钢铁交易中心、上海大宗商品信息中心、上海钢银、化工宝为代表的一批集资讯、定价、交易、结算、融资及物流服务功能于一体的大宗商品交易电子商务平台以及以云计算、大数据为主要技术手段的大宗商品数据研究中心。

（三）2016 年宝山区服务业、商业发展趋势

1. 2016 年服务业发展趋势

发挥科技创新的引领作用，贯彻供给侧结构性改革要求，加快建立起迈向创新经济的“四梁八柱”。坚持一、二、三产业共同发展、融合发展，持续推进以现代服务业为主体、战略性新兴产业为引领、先进制造业为支撑的新型产业体系。着力打造“中国产业互联网创新实践区”，发展分享经济，促进互联网和经济社会融合发展。大力发展现代服务业，积极培育邮轮产业、大数据、云计算、移动互联网、工业电子商务等“四新”经济和生产性服务业，加快发展旅游、商务服务、健康服务等生活性服务业。拓展产业发展空间。依托“一带三线五园”，壮大平台经济，增强上海钢铁交易中心、上海大宗商品信息中心辐射功能，加快组建上海木材交易中心。着眼体验消费，推进双庆路城市综合体等项目建设，宝乐汇商业转型项目建成投用。拓展社区商业，新建、改建 5 个标准化菜市场，新建 100 个社区智能微菜场。

增强产业发展后劲。加快推动上海科技创新 22 条意见落地。加快构建市场导向的创新型体制机制，健全创新创业服务支撑体系，充分发挥企业创新主体作用，着力破解影响科技创新及其成果产业化的障碍。利用市场化、专业化的社会力量，支持开放型创新创业平台建设，进一步提升上海移动互联网创新园、长江软件园、上海智力产业园等载体能级，打造智慧湾、科创一号、柒立方等一批为创业者提供低成本、便利化、全要素服务的众创空间，推动形成“双创四众”的新局面。优化“基金＋基地”模式，创新“基金＋招商”方式，发挥上海双创投资母基金对社会资本的引领作用。对接上海科技创新板和上海股托交易中心，推进企业上市、挂牌工作。

2. 2016 年商业发展趋势

从消费市场结构看，80 后、90 后成为主力人群，个性化、多样化特征突出；服务消

费需求快速增长，在消费总额中的比重持续提高；网络购物成为重要方式，网订店取、宅配到家、海外直邮等新模式方兴未艾；社区消费和外来消费潜力巨大，是消费的重要增长点。跨境免税直购引领生活时尚，跨界融合体验消费渐成主流。从商业转型升级看，要主动适应经济发展新常态，以智慧商圈、社区精准营销为转型动力，以服务消费、体验式消费为增长动力，以网络零售、内外贸一体化为扩张动力。

宝山区将进一步依托自身区位、交通、人文、环境等优势条件，促进“商旅文体娱”融合，借鉴自由贸易试验区的制度创新及示范外溢效应，促进商贸创新资源的有效配置，更好地发挥在长江经济带一体化战略中的重要节点和枢纽作用。

（四）宝山区“十三五”商业发展规划要点

宝山区将紧紧围绕建设现代化滨江新区目标，结合全区“一带、两轴、三分区”城乡空间布局，结合“分布式、小集聚”区域发展产业和公共服务核心建设，对接上海市商业网点布局层级体系，以轨道交通1、3、7号线为商业发展核心轴线，强化核心功能节点项目间的串联与连通，注重点、线、面的商贸功能与商务、居住、文化、旅游、娱乐等功能的协调互动发展，在层级上形成“3＋5＋N(12～15个社区商业中心)”的商业布局体系，在空间上形成梯度化、层次化、差异化、立体化的“雁形”布局态势。

1. 重点提升三大都市商业商务集聚区

重点建设淞宝商业商务集聚区、大场北中环商业商务集聚区、共康商业商务集聚区，形成“轴线集聚、组团发展、三心联动”的格局。引导三大商业商务集聚区差异化错位发展，强化各自突出功能和优势特色，基本形成网状集聚、联动辐射的商业商务生态体系。

2. 加快建设五个地区级商业商务功能区

根据街镇经济发展情况、人口集聚及分布情况、现有商业设施布局情况以及产业园区分布情况等，围绕产城融合，大力推进顾村、罗店、逸仙、杨行以及上大等五个地区级商业商务功能区建设。通过集群式形态建设、多业态集中发展，主要满足区域内常住人口和各类外来人群的综合消费需求，鼓励发展购物中心、主题百货店、品牌专卖店、专业店、餐饮娱乐、文化休闲等业态，鼓励发展老字号特色商业和中小精品商业；适度设置大型综合超市、仓储商店、生活服务网点；限制设置大型批发市场等网点。

3. 积极发展社区商业中心

结合新市镇、大型社区、轨交站点等发展，在全区建设形成12～15个社区商业中心。社区商业设施以块状为主、条状为辅，采取相对集中或集中与适当分散结合的布局方式。社区居住人口在5万人以上的设社区级商业中心，服务半径800～1 000米，商业服务设施总建筑面积人均不少于0.9平方米。社区商业中心一般以购物中心、大型超市等大型商业设施为核心，同时设置各类专业店、专卖店、生活休闲服务业和文化娱乐业等网点。

（五）宝山区主要功能区介绍

1. 宝山区商业中心介绍及其“十三五”规划

1）重点提升三大都市商业商务集聚区

重点建设淞宝商业商务集聚区、大场北中环商业商务集聚区、共康商业商务集聚区，形成“轴线集聚、组团发展、三心联动”的格局。引导三大商业商务集聚区差异化错位发展，强化各自突出功能和优势特色，基本形成网状集聚、联动辐射的商业商务生态体系。

(1) 淞宝商业商务集聚区。淞宝商业商务集聚区要依托自贸区与邮轮旅游发展实验区的“区港联动”，围绕建成国际领先、亚洲一流的国际邮轮港目标，突出邮轮母港、目的地港和邮轮总部集聚特色，将淞宝地区建设成为宝山区内独具滨江景观、文化休闲功能与邮轮旅游产业特色鲜明的地标性商业商务集聚区，成为滨江宝山的城市名片，成为宝山“三生融合”协调发展的转型实践区和示范区。规划商业商务总建筑面积190万平方米，其中商业建筑面积约80万平方米。

加快形成“一街两带”的空间格局，形成相互呼应、融合互补、联动发展态势。牡丹江路商业街，依托重点商业商务项目，以都市综合商业为主，加快形成以宝乐汇、创邑幸福湾为核心的北部活力时尚组团，以安信商业广场、宝山时代国际广场、宝山体育中心为核心的中部都市商业组团，以诺亚新天地、农工商为核心的南部休闲娱乐组团，集综合商业商务、文化休闲娱乐、城市公共空间三位一体，展现老城区现代繁华新形象。滨江旅游休闲带，整合上海长滩、临江商业商务中心、零点广场、星月国际商务广场、半岛1919等项目，依托稀缺性的滨水观景平台和邮轮码头，以滨江休闲为特色，以旅游主题商业为亮点，打造亲水平台、观光看台和展示舞台，重点发展免税购物中心、特色餐饮和文化休闲等业态，成为长江、黄浦江沿线的重要标志性区域之一。宝杨路邮轮经济服务带，整合吴淞口国际邮轮港、临江商业商务中心、零点广场、长航上海总部基地、宝龙双庆路商业广场、宝莲城中央商务区等商业商务载体，加快引进一批国外著名邮轮公司总部，建立上海邮轮物资配送中心、建立中国邮轮旅游跨境商品交易中心及电商平台、培育发展国内邮轮企业和探索开展近海邮轮旅游业务等，配套发展专业商务服务业，形成邮轮产业特色鲜明、产业要素集聚、配套功能齐全的邮轮经济服务带。

加快推进商业商务综合体建设，促进“区港联动”发展。宝乐汇引进具备独特品牌价值、商业经营实力和先进营运模式的国际知名品牌企业，引入品牌集成店、主题概念店等新型商业业态，引入文化休憩类和生活方式体验型业态，提高国际先进商业业态和一流企业集聚度，提高国内外时尚流行和知名品牌集聚度。零点广场发展滨江景观休闲商业，以主题性酒吧、咖啡吧、各国特色餐饮为主，穿插旅行服务、演艺剧场、艺术展览等，以经常性地举办旅游、文化和音乐活动来集聚人气，成为新兴文化休闲体验目的地。加快上海长滩项目、临江商业商务中心、宝龙双庆路商业广场等定位研究、开工建设，依托高品质住宅建设、高端商务楼宇主题招商，引进优质企业，导入高品质消费人群，形成商业配套完善的商务社区。上海长滩项目是宝山滨江地区调整转型的核心区和亮点区，着力发展生态公园式特色商业，构筑充分的文化休闲和亲水空间，打造服务宝山滨江新区的邮轮综合配套服务区、高品质生活居住区和生态休闲文化区。临江商业商务中心探索建设免税购物中心、地标性商务办公、配套高星级宾馆，以市内免税店、进口酒类、进口食品类专卖店为主，部分时尚品牌专业店、餐饮娱乐、文化设施及旅游购物和便利服务。宝龙双庆路商业广场以商业商务为主要功能，发展集品牌形象展示、文化体验、零售服务于一体的专业专卖店，引进洋酒、游艇、高尔夫用品等商品品牌，发展航运、金融、贸易等主题商务会所。

加快安信商业广场等已建商业设施的业态调整和品牌提升。引导安信商业广场以家庭消费、亲子服务、时尚娱乐等为主要功能，适当引进剧场、书店、画廊、艺术生活馆等，形成一站式家庭娱乐生活消费集聚地。推进现有存量商业设施改造、功能置换和业态调整，拓展商业商务发展空间。加快改造牡丹江路沿线部分闲置楼宇资源，探索建设“互联网＋”的创客集聚综合体或创业社区，形成众创空间集聚、创业服务组织众多、创业者活动频繁集聚区域。

(2) 大场北中环商业商务集聚区。依托中环重要交通节点优势，立足宝山南部城区、向中部、北部辐射，围绕家居服务、科技服务、文化创意等产业定位，加快调整结构、优化布局、集聚功能、提升能级，推动向综合性、体验型、智能化商圈发展，建成独具家居专业特色、新兴产业支撑联动的大型综合性商业商务集聚区。

以结构调整和能级提升为核心任务，逐步优化区域交通、生态、商务、人文环境，提升商圈整体知名度和影响力。规划商业商务总建筑面积约 195 万平方米，其中商业建筑面积约 90 万平方米。优化空间结构，南北联动、拓展东西，推进在建新建重点商业项目。依托已建新建重点项目，以沪太路为主轴，形成两个规模适度、空间集约、功能互补、各具特色的功能片区。北部片区协调推进宝山日月光中心等项目建设，加快推进宜家家居、红星美凯龙、百安居以及上海木文化博览园等联动发展，强化家居主题特色，逐步发展都市时尚商业和文化旅游商业。南部片区大华商业区进一步整合优化开发空间，提升业态水平，加快智慧商圈试点建设，通过无线信号全覆盖、智能导购系统建设、智能交通行车和停车诱导系统建设、移动应用和大数据平台等功能建设，加快建设形成线上线下协同发展的信息化智能型商圈。

加快业态提升、品牌提升、服务提升，形成高品质、体验型商业集聚地。鼓励发展新型业态、现代经营方式及提升经营档次，通过调整业态结构、所有制结构、品牌结构，加快与国际现代商业接轨的步伐。着力引导日月光中心突出时尚休闲消费服务功能，打造成为特色商铺云集、行业业态齐全、符合现代年轻消费趋势的时尚购物中心。集聚精品超市、多品牌集合店、时尚品牌专业专卖店等时尚零售业态，集聚智慧家居、数码产品体验店等体验式主题业态，以及儿童主题相关业态、休闲娱乐业态，完善时尚连锁品牌餐饮等配套设施。

进一步优化区域环境，改善交通设施、公共活动空间建设。全力改善交通环境，增强区域内外交通通达性。论证、规划建设地下通道，乃至建设下沉式地下广场，增强商业项目间连通以及商业项目与轨道站点连通，加快区域智能交通系统的建设。同时，营造优美生态绿化环境，加快大型公共文化和活动场所建设，营造文化氛围。

进一步强化营销宣传，提升整体知名度和影响力。以与媒体合作推广为亮点，以上海购物节及"黄金周"节庆假日为重点，策划以节为主的营销活动，加快"商旅文会娱"融合发展，扩大购物旅游消费、会展会务消费、文化休闲消费等。探索电子商务营销模式，鼓励企业开展组团式营销、跨行业营销等，培育壮大网购企业规模，拉动网络购物交易量。

(3) 共康商业商务集聚区。共康商业商务集聚区依托已建、新建地块及重点项目，以大型都市购物中心为引领，以电子商务服务为支撑，形成集聚和辐射能级较高、功能集聚、业态齐全的综合性商业商务集聚区。规划商业商务建筑面积约 100 万平方米，其中商业建筑面积约 50 万平方米。

加快形成以万达广场、绿地新都会、庙行共和新路城市综合体为核心的商业商务空间格局。庙行共和新路城市综合体建设高能级、现代化购物休闲中心，凸显精品购物、文化艺术、休闲生活功能，形成宝山中部地区的时尚休闲中心和文化体验中心；万达广场通过业态结构调整、品牌优化升级、营销活动宣传等，增加餐饮娱乐和服务业态比重，增加体验式业态，提升商业的辐射能级；绿地新都会依托进口商品直销中心宝山店，突出商务消费和品质消费，集聚进口食品、商务餐饮、健身休闲、商务住宿等功能。

通过路面交通、地下通道系统和空中步廊系统，实现项目间、楼宇间勾连，增强商圈整体性。辟通一二八纪念路，与共和新路形成交叉，增加新建地块内道路配置。利用轨道交通地下通道，新建项目地下空间连通，地下停车设施共享。注重景观功能和休闲服务功能，通过空中步廊提升景观环境品质，打造畅通、连续的空中城市公共开放空间，同时为市民提供一个多元文化活动场所。

2）加快建设五个地区级商业商务功能区

根据街镇经济发展情况、人口集聚及分布情况、现有商业设施布局情况以及产业园区分布情况等，围绕产城融合，大力推进顾村、罗店、逸仙、杨行以及上大等五个地区级商业商务功能区建设。通过集群式形态建设、多业态集中发展，主要满足区域内常住人口和各类外来人群的综合消费需求，鼓励发展购物中心、主题百货店、品牌专卖店、专业店、餐饮娱乐、文化休闲等业态，鼓励发展老字号特色商业和中小精品商业；适度设置大型综合超市、仓储商店、生活服务网点；限制设置大型批发市场等网点。

（1）顾村地区级商业商务功能区。依托顾村大居及拓展区建设，立足周边大居居民的综合消费以及外来旅游人群的特色消费，以轨道交通周边大型商业设施为依托，形成有一定生态特色、功能集聚、业态齐全、辐射优势明显的地区级商业商务功能区。

依托轨道交通 7 号线、沪太路城镇发展轴，串联龙湖城市综合体、绿地北郊广场、绿地公园广场等重点项目，形成龙湖商业组团、顾村公园商业组团、绿地北郊商业组团等“三大商业组团”，向南联系中心城区，向北辐射罗店新镇、罗泾以及外省市，满足周边区域的综合消费需求。规划商业建筑面积约 60 万平方米。

龙湖商业组团加快推动龙湖城市综合体项目建设，引进主题购物中心、大型综合超市、影剧院、餐饮、儿童主题专业店、品牌专业专卖店等多种业态，满足家庭及时尚人群的餐饮、娱乐及购物一站式消费，成为服务顾村地区各类居民综合消费的新集聚地。同时加快菊泉文化街建设，形成顾村规划展示馆、民族文化展示馆、菊泉文化展示馆三个功能区域。顾村公园商业组团以顾村公园、国际民间艺术博览馆旅游为依托，以正大缤纷城、衡山北郊宾馆为载体，以品牌餐饮、品牌零售、休闲娱乐、文化体验、婚庆服务、生态运动服务等，配套完善酒店、儿童游乐设施，形成商业与旅游文化结合的特色商业组团。绿地北郊商业组团以绿地北郊商业广场为载体，积极引进品牌餐饮、便利店、健身中心、时尚综合超市等，以满足周边区域内商务白领配套需求为主，形成商务功能为主、生活配套完善的综合商业社区。借势机器人产业行业论坛等活动，加大对上海机器人产业园的宣传力度，提高顾村地区社会影响力。

（2）罗店地区级商业商务功能区。依托罗店新镇及交通枢纽建设，立足满足大居居民和新镇古镇各类居民消费需求，积极吸引各类外来消费人群，挖掘文化旅游资源，突出商业购物、旅游休闲、观光体验等功能，打造新镇老镇相互融合、“商旅文”联动发展、行业业态丰富、服务功能完善的区域性综合商业功能区。规划商业总建筑面积约 40 万平方米。

罗店新镇组团以宝龙城市广场、美罗湾现代服务集优中心、美兰湖皇冠假日酒店为载体，集商务会议休闲、观光旅游、特色购物、餐饮休闲等于一体的智能化体验式商业中心。罗店古镇组团以宝山寺商业配套项目、罗店老镇特色街为载体，发展古镇特色商业，形成融观光旅游、文化休闲、旅游购物、酒店住宿等功能于一体的商业文化旅游区。加快宝山寺文化价值挖掘与品牌塑造，调整提升罗店古镇老街，开发富有特色的旅游纪念品、艺术品等，发展特色餐饮，形成文化旅游中心。罗店大居商业组团，主要依托美兰湖地铁站和罗南新村地铁站的综合商业中心，建设美兰湖路邻里商业中心，发挥社区商业的配套服务功能，建成可满足大居居民日常生活所需的社区商业圈。

（3）逸仙路地区级商业商务功能区。依托逸仙高架路以及轨道交通三号线交通便捷优势，立足周边产业园区集聚优势，深入挖掘地区工业文化底蕴，围绕满足周边社区居民和商务人群的多样化消费需求，打造产业特色鲜明、会商旅文融合发展的地区级商业商务功能区。规划商业建筑面积约 60 万平方米。

高境镇商业商务组团以殷高西路地铁站为核心，依托景瑞生活广场（上海电子竞技运动中心）、长江国际商业购物中心、新江湾茶城、中外运仓库综合改建项目等商业设施，以区域性综合商业为主，满足周边居民和商务人群的购物、餐饮、娱乐和休闲等多元消费需求，融家庭消费和商务消费于一体，形成殷高西路商业休闲带。引导中外运仓库综合改建项目充分挖掘老仓库文化元素，以公园式生态环境、开放式街区空间、多元化的消费定位以及丰富的文化营销活动，发展巨幕影院、特色餐饮、教育培训等休闲业态，引进文化艺术工作室等，成为宝山区文化休闲新天地和时尚地标。同时，依托高境复旦软件园、上海文教产业园等园区集聚优势，吸引移动商务、移动游戏、互联网信息产业等相关企业和人才汇聚，打造信息产业集聚地。加快推进空间技术应用基地（新二路商务大厦）、长江国际商务中心商贸大厦、北上海科技金融中心、中设集团上海中心等重点商业商务项目建设，提升区域产业集聚能级。

淞南镇商业商务组团沿地铁 3 号线长江南路和淞发路站轴线分布，依托上海国际家居总部基地、逸隆商业广场等商业载体，结合上海玻璃博物馆、海派书法博物馆等博物馆群建设，结合工业老厂房更新改造，联动复旦软件园高新技术产业园等周边产业园区，形成具有淞南工业文化底蕴、植入现代文化创意元素的淞南特色商旅文组团。以复旦软件园高新技术产业园为龙头，以移动互联网基地为平台，以同济设计产业园为载体，联动中成智谷、上海长江软件园、上海国际工业设计中心，大力发展软件服务、移动游戏产业、工业设计等相关产业，推进研发设计、信息咨询等服务业发展，打造成为宝山"大、平、移"产业发展示范区。加快"小五角场"地区业态调整和品牌提升，引导祥腾生活广场突出品质生活的消费需求，形成一站式综合消费目的地。依托宝车荟(二手车交易市场)、4S店集聚优势，发展二手车交易、汽车养护、汽车美容、汽车改装维修、汽车配件等汽车服务领域，构建汽车产业沙龙发展模式，打造"汽车服务一条街"。

(4) 杨行地区级商业商务功能区。依托轨道交通1号线以及宝杨路产业综合发展轴，立足杨行高品质住宅开发导入的优质消费人口，与淞宝、顾村地区形成联动发展态势。以水产路、轨道交通1号线为商业商务发展轴线，以招商花园城、北翼生活广场为核心载体，错位经营，建设成为规模适度、功能完善、独具特色，满足杨行地区各类人群消费的区域性综合商业商务功能区。规划商业建筑面积约40万平方米。

加快推进招商花园城项目建设、项目定位和主题招商，建设成为以区域型生活及体验性购物中心为特色，集生鲜超市、儿童教育、健身休闲、商务办公等于一体的北上海新兴时尚生活集聚地。引导北翼生活广场围绕家庭消费，建设成为现代化社区型购物休闲中心，引进影院等体验式业态及时尚消费品牌，配套大型餐饮、休闲娱乐、亲子体验等服务业态，凸显高品质社区购物休闲生活服务功能。加快推进北上海商业广场产权变更、功能置换，增加商务办公功能，防范小市场小分割等与现代商贸业发展向背的现象，实现统一产权、统一招商、统一运营。加快上海老年生活体验中心项目建设，发展设备器械展示、健康干预、健康评估、健康教育、健康咨询、健康跟踪、健康保险等健康服务业，成为老年人提供休闲、康复、治疗等医疗服务专业服务地。加快亿博大厦等项目建设和主题招商，形成相关产业链集聚发展的新兴载体。

(5) 上大地区级商业商务功能区。上大地区将把握南大地区综合整治开发的历史机遇，统筹规划协调南大地区商业商务的功能定位、空间开发格局、运行机制及产业板块，完善提升上海大学周边和聚丰园路等沿街商业业态和服务功能，依托祁连山路、南大路等道路交通辐射，启动建设面向南大地区，辐射周边区域的地区级商业商务功能区。

未来发展重点是深化完善区域生态功能、推进产城深度融合，建设成为充满活力的绿色生态型城区。加快地块储备和出让，引进高品质住宅开发商导入优质人口，引进专业商业地产开发商，建设高品质现代化商业综合体，形成宝山西南部地区商业商务中心及公共服务中心，形成城市大型生态绿洲、中心城西北部综合性地区中心、多元化的居住社区。同时，增强商务办公功能，完善创新孵化机制，发展贸易服务、科教研发、专业服务等，带动宝山外环线以南区域整体转型，形成宝山最具活力的复合型创新创业基地。

2. 宝山区现代服务业集聚区——中成智谷

致力于构建“一谷三汇”的产业格局，即以技术创新、文化创意、智力创业为导向的智慧谷，和以乐居汇极具设计中心、乐喜汇婚尚喜典中心、乐童汇儿童体验中心为核心的主题创新创意园区。园区有火车主题的火车餐厅、火车菜园、火车咖啡馆、云·space 大秀场、壹站主题创意会馆、M 壹影视基地、UPBOX 中成长江球场、球形影棚等。

项目占地面积 10.4 公顷，建筑面积 21 万平方米，由成功开发“1933 老场坊”、“花园坊节能环保产业园”、“幸福码头时尚创意园”等一批上海知名创意园区的上海中成智谷文化创意有限公司总投资 15 亿元人民币开发建设。项目分三期开发，一期约 5 万平方米，2015 年 5 月份开园；二期 5.4 万平方米，2015 年 10 月份开园，三期 10 万平方米，预计 2017 年底项目将全面建成投入使用。

3. 宝山区智慧商圈——大华虎城商圈

大华虎城商圈是北中环地区集区域商业中心、社区商业中心、居民区商业中心于一体的大型社区商业综合体，商业建筑总面积为 50 万平方米，辐射宝山大华以及普陀万里等高密度住宅区域内 50 万居住人口，包括了 9 个商业项目、12 大业态。9 个商业项目包括综合性购物中心“大华虎城嘉年华”、大型百货商场“巴黎春天”、大型卖场“乐购”、休闲娱乐综合“第一坊”、品牌折扣卖场“奥特莱”、餐饮美食广场“澳洲广场”、商住两用办公楼及酒店式公寓“第三空间”以及由两幢商务楼和别墅群组成的时尚办公区域“大华虎城商务中心和商务园”，集餐饮、娱乐、休闲、亲子、教育、零售、健身、丽人、旅游、金融、社区、房产等业态于一体。

大华虎城智慧商圈于 2015 年 9 月正式启动，以智慧商业社区集群平台为技术依托，平台服务涵盖了经营与消费行为、商业与物业管理、社区与便民服务等领域，同时结合微信、微博、多媒体互动以及一本专属的 O2O 商业期刊来联动运营，形成多元化为一体的联动格局。

建立智慧商圈平台目标是使之成为一个社区型商业品牌营销推广平台、社区型商业信息发布与交互平台、商业品牌孵化扶持平台、商业品牌融资信用平台、社区生活综合信息服务平台以及商业大数据自助查询平台，政府商业数据提供平台。

商圈通过整体信息化的方式，使整体商圈整体智能化程度提高，并通过信息化的手段完善自己的商业闭环，促使消费者、商户运营者、商圈管理者形成三方获益的局面。从而使商圈本身价值逐步提高。

大华虎城发展目标：大华虎城智慧商圈利用信息化、智能化及互联网工具，创新思维，以传统实体商业转型升级为目标，以平台为载体的应用服务希望能成为消费者的生活学习的指南、行车停车的指引、消费购物的助手，更能成为商户经营管理的工具。多元化的智能手段将覆盖整个商业与社区，为消费者提供先进的智能化消费体验，为租赁商户提供智能化经营销售工具，使大华虎城最终成为上海智慧商圈的示范标杆。

一是实体商业转型升级，打造智慧商圈。通过商圈APP、商圈微信、商圈微博等新兴互联网方式，结合线下推广。提升智慧商圈整体形象，逐渐改变消费者对商圈的固有看法和理念。智慧商圈模式和理念的建立，将提升消费者与商户对智慧化商圈的接受度，消费者消费习惯的养成与消费黏性的培养会受其影响，商圈整体智慧化形象将得以普及。

二是提升商业品牌形象，提升商圈整体产业价值。随着智慧商圈平台的上线和不断完善，多元化的联动运营模式成果显著，不仅创造了新型的盈利模式，对传统商业体的利润增长也起到了很好的推动作用。大华虎城停车场完成了信息化改造以后，着力于技术创新与服务创新，先后实现了智能停车、错峰停车等应用功能，不仅改善了停车难的现状，一定程度上减轻了周边道路交通的承载量，同时也创造了新的利润增长点。此外，大华虎城智慧商圈平台启动后，商圈整体运营效率和管理能级得到了大幅提高，大华虎城品牌效应不断提升，吸引了众多优质的品牌和商户入驻，传统收入显著提升。

三是改善支付环境，提升消费体验。生活方式的改变，决定了智能商圈微支付平台的盛行。当下人们生活水平提高，收入水平提升，已经有越来越多人通过移动端的方式进行消费与支付。移动支付已经成为时下比较流行的一种支付方式。人们在进行外出消费的时候，越来越少的携带现金，并且希望从传统的支付方式之中解放出来。很显然智能商圈微支付平台就是很好的选择。其非常适合消费能力强，接受能力强的年轻群体，未来发展势头明显，智能商圈相比于之前传统的支付方式和现在主流的微信支付宝支付，优势明显。智能商圈有超过百家的银行可直接支付，实现了转账付款即时到账。为了消费者和商户的便捷，智能商圈平台已经打通了国内大部分支付渠道。

四是探索商业服务社区化、社区服务商业化的新模式。智慧化商圈的建成，将改善商圈周边社区的社区问题如：社区出行、二手回收、教育资源、社区停车难等多方面的社区问题，作为社区商业，智慧化程度越高，对社区问题可提供的便利就越多。目前商圈已推出夜间错峰停车，二手回收等措施，已初步展现效果。随着智慧商圈的建设，周边社区将同时收益，最终达到服务社区、服务居民的目标。

五是光纤接入，实现公共区域 Wi-Fi 全覆盖。百兆企业级光纤接入，以此为基础完成整体商圈公共区域 Wi-Fi 覆盖，用户端使用网络速度达到平均 200 K/s，平均每个无线 AP 最大连接数达到 200 个。Wi-Fi 覆盖完成后，通过后台技术及三点定位技术实现人员实时定位，并实现目标位置导航。停车场 Wi-Fi 覆盖后，通过 Wi-Fi 连接后进行车辆定位设置，可在离场时实现反向寻车功能。

六是区域监控全覆盖，保障运营安全。通过升级原有传统监控系统，使得现有监控全面覆盖商圈公共区域，24 小时监控，达到公共区域无死角，智能监控系统可调取 30 天内的任意时间段录像。智能监控系统同时可以使用远程访问技术，通过网络获取任意公共区域监控画面，同时通过影像识别机制智能识别人流密集区域并远程发送警示信息。建设中央控制中心，可对所有画面进行分屏，轮播、循环等操作，中控室内可监控整体公共区域。

第十二节　嘉　定　区

（一）2015 年嘉定区服务业、商业发展基本数据

2015 年嘉定区服务业、商业发展基本数据见表 14.12。

表 14.12　2015 年嘉定区服务业、商业发展基本数据

指　标　名　称	2015 年	比 2014 年增长/%
生产总值/亿元	1 756.1	7.7
# 第三产业增加值/亿元	498.8	12.4
# 商业[1] 增加值/亿元	155.7	18.5
商品销售总额/亿元	2 156.6	26.9
社会消费品零售总额/亿元	872.9	22.2
地方税收总额/亿元	797.1	6.4
# 第三产业税收/亿元	328.3	10.4
# 商业税收/亿元	105.9	−5.8
年末户籍人口数/万人	59.8	1.7
年末常住人口数/万人	156.8	0.1

[1] 商业口径为批发零售业。

（二）2015 年嘉定区服务业、商业发展概况

1. 2015 年服务业、商业发展特点和运行分析

2015 年嘉定区共实现增加值 1 756.1 亿元，比 2014 年增长 7.0%，属地增加值 1 208.6 亿元，增长 7.1%。其中服务业完成 498.8 亿元，增长 11.7%，对经济增长的贡献率为 65.2%，比 2014 年提高了 27.9 个百分点。三次产业结构比重为 0.3 ∶ 58.4 ∶ 41.3，第三产业占比提高 2.1 个百分点。

从行业来看，金融、批发零售和信息技术三大行业增速较快，实现增加值 55.4 亿元、37.3 亿元和 197.1 亿元，比 2014 年增长分别为 29.3%、16.4%和 15.7%；房地产、交通邮政仓储业、住宿餐饮分别实现增加值 66.7 亿元、28.7 亿元和 11.6 亿元，分别增长 10.4%、7.9%和 6.8%。

2015 年，区内商业企业积极转型升级，强化服务，打造社区商业、体验式消费等商业模式，并在电子商务企业的有力支撑及新型商业综合体的快速崛起下，顶住经济下行压力，我区商品销售额及社会消费品零售额两大指标均超额完成年初计划。

(1) 指标完成情况。商品销售总额：全区共实现商品销售总额 4 613 亿元，同比增长 7.8%。其中，属地实现 2 156.6 亿元，同比增长 26.9%，完成年度计划的115.3%。社会消费品零售总额：全区共实现社会消费品零售总额 872.9 亿元，同比增长 22.2%，完成年度计划的 109.1%。商业税收：全区共实现商业税收 105.9 亿元，同比下降5.8%，占全区三产税收的 32.2%。其中，属地实现 83 亿元，同比增长 7.3%。商业增加值：全区属地共实现商业增加值 155.7 亿元，同比增长 18.5%，占全区三产增加值的 31.2%。

(2) 全区商业经济运行的主要特点。商品销售额同比增幅扩大。全区共实现商品销售额（属地）2 156.6 亿元，同比增长 26.9%，增幅较 2014 年同期增长 14.8 个百分点。其中，限额以上商业企业共实现商品销售额 1 734.2 亿元，占商品销售总额的 80.4%，占比较 2014 年同期增加 5.2 个百分点，同比增长 35.8%；全年销售额前 50 强企业（属地）共实现 1 598.2 亿元，占商品销售总额的 74.1%，同比增长 15.1%，园迈贸易（京东）、钢富电子（找钢网）、国美在线等电子商务企业涨幅喜人。

消费品市场运行稳定。全区共实现社会消费品零售额 872.9 亿元，同比增长 22.2%，从行业类别上看，批发零售贸易业共实现社会消费品零售额 841.7 亿元，同比增长 22.2%；网络消费带动大众餐饮受捧，住宿餐饮业增速迅猛，共实现社零额 31.2 亿元，同比增长 24%。从商品用途来看，“吃、穿、用、烧”四类商品呈三升一降，分别实现社零额 114.8 亿元、32.7 亿元、697.1 亿元和 28.3 亿元。其中，“烧”类商品因油价下跌因素同比下降 10.7%，其余三类均呈两位数增长。从各街镇来看，工业区凭借企业

优势，社零额居首位；乐蜂网 2015 年共实现社会消费品零售额 6.1 亿元，爱茉莉则同比增长 148.5%，为马陆镇社零额增长动力，使其零售额增幅居各街镇之首。

千百十亿工程增速放缓。2015 年，区内千百十亿企业共 34 家，较 2014 年增加 11 家，共实现商品销售额 3 967.3 亿元，同比增长 3%，增速较前两年有所放缓。10 亿元以上商业企业共 24 家，共实现销售额 3 912.1 亿元，同比增长 3.1%，占全区商品销售总额的 84.8%。

电子商务企业增幅超五成。随着人们消费习惯的不断改变，网络消费已深入千家万户，电子商务行业发展迅速，2015 年，区内纳入统计的 11 家电子商务企业共实现商品销售额 732.7 亿元，同比增长 50.9%，拉动全区商品销售额增长 14.5 个百分点。其中，园迈贸易继续保持高速增长，同比增长 47.5%，同比增幅上升 3.7 个百分点；2015 年新增企业钢富电子(找钢网)同比增幅达 95.1%，为区内电子商务发展注入新动力；其他如国美在线、酒仙网增幅扩大，乐蜂网、凡客诚品则降幅收窄。

大型商业综合体发展良好。2015 年，区内商业综合体规模进一步扩大，以服务消费、体验式消费为主打，放大地铁沿线优势，不断满足社区商业需求，积极探索商业转型升级。纳入统计的 7 家大型商业综合体共实现营业收入 31.7 亿元，同比增长 10.8%。其中，永润星辰依托麦德龙、美亚影城的不错经营情况，结合餐饮、亲子互动体验等业态经营良好，同比增长 51.5%；中冶祥腾和嘉亭荟依托地铁周边优势，分别实现增长 10.2%和 6.1%；疁城新天地形成街区式商业，华润五彩城则满足了周边社区需求。另外，由原飞联纺织厂改造而成的现厂已逐步开放，餐饮企业陆续开业；嘉定新城内台湾风情街预计 2016 年开业，大融城也已结构封顶，亟待开业。

2. 2015 年服务业、商业发展趋势和热点分析

(1) 文化创意和信息服务业。2015 年，全区文化与信息产业实现营业收入 1 377.6 亿元(其中 227 家企业营业收入超 5 000 万元，比 2014 年增加 26 家)，增长 25.7%；上缴税收 40.5 亿元，增长 23.1%。新增注册资本百万元以上企业 1 744 家，增长 5.5%；新增注册资本 77.9 亿元，增长 16.8%。电子商务、广告、动漫网游业等八大重点行业保持快速发展态势。其中电子商务业综合实力强劲，实现营业收入 679.5 亿元，增长 48.9%；上缴税收 7.0 亿元，增长 30.9%；实现交易额 1 317.4 亿元，增长 19.2%；电子商务龙头企业带动作用突出，京东商城和国美在线快速增长，共实现网上商店零售额 515.7 亿元，增长 50.5%。年内，“嘉境通”跨境电商平台开通运营，50 余家跨境电商企业签约入驻。广告业实现营业收入 138.0 亿元，增长 19.3%；上缴税收 4.7 亿元，增长 14.4%。动漫网游业发展迅猛，首次跻身八大行业前三，实现营业收入 72.0 亿元，增长 47.6%；上缴税收 3.5 亿元，增长 22.6%。信息传输、软件和信息技

术服务业企业数 20 家，实现营业收入 84.1 亿元，增长 41.3%，是全区增速最快的行业，收入占全区比重为 18.0%。互联网信息服务业、创意设计业、软件设计业营业收入和上缴税额分列第四至六名。

(2) 金融业。2015 年实现金融业增加值 55.4 亿元，比 2014 年增长 29.3%。科技金融服务水平持续提升，新型金融加快集聚，嘉定工业区获评市互联网金融产业基地，91 金融、百度小贷等一批互联网金融企业入驻。股权投资及管理类企业引进数量再创新高，新型金融发展活力涌现。全区新增主板上市企业 1 家、新三板挂牌 32 家、股权交易中心 E 板挂牌 37 家，累计分别达到 10 家、49 家和 120 家。商业保理、融资租赁和小贷公司加速集聚，年内新增 5 家商业保理企业。持续放大“嘉定创投”品牌效应，发挥引导基金和创投基金的撬动作用，不断强化金融资本对科技创新的支撑。全区投资基金 42 支，资金总规模近 35 亿元，累计投资项目近 300 个。

(3) 旅游业。充分整合我区现有文化资源，加快商旅文一体化发展，以文化消费促进旅游和商业消费。加快老城的风貌保护和功能提升，依托古漪园、秋霞圃和孔庙等历史文化旅游资源，深挖人文底蕴，传承教化嘉定文脉。积极推进产业旅游发展，指导京东“亚洲 1 号”现代物流仓储中心创建工业旅游景点；依托新能源汽车为载体，推出“开 EV · 游嘉定”特色旅游产品，并在驴妈妈、同程网上销售，共销售 178 批次，取得了良好的反响。依托上海旅游节嘉定系列活动，风雅嘉定旅游产品、嘉定景点互动体验、EVcard 电动车分时租赁、上赛场景区体验等内容都得到了有效的推广和传播；成功开展嘉定新城城市形象和嘉定传统文化的展示和互动，进一步丰富了汽车文化节活动内容。2015 年接待游客 1 202 万人次，实现旅游直接收入 56 亿元，比 2014 年增长 14.5%。上海国际赛车场成功创建为国家 4A 级旅游景区，至此，全区共有 6 家 4A 级旅游景点以及 4 家 4A 级旅行社。

(4) 房地产业。2015 年实现房地产业增加值 66.7 亿元，比 2014 年增长 10.4%。全年房屋施工面积 1 759.0 万平方米，增长 11.8%。新开工面积 307.8 万平方米，下降 24.2%，其中住宅面积 186.0 万平方米，下降 17.3%；房屋竣工面积 481.9 万平方米，增长 93.6%。现房销售面积 180.9 万平方米，增长 177.8%，现房销售额 186.2 亿元，增长 139.4%；期房销售面积 242.3 万平方米，增长 45.3%，期房销售额 404.4 亿元，增长 51.0%。待售面积 284.0 万平方米，增长 6.6%。

（三）2016 年嘉定区服务业、商业发展重点

2016 年是“十三五”的开局年，全区经济社会发展主要目标为经济平稳增长，结构继续优化，质量和效益稳步提高，增加值比 2015 年增长 7%左右。在此背景下，现

代服务业将加快发展步伐，全力吸引集聚一批具有核心制造功能的企业总部，建成启用一批现代商业综合体，引进培育一批成长型“四新”企业，不断优化提升产业结构。随着嘉定创投、股交中心的融资功能的不断拓展，将丰富企业融资渠道。嘉定出口加工区加快扩区封关，在建 2.8 万平方米保税仓库，将助推向综合保税区转型升级，从而打造跨境电商发展高地。

2016 年，我区商业经济的运行将继续保持平稳快速发展的势头，主要关注以下几个方面。

1. 加快商业转型升级脚步

应对商业大环境变化，要求我们加快商业转型升级脚步。传统商业方面，要积极探索“互联网＋”模式，如苏宁“云店”、大润发“飞牛网”等。商业综合体方面，要寻求新发展新亮点。区内疁城新天地形成了开放式商业街区；现厂融合了文化、餐饮、娱乐等多项服务；华润五彩城以社区商业为定位，满足周边居民商业需求。

2. 做好新建大型商业综合体的跟踪推进工作

区内的台北风情街、大融城等已建设完毕，下一步要积极跟进，加大监管，及时掌握动向，开业后要做好数据统计和分析工作，进一步扩大区内商业规模，提升商业服务能级。

（四）嘉定区“十三五”服务业发展规划要点

2015 年区商务委编制了《嘉定区服务业发展第十三个五年规划》，对“十三五”期间嘉定区服务业的发展目标、方向重点、任务举措、实施保障等方面进行了具体阐述。

“十三五”期间嘉定区将立足区位交通、资源禀赋、产业基础，围绕科技嘉定、汽车嘉定、教化嘉定、健康嘉定城区定位，特色发展生产性服务业，优化升级生活性服务业，培育壮大新兴服务业，推动服务业融合发展。

方向重点：做强研发设计、创新金融服务、优化商贸服务、提升文化信息、拓展互联网＋、扶持科技服务、培育健康医疗、发展特色旅游。

重点区域：着力推进嘉定新城核心区、北虹桥商务示范区、国际汽车城产城融合示范区、科技城自主创新产业化示范区四大重点区域建设，提升产业集中度和能级，逐步形成上档次、广辐射的服务业增长极。

（五）嘉定区主要功能区介绍

1. 嘉定新城商业中心

(1) 简介。嘉定新城作为上海城镇发展体系中的三大新城之一，是上海今后几年重点建设和发展的地区。

根据已经制定的规划，嘉定全区464平方公里的区域空间按照功能定位被划分为中南西北“四大区域”。除了北部区域主要功能为制造业基地外，其他的中、南、西部区域都有重要的商业发展计划，其中中部嘉定新城是嘉定区全力打造的商业中心，南翔、安亭、嘉定老城区将打造成地区级商业中心。

嘉定新城由主城区、安亭和南翔3个组团组成，总规划面积224平方公里。主城区是嘉定新城城市核心功能的空间载体，总规划面积122平方公里。新城核心区位于主城区南部，是主城区的核心区之一，东临市级都市工业园区、西接上海国际赛车场及其配套区，总规划面积17.234平方公里。目前核心区内在建大型商业综合体3家（台北风情街、大融城、宝龙商业广场），均将于2016年建成开业。

（2）2015年发展概述和2016年建设和调整重点。大型商业设施的建设情况：大型商业设施分布于两个地铁站和远香湖周边等区域，绝大部分尚处于建设过程中。

保利台北风情街位于嘉定新城保利家园南侧的白银路、裕民南路路口，分地下二层和地上七层，总建筑面积为12.8万平方米。是集文创艺术、时尚精品、印象宝岛、台湾美食、生活休闲于一体的台湾主体旅游式体验商场。预计2016年初开业。

大融城购物中心位于宝安公路、裕民南路交界处。项目由光大安石集团、嘉宝集团联手打造，项目总建筑面积126 439平方米，其中地上建筑面积78 286平方米，地下二层建筑面积48 153平方米，总投资逾10亿元。项目采用“购物中心＋外街”的形式，分地上五层、地下二层，集时尚零售、特色餐饮、电影院、儿童天地于一体。招商工作进展顺利，永辉超市、卢米埃影院、H&M、星巴克、“西贝莜面村”等著名餐饮商业项目确定入驻，预计2016年上半年开业。

嘉定宝龙城市广场位于阿克苏路、天祝路路口，总建筑面积约20万平方米，其中商业面积8.8万平方米，办公楼2.5万平方米，酒店式公寓2.4万平方米，1 500个停车位。项目预计2016年10月开业。主力店永辉超市已完成入驻签约。

中信泰富广场位于轨交11号线嘉定新城站地铁上盖。总建筑面积约33.7万平方米，其中地上总建筑面积21.4万平方米，地下总建筑面积12.2万平方米。三栋办公楼共7.7万平方米，商业13万平方米，地下车位2 070个。项目预计2017年底竣工，招商工作已全面启动。

西云楼文化休闲街位于洪德路、裕民路路口。总规划范围约10公顷，其中景观水系4公顷，总建筑面积约10万平方米，其中地上约6.5万平方米，地下车位约300个。其中杜月笙公馆、张啸林公馆等一批移建复建建筑群，体现出“海纳百川、中西合璧”的海派建筑特色。项目整体预计2017年开业。目前，招商工作已全面启动。

明发商业广场位于嘉定区白银路、沪宜公路路口，总建筑面积为22万平方米，与保利大剧院、远香湖隔街对望,紧邻台北风情街与西云楼。内部由自然水系分割,形成东西两大组团,水系东侧为一期,水系西侧为二期。一期建筑面积为 24 336 平方米,二期建筑面积为地上 180 324 平方米,地下建筑面积 180 324 平方米。一期商业已在预售中,预计 2016 年开业,业态定位为中高端品牌,分类为亲子家庭+零售+休闲餐饮。

小型商场的现状:小型商场集中在沿街商铺、邻里中心和临时商业。

沿街商铺是社区住宅的配套商业用房,开发商建成后即销售。相对大型商业建设进度快。目前,沿街商铺的商业开业的较多,新城金郡沿街商业开业 36 家;轻轨嘉定新城站中信泰富沿街商业开业 18 家;保利家园裕民南路洪德路附近沿街商业开业 15 家;保利阳光湖畔封周路沿街商业开业 13 家。

邻里中心新城地区共规划建设 7 个邻里中心,目前龙湖、绿地、新城金郡等 3 个邻里中心已建设完成。

临时商业是为解决居民购物难问题而设置的。如在盘古天地和远香舫一期分别开设了惠民生鲜超市,妇幼保健院前开设沿街商业。

(3) 中长期发展目标、规划方案。新城核心区商业中心位于嘉定新城核心区域,以轨交 11 号线新城站周边和环远香湖区域为中心。依托区位交通、生态环境、公共服务中心集聚等优势,形成集城市综合商业中心、文化休闲中心、现代商务中心、交通枢纽中心于一体的,上海西北地区引领性、地标性的综合枢纽型商业中心。

2. 现代服务业集聚区——嘉定新城总部集聚商务区

(1) 简介。嘉定新城上市企业总部集聚商务区位于嘉定新城中心区,划分为三大功能组团:一是以金融、贸易等现代服务业为发展重点的上市企业总部商务区(规划面积 62 公顷,建筑面积约 120 万平方米)。二是以配套人才公寓、学校、邻里中心、餐饮场所、文体中心、会议中心、星级商务酒店等业态为主的上市企业总部配套区(规划面积 54 公顷,建筑面积约 94 万平方米)。三是专为优秀企业迅速成长、跨越升级而设的上市企业孵化区(规划面积 20 公顷,建筑面积约 30 万平方米)。主要计划引进著名的金融证券机构、商务咨询公司、会计事务所等中介机构。

(2) 2015 年发展概述。2015 年,集聚区围绕嘉定区建设"现代化新型城市"总体目标,注重城市功能的完善,更加注重产业与城市的融合发展,新城总部企业集聚商务区建设各项工作有序推进。

集聚区积极鼓励各类优质现代服务业及生产性服务业企业行政总部、研发中心、销售中心及特色产业项目入驻。新城公司将与入驻企业积极沟通,及时共享资源,引导企业做好产业定位,全力协助企业做好二次招商。同时,新城公司将以高标准、严要求加快推进集聚区各项配套设施建设工作,确保入驻企业建设计划顺利完成。充分利用新城核心区良好的规划、优美的环境、完善的配套，全面打造新城核心区的商务办公新天地。

截至 2015 年底，绿地集团、国北科技和中化岩土三大项目相继落地新城总部企业集聚商务区。绿地集团计划打造绿地集团区域性总部，并引进集团关联企业入驻办公；国北科技计划打造企业区域总部；中化岩土计划建设华东区总部，并引入相关产业企业入驻。此外，爱派设计、清华同方等企业总部项目意向入驻。

(3)“十三五”发展目标。“十三五”期间，新城公司将进一步加快推进新城总部商务区开发建设。全面推动绿地集团、国北科技、中化岩土等已落地总部项目开发建设；加大招商工作力度，争取每年引进 1～2 个项目。力争确保总部商务区集聚开发态势初步形成。全面启动总部园区部分市政配套项目建设，促成能源中心项目尽快落地。加大产业扶持力度，突出政策聚焦，出台相关政策措施，明确准入门槛，研究街镇与新城利益共享机制，加快都市产业的培育和发展。充分利用本地丰富企业资源，不断摸索产业项目合作开发模式，着力打造嘉定新城商务办公 CBD。

3. 特色商业街——江桥老街·生活大院

(1) 简介。江桥老街生活大院整体项目总建筑面积约 6 万平方米，拥有大型 KTV、酒店、餐饮娱乐以及生活服务品牌等，商业业态丰富，规划庞大，布局合理，目标打造成为江桥地区的又一商业中心。目前已有星巴克、KFC、全季酒店、上海纯 K 等一批国内外知名商家进驻。

(2) 2015 年发展概述。引进特色餐饮品牌，拓宽客流/人流量。2015 年江桥老街将一批特色餐饮品牌进行了引入，如 Starbucks、我家酸菜鱼、老盛昌、肥猫餐厅、重庆刘一手老火锅、炎燕海鲜等，吸引了不同年龄层次、不同消费阶层的客人前来消费。

配合周边民生实情，引进教育品牌。老街引进了画室、舞蹈、乐器、跆拳道、课外辅导等培训机构，如美院在线画室、贝菲特健身游泳瑜伽舞蹈、雅言舞蹈、辅优教育江桥学习中心、旋风跆拳道、领典教育、知音宝贝等，方便老街周边的居民。如此，江桥老街成为周边民众每日必光临的所在，教育培训机构的配备不仅方便了周遭居民的生活，亦为老街带来了不菲的客流量。

不定期举办特色活动，为老街添喜庆。2015 年，老街举办的大型活动有雅言艺术庆六一大型公益表演活动，6 月初举行的亲子送教活动，8 月初联合普陀区中心医院各科室主任举办了社区义诊活动。圣诞节活动更是筹划的有声有色，在平安夜那天吸引了无数的客流来到江桥老街观赏、游玩、消费。此外，老街还携手江桥幼儿园联合举办的“快乐大篷车亲子活动”，不仅让家长和小朋友们乐哈哈，更是令现场强势围观的人们对“有情有义有味”的江桥老街产生了别样的情愫。

重视视觉效果，持续不断地为老街形象“加温”。在江桥老街入口处建造了极富老街建筑风格的牌楼，将江桥老街的独特风味镌刻于牌楼之上，以独特的文化符号赋予商业街鲜活的生命。对江桥老街进行了全方位的绿化改造。重点打造江桥老街夜景，对江桥老街的夜景进行了深度改造和大幅度的提升。聘请台湾知名商业体建筑装饰设计公司为江桥老街造景。此外，还对老街的导视系统进行了中国风改造，令江桥老街更加具有辨识度。

(3) 2016 年建设重点。大力改善园区环境。在新的一年中，将江桥老街的环境改善问题摆在首位，除进行必要的造景、布景外，还要将环境的改善狠抓、持续抓，以期给到商家和顾客一个清新、亮丽的江桥老街。

持续改善老街的导视系统。持续改善江桥老街的导视系统，力争将更美、更独特、更有韵味的导视系统呈现在商家和顾客的面前，为老街的独特风致添风采。

继续举办居民喜爱的主题活动。继续策划、组织并执行更加丰富多彩的主题活动，以吸引更多的居民前来参加、围观，为老街聚人气。目前暂拟的有新春活动、五一的主题购活动、6·18 年中庆活动以及圣诞节主题活动，中间穿插着江桥老街的周年庆活动。

不断引入优质品牌。市场是动态的，没有一个品牌或是门店可以立于不败之地，对于已经进驻江桥老街的品牌或是门店，将对其进行严密的观测，一旦发现其脱离正常的运营，便将更好的品牌或是门店引入以进行替代，保证江桥老街的日常运营处于正轨。

第十三节　金　山　区

（一）2015 年金山区服务业、商业发展基本数据

2015 年金山区服务业、商业发展基本数据见表 14.13。

表 14.13　2015 年金山区服务业、商业发展基本数据

指　标　名　称	2015 年	比 2014 年增长/%
生产总值/亿元	611.7	7.3
# 第三产业增加值/亿元	250.8	12.2
商品销售总额/亿元	1 199.9	10.7
社会消费品零售总额/亿元	372.1	12.3
地方税收总额/亿元	125.5	16.1
年末户籍人口数/万人	51.8	0.1
年末常住人口数/万人	79.8	0.0

(二) 2015年金山区服务业、商业发展特点和运行分析

1. 经济运行总体情况

2015年,金山区第三产业增加值全年实现250.8亿元,同比增长12.2%,占地区生产总值(属地)比重达41.0%,提升1.8个百分点;社会消费品零售总额全年实现372.1亿元,同比增长12.3%。

2. 服务业重点项目有序推进

2015年共有6个项目被列入金山区重点项目,2015年全年共实现到位资金26.9亿元,基本完成年初既定目标。万达广场已于2015年7月17日正式营业,开业期间,实现单月销售额9 985万元,客流量180万人次,创金山商业历史新高。

3. 消费市场充满活力

2015年元旦、春节、五一、国庆四大节假日,节日供应稳定有序,消费市场继续保持较快增长势头。区内抽样企业全年四大节假日共实现销售额3.9亿元,同比增长23.3%。其中在2015年下半年区内大型购物中心新开业的影响下,金山区"十一"期间抽样企业销售额增长较快,实现合计销售1.04亿元,同比增长38.4%。

4. 生产性服务业持续发展

金山区生产性服务业虽然尚处于起步阶段,但已具备了一定的基础,也做好了为制造业发展做支撑的准备。2015年,金山区生产性服务业载体作用进一步发挥,全区市级园区增至4家,功能定位及能级不断提升。平台、龙头企业引领生产性服务业发展。"互联网+"助力传统企业转型升级。公共服务平台进一步发挥服务功能。

(三) 2016年金山区服务业、商业发展趋势和重点工作

1. 2016年金山区服务业、商业发展趋势和热点分析

(1) 现代服务业比重进一步加大。金山区现代服务业在大型项目建设的带动下服务能级进一步提升,在服务业中的比重进一步加大。2016年,以金山万达广场为代表的现代服务业项目陆续完成建设并投入使用,为金山区现代服务业发展带来了新的动力,为常住居民及游客、企业公司等提供了更多层次零售、餐饮、休闲娱乐、办公等服务的选择和便利。在带动消费增长的同时促使传统商贸业逐步转型。

(2) 社区服务水平进一步提高。随着老年服务中心、标准化菜市场等的建设和运营,金山区社区服务水平进一步提高,居民在养老、买菜等方面享受的服务进一步加大。在社区微菜场项目的建设带动下,居民可在小区门口买到新鲜、放心的主副食品,买菜的便捷程度进一步提高。

(3) 生产性服务业园区进一步增加。金山区获得市级称号的园区(功能区)达到4家。随着上海(金山)台湾中小企业产业园及海峡两岸青年创业基地在金山工业区成立,一批大健康类企业入驻园区。健康产品企业的集中入驻,同时将带动电商产业的发展。2015年底,国际健康城市论坛在金山举行,会上金山工业区被授予"上海健康产业示范园区",这也成为上海首家健康产业示范园区。未来金山区的生产性服务业培育园区将进一步增加。

(4) 公共服务平台进一步发挥服务功能。金山二工区在签约引进国家化学品安全研究中心后,将有6个国家级实验室、7个地区级实验中心进驻;吕巷的蓝滨国家石油钻采炼化设备质量检测中心将完成验收、完成相关证照资质从甘肃向上海公司的转移;中检集团华东检测基地也已注册在金石湾。这些国家级的检测检验和研发服务机构的落户,将和金山其他的化工专业物流、设计施工、排污治理等领域服务企业一起,共同构筑和完善金山化工生产性服务业产业链条。金山国家绿色创意印刷示范园区文化传媒综合服务平台通过为企业搭建各类公共服务平台和展示交易中心为主,实现绿色印刷产业链整合、成长型印刷企业孵化、印刷数字化技术创新、印刷高端人才培育、印刷业务国际交流等五大服务功能,从而实现印刷产业从传统印刷向现代服务业和先进制造业的跨越。

2. 2016年金山区服务业、商业发展重点工作

(1) 促进商业繁荣繁华。通过重点商业项目建设、购物节及消费总动员等节庆活动举办、组织区内重点商业企业、旅游景点形成商旅文联动等,进一步促进区域商业发展繁荣繁华,提高商圈、商场、社区商业的发展质量和品位,更好地拉动了地区消费。

(2) 促进商业能级提升。以商业转型和创新,提升金山区商业发展能级。一是推进商业保理试点。在前期学习借鉴的基础上召集区内相关部门共同推进商业保理试点,讨论细化并完善金山区商业保理试点方案。目前试点方案和请示已上报区政府,由区政府正式向市商务委、市工商局提出申请。二是推进新模式、新业态应用。推进菜市场转型升级,加快推进无人售菜智能终端布点、生鲜微菜店建设和探索公司化经营。与相关企业探讨传统农贸市场转型途径,促使原有市场转型。三是推进智慧商圈建设,指导商业企业开展业态错位竞争,结合电子商务、O2O、互联网终端APP等新业态新模式,探索智慧商圈建设。

(3) 推动服务业重点项目建设。充分利用当前服务业发展的良好机遇,以抓目标为指引,推动服务业重点项目建设。2016年枫湾路菜场、工商联大厦、红星广场等多个项目被列入金山区重点项目。区里将进一步以重点项目为支撑,加快金山新城

中央商业商务区和新市镇建设。

(4) 加强规划指引，推进重点项目建设。一是委托绿促会根据金山区生产性服务业发展现状，形成了"十三五"规划思路研究，积极推进现代服务业发展"十三五"规划撰写工作。二是结合金山区生产性服务业发展研究，做好枫泾、金山卫、张堰、朱泾等重点街镇、工业区规划的修编指导工作。

(5) 加强平台经济建设，促进电子商务发展。联合金山卫经济小区、康城经济小区和新跃物流成立金山卫镇企业服务云平台，进一步在资源整合上互补，在平台搭建上进行提升。同时，发挥企业主体作用，加快推动电子商务创新。引导制造业企业转型发展，推动电子商务与产业发展进一步深度融合。上海金石湾化工生产性服务业功能区危化品集中交易区建设顺利推进，积极引进推进金油所 P2E 互联网金融平台、中检集团华东检测基地等新型业态。由金石湾、上海化交、区安监局、区电信等 5 个部门共同合作的项目上海化工交易中心正式运营。

(四) 金山区主要功能区介绍

1. 商业中心

(1) 金山新城中央商务区。新城中央商业商务区是金山新城服务业发展的核心区域，集商务、商业、酒店和其他公共服务设施于一体，体现现代化城市风貌和核心功能，是金山区内商业商务资源较为集中、服务产业能级较高、具有城市标志性建筑的功能区域，也是上海南部区域性商业商务副中心的重要载体，是服务长三角、辐射长三角的重要平台。

新城中央商业商务区处于重要的交通节点区域，杭州湾大桥的建成、金山铁路的开通、沪乍铁路的建设，使金山从交通终点转变为交通重要枢纽，打通金山与松江、奉贤及浙江等地的对接道路，实现与周边地区的有机对接，立体化交通网络体系逐步完善。

新城中央商业商务区以块状、组团、成片集聚开发为导向，将商业、商务、酒店、餐饮、会议、文娱等城市功能集聚于一地。按照功能定位，以高品质、现代化的商务楼宇、大型购物中心、高星级酒店三大功能板块为主体，集聚形成金山区乃至上海南部门户的标志性区域。

规划商业立足金山新城区域、服务金山及长三角周边地区的超广域消费人群，以集聚国际知名连锁品牌为主力店，积极引进国际知名时尚品牌商品和品牌企业，完善零售购物、餐饮服务和休闲娱乐功能，形成金山区乃至上海南部地区设施较为先进、品牌较为集聚、功能较为齐全、辐射能力较强的城市商业新地标。规划商务突出低碳设计和商务社区的规划理念，强调功能、产业、空间的整体性和人性化，与周边商业区联动，按照“智能化程度高、低碳化程度好、生态环境佳”的原则，建设成为楼宇成群、产业成链、配套完善、共生发展的新兴低碳商务社区。规划酒店按照标志性区域、低碳生态建设要求，参照五星级酒店的空间设计，建设配备有大型会议设施和各类餐饮娱乐休闲设施，集商务住宿、会议会务和休闲度假等多功能设施于一体的高星级商务酒店。引进知名国际酒店管理集团进行管理和经营。

(2) 百联商业中心。百联商业中心位于金山新城中央商务区南侧，目前已集聚了百联金山购物中心、若干酒店、办公楼等服务设施。百联金山购物中心于2010年9月底建成开业，是新城中央商业商务区建成前现有的最大的集购物、餐饮、娱乐和社区服务为一体的商业综合体。周边另有大型专业店、宾馆、酒店、商务会所以及银行、证券等各类金融机构办公设施。

百联商业中心将以现有百联购物中心为依托，利用临近中央绿地、主要道路等综合优势进一步集中集聚建设高品质、现代化的商业设施，形成金山新城新兴商业中心。

(3) 枫泾特色镇。枫泾镇地处上海西南，是上海通往西南各省重要的西南门户，也是我国南方沿海城市陆上进入上海的桥头堡。枫泾特色镇建设已经列入金山区“十二五”规划重点建设区域，是上海“十二五”期间郊区重点建设的门户镇之一。在新形势新要求下，枫泾镇将积极贯彻落实上海“创新驱动、转型发展”的战略要求，紧紧围绕建设成为“富有活力、生态宜居”现代化特色镇的目标任务，加快探索大力发展现代服务业、推进产业结构调整、实现经济复兴的道路。

枫泾镇未来将建设成有鲜明特色风貌的、与上海国际大都市相匹配的现代化城镇，着力提升商贸业功能和品质，以现代化、综合性商业为引领，以发展现代连锁商业业态为核心内容，完善购物、餐饮、住宿、休闲、娱乐等生活服务功能，明确商业业态定位，优化商业空间布局，同时引进和培育电子商务等新兴贸易业，提升商贸产业能级。

商贸发展立足服务于镇区居民及各类外来消费人群，选取交通便捷的新镇区中心区域，以一站式、综合性的购物中心为载体，形成集聚和辐射能级较高、独具文化魅力和时尚活力的上海西南商业新地标。一是重点发展零售业。加快推进现代商业设施的综合开发，重点建设具有主题特色、“商旅文”功能融合、建筑形态新颖、综合配套齐全的购物中心。二是大力发展餐饮住宿业。突出商旅文联动发展，发挥老字号餐饮品牌影响力，提升发展名店名品，推进集团化经营和连锁化扩张发展，弘扬枫泾镇餐饮文化。三是完善发展生活服务业。以大型居住社区为重点，改善社区便民商业服务设施，满足区域内各类消费人群的基本生活服务需求，方便居民日常生活。

2. 上海枫泾现代服务业集聚区

(1) 发展由来。为推动和加快上海枫泾现代服务业发展，推进现代服务业载体建设，充分发挥枫泾镇现有工业基础，特色镇启动开发建设的优势，更好地利用现有土地资源和产业用地，充分发挥枫泾各种优势，以现代服务业为发展重点，服务生产经营主体，突出产业转型，产业升级以及产业链延伸，建设形成空间布局合理，产业特色明晰，配套功能完善的上海枫泾现代服务业集聚区。

(2) 功能定位。立足区域区位、交通、成本、产业等综合优势，以总部经济为核心，以大型综合性项目为引领，以产业发展平台为抓手，建成集商务办公、现代商贸、休闲娱乐等多种功能为一体的现代化生态型综合商务园区，成为金山区乃至上海市商务交流的新空间载体，成为上海服务长三角、服务全国的重要功能节点之一。

上海枫泾现代服务业集聚区功能定位充分发挥枫泾各种优势，以现代服务业，依靠高新技术和现代管理方法、经营方式及组织形式共谋发展，主要为生产者提供金融、商务、政务、信息技术学、网络通信、云计算、教育培训、物流等服务，使其成为大批国内外企业总部入驻，新兴产业汇聚，创新能力强大的现代服务业发展区，是企业区域性总部(结算中心、营销中心、管理中心、研发中心、培训中心)的集聚区。

(3) 特点。枫泾现代服务业集聚区将依托在上海汇聚的资本、技术、人才、信息优势以及集专业优势和品牌优势、资本的输出和管理及国际招商等众多优势于一体的临港集团(漕河泾开发区)，利用杭、嘉、湖平原民营经济基础雄厚的优势，吸引长三角乃至全国大中型民营企业的研发、设计、营销、服务等中心集聚枫泾，成为国内民营企业走向世界的窗口，同时，还将注重吸引中小型跨国企业总部入驻枫泾，与虹桥商务区、昆山花桥国际商务区的总部经济产业区形成错位互补，成为国际中小型企业进入中国的桥头堡。

(4) 2015 年发展概述。2015 年，现代服务业集聚区注入新的元素。为顺应“互联网＋”的发展趋势，加深与科技园区、科研单位、各大高校的紧密合作，推动技术研发和成果转化，2015 年 6 月 16 日，上海临港·枫泾科创小镇正式揭牌并开始运营。科创小镇提出了以信息化与科技化、工业化深度融合为主线，以“四新”经济为主要内容，以创业服务、孵化空间(开放工位、孵化器、加速器)、创业投资为主要服务内容，建设各类科研孵化设施，利用相关财政扶持政策，吸引各类天使投资基金等各类创投资本在小镇设立自由的孵化设施和办公场所。2013 年，枫泾现代服务业集聚区的工作紧紧围绕与临港集团的全面合作，加强各方协调与沟通，尽心尽职全面推进，努力完成政府和合作公司提出的各项工作任务，取得了阶段性成果。

(5) 中长期发展目标、规划方案。枫泾现代服务业集聚区按照规划目标，基于产业关联效应和社会网络效应而逐步形成“三轴三心六片”的布局结构，具有资源共享、服务网络系统和品牌效应的特征，为现代服务业的发展构筑起一个良好的产业生态环境。

三轴。黄良府港生态轴、上南浜生态轴形成内部“十字”形生态轴，构筑商务区的总体生态框架，与外围生态水系成网络状联系，轴线布局公共绿地和文化、体育等公共设施，形成商务区的活动轴线。枫湾路发展轴是商务区主要功能轴线，与新镇区、风貌区以及东部的产业区形成联动。

三心。一个镇级公共活动中心，位于“十字”形生态轴交汇的地区，形成以文化、体育、商业等设施为主的公共活动中心。两个社区中心，分别位于居住北片区和南片区内，提供社区级的综合服务。

六片。6 个功能片区，包括城市商务区、生态商务区、两城更新区和 3 个居住片区。其中城市商务区位于枫翠路和枫阳路之间，以小高层商务办公楼宇为主，成为区域生产性服务业功能区。生态商务区位于枫兰路北侧，以较低密度的多层和小高层商务办公楼宇为主，成为长三角区域内的企业总部经济集聚区，为对环境品质有较高需求的企业提供成长空间。两城更新区未来进行整体策划和开发，形成以零售商业、大型购物中心、居住为主的综合商住社区。

第十四节　松　江　区

（一）2015 年松江区服务业、商业发展基本数据

2015 年松江区服务业、商业发展基本数据见表 14.14。

表 14.14　2015 年松江区服务业、商业发展基本数据

指　标　名　称	2015 年	比 2014 年增长/%
生产总值/亿元	995.4	2.7
# 第三产业增加值/亿元	439.0	10.0
# 商业增加值/亿元	157.8	9.2
商品销售总额/亿元	1 496.2	8.3
社会消费品零售总额/亿元	496.3	8.6
地方税收总额/亿元	317.8	−1.4
# 第三产业税收/亿元	168.6	13.8
# 商业税收/亿元	45.9	4.4
年末户籍人口数/万人	61.2	1.0
年末常住人口数/万人	176.0	0.2

（二）2015松江区服务业、商业发展特点和运行分析

2015年，全球经济复苏乏力且复杂多变，国内经济发展进入新常态、压力重重。松江作为上海市郊率先进入转型发展阶段的地区，面对错综复杂的经济形势，全力稳增长、调结构、促转型，商贸服务业持续稳步增长，呈现稳中有进、稳中提质的良好态势。

1. 经济贡献度稳步提升

商业增加值及税收贡献稳定，全年商业增加值157.75亿元，可比增长7.73%，商业税收45.86亿元(全区总税收317.8亿元)，同比增长4.37%，商业增加值占第三产业增加值比重稳定在35.93%，占全区GDP(995.36亿元，3.7%)的比重15.85%，三次产业增加值构成为0.9∶55.0∶44.1，第三产业占比达近年新高。我区商业在促进产业结构调整、推动区域经济发展中的基础性作用持续增强。

2. 消费市场持续增长

在商贸市场环境改善、居民消费需求拉动下，2015年，全年社会商品销售总额达1 496.2亿元，同比增长8.3%；社会消费品零售总额达496.3亿元，同比增长8.6%，顺利实现年度目标。社零额按商品类别分，吃的商品159.63亿元，穿的商品36.84亿元，用的商品251.80亿元，烧的商品48.04亿元，“吃、穿、用、烧”四类商品所占比重为32∶7∶51∶10，“吃、用”两类商品占绝对消费主力。

3. 项目带动效应明显

2015年，松江区大力推进商贸项目建设，重点商旅项目推进有力。万达广场运营势头良好，月均营业额过亿。富悦酒店、深坑酒店、麦德龙、东鼎购物广场等大型商业项目均已开工建设，新理想商业广场2015年10月开业，入驻的家乐福荣乐店开业当天营业额超过200万元。物美超市已经入驻永航商业广场，2016年初开业。

4. 商业业态调整提升明显

百货、购物中心业态在万达广场、开元地中海及鹿都商业广场的带动下累计实现销售额28.5亿元，同比增长16.0%。其中万达积极对接苏宁云商，逐步调整百货业态；开元地中海商业广场与飞凡网签订合作协议，首次尝试“互联网＋MALL”模式探索，逐步开启智慧商圈建设。

5. 交易市场持续下滑

由于投资下降、产能过剩的影响，松江区钢贸市场销售成交额持续萎缩，导致商品交易市场跌幅较大，2015年全区商品交易市场成交额累计219.9亿元，同比下降24.5%。其中，专业市场成交额201.6亿元，同比下降26.4%，较2014年扩大增幅

10.1 个百分点，专业市场特别是钢贸市场亟须顺应形势谋求转型发展。

6. 假日拉动消费作用明显

2015 年，松江区积极整合资源，促进商旅文体农融合，成功举办“春游茸城、乐享生活，let's 购”松江消费促进月、松江青岛啤酒节、2015 松江旅游节、购物节等主题系列节庆活动。在元旦、春节、五一、十一等假期里，节庆与假期产生叠加共振效应，充分拉动消费。4 个假期，列入监测的重点商业企业销售额累计 10.1 亿元，同比增长 12.53%。

7. 电子商务发展迅速

2015 年，松江电子商务加速发展。区内已经形成了永丰电子商务集聚区、跨境电子商务示范区 2 个市级园区以及松江电子商务产业集聚区（石湖荡）、松江电子商务园区（方松）2 个区级园区。方松、永丰、石湖荡 3 个电子商务园区全年电子商务总营收 26.37 亿元，创税 1.48 亿元。“双十一”期间，全区电子商务企业交易额超过 500 万的有 20 家，其中，丽人丽妆交易额为 5 亿元，占 20 家企业的 65.68%。

（三）2016 年松江区商业发展趋势和重点工作

1. 2016 年服务业、商业发展趋势和热点分析

2016 年松江区将继续加快建设各项功能性项目，推进标准化菜市场改造，探索发展生鲜超市、社区菜点、农产品 O2O 等模式，逐步满足市民多元化生活消费需求。加快新兴业态发展，品牌创建成果显著。

（1）服务业发展布局逐步清晰。立足现实基础，围绕区域规划和松江新城总体规划要求，依托新建商业、商务、文化、旅游等大型综合性项目，进一步优化布局、集聚功能、提升能级，着力构建广富林路—辰花路城市服务经济集聚带，贯通形成新城区、老城区、国际生态商务区三大商业中心组团，培育发展社区（镇区）多点生活服务中心，形成“1＋3＋N”点线面相结合、多层级、多组团的空间发展新格局。

（2）社区商业发展速度加快。随着松江老城加快调整提升和新城开发以及佘山、泗泾等大型居住社区的建设，松江社区居民对商业配套的需求也日益增强，新建社区商业的便民利民功能也将更加完善。松江区在鼓励社区商业建设的同时，还将积极推进社区商业的品牌优质化、制度规范化化，社区商业设施的业态会越来越丰富，开发商通过自持部分物业，在控制整体商业品质的同时，逐步引进接地气、较亲民的品牌，在社区内打造品质消费。

（3）商贸市场持续调整转型。为促进松江区商品交易市场的改造提升，转型升级，进一步优化市场结构和区域环境，2016 年将会进一步加大市场整治力度。将关

闭各类“变相市场”，积极推进商品交易市场改造提升，预计明年将继续维持负增长态势。

(4) 民生工作持续进行。社区智慧微菜市场建设持续推进，利用“互联网+”引进食行生鲜等项目，完成全区社区智慧微菜场的布点建设工作，运用创新服务模式，通过网上订货、小区门口自取的方式，解决社区居民买菜难、买菜贵的问题。加强对新建和二次改造菜市场的管理，在一些标准化菜市场推进银行卡、微信、支付宝、Apple Pay 等多样化支付方式，打破传统结算模式，为市民提供现代生活新方式。

2. 2016 年服务业、商业发展重点工作

2016 年在松江加快科技创新和转型发展步伐的要求下，在松江创建全国文明城区的总动员下，松江区商贸服务业将在适应新常态中转型升级、稳步发展。

一是聚焦重点项目建设。以国际生态商务区、佘山度假区、天马现代服务业集聚区和广富林项目等为重点，加快形成“商务办公、休闲度假、娱乐消费”三大支撑板块，打造松江新城城市经济带。服务推进月星家居、麦德龙、富悦酒店、希尔顿酒店、深坑酒店、纳米魔幻城、广富林文化项目等重点项目建设。

二是助力市场体系建设。加快社区商业发展布局，加快商品交易市场改造提升，大力支持电子商务发展壮大，积极吸引和培育知名品牌产品、品牌企业和品牌服务，努力推动松江商贸服务业品质能级跨越式提升。

三是优化市场发展环境。2016 年是“十三五”规划的开局之年，根据松江商贸服务业“十三五”发展规划，谋划商贸服务业发展政策意见，研究有利于“四新”企业成长和龙头企业发展壮大的政策和环境，充分发挥规划政策的引领作用。

（四）松江区“十三五”服务业发展规划要点

生活性服务业是直接满足人民群众物质文化生活需要的各类服务业的总称，其内涵和范围较广。基于松江商旅委行政管理职能以及松江区生活性服务业基础，该规划重点突出对商贸服务业的规范和引导，推动商贸服务业健康持续发展，发挥商贸服务业扩大内需、保障民生的积极作用。

经过“十二五”期间快速发展和建设，松江已从城市化带动生活性服务业配套发展阶段迈向全面城市化和深度商业化的城市经济发展新阶段，以松江新城商业中心为重点，社区商业和新市镇商业相结合的多层次商贸服务业发展格局基本形成。但商贸服务业仍存在以下瓶颈：一是还处于传统城市化进程中以房地产开发带动商业发展的阶段；二是商业设施小、散、弱，市场能级不大，竞争力差，未形成规模体系；三是传统业态呈自然性增长，新兴业态特别是电子商务创新不足。

1. 发展目标

"十三五"时期，松江商贸服务业以"保障基本需求、满足多元需求、促进消费增长"为原则，以新技术应用、新业态培育、新模式拓展、新产业发展为主线，以优质便民为特色，加快转型升级和创新创业，促进"商旅文体"产业联动，推动产城融合发展，将松江打造成为产城融合发展引领区、与新城功能相匹配的现代商贸服务业集聚区、"商旅文体"综合体验消费目的地。

2. 发展指标

预计到"十三五"末，全区社会商品销售总额2 000亿元，社会消费品零售总额750亿元，两项指标均年均增长8%左右。

3. 发展布局

立足现实基础，围绕区域规划和松江新城总体规划要求，优化完善商贸服务业空间布局，着力构建广富林路—辰花路城市服务经济集聚带，贯通形成新城区、老城区、国际生态商务区三大商业中心组团，培育发展新市镇(社区)多点生活服务中心，形成"1+3+N"点线面相结合、多层级、多组团的空间发展新格局。

4. 重点任务措施

主要围绕"体系、转型、环境"三管齐下，向内增强凝聚力体现繁荣繁华，向外提升集聚力发挥辐射效应，持续拉动商业向集聚化、品牌化、综合化发展。

一要建立适应城市功能配套的商贸服务业体系。一是着力构建地区级商业中心、社区级商业中心及新市镇商业，兼顾特色商业街、产业园区商业和商业流通基础设施布局引导，逐步建立与松江城市经济发展水平相适应、布局优化、功能完备、特色鲜明的商贸发展体系。二是着力推动商业业态创新，支持传统商贸服务业融入"互联网+"发展新模式培育商贸服务业发展新的增长点。三是促进流通领域电子商务发展，大力推进出口加工区跨境电商项目，依托产业基础积极发展垂直电商，有效推进永丰电子商务集聚区、西南物流园区电商小镇、中山街道电商家园、松江电子商务园区等集聚发展。

二要促进商贸服务业转型升级。一是重点建设广富林路—辰花路城市服务经济集聚带，串联起国际生态商务区、大学城地铁站枢纽、广富林、经开区商业配套项目、天马现代服务业集聚区等重大项目开发；提升完善新松江路沿线以开元地中海、东明广场、绿庭广场等为主要载体的新城商业中心，调整提升中山路、人民路沿线以松江商城、平高鹿都商业广场等为主要载体的老城商业中心，加快建设以万达广场、富悦酒店等为主要载体的新城国际生态商务区商业中心，发挥广富林遗址公园、天马现代服务业集聚区、临港松江科技城等商旅文休闲功能区的辐射扩散效应。二是实施10

亿规模社区商圈培育计划。着力打造新理想、永航、贝尚坊、三湘、云间商业广场等若干个 10 亿级社区型商业中心,加快形成社区商业"多点开花"的良性竞争局面。三是打造"一刻钟"便民生活服务圈。合理布局菜市场、便利店、早餐店、家政服务点,实现各街镇、开发区至少有一家三星级以上农贸市场,标准化菜场覆盖率 100%。

三要优化流通服务,改善消费环境。一是加强商贸业态管理,引导和合理配置资源,规划商业网点设置,优化商业网点布局。二是加强商贸诚信体系建设,倡导诚信经营和规范服务,鼓励企业加强人才引进与培养,加强岗位技能培训教育,提高商贸行业服务质量。三是提升发展商品交易市场,围绕"调整一批、改造一批、提升一批"的工作目标,推进全区商品交易市场管理标准化、市场建设规范化、市场经营品牌化,力争"十三五"期间关闭或搬迁 7 家市场,整改提升 4 家市场,完成 19 家达标市场,关闭 2 家变相市场,完成 1 家市场土地置换。

(五)松江区主要功能区介绍

1. 松江新城三个地区级商业中心介绍

松江区地区级商业中心主要分为新城北区地区级商业中心(新城北区开元广场及周边)、新城南区地区级商业中心(老城区中山路人民路区域)、新城国际生态商务区地区及商业中心(国际生态商务区)。

(1) 新城区北区商业中心。以开元地中海商业广场为核心,环人民路—新松江路,南靠 G60 高速公路,北临松江大学城,该区域通过整合新松江路、文诚路沿线商业资源,调整提升东明广场、安信广场、嘉和广场、塞纳左岸生活广场等现有商业商务设施,集聚知名品牌、时尚品牌、特色品牌,发展主题商店、家庭购物、亲子游乐等新兴体验式业态或模式,完善购物餐饮、休闲娱乐、商务服务等功能,形成各具特色、错位联动的发展格局,成为多形态、多功能、多业态集聚,体现松江区综合城市功能和形象的标志性区域。

2015 年,开元地中海商业广场不仅成功化解了市场竞争带来的冲击,更是在商业模式创新转型方面实现了新的突破。一年来,广场继续保持平稳增长,全年商户累计实现营收突破 10.42 亿元,再次刷新历史纪录。商业经营实现收入 1.29 亿元,同比增长了 10%以上。商业中心内新建大型购物中心东鼎商业广场基本竣工,预计 2016 年二季度前整体开业。

中长期目标:周边安信生活广场等项目鼓励发展现代化社区型购物休闲中心,凸显购物休闲生活服务功能。鼓励引进生鲜食品超市、中西连锁快餐、特色休闲餐饮、药店、皮具护理店等生活服务设施以及儿童教育培训、健身舞蹈会所、钢琴教室、文化沙龙等文化休闲设施。绿庭广场、祥和路一号地块(御上海商业项目)等项目加快推进定位研究、开发建设、主题招商,依托新建商业载体,鼓励发展主题化、特色化百货店、购物中心,完善商务酒店、休闲娱乐、特色餐饮、文化体验等功能,形成松江区文化休闲时尚新地标。充分发挥商务楼宇优势,引进各类大中型商贸、金融、电子商务、科技等优质企业,提高新建楼宇的入住率、落地率和产出率,形成商业商务办公融合发展的高品质的商业商务集聚区域。

(2) 新城南区地区级商业中心。以中山中路、人民北路为发展轴线,突出历史老城风貌和旅游文化特色,强调与环新松江路区域功能互补与错位发展,依托重点区域现代商业商务设施的引进和建设,推动商业结构优化、商业档次提升,着力打造以满足区域居住人群多元化、综合性生活消费需求为主的商业消费集聚地。

其中包括松江商城、第一百货松江店、平高世贸中心、鹿都国际商业广场、新理想商业广场以及松江沃尔玛大卖场等大型商业网点。2016 年平高世贸中心和松江商城将积极根据自身发展,以体验式消费为重点,调整相关业态。松江宾馆地块性质将做适当调整,沿街用于商业和商务办公。飞航广场和物美超市也将在一季度整体开业。

中长期目标:一是加快推进存量商业设施功能结构调整。依托中山路、人民路沿线松江商城、松江第一百货等商业载体,推动形态结构、行业结构、业态结构、品牌结构的调整提升,突出商业购物、旅游休闲、生活服务等功能,引导错位竞争,实现功能集约化和经营细分化,提升老城区商业品质和服务能级;二是加快重点项目的建设。云间商业广场、永航商业中心等项目引入专业商业地产运营商,以规划设计、业态定位引领商业项目建设,形成引领和满足城区综合消费的新兴载体。此外,强化商业设施与商务楼宇、酒店之间的相互融合,推动老城区商业结构优化、商业能级提升。三是加快周边特色商业街区建设。依托华亭老街、仓城、府城历史风貌区等主要商业街区商业氛围,充分挖掘老城历史风貌和旅游特色,以老字号品牌、特色餐饮、文化休闲为主题,鼓励集聚老字号品牌和中小特色商业品牌,建设成为老城极具人文气息的休闲消费街区。

(3) 生态商务区地区级商业中心。以生态商务为主导功能,依托松江新城优越的文化、交通、产业、生态等资源和基础,建设成融商业商务、酒店会展、产业服务、生活居住等功能于一体的高品质城市发展区。

国际生态商务区的建设,将有效促进松江新城产业的转型升级,不断丰富松江现代服务业的发展内涵,使松江新城的城市功能得到进一步完善。2015 年,松江新城国际生态商务区紧紧围绕"打造上海西南地区商业商务中心"的发展目标,园区建设稳步有序推进。2015 年着力推进园区重点项目的开发建设。一是加快五龙商业广场建设，在抓好商业广场主体工程建设的同时，确定了一楼为麦德龙卖场，二、三楼为品牌餐饮、休闲娱乐、健身会所、教育培训的功能定位，并启动商业招商工作。二是优化中央绿地及地下空间设计方案，对整体方案组织多次论证和优化，为最终方案的确定做好准备。2016 年，商务区将着力做好三个方面的工作，一是全面推进五龙商业广场建设，确保 9 月麦德龙顺利开业。二是加紧土地储备及出让工作，剩余未出让地块力争全部完成储备。三是全面推进基础设施建设，完成道路框架基本建成，河道水系基本贯通的年度目标。

中长期目标：把松江新城国际生态商务区建设成为功能齐全、配套完善，以“生态商务”为主导，融文化娱乐、商务服务、生活居住等功能为一体的复合型综合城区。整体形成“一核、两轴、三区”的圈层式空间布局结构。一核即生态绿核，在茸兴路广富林路交叉口周边，结合大型生态绿地、广场以及景观水面形成 T 形生态绿核，提升生态商务区的整体品质。两轴即区域发展轴，横轴—沿广富林路是商务区串联工业区、大学城、广富林遗址公园、轨交站的重要轴线。纵轴—沿茸兴路是商务区串联佘山国家旅游度假区、工业区、老城区的重要轴线。三区即核心商务区和两个居住组团，以中心绿地为核，内圈形成商务区，以现代商业、商务功能为主，设置星级酒店、购物中心、大型超市、休闲娱乐设施等，打造成为松江新城主城区的新地标；外圈形成高标准的居住组团，以居住及配套商业功能为主。

功能定位：松江新城是松江发展都市商业的核心区域，展现了松江历史老城风貌、核心商务办公、旅游文化特色，强化分段设计，引导功能集聚，体现“国际花园城市”特色形态和高雅氛围，形成不同建筑风格、不同功能配置、不同业态组合、组团状辐射、轴线发展的新城地区级商业中心。

市政交通建设配套：松江位于上海市西南部，沪昆铁路、沪昆高速（G60）、沪渝高速（G50）、沈海高速（G15）、申嘉湖高速（S32）、绕城高速（G1501）等交通干线贯穿全区，轨交 9 号线全线贯通，方便了松江与市区及其他区县的出行交通。

2. 松江区欢乐谷休闲旅游区介绍

(1) 简介。上海欢乐谷是华侨城旗下的全国连锁主题公园，是目前国内规模最大、项目最多、科技含量最高、最具魅力的现代都市娱乐主题公园，由华侨城集团耗资 40 亿元精心打造，是华侨城集团欢乐谷品牌全国连锁发展的重要布点，于 2009 年暑期建成开放。目前欢乐谷已相继落户深圳、北京、成都、武汉、天津、重庆，实现东西南北中全国重点城市全面覆盖，今后欢乐谷将陆续落户内陆及二线城市，打造民族主题乐园品牌，让更多的游客认识欢乐谷，了解欢乐谷，走进欢乐谷。

放眼未来，紧跟国家“一带一路”的战略目标，上海华侨城既肩负着推动华侨城集团全国战略发展的重要责任，也面临着迪士尼入沪所带来的激烈竞争。为此，上海华侨城一方面通过市场、管理和服务提升行动，将公园打造成为国内一流的主题公园；另一方面计划投入50亿元积极推进园区改造、主题酒店群、大型演艺等新项目的建设，完善现有产品结构，形成集群竞争优势。

功能和定位。上海欢乐谷坐落在上海松江佘山旅游度假区，全园总占地面积90万平方米，共分为阳光港、欢乐时光、香格里拉、蚂蚁王国、上海滩、金矿镇、飓风湾七大文化主题区；拥有100多项老少皆宜、丰富多彩的观赏体验项目，有众多从美国、德国、荷兰等国家引进在国内乃至世界顶尖科技娱乐项目。上海欢乐谷定位为上海最具吸引力的文化产业核心项目，长三角重要旅游基地和具有国际影响力的中国顶级原创型旅游胜地，是上海旅游业发展“十二五”规划总体思路中提出的全市重点建设的12个特色旅游产业园区之一。

品牌影响力和入驻情况。上海欢乐谷一期规划7.8万平方米，集聚区一期投资约16.2亿元，进驻企业一家，为上海华侨城投资发展有限公司，投资开发上海欢乐谷大型主题公园项目。上海华侨城投资发展有限公司是华侨城集团全资设立的子公司，境外从业人员约40名，主要是演艺人员。开业至今上海欢乐谷累计入园人数达千万人次，是上海佘山国家旅游度假区的核心项目。园区内共建有商铺面积6 100平方米，基本全部租出，入驻率为100%，共有36个合作单位入驻，包括上海华侨城投资发展有限公司、百胜餐饮有限公司、上海子敖潜水俱乐部有限公司等企业。

配套便利度。集聚区主要配套设施为演艺创作中心、办公楼、商业街、停车场等。同时，集聚区内设有游客服务中心、松江旅游咨询中心、行李寄存处、免费的婴儿车和轮椅租借处、免费自行车租赁处等便民服务，并建有上海欢乐谷门户网站，配套设施较齐全。但集聚区内商务功能配套尚不成熟，暂不具有融资功能和招商推广平台。

(2) 2015年发展概述和2016年建设和调整重点。上海欢乐谷公园2015年接待游客292.1万人次，实现营业收入4.34亿元，2015年上海欢乐谷充分发挥主题节庆活动在品牌市场宣传及经营创收方面的突出作用，以上海欢乐谷开业六周年为契机，策划全年活动，如“盛夏激爽季”“欢乐庆典月”“跨年欢乐季”等主题节庆活动，力争为游客带来更精彩的活动和更难忘的游玩体验。除此之外，欢乐谷积极加快新项目发展，完成飓风湾区域升级改造、完成水公园升级优化、推进大湖水秀项目的建设等工作。

2016年上海欢乐谷将继续以推动新项目建设发展、专业化市场营销活动策划、强化服务安全内部管理、打造优秀员工队伍为出发点，在不断完善内部品质的同时，积极开拓发展新业态，打造全方位高品质多项目的旅游综合体。

(3) 中长期发展目标、规划方案。坚持“三提升”，即产品品质提升、市场拓展提升以及服务水平提升，增强景区核心竞争力，打造国内一流主题公园；不断丰富上海华侨城的产品业态，全方位推进水公园的升级、陆续建设适合城市度假的精品酒店群等项目开发，扩大产业规模，发挥集群优势，不断增强自身竞争力和抗风险的能力，为积极应对市场竞争奠定坚实的基础。

3. 松江新城国际生态商务区介绍

(1) 简介。松江新城国际生态商务区位于松江新城东部，东接工业园区，西临松江新城地铁 9 号线和大学城，规划占地面积 4.14 平方公里，其中东至茸惠路，南至梅家浜路，西至光星路，北至茸盛路为核心区，规划占地面积 2.02 平方公里。区内规划总建筑面积为 373 万平方米，商务区将开发建设各类商务办公、商业金融、文化娱乐等公共设施 160 万平方米，住宅 120 万平方米，规划容纳 4.5 万人的居住生活空间。

功能和定位。商务区依托新城优越的文化、交通、生态和第二产业资源，以“生态与低碳”为关键词，融文化娱乐、产业服务、生活居住于一体，发展成为以“生态商务”为主导功能，融文化娱乐、商业服务、生活居住等功能于一体的高品质、高品位的复合型综合城区，主导产业为商务商业和金融服务业。同时，松江新城国际生态商务区的开发建设，又是实现松江产业转型，促进新城由生产型向服务型、创新型和文化型发展，打造成为长三角地区的制造业研发中心、商业商务中心、上海西南的“都市花园”。

配套便利度。商务区配备了完善的包括供电、供水、通信、交通、停车、节能、环保等配套设施，以及金融服务、餐饮宾馆、仓储会展、健身娱乐、教育服务等配套服务，居住、娱乐、商务办公等多重功能，将在整个生态商务区内得到综合体现。

(2) 2015 年发展概述和 2016 年建设和调整重点。截至 2015 年末，园区共有在建项目 14 个，总建筑面积 87.6 万平方米。各房产项目销售和租赁保持良好态势，例如万达广场 SOHO 项目入驻率已达 64%，万达金街商业用房近 70%完成招租并已开业；嘉立国际、富悦财富广场等销售状况良好；万科梦想派、信达蓝爵、上坤红树湾等住宅项目已基本售罄。同时，园区基础设施建设加快推进，在建或已完工的道路工程有 7 条(段)，完成了螺旋景观桥工程和光路西侧黄渡浜河道开挖及驳岸工程，同时已启动 3 条河道工程的施工前期准备工作，园区基础配套不断完善。

2016 年，商务区将着力做好三个方面的工作，一是全面推进五龙商业广场建设，确保 9 月麦德龙顺利开业。二是加紧土地储备及出让工作，剩余未出让地块力争全部完成储备。三是全面推进基础设施建设，完成道路框架基本建成，河道水系基本贯通的年度目标。

(3) 中长期发展目标、规划方案。松江新城国际生态商务区计划总投资 60 亿元，作为毗邻松江大学城和松江新城区的新建商业集聚区，将通过政策引导和市场化手段努力引进区域内电子信息、现代装备、生物医药、精细化工等行业的先进制造业跨国公司进驻商务区，设立研发机构、区域性总部等一批经济效益好、带动能力强、产业关联度高的服务业项目。

4. 开元地中海商业广场社区

(1) 简介。开元地中海商业广场坐落于上海松江新城核心商务区，占地约 6 公顷，总建筑面积 26.8 万平方米，囊括了高级住宅楼、单身公寓、办公楼、五星级酒店及一站式购物中心。购物中心总建筑面积 12 万余平方米，其中地上 8.6 万平方米，地下 3.6 万平方米。室内设计引入了地中海主题概念，以创造性的手法把购物、休闲与娱乐结为一体，把商业广场打造成一个以家庭、休闲、娱乐为一体的区域主题性购物中心。

广场于 2006 年 12 月 18 日正式开业，总共四层，在业态组合和功能布局方面，坚持以服务社区、回报社区、融入社区为基本原则，通过多种类多样化的店铺组合与品牌配置来满足社区居民的一站式便利购物与消费。广场拥有大小商业网点近 200 个，其中主力店占 20%，餐饮娱乐占 30%，百货占 40%，配套占 10%。各楼层百货、餐饮、娱乐错落分布，年开业率稳居 98%左右。目前已经有星巴克、肯德基、味千拉面、一茶一座、棒约翰、法国鳄鱼、优衣库、JACK & JONS、VEROMODA、ONLY 等上百家知名连锁企业进驻，还引进了乐购、苏宁电器、中国联通、屈臣氏、新华书店、电影院等数十个社区便民服务业态。9 年来，开元地中海商业广场秉承“五个统一”(即“统一业态规划”“统一招商”“统一运营管理”“统一营销策划”“统一物业管理”)的经营管理理念，融入社区，回报社区，打造城市核心商圈，已成为上海松江的一张名片。广场先后获评全国社区商业示范社区、全国食品安全示范街、上海市消费者权益保护示范联络点、上海市诚信企业等数十项荣誉。

(2) 2015 年发展概述和 2016 年建设和调整重点。2015 年，开元地中海商业广场不仅成功化解了市场竞争带来的冲击，更是在商业模式创新转型方面实现了新的突破。一年来，广场继续保持平稳增长，全年商户累计实现营收突破 10.42 亿元，再次刷新历史纪录。商业经营实现收入 1.29 亿元，同比增长了 10%以上。广场以“人气品牌带动客流，精品业态凝聚消费”为目标，加速品牌引进与替换。通过引进人气品牌，提升地中海客流，减轻市场分流的影响。引入市场反响良好的百货精品业态，尝试将该业态品牌向二三楼引进，带动客流向上，促进客流均衡分布。

在营销推广活动模式、推广内容等方面做了大量的创新和探索，并在消费者互动、商户互动、线上线下互动以及活动创收等方面实现新的突破。2015 年开元地中海商业广场正式迈出全委商业项目拓展的步伐，实现开元商业的品牌输出管理。首个外接咨询顾问项目洞泾同乐广场顺利实现开业。首个集商业委托管理和房源销售为一体的恒都广场项目顺利签约，前期招商工作已开始启动。2016 年调整和建设重点，开元地中海商业广场将进一步总结经验，主动出击，积极应对各种挑战，继续深耕松江新城社区商业，维护品牌平稳过渡与调整，加速推进智慧商圈建设，推动各项工作的有序开展，努力实现"强品牌、抢客源、拼服务、促增长"的工作目标。

要进一步优化各商业项目的业态组合，提升品牌形象，努力提升项目的品牌竞争优势。加快品牌与业态调整步伐，加强竞争对手的市场调研，强化市场分析与预判，认真做好空铺区域及撤场商户的后续招商工作。

(3) 中长期规划和发展目标。积极推动商业项目现场管理的制度化、规范化、流程化建设，努力提升现场管理水平。通过提升服务品质，改进服务水平，努力为消费者提供舒适、安全、便捷的消费环境和氛围。要进一步推进主题百货销售，丰富营销推广思路，推陈出新。借助飞凡网平台，努力扩充和稳固会员队伍，提升会员消费空间。同时，加强连锁加盟品牌的宣传、推广与运营工作，认真总结连锁品牌管理经验，梳理形成连锁管理流程与制度，为后期商业经营的连锁拓展和运营积累经验。

第十五节　青　浦　区

(一) 2015 年青浦区服务业、商业发展基本数据

2015 年青浦区服务业、商业发展基本数据见表 14.15。

表 14.15　2015 年青浦区服务业、商业发展基本数据

指　标　名　称	2015 年	比 2014 年增长/%
生产总值/亿元	878.2	6.1
# 第三产业增加值/亿元	426.2	13.5
# 商业增加值/亿元	152.6	10.1
商品销售总额/亿元	1 165.5	9.1
社会消费品零售总额/亿元	489.7	10.2
地方税收总额/亿元	337.4	14.3
年末户籍人口数/万人	47.2	0.6
年末常住人口数/万人	120.9	0.1

（二）2015年青浦区服务业发展特点和运行分析

2015年是完成“十二五”规划的收官之年，是全面深化改革的关键之年，面对严峻复杂的外部环境和自身转型发展的双重压力，全区继续推动创新驱动发展、经济转型升级。经济运行平稳健康，结构调整持续优化，服务业继续保持较快发展。

1. 现代服务业稳步发展

2015年，全年实现地区生产总值878.2亿元，比2014年增长6.1%。其中，第三产业增加值426.2亿元，增长13.5%。高于全区增加值增幅7.4个百分点，占全区增加值比重48.5%，对全区经济增长贡献率为99.8%。三次产业占比已经达到1.0∶50.5∶48.5，与2014年相比，第三产业上升3.1个百分点。全区商业增加值完成152.6亿元，同比增长10.1%，占全区生产总值和第三产业增加值比重分别为17.4%、35.8%，对全区生产总值和第三产业增加值增长的贡献率分别为27.6%、27.7%，其中：批发和零售业继续保持第三产业行业增加值规模第一，实现增加值132.5亿元，同比增长9.2%；住宿和餐饮业增加值完成20.1亿元，同比增长16.7%。

2. 商贸业投资达成预期

全区完成商贸业投资66.3亿元（算上综合体项目中的商贸业部分），同比下降23.5%，完成确保目标的110.5%。22个纯商贸业项目完成投资33.5亿元，下降61.4%，其中亿元以上项目4个，投资额20.9亿元。中国博览会综合会展项目全年完成投资额17.4亿元。商贸业投资规模总体符合预期，其同比去年下降超2成，主要是受到去年国家会展中心的大力建设造成基数较高的影响。

3. 社会消费品零售维持两位数增长

2015年，全区共实现社会消费品零售（以下简称“社零”）总额489.7亿元，同比增长10.2%，超出全年目标（10%）0.2个百分点。实现商品销售总额1 165.5亿元，同比增长9.1%，高于全市增速（6.4%）2.7个百分点，其中限额以上企业完成268.2亿元，同比增长11.2%。总体来看，全区社会消费保持旺盛，呈现较好的增长态势，但近年来社零增速呈现逐渐放缓的态势，表明在经历了多年的高增长后，社零将步入平稳增长的阶段。赵巷商业商务区和青浦新城商业商务区两大重点商圈表现稳健，其集聚效应日益明显，是青浦区商贸业的核心增长点。其中，赵巷商业商务集聚区全年实现销售52亿元，同比增长5.6%，占全区社零总额的10.6%；青浦新城商业商务区实现销售25.3亿元，同比增长17%。

4. 零售业销售升降互见

零售业态发展情况据监测，2015年百货店、超市、专业专卖店、购物中心、住宿餐饮等业态销售升降互见。①主要宾馆饭店营业收入平稳增长。1～12 月共实现营业收入 4.6 亿元，同比增长 7%，共接待 71 万人次，同比增长 11.5%，客房率 50.3%，同比增长 6.2%，会展拉动消费增长效应逐步显现。②专业专卖业态销售升降互见。青浦区 23 家汽车销售有限公司共实现零售额 31 亿元，增长 13.7%。家电企业积极开展各类营销活动，苏宁电器、永乐家电、国美电器等企业共实现销售额 5.4 亿元，同比微跌 1.9%。吉盛伟邦、百安居、意邦等家居建材专卖店共实现销售额 7.7 亿元，由于意邦国际建材品牌中心因经营调整，销售额下跌 35%，使得建材专卖店整体销售额同比下降 13.5%。③购物中心人气旺盛消费红火。吾悦广场综合购物、休闲、娱乐、餐饮等一站式消费，吸引了众多市民游客，全年共实现销售额 5.5 亿元。④百货、超市销售额持续下滑。东方商厦、成泰百货共实现销售额 5 亿元，同比下降近 1 成。农工商、世纪联华、家乐福徐泾店、家乐福公园路店、联华超市、麦德龙等超市共实现销售额 9 亿元，同比下降 12.8%。

5. 优势服务业加强积聚

会展服务、快递物流、北斗导航搭建的产业平台进一步发挥积聚作用。会展服务，2015 年国家会展中心举办了包括上海车展、工博会等在内的 37 场展览，总展出面积近 400 万平方米，总人流量达到 412 万人次，带来的大客流带动限额以上住宿和餐饮业中客房收入实现 2.2 亿元。自 2014 年 10 月启用以来，10 万平方米以上超大型展会比例达 82%，为上海带来展览增量 200 余万平方米。快递物流，截至 2015 年底集聚快递业务经营许可企业 88 家，规模以上交通运输企业 35 家，全国和区域快递总部 13 家，青浦区快递服务企业业务量累计完成 3.69 亿件，同比增长 22.9%；业务收入累计完成 278.02 亿元，同比增长 29.2%，占全市 61.07%，占全国 10.04%，已超越全国第二位的深圳，在全国快递产业版图中占据了重要的位置，总部集聚效应不断体现。北斗导航，“中国北斗产业技术创新西虹桥基地”呈现出良好的发展势头，品牌效应持续提升，2015 年基地企业数量从 2014 年底的 35 家增加到目前的 72 家，基地实现产值约 3.7 亿元，实现税收约 2 710 万元。

6. 创新型产业不断显现

创新金融、跨境电商、北斗导航与位置服务等创新型业态不断涌现。创新金融建设积极推进，2014 年初青浦区成为上海市第二批获得商业保理试点资格的区县，目前共设立保理企业 3 家，为中小企业提供融资 1.785 亿元；截至 2015 年 11 月 27 日，青浦区累计吸引基金管理机构 228 家，管理基金 318 只，管理规模 488.71 亿元。管理基金规模稳居市郊第一，全市第六。跨境电商发展迅速，青浦出口加工区获批开展跨境电子商务网购保税进口业务试点，引进跨境电子商务平台和贸易企业。以北斗西虹桥基地为主体的卫星导航与位置服务产业纳入上海市43个“四新经济”抓手型产业之一，已成为青浦区产业创新领域的新亮点。

（三）2015年青浦区服务业发展重心和工作措施

2015年坚持“创新驱动、转型发展”的工作要求，在全力推进生产性服务业和生活型服务业工作的基础上，重点搭建会展和快递两大平台，保持第三产业经济平稳快速发展。

1. 提前布局开展多项规划课题

全年完成5个规划的结题工作，加紧开展2个新规划的编制，基本完成2个新政策的制定，并着手1个新课题研究。完成淀山湖地区相关3个规划结题和后续工作，编印《淀山湖地区服务业发展规划》《淀山湖地区康体疗养产业发展专项研究》和《淀山湖地区商务会务发展专项研究》。完成195转型规划和商业网点布局规划（2015—2020年）结题工作。率先开展会展和快递“十三五”专项规划的编制工作，等待进一步与市级会展规划对接。为鼓励青浦区产业集聚，加快发展服务业，修订《青浦区加快发展现代服务业实施细则》，发布《关于进一步促进产业集聚发展，推动青浦区特色产业园区建设的实施意见》。同时着手开始对大型居住社区商业业态的课题研究。

2. 加速推进会展业健康发展

根据1月召开的推动会展业发展动员大会暨会展业领导小组扩大会议精神和《关于加快会展业发展的实施意见》重点做好如下几项工作：一是发挥产业领导小组作用。成立青浦区会展业发展领导小组，在会展产业发展中发挥统筹、协调、指导、督促等职能。二是完善产业指导文件体系。出台《青浦区关于加快会展业发展的实施意见》，并根据《会展实施意见》文件精神，编制《会展业发展“十三五”规划》和《会展业三年行动计划》。在《青浦区加快发展现代服务业实施细则》修订中丰富了会展服务扶持条款，增加了会展专项资金占比。三是引导会展产业园区。指导建立核心区内以国家会展中心为代表的特色产业园区，鼓励各街镇根据不同区域特色和产业定位，打造“1+X”会展特色产业园。四是加强市区条线联动。一方面与市会展行业协会、市会展业促进中心、长三角城市会展联盟等商协会和研究机构加强联系，另一方面与市级单位和会展先进区县的相关政府部门密切沟通，积极交流学习文件精神，掌握最新动态信息，提升会展业监管和服务水平。

3. 有效推动快递业转型发展

为加快青浦区“全国快递转型发展示范区”建设步伐，制定《推动青浦区快递行业转型发展示范区建设创建任务责任分工》和《青浦区快递行业转型发展2015年重点工作任务分解表》等文件，根据时间节点，有效推进各项重点工作有序进行。一是进一步完善组织架构。成立"青浦区快递业发展协调领导小组"，发布《推动青浦区快递行业转型发展示范区建设创建任务责任分工》《青浦区快递业发展协调小组工作规则》和《青浦区快递行业转型发展2015年重点工作任务分解表》，从组织领导、工作规则、重点工作、方法步骤上明确了"全国快递行业转型发展示范区"建设工作，确保示范区建设能够有效整合资源、集中力量扎实推进。二是扩大提升宣传影响。与上海邮政管理局共同协调组织2015中国快递论坛在我区举办，充分肯定了青浦区快递行业转型成就，更提供了一次全方位展示我区经济社会发展成果的良好机会。三是推进制订产业规划。开展青浦区快递物流产业"十三五"规划编制工作，通过分析研究我区发展快递物流业发展所面临的机遇和挑战、优势和劣势。四是加强政策扶持引导。自去年顺衡物流纳入上海现代服务业综合试点项目后，韵达货运2015年也成功获批，并经商务部、财政部备案。积极推荐圆通、申通、中通等公司申报上海物流标准化试点项目、上海市服务业发展引导资金项目等各级项目，并在区级层面予以各项政策引导，极大地提升了企业改造提升和经营建设的积极性。五是推进产业项目建设。圆通、中通、顺丰等快递企业的新增用地建设项目均被纳入区绿色通道，并进入高速建设期。

4. 围绕社零目标刺激扩大消费

为确保完成社零目标，多项工作举措刺激消费：一是研究部署2015年度区商务领域扩大消费工作。发动各镇、街道，行业协会、商业企业力量，部署全年青浦区商务领域扩大消费工作目标、任务和要求。二是推进消费总动员活动，开展2015年消费促进月青浦区系列活动。以加强会商旅文体联动、提升消费体验为重点，积极动员区内重点商圈、商业企业，围绕商业新模式、新业态开展特色鲜明、体验丰富的主题营销活动，共精心组织落实了28项主题营销活动参与2015年全国(上海)消费促进月活动。三是以节兴市，做好"环秀淀山湖　乐享青生活"为主题的购物节工作。按照"安全、有序、精彩、欢乐"的活动宗旨，和区旅游节两节合一为"2015年上海淀山湖旅游购物节"，实现资源功能集聚互补，进一步提升旅游购物节的整体品牌效应。据统计，购物节期间，共吸引了区内近30家商业企业近2 000个门店广泛参与，共实现销售14.1亿元，同比增长12%，客流总量达350万人次。经消费者和专家的联合评审，青浦区"2015年上海淀山湖旅游购物节"系列活动从全市400多项活动中脱颖而出，荣获上海市购物节"十佳活动"优胜奖。四是宣传实施境外游客购物离境退税政策，打造消费新热点。赵巷百联奥特莱斯和米格天地双双获选上海市首批离境退税试点商店。自7月1日上海市离境退税工作正式启动以来，截至12月底，这两家企业完成离境退税共计1 008笔，销售金额466万元，其中，奥特莱斯离境退税销售额在全市首批27家离境退税试点商店中位列第一。

5. 加强“会商旅文体”各条线联动

与区农委、区旅游、区文广局、区体育和相关街镇共同联动，推进“会商旅文体”联动促进消费工作，进一步思考、设计“会商旅文体”联动促进消费项目。一是积极推动会展业与旅游业的融合发展，着力推进各项旅游功能设施配套建设，不断提升青浦旅游整体竞争力。积极推进国展中心至淀山湖区域旅游公共交通专线开通，采用新能源车串联起青浦主要旅游景点，为会展游客到青西旅游提供便捷服务；推进会展服务信息化配套，借助新媒体营销渠道，通过微博、微信、电子护照、二维码等方式，发布青浦旅游当季特色旅游活动和产品，打造青浦会展旅游智能化服务宣传平台；策划编写会展旅游宣传资料，围绕“会聚青浦”的主题，从“会吃、会住、会行、会玩、会买、会乐”等方面简单明了地诠释青浦旅游要素，为会展人员提供服务。二是做好各项评先选优活动工作。组织推荐赵巷商业商务区、朱家角北大街、尚都里参加2015上海特色商业街评选，最终全部入选；推荐区内25项“会商旅文体”项目申报上海市“会商旅文体”示范项目评选，其中，练塘茭白节获评首批“上海市‘会商旅文体’联动示范项目”；组织上海元祖梦果子股份有限公司、上海自在源农业发展有限公司参加2015上海优选伴手礼等活动。三是积极整合区内各类资源。做好市商务委《上海消费总动员》宣传折页信息搜集、报送工作，宣传推介青浦区各类消费营销活动，推荐报送25项“会商旅文体”联动示范项目加强宣传，提升展会、赛事、节庆活动对周边商业的辐射作用。

6. 平稳开展生产性服务业工作

持续跟踪服务E通世界和移动智地两大园区的生产性服务业功能区创建工作，于2015年3月成功获批并于3月19日举行挂牌仪式。下半年指导上海嘉壹企业发展有限公司和上海博览会有限责任公司申报市级生产性服务业功能区，并对园区进行现场查看，召开前期评审会等。同时，继续督促帮助上海淀山湖生产性服务业功能区和上海华新生产性服务业功能区进行2015年复审材料准备工作，对材料进行审核并递交市经济和信息化委生产性服务业处。做好生产性服务业企业数据统计上报工作，新增3家样本企业，目前有全区共有19家企业纳入统计。定期召开相关统计培训工作会议，按期对青浦区生产性服务业样本企业进行相关数据统计催报工作。

7. 合理部署生活性服务业工作

研究学习《上海市人民政府关于促进本市生活性服务业发展的若干意见》(沪府发〔2014〕59号)文件精神。根据市商务委要求对青浦区生活性服务业相关的商贸、快递物流和健康养老资源进行梳理,着手对重点行业展开初步研究。作为生活性服务业工作重点之一,进一步规范家政行业管理,根据《2015年"来沪家政从业人员"灵活就业证明工作实施方案》开展建设青浦区灵活就业证明窗口、细化青浦区家政人员办理工作方案、建立区域灵活就业证明办理工作机制、审核认定青浦区家政备案企业等工作。积极对接区发改委、区人口办、区人保局牵头的人口调控工作平台,建立区级联动机制,跨部门合作沟通,从源头上配合人口调控工作。

(四)2016年青浦区服务业发展工作重点

1. 高瞻远瞩加快规划课题研究

加速推进第二产业和第三产业、产业和城市融合发展,满足在城市空间拓展、城市形态建设、城市品质提升、城市功能完善等方面的新要求。完成我区服务业"十三五"规划;加快编制淀山湖地区产业发展规划;抓好大型居住社区商业业态研究;加快开展会展拉动效应新课题研究;完成青浦区"全国快递行业转型发展示范区"建设评估项目。

2. 创新升级培育消费新增长点

支持商业企业转型升级。鼓励商贸企业发展电子商务、实行网络营销及探索新型交易模式。会同区科信委推动商圈智能化,在重点地区开展智慧商圈试点创建工作。打造节庆品牌,大力促进消费。制订全区扩大消费指导性文件,培育、扶持、发展全区各类重大商贸节庆活动,做深做精购物节等节庆消费,拓展网络消费,督促引导商贸企业搞活市场。加强"会商旅文体"联动。探索相关载体建设,搭建联动示范平台,开发联动示范活动项目。推动电子商务发展。以《青浦区关于加快推进电子商务发展的实施意见》颁布为契机,推到全区电子商务融合发展。开展区级电子商务示范企业、示范园区、示范平台创建工作。

3. 继续深入快递产业转型发展

落实快递产业规划,推动产业转型升级,与上海邮政管理局深化合作,扶持一批有远大发展目标和优质服务产品,能够引领行业大势的领军型企业,提高核心竞争力,优化产业结构,壮大和提升产业能级。具体包括:进一步发挥"青浦区快递业发展协调领导小组"在区级层面的工作协调、问题化解和信息交流的联席会议机制作用;完善区级层面应急行动联动机制,明确责任分工;切实落实《青浦区现代服务业专项资金》《青浦区关于促进快递业健康发展的若干意见》等相关扶持政策，加强对快递企业科技投入扶持力度；提升总部能级，吸引有实力的快递企业在青浦区设立全球总部、全国总部或地区总部；关注和支持快递企业实施“蜂网计划”等工作；加强宣传示范，全面提升青浦快递产业信誉度和整体社会形象，加强产业与媒体间互动，搭建快递产业展示平台，扩大快递产业的影响力。

4. 强化推动会展产业联动发展

会展业将成为解决经济转型发展的新动力新引擎之一，“积极鼓励新产业、新业态、新技术和新模式加快发展，培育壮大新的经济增长点”。重点包括以下几方面：履行青浦区会展运营保障领导小组展览事务组工作责任，全力做好会展保障工作；完善产业领导小组在产业引导及统筹协调方面的作用，营造良好的会展业发展环境；加强对展会事前、事中和事后管理；加强对会展服务政策条款的宣贯工作，尽快在全区内展开实施；加快建设会展产业特色园区，推动相关产业集聚发展；促进“会商旅文体农”联动发展，配合做好旅游、商贸类等活动对接。

5. 生产和生活性服务业两手抓

按照市经济和信息化委文件精神合理布局生产性服务业，指导园区申报工作，同时做好生产性服务业统计样本企业的相关调整工作以及统计培训工作。另一方面，加深对生活型服务业行业研究，重点挖掘四大产业链，创新发展商贸业、提升“会商旅文”联动、融合发展快递和电商、推动健康养老示范项目，逐步提升青浦区生活型服务业发展水平，加快培育一批标准化、品牌化、规模化的服务型龙头企业。

6. 聚焦民生提升行业监管水平

以保障市场运行和消费安全为前提，做好行业监督管理工作。加强市场营销安全宣传和管理，强化安全经营责任制，排除安全隐患，督促商贸企业规范经营。以文明城区创建为契机，做好商贸行业文明提升工作。加强督查、抓好问题整改，宣传优秀管理案例，探索建立长效管理机制。以商业节能考核为入口，做好商业节能工作，加强政策宣传，引导商贸企业争创环保节能示范单位。以助推商业经济发展研判为目标，做好节日市场监测工作。加强监测企业统计队伍培训、确保样本监测企业数量合理、稳定，业态齐全，加强节日市场分析。

（五）青浦区主要功能区介绍

赵巷商业商务区

1. 基本概况

赵巷商业商务区位于青浦区赵巷镇东部，区位位置优越。距上海城市中心人民广场 25 公里，距上海虹桥机场仅 10 公里，区域内设有轨交 17 号线嘉松中路站点（在建中）。

商业商务区于 2003 年 11 月正式启动开发建设，规划区总用地面积为 334.4 公顷。

区域将充分发挥赵巷区位、交通、产业、生态等综合优势，以发展现代服务业为核心，完善现代商贸、专业会展、总部经济、文化娱乐、休闲旅游等主体功能，体现商业、商务、旅游的融合联动，集中集聚建设高品质、现代化的购物中心、商务楼宇、星级酒店和大型综合商贸设施，形成空间布局合理、功能配套完善、交通组织科学、建筑形态新颖、生态环境协调，充分体现以人为本，具有较强服务产业集群功能的区域。

2. 发展概述

近年来，赵巷商业商务区成功吸引了一大批长三角地区高端消费者，已成为"休闲、旅游、购物"的知名品牌，先发效应凸显，区域商业价值不断提升。目前赵巷商业商务区已有落户项目 5 个，其中已开业运营项目 3 个，商业运营总量约 70 万平方米，近千个商铺。

2014 年，赵巷商业商务区共实现销售额 88.72 亿元（包含注册型企业），同比增长 93.71%；上缴税收 2.18 亿元，同比增长 33.36%。

2015 年，赵巷商业商务区共完成销售额 134.27 亿元，同比增长 51.34%；上缴税金 2.91 亿元，同比增长 33.41%。其中区域外完成销售 90.44 亿元，同比增长83.75%；上缴税金 7 238.77 万元，同比增长 63.32%。

(1) 奥特莱斯品牌直销广场。奥特莱斯品牌直销广场由百联集团投资运作，地块面积 11.5 公顷，建筑面积 11 万平方米，目前入驻商铺数 385 家，品牌总数为 604 个。广场自 2006 年 4 月 28 日营业以来，先后获得了"上海商业创新奖""上海商业优质服务先进集体""中国长三角最具影响力购物中心"等多项荣誉证书。2014 年已超过北京燕莎奥莱，位居全国奥莱销售榜首。

2015 年，奥特莱斯共完成销售额 29.28 亿元，同比增长 7.54%；上缴税金 1.64 亿元，同比增长 30.57%。

(2) 吉盛伟邦国际家具村。吉盛伟邦国际家具村作为吉盛伟邦集团总部所在地，由吉盛伟邦和绿地集团共同投资建成。地块面积 26.7 公顷，建筑面积 45 万平方米。一期总面积 20 万平方米，于 2007 年 9 月开业，二期 25 万平方米，于 2011 年 5 月开业。目前已拥有 580 家品牌旗舰店，13 大家居主题馆，涵盖了家具、家饰、灯饰等"全程体验一站式"的购物体验中心。

2015 年，吉盛伟邦共完成销售额 6.76 亿元，同比增长 2.92%；上缴税金 3 233.44

万,同比增长 12.11%。

(3) 珠江国际中心。珠江国际中心由广东珠江集团投资建成,地块面积 18.9 公顷,预计总建筑面积 60 万平方米。珠江创展集商业、商务办公、酒店、会展、商贸于一体,由西区的大型商业旗舰米格天地及中区悦公馆、国际知名凯悦酒店和东区时尚产业展示中心组成。其中,米格天地于 2013 年 1 月正式营业,项目定位为集购物娱乐、餐饮休闲、旅游观光于一体的折扣主题时尚生活中心,配套餐饮和娱乐设施,以开放式的购物中心为主题设计风格,目前入驻商铺总数为 188 个;9 屏巨幕影院和 DIG 上海外高桥进口商品直销中心也已相继开业。

2015 年,珠江创展共完成销售额 7.79 亿元,同比增长 36.44%;上缴税金 2 008.58 万,同比增长 9.46%。

(4) 元祖梦世界。元祖梦世界由元祖投资有限公司开发建设,地块面积 4.3 公顷,建筑面积 15 万平方米。该项目由著名建筑设计大师安藤忠雄设计规划,项目定位为亲子体验及家庭生活,以长三角新生代家庭为主要目标客户群。目前已基本完成施工手续报批程序,计划春节后正式动工建设,预计 2018 年竣工。

(5) 熊猫豪车会。豪车会由上海熊猫机械集团有限公司开发建设,地块面积 2.9 公顷,建筑面积为 9.2 万平方米。主要集豪车销售、保养、美容项目为一体,是一个定位独特的汽车集中展示与销售为主题的广场、企业总部大楼及商务办公楼项目。目前该项目已启动建设,并且施工进展顺利,预计 2017 年竣工。

3. 发展重点

一是大力推进主导产业引进。赵巷商业商务区将重点引进和集聚与新兴制造业发展、传统产业升级、信息技术产业应用相关的,科技含量高、成长性好、附加值高、在行业中具有国际国内影响力的企业地区总部、运营结算中心、营销贸易中心、研发设计中心落户园区。

二是重点聚焦优质企业招商。赵巷商业商务区将依托品牌优势,“先规划,后建设”,实现产业规划与形态规划有机结合,实现产业、功能、形态“三合一”的产城融合、产域融合、产商融合,通过空间载体的建设和运营,着力引进关联性大,带动性强的大企业、大集团,引导世界 500 强及全球知名行业龙头企业进驻。

三是致力于提升区域服务品质。赵巷商业商务区将始终加强与周边区域的协同联动,强化对周边区域经济发展的辐射带动作用,推进商区的可持续发展。从完善功能、集聚人气和营造氛围出发,以入驻企业的共性需求为导向,商区继续完善和提升服务品质,不断优化配置商务、商业、文化、休闲、餐饮、酒店、娱乐、居住等功能,推动配套设施完善,提升综合服务功能。

第十六节 奉 贤 区

（一）2015 年奉贤区服务业、商业发展基本数据

2015 年奉贤区服务业、商业发展基本数据见表 14.16。

表 14.16 2015 年奉贤区服务业、商业发展基本数据

指 标 名 称	2015 年	比 2014 年增长/%
生产总值/亿元	685.8	5.1
# 第三产业增加值/亿元	282.7	9.8
# 商业增加值/亿元	87.0	7.4
商品销售总额/亿元	1 368.2	10.1
社会消费品零售总额/亿元	445.7	12.0
地方税收总额/亿元	247.7	10.0
# 第三产业税收/亿元	107.0	13.0
# 商业税收/亿元	36.3	13.1
年末户籍人口数/万人	52.85	0.3
年末常住人口数/万人	115.99	−0.7

（二）2015 年奉贤区服务业、商业发展特点及运行分析

1. 总体运行分析

商业规模提升但增速有所下降。商业增加值（包含批发零售业、住宿餐饮业）共计 87 亿元，比 2014 年增长 7.4%，增速与 2014 年（11.4%）相比减少了 4 个百分点；增速高于全区增加值增速（5.1%）2.3 个百分点、低于第三产业增加值增速（9.8%）2.4 个百分点。

“三驾马车”中，消费规模及增速均保持第一。在拉动经济增长的三驾马车“消费、投资、出口”中，消费依旧占据了规模及增速的第一名，消费增速分别超过投资和出口 11.6 个、20.5 个百分点。

商业税收大幅提升、增速放缓。商业税收共计 36.3 亿元，比 2014 年增长 13.1%，增速与 2014 年（15.7%）相比下降了 2.6 个百分点；商业税收占全区和第三产业的比重达到了 14.7%、33.9%。

2. 主要业态发展特点

购物中心百货类稳步增长：百联南桥购物中心2015年销售共计18.4亿，同比增长9.14%，与2014年同期15.91%的同比增幅相比，下降了6.77个百分点。线上及线下活动相结合已经成为百联2015年营销活动的主要方向，在传统百货业不断受到冲击的当下，力助百联南桥维持稳定增长，依托其商户种类齐全，营销活动多样的优势，百联南桥始终是奉贤最具代表性、人气最旺的休闲娱乐购物场所；但是由于最近南桥商业百货密集开业，前有浦商百货重装上阵，后有宝龙广场和苏宁广场两大由知名地产商打造的商业综合体先后运营，导致购物中心百货类分流明显。

浦商百货在原有金叶商厦的基础上进行升级改造，成为一家集主力百货、餐饮娱乐、酒店旋转餐厅等业态于一体的综合型商场，自开业以来一直深受老百姓喜爱，也在一定程度上填补了南桥老城区的商业空白。年末新开业的两家购物中心宝龙广场和苏宁广场运营稳定，宝龙广场自开业以来，各方面经营有序推进，在现有开业基础上，整个12月总计营业额2 701.4万元。宝龙广场的开业既丰富了奉贤百姓特别是奉浦地区老百姓的日常生活，也给奉贤区的百货市场增添了新的活力，百花齐放的局面给整个奉贤消费市场注入了热情。

在新兴商业综合体不断涌现的背景下，原有的老牌商业也交出了一份漂亮的答卷。"连城1号"和"新都汇"这两个社区商业综合体2015年度表现良好，销售额分别达到了1.4亿元和1.16亿元，为周边地区消费市场带来了新的增长点。

卖场超市类小幅下跌：卖场超市类累计销售11.04亿，同比减少6.09%。几家大型超市的销售额都出现了不同程度的下挫。主要原因：一是受到电子商务的冲击，更多的市民选择足不出户，在网上选购商品，比如百货业，包括家电、运动、服饰等商品受影响较大。二是受宏观环境影响，卖场超市单位大宗团购明显减少，超市销售趋于平淡。2015全年总体而言小幅下跌，但基本保持平稳。

专业专卖店类整体增长：专业专卖店类累计同比增长6.67%。

家装市场业绩火爆：2015年度家饰佳为迎合周边陆续交房的楼盘，开展了丰富多彩的营销活动，进行了大力宣传并投入了大量资金，活动效果十分明显，带动年度销售提升118%。

汽车市场持续火热：2015年区内的汽车市场持续火热。奉杰和九源这两家汽车销售公司销量额共计4.15亿元，同比增长达21%。

黄金市场稳中有升：黄金市场随着金价的波动和商场偶尔的促销活动，销量出现起伏，但2015年黄金市场整体表现稳中有升，更多的投资者与消费者并未因金价的波动而减少。

家电市场基本平稳:尽管持续受到电子商务的强大冲击,但各家门店各显神通,巧妙利用几大节日组织丰富多彩的营销活动。据统计,区内的苏宁和永乐两家电器商 2015 年共实现销售额 5.63 亿元,同比微跌 4.6%,家电市场基本保持平稳。

宾馆餐饮类止跌回升:全年累计营收 4.62 亿元,同比增长 3.7%

2015 年度区内宾馆餐饮企业逐渐回暖,高端餐饮变现抢眼,借"金九银十"婚宴黄金期,及年末传统婚宴和年会,除圣淘沙外,悦华、古华山庄和南郊宾馆业绩全线上扬。

网络购物类领衔增长:3 家电子商务企业 2015 年销售额共计 11.4 亿元,同比增长 23.9%。"双十一"依旧是电商企业的舞台。"双十一"当天,水星家纺销量最高,达到 1.58 亿元;志远和泰昌也分别实现了 5 400 万元和 3 800 万元的销售额。说这一天是电商的狂欢盛宴一点也不为过。

农副产品批发类稳定增长:2015 年农副产品批发类同比增长 11.4%。市场供应充沛,蔬菜交易总体量足价稳;肉类、水产类价格和销量总体平稳。

(三) 2015 年奉贤区商业发展趋势和热点分析

1. 初步形成多中心、多层级的社区商业布局

2015 年是近年来奉贤商业格局变化最大的一年。下半年浦商百货(1.05 万平方米)、宝龙城市广场(5.5 万平方米)、苏宁生活广场(4.2 万平方米)先后开业,以往主要依托百联南桥购物中心及两条市级商业街(人民南路服饰一条街、奉浦餐饮一条街)为载体的商业格局被打破,与奉贤城市发展相适应的多中心、多层级、网络化的社区商业网点发展格局正在逐步形成。

2. 加速特色商业街建设

区内再添两条市级特色商业街,"南桥镇人民中路黄金钻石珠宝商业街""南方国际广场美人鱼休闲街"入选 2015 年度上海市商务委 25 个新入选特色商业街区,"奉浦餐饮娱乐休闲街""人民南路服饰街两条市级特色商业街区"通过上海市商务委市级复审。至此区内市级特色商业街达 4 条。

3. 推动"会商旅文体"联动发展

在市商务委的指导下,加快构建"项目共推、客流共享、标准共建、平台互联、主体互动、宣传互通"的联动机制,推动"会商旅文体"联动发展。奉贤星座文化博览会入选 22 个上海市"会商旅文体"联动示范项目之一。

4. 整合商业资源指导全区消费促进活动

发动全区商业资源积极参与购物节活动。购物节期间,奉贤区以"惠生活 · 享时

尚”为主题，九项主题活动贯穿特色奉贤、“商旅文体”联动、电商体验三大板块。主要特色活动有：奉贤首届婚博会、2015奉贤黄桃节、南桥商圈嘉年华活动等，为市民游客奉上一场精彩纷呈的节日盛会。购物节期间，参与主题活动的23家零售商家销售额达到5.4亿元，比同期增长9.1%。

5. 制订《奉贤区服务业“十三五”规划》

在总结“十二五”经验、展望“十三五”发展机遇、广泛听取各专业部门意见的基础上，制订《奉贤区服务业“十三五”规划》。对未来5年服务业发展做出总体安排，即：坚持现代服务业与先进制造业联动发展，生产性服务业与生活性服务业同步发展，做大总量规模，提升能级档次，优化产业结构，努力建设成为上海郊区现代服务业新地标、新城商业中心新载体、专业产业服务新平台，建设成为上海南部中心，杭州湾北岸核心城市。

6. 主编《奉贤区服务业产业地图》

牵头主编《奉贤区服务业产业地图》，旨在打造奉贤服务业发展“产业名片”。《奉贤区服务业产业地图》，分产业布局、产业园区、重点平台和企业、商务楼宇四大板块，全面展示了奉贤服务业发展的最新成果，体现奉贤服务业发展的产业格局，为投资者了解奉贤、关注奉贤、投资奉贤提供重要的参考。全书共包括6幅地图、近70个条目、近百幅图片、约2万余字，它既是对“十二五”服务业发展成果的一次全面的回顾和展示，更体现了奉贤在即将到来的“十三五”期间加快发展服务业的勇气和决心。

7. 重点加强平台经济的研究和推进

2015年11月，孟家港电子商务公司“上海煤炭交易中心”的申请得到了上海市商务委的正式批复，奉贤区初步形成了以上海石油化工交易中心、上海煤炭交易中心为龙头的能源类平台集聚。平台经济的发展得到了来自各个层面的高度重视，区内加强了对平台经济的发展研究，参与市商务委每月大宗商品交易市场分析，在《奉贤区国内贸易流通体制改革发展综合试点方案》中，将平台经济的发展作为奉贤区贸易流通体制改革的突破口，并积极打造奉贤区以能源板块为特色的平台经济。

（四）2016年奉贤区商业发展重点

1. 加大服务业重点园区及重点企业培育力度

继续加强服务业“三个认定”，持续推进区级服务业品牌培育和打造工程，培育一批区级特色鲜明、产业先进、带动性强、贡献大的服务业产业园、龙头企业和重点项目；落实区级服务业扶持政策，保持区级服务业扶持资金逐年增长。

2. 大力推动平台经济的发展

加强对平台经济的统计监测。抓住上海深化内贸体制改革的契机，复制上海石油化工贸易功能区的成功经验，向市商务委积极争取孟家港煤炭交易平台、华族有色金属平台获得市级认可，积极打造我区以能源板块为特色的平台经济；鼓励和推动区内制造业龙头企业向平台型发展，对平台经济贡献进行评估。

3. 加大服务业产业招商力度优化服务业发展环境

整合全区资源，打造全区服务业招商平台；建立工作协调、项目推进和信息共享机制；研究服务业产业招商的方式和方法，加大平台招商、中介招商、活动招商的力度。

（五）奉贤区"十三五"服务业、商业发展规划要点

根据服务业功能区分布的一般规律，结合奉贤区区域总体规划和南桥新城总体规划，整合空间资源和发展要素，奉贤区现代服务业发展重点形成"一核两带 · 三区多园"空间布局体系，重点打造五大产业。

"一核"即南桥新城，依托核心商业商务区建设，大力发展生产性服务业和生活性服务业，提升城市综合服务功能，努力成为长三角城市群的重要节点城市。"两带"即以环城东路为主线的产城融合发展带和以金海路为主线的生产性服务业集聚带。

"三区"即南桥新城片区、东部片区和海湾片区。其中，南桥新城片区以南桥新城为核心，带动南桥镇、庄行镇、青村镇、金汇镇等镇联动发展，形成和完善现代商贸、文化创意、生态居住等功能。东部片区以奉城镇、临港奉贤园区和海港综合经济开发区为重要组成，依托与南桥新城组团形成产业链的垂直分工，完善现代商贸、文化创意等城镇综合服务功能。海湾片区以海湾镇及海湾旅游区为重要组成，强化知识创新、商务会展、滨海休闲等功能，形成具有国际影响的现代化滨海城市。"多园"即依托中小企业总部商务区、生物科技园区、奉浦生产性服务业功能区、上海金融产业服务基地等重点园区产业发展基础，按照特色鲜明，错位发展，优势互补的要求，因地制宜发展以总部经济、研发设计、金融服务、信息服务及专业服务等生产性服务业，进一步完善商贸服务功能。"五大产业"即生产性服务业、平台与电子商务、现代商贸、文创旅游休闲业及金融服务业。

（六）奉贤区主要功能区介绍

南桥中小企业总部商务区

1. 商务区总体概况

商务区规划面积 1.47 平方公里，东至金海路，西至 S4 高速，北至南奉公路，南至 G1501 高速。商务区开发目前正处第三阶段（2015—2018 年）即提升功能、引领示范，成为企业总部落户发展的孵化器和助推器阶段，重点打造总部基地品牌和增强现代服务业实力。目前商务区已经开发面积 162 万平方米，在建面积 38 万平方米，总实际投资

额102亿元，区内从业人员1.8万人，上缴税金13.54亿元，完成营业额93亿元。

2. 商务区开发现状

商务区一期全部完成地块招商任务。①南方国际广场(50万平方米)：3.3万平方米的南方国际大厦，企业进驻率达100%，其中规模企业超过42家。百联南桥购物中心11.59万平方米，自2008年开业以来，成为百联集团业绩增长最快的商厦；8万平方米的南方国际中心已交付使用，大厦招商业态主要集中在金融、商贸和服务业等，目前奉贤四大国有银行支行都已经签订进驻协议。南方国际广场整个项目建成后，年交易额将达50亿元，创税5亿元。②绿地"望海CBD"项目：总建筑面积22.27万平方米，其中地上商业5.71万平方米，办公8.25万平方米。目前，正在推进招商工作。③银河丽湾项目：总建筑面积41.89万平方米，其中商业办公10.64万平方米，一期已完成建设，目前正启动二期项目建设，预计2016年11月进入预售阶段。

商务区二期部分完成招商。①中国中小企业大厦：目前已经进入对中企业大厦项目对外"代为经租"，并且已经有意向中标人，下一步进入全面招商。区行政服务中心已经正式入住，一座体现建筑风格和办事效率的场所应运而生。②卓越世纪中心：总建筑面积28.8万平方米，其中商业2.44万平方米，商务办公8万平方米。目前正在积极推进"卓越E+"平台招商。③中企大厦南部1.87公顷地块已于2013年4月28日成功出让给上海南郊能源开发有限公司建设南郊石油交易平台"南郊能源大厦"，目前已全面启动建设。

商务区三期开发(南港路以南)，2014年已经全面实施动迁，2015年开始招商并挂牌出让。

3. 2015年发展概述

(1) 南桥新城商务区，作为全区35个经济园区之一，承担着招商引资和服务管理的职能，但是它又有别于其他乡镇和开发区。2012年至今，商务区在引进企业的结构和比例方面有所改善。商务区税源主要包括房地产业、建筑业、其他建筑类企业(外建)、服务业及批发零售业，原来房地产和建筑业税收占95%以上，目前只占84%左右，服务业和批发零售业呈上升趋势。2015年，完成各项税收总计8.89亿元。

(2) 其他税收：2015年度南方集团完成税收2.8亿元；区域内其他商业税收0.5亿元；区域内原有企业税收完成1.35亿元。

4. 2016年建设和调整重点

(1) 优化大交通。加快商务区周边"大交通"等重大基础设施建设。从国内外发展总部经济的经验来看，快速便捷、纵横发达的交通体系成为必不可少的条件之一。从南桥新城的交通配置来看，大容量交通尚未形成突破，到市中心还是不大方便，自然对楼宇经济的招商影响较大。要加快轨道交通 5 号线南延伸段、金海路—虹梅南路越江隧道、BRT、城际有轨电车等重大交通基础设施的推进力度，以解决交通瓶颈问题。

(2) 总部抱团入驻。探索“小切块，组团式”招商，推进商务区总部经济发展。加快“小切块”规划方案落地，启动总部招商。目前，新加坡 CPG 已对 10 公顷总部办公用地进行小切块设计，统筹地上地下空间联系。当前，商务区重点对 6.07 公顷土地进行招商，按照方案，6.07 公顷共分成 6 块，总建筑面积 18 万平方米。

(3) 功能性项目进驻。积极开展楼宇招商和总部招商。商务区一直有与中国中小企业协会、国家网联会和长三角地区服务中心的联系，利用好北京与长三角地区的优厚资源。着重加强抓住“营改增”机遇，考虑以“园中园”方式，加强项目招商对接，实现“共同招商，利益共享”。同时，要学习漕河泾科技绿洲、杭州湾产业园区的发展经验，借助漕河泾开发区、临港园区和虹桥开发区的品牌优势，善于“借船出海”。

第十七节 崇 明 县

（一）2015 年崇明县①服务业、商业发展基本数据

2015 年崇明县服务业、商业发展基本数据见表 14.17。

表 14.17 2015 年崇明县服务业、商业发展基本数据

指 标 名 称	2015 年	比 2014 年增长/%
生产总值/亿元	291.2	7.0
# 第三产业增加值/亿元	137.6	14.3
# 商业增加值/亿元	23.2	11.2
商品销售总额/亿元	404.4	5.6
社会消费品零售总额/亿元	97.2	12.1
地方税收总额/亿元	124.4	18.4
# 第三产业税收/亿元	83.3	21.0
# 商业税收/亿元	12.4	7.9
年末户籍人口数/万人	67.2	−0.8
年末常住人口数/万人	69.6	−0.7

① 崇明县已于 2016 年 7 月 22 日正式撤县设区，因统计资料的时间为 2015 年，故本书仍保留原来的名称。

（二）2015年崇明县服务业、商业发展概况

1. 服务业发展概况

2015年是崇明县实施“十二五”规划的收官之年，也是《崇明生态岛建设纲要》新三年阶段性行动计划的最后一年。崇明县服务业工作按照全市加快形成服务经济为主产业结构的要求和现代化生态岛建设的需要，坚持创新驱动发展、经济转型升级，总体保持平稳发展。

(1) 从规模上看，服务业经济规模不断扩大。近年来，随着崇明生态岛建设的加快推进，崇明服务业规模不断扩大。2013、2014、2015年服务业增加值分别达到104.5亿元、120.4亿元和137.6亿元，分别同比增长17.9%、14.8%和14.3%，占经济总量的比重分别为41.4%、44.2%和47.3%。

(2) 从核心产业上看，生态休闲旅游业发展取得较大成效。生态休闲旅游业发展加快推进。东滩湿地公园4A创建工作正在推进，东滩鸟类保护区科普教育基地二期工程建成；森林公园“万千”工程、房车营地建成，东平草堂精品酒店完成土建工程，绿岛漫心度假村启动装潢前期工作；西沙·明珠湖景区基础设施新建工程完成规划报批；依托开心农场建设、举办文化节、自行车绿道和生态景观廊道建设等，旅游与农业、文化、体育等融合发展的势头越来越浓。2015年全县接待游客480.0万人次，与2014年基本持平；实现旅游直接收入9.5亿元，比2014年增长34.9%。

(3) 从发展的趋势上看，新兴服务业加快培育。推进现代化生态岛建设，发展现代服务业是重要抓手。目前，区别于传统服务业，一些新兴的服务业开始萌芽，如信息数据产业、中高端养老产业等。一是上海智慧岛数据产业园建设。富创路、创智路等道路建设正在推进；总部大楼1—4号楼结构封顶，孵化器项目开工建设；园区与张江集团、金桥集团签订战略合作协议，引进上海昂盛智能等企业，招商引资工作着力推进。二是培育发展中高端养老产业。依托“长寿之乡”效应，协调推进上实东滩长者社区一期建设。三是现代商贸业有序推进。重点地区、旅游景区商业配套设施不断完善，长兴横沙渔港试运营；百联崇明商业广场购物中心项目完成主体结构施工。

(4) 从存在的问题看，服务业发展仍需提速。尽管崇明服务业取得了一定发展，但还在很多问题，突出表现为服务业发展缓慢。一是新兴服务业发展仍处于培育阶段，在很多体制机制上仍需要创新，有很多政策需要突破。如文化产业方面，急需打造一批具有时代特征、崇明特色的文化产品和文化基地；健康产业方面，缺乏办医政策优惠，吸引社会资本及市级优质资源到崇明发展高端医疗的力度不足。二是现有服务业缺乏大项目支撑和带动，无法形成产业集聚效应。例如上海智慧岛数据产业

园，还需要市级部门按照生态产业定位，在项目引入上优先布点布局；生态休闲旅游业方面，还缺乏重大旅游项目和国内外知名旅游企业的落户。

2. 商业发展概况

2015 年，在市商务委、县委和县政府的正确领导下，崇明县商业工作按照“更加注重发展、更加注重民生、更加注重管理”的工作要求，紧紧围绕年初人代会所确定的目标和任务，努力维护市场稳定、保障市场供应，不断满足居民日益增强的消费需求。

(1) 商业市场繁荣稳定，销售活跃。2015 年社会消费品零售总额完成 97.24 亿元，同比增长 12.1%。分行业来看，零售业实现零售额 83.74 亿元，同比增长 12.1%，占零售总额的 86.1%；批发、住宿、餐饮行业分别实现零售额 4.36 亿元、3.65 亿元和 5.49 亿元，同比分别增长 11.9%、12.0%和 12.2%。集贸市场持续发展，集市贸易成交额 24.88 亿元，同比增长 13.4%。商业增加值完成 124.38 亿元，同比增长 18.4%，其中：三产税收 83.34 亿元，占全县税收总额的 67.0%，同比增长 21.0%；商业税收 12.42 亿元，占三产税收的 14.9%，同比增长 7.9%。商品销售总额完成 404.36 亿元，同比增长 5.6%。

(2) 传统节日对消费市场影响显著。元旦、春节、五一、国庆四大节假日，是城乡居民消费的集中和高峰时期，各大商家广泛开展节日营销系列活动，满足了广大居民和来崇明游客的消费需求。据对 14 家主要商业企业抽样统计，元旦实现营业额 1 720 万元，同比增长 9.2%；春节实现营业额 3 466 万元，同比增长 16.0%；五一实现营业额 2 038 万元，同比增长 4.0%；国庆实现营业额 3 774 万元，同比增长 3.5%。

（三）2016 年崇明县服务业、商业发展趋势

2016 年是实施县“十三五”规划的开局年，是崇明奠定现代化生态岛初步框架的重要时期。全县要围绕市委、市政府对崇明生态岛建设的部署，既要坚持道路自信，毫不动摇继续推进生态岛建设，又要立足新常态，建立新优势，全力以赴推动经济社会持续健康发展。

1. 积极培育现代服务业

大力发展旅游业，推动旅游与农业、文化、体育、医疗卫生等融合发展，推进 5A 级景区建设，着力打造全域旅游示范区。继续推进西沙 · 明珠湖景区基础设施新建工程。建成生态景观廊道 666.67 公顷。新建自行车绿道 30 公里。加快推进横沙乡兴隆等开心农场建设。积极举办路跑、骑行、水上运动等健身休闲活动。推进上海智慧岛数据产业园建设，完成总部大楼建设，继续推进孵化器建设，深化园区与张江集团、金桥集团的合作共建关系，启动“园中园”项目开发。培育发展养老产业，协调推进上

实东滩长者社区一期建设。

2. 全力推进高效生态农业发展

深入推进国家现代农业示范区建设。继续调优种养业结构，完成市下达的粮食、蔬菜、畜牧、水产等生产供应任务。夯实农业基础建设，继续推进一批设施菜田建设项目。改善农业生产环境，稳定全县稻茬绿肥面积 1.2 万公顷，推行秸秆机械化还田和化肥农药减量化。强化产销一体化，进一步推进物流配送标准化建设，积极与电商平台开展合作。强化农业发展科技支撑，继续推进崇明生态农业科创中心建设。加强农产品质量安全追溯平台建设。

3. 推进商业经济平稳运行

加强招商引资力度，进一步完善招商扶持政策，吸引优质税源，鼓励总部经济、楼宇经济、产业招商和品牌招商等发展模式。完善商业基础设施，推进百联崇明新城及绿地新都会两个商业综合体项目等重点地区及项目建设，了解企业推进过程中的困难和要求，切实帮助服务企业，推动百联项目尽早开业。继续开展全国县级文明城市创建工作，提升服务业、商业发展环境，提高商业窗口服务质量。提升农贸市场建设和管理水平，指导各乡镇推进集贸市场区域规划和专项整治，完成 7 家标准化菜市场实事项目建设。加强单用途商业预付卡管理，规范发卡、售卡、用卡企业经营行为。进一步规范废弃农药包装物、废塑料回收处置。加强酒类安全监管，保障酒类消费安全。加强节日消费品市场运行监测，保障市场供应和消费安全。

（四）崇明县“十三五”服务业、商业发展规划要点

根据《崇明县国民经济和社会发展第十三个五年规划纲要》，“十三五”时期是我国全面建成小康社会的决胜阶段，是上海创新驱动发展、经济转型升级的攻坚期，是崇明奠定现代化生态岛基本框架的重要阶段。崇明“十三五”时期经济社会发展的目标是：到 2020 年，全面完成崇明生态岛建设纲要，生态文明建设取得新突破，奠定现代化生态岛基本框架。深化三岛功能建设，森林花园、生态人居、休闲度假、生态农业、海洋装备、科技研创六大功能协调推进，综合经济实力和发展质量明显提升。统筹城乡发展，形成发展理念、城乡规划、公共资源配置和政府服务一体化格局，打造宜居宜业、和谐幸福的崇明三岛，以更高水平全面小康为标志的城乡居民生活水平获得新提升，让广大人民群众在生态岛建设中有更广泛的参与度、更厚实的获得感，城乡居民收入比 2010 年翻一番以上。《纲要（草案）》围绕经济发展与民生改善、环境保护与生态建设提出了 22 项具体指标。涉及服务业、商业的主要任务如下。

1. 加快具有崇明特色的农业现代化建设

坚持发展高效生态农业，更加注重农业标准化、产业化、组织化、品牌化、科技化发展，重点加强农业经营主体建设，大力提升农业发展水平，建设上海崇明生态农业科技创新中心，把崇明打造成上海优质农副产品的生产和供应基地。深化提升新农村建设成果，进一步建设农村基础设施，整治村庄综合环境，完善公共服务设施配置，积极打造美丽乡村。依法全面深化农村综合改革，不断激发农村内在发展活力。进一步拓宽农民增收渠道。

2. 打造与现代服务业融合发展的大旅游格局

以打造国际生态旅游岛为目标，运用建设 5A 级景区的理念及标准推进全域景区、景观建设，发挥生态休闲旅游业的核心作用，全力推动与农业、体育、文化、健康医疗、会议论坛等领域实现“多旅融合”发展，形成综合性旅游产业体系，不断提升服务业发展能级。优化生态休闲旅游区域布局，分类推进重点旅游功能区发展，培育若干特色旅游空间。强化旅游产业要素建设，进一步优化三岛旅游服务功能。

3. 丰富现代商贸业发展内涵

优化城桥新城、东滩·陈家镇、长兴地区中高端商贸业布局。建设集旅游、购物、演艺、展示、游乐于一体的旅游综合体。开发农产品交易、美食体验主题旅游产品。

（五）崇明县主要功能区介绍

1. 崇明新城商业中心

（1）简介。崇明新城是崇明县城所在地，是崇明的政治、经济、文化中心，位于海岛中西部，规划人口为 20 万。崇明新城包括西部的老城区和东部的新城区两部分，现有商业布局主要集中在由北门路、西门路、东门路和长江围合而成的老城区。目前老城区有商业网点 2 000 多家，营业总面积约 17 万平方米，1 000 平方米以上的商业服务业设施有 30 多家，商业设施比较齐全，交通十分便捷，是全岛商业的中心，岛上最负盛名的八一路步行街和八一商业广场位于该区域的中心地段，是海岛最繁华的消费场所。

业态布局方面，以中小型超市、专业专卖店、传统百货、便利店、小市场等满足本地居民日常生活消费的业态为主，商业用地分布较为集中，商住用地在各类用地中所占比例最大，体现崇明商业与居住关系密切的特点。

（2）2015 年发展概述和 2016 年建设和调整重点。2015 年，崇明新城前期开发工作扎实开展，商贸业正在起步，重点工程建设有序推进。商务中心、文化科技中心二期（县档案馆）、县生态环境监测实验基地建成，百联崇明商业广场、绿地商务办公区等项目继续推进，道路交通、市政管网等基础设施不断完善。

2016 年崇明新城将继续推进地区商贸业起步，有序推进重点工程建设，推动文化科技中心二期（县档案馆）、商务中心建成投用，启动滨江地块拆迁工作，不断完善道路交通、市政管网等基础设施。加快推进百联崇明商业广场、绿地集团 31 号地块和 18 号地块二期，以及亚通广场、电力公司办公楼等社会投资工程，逐步启动新城东区一批景观道路和河道疏拓等基础设施建设。继续推进西部旧城区的改造，完善提升旧城区商业业态布局。

(3) 中长期发展目标、规划方案。崇明新城商业中心定位为崇明三岛区域性商业商务中心，重点建设都市商业商务区，建成多功能、多业态、综合性服务业集聚区。2020 年，基础商业网点总面积将达到 40 万平方米，人均商业建筑面积达到 2.0 平方米。

新城区以新建为主，体现田园水城风貌和中央商务区核心功能，以新城核心区为主要空间载体，沿老效港及其串联的滨水地带布局行政办公、商务金融、会展服务、商业中心、休闲娱乐、文化体育等都市中心功能；老城区以调整提升为主，体现历史老城风貌和商旅文特色，重点改造调整以八一路步行街为核心的“三纵三横”中心商业街区，建设成为集购物、休闲、旅游、观光、娱乐、餐饮为一体的城市商业文化中心，鼓励引进现代商业业态、上海老字号品牌和著名工业品牌，建设崇明特色商街。

2. 陈家镇现代服务业集聚区

(1) 简介。陈家镇现代服务业集聚区位于崇明县东滩·陈家镇内，规划占地面积 845 公顷，根据集聚区产业定位，考虑便于综合管理的原则，在集聚区构建“论坛岛区、综合商务区”两大区域的空间布局。论坛岛区是集聚区的核心区域，用地面积 200 公顷，主要包括论坛岛和中央景观湖。其中“十二五”期间重点推进集聚区国际论坛商务区南部约 210 公顷的上海智慧岛数据产业园区的建设，2011 年 10 月园区已经启动开工。产业功能战略定位为科技研发、创意产业、数字软件、会议会展、商务办公、总部经济、养生养老、休闲度假、生态居住等。在“十二五”期间，致力于将集聚区打造成为东滩·陈家镇现代服务业与生产性服务业的核心产业园，成为现代生态城经济发展的基础与支柱。

(2) 2015 年发展概述和 2016 年建设、调整重点。2015 年陈家镇现代服务业集聚区以上海智慧岛数据产业园开发建设为重点，全面推进配套基础设施和功能性项目的前期开发建设。上海智慧岛数据产业园总部大楼等项目结构封顶，孵化器项目、朱雀河项目开工建设。以高端别墅、五星级酒店会所、休闲体育运动为功能的滨江休闲社区，已初步完成形态建设、功能建设和业态营运。上海崇明体育训练基地、览海华山医疗中心、郊野公园组团等项目前期工作正在展开。2015 年共接洽了近百家企业、事业单位，涉及的行业有养老、医疗、科研、文化、商业旅游、国际教育、主题乐园等门类。

2016 年，陈家镇现代服务业集聚区将继续以上海智慧岛数据产业园建设为重点，全面推进配套基础设施和功能性项目的前期开发建设。初步完成以高端别墅、五星级酒店会所、休闲体育运动为功能的滨江休闲社区的形态建设、功能建设和业态营运，基本建成能源管理中心，继续展开上海崇明体育训练基地、览海华山医疗中心、郊野公园组团等项目工作，继续接洽养老、医疗、科研、文化、商业旅游、国际教育、主题乐园等行业的企事业单位。

(3) 中长期发展目标、规划方案。中期注重集聚产业、重点发展。利用集聚区土地、交通、生态优势，加大招商工作力度，完善招商引资模式，启动标志性项目，重大项目开始入驻，形成一定产业规模，并初步具备集聚效应。努力突破发展优势明显、潜力大、辐射能力强的重点领域和行业，重点发展生态会议会展服务、总部商务和研发基地等产业，重点打造具有影响力的会展服务业态，吸引跨国大公司、国企总部及研发基地落户。

远期注重强化功能、增加效益。集聚区各方面综合平衡发展，强化集聚区的集聚功能、联动功能、辐射功能。以集聚功能壮大产业规模，以联动功能实现与陈家镇其他地区的联动发展，以辐射功能带动陈家镇地区整体功能协调。使得集聚区外部形态更加成熟，配套设施更加完善，生态环境更加优美，形成具有一定实力和影响范围的现代服务业集聚区。

附录 1　2015 年上海服务业大事记

一月

21 日　自贸试验区大宗商品现货市场评审委员会对相关单位提交的自贸试验区大宗商品现货市场建设方案完成了集中评审。宝钢资源有限公司、上海有色网信息科技有限公司、中铁物贸有限公司、上海易通电子商务有限公司、上海钢联电子商务股份有限公司等 8 家自贸试验区大宗商品现货市场建设方案通过评审。

二月

3 日　上海商务会议工作召开，会议总结了 2014 年全市商务工作，并部署 2015 年工作任务。会上，周波副市长强调，一要进一步增加危机感、紧迫感和使命感，大力推进上海国际贸易中心建设。二是聚焦重点，不断创新，做好经济发展新常态下各项商务工作。三要充分运用信息化手段，创新政府治理模式与方法。

9 日　上海自贸区平行进口汽车展示交易中心一期试营业，配套的首家多品牌综合维修服务中心样板店也已试营业。平行进口汽车交易中心二期，预计 2015 年 10 月启动运营。

12 日　徐家汇商圈将启动今年最大规模业态调整，谋划新一轮转型升级。“徐家华商圈空中连廊”一期将于 2015 年落实推进，空中花园平台连廊将串起 T20（西亚宾馆）、美罗城和太平洋数码二期，同时对接现有徐家汇天桥，商圈辐射效应将进一步扩大至徐家汇中心、徐家汇公园和天主教堂，形成可供行人漫步的“空中花园”。

中旬　市规划国土资源管理局发布《上海市城市更新规划实施办法（试行）》，征求意见稿确立六大地标为“城市更新”的首批案例。

三月

5 日 习近平总书记参与了上海代表团审议并作重要讲话。习近平强调在加快推进自由贸易试验区建设时,要大胆闯、大胆试、自主改,尽快形成一批可复制、可推广的新制度,加快在促进投资贸易便利、监管高效便捷、法制环境规范等方面先试出首批管用、有效的成果。要扩大服务业对外开放,引进国际先进经验,提高服务业能级和水平。

15 日 新修订的《上海市消费者权益保护条例》正式施行。针对 2014 年国家曾出台《消费者权益保护法》,提出“七日无理由退货”制度,但实际操作中存在困难问题,新《消保条例》明确了不适用“七日无理由退货”的情况。

23 日 上海市工商局正式对外发布《上海市企业住所登记管理办法》,从多个角度降低企业住所登记要求,简政放权,鼓励大众创业。简政放权主要体现在两个方面:一是省成本、增资源;二是节手续、少时间。

27 日 在上海市商务委员会的支持下,由上海进出口商会、中国外经贸企业协会、中国机电等 92 家单位共同发起的“一带一路贸易商企业联盟”正式成立。该“联盟”将采取开放合作的模式,邀请“一带一路”沿线国家和地区的商(协)会和企业加入,为各国企业搭建经贸交流合作的平台,促进“一带一路”的贸易畅通。

27 日 上海西岸开发(集团)有限公司与艺术品物流服务商瑞士欧亚投资集团,在徐汇滨江签署《上海西岸自由港项目合作意向书》,正式成立国内首个纳入自由港全球服务体系的艺术品保税综合服务平台——上海西岸自由港。该项目意味着徐汇滨江地区的艺术品产业功能布局进入全新发展阶段。

29 日 “创业浦江”行动计划(2015—2020 年)发布。其主要目标是上海 2020 年成为具有全球影响力的创业中心,集聚各类科技创业者超过 20 万人,科技小巨人企业超过 3 000 家,成为我国创业“养分”最充沛的城市。

31 日 市质监局和市商务委共同向电商企业宣贯《电子商务服务平台入驻商户管理规范》和《电子商务服务平台售后服务规范》两项地方标准。《电子商务服务平台入驻商户管理规范》于 2014 年 12 月 1 日起实施,《电子商务服务平台售后服务规范》将于今年出台。

四月

8 日 国务院批准《进一步深化中国(上海)自由贸易试验区改革开放方案》。《深改方案》的实施范围共计 120.72 平方公里,涵盖上海外高桥保税区、上海外高桥保税物流园区、洋山保税港区、上海浦东机场综合保税区 4 个海关特殊监管区域

(28.78平方公里)以及陆家嘴金融片区(34.26平方公里)、金桥开发片区(20.48平方公里)、张江高科技片区(37.2平方公里)。《深改方案》主要包括5个方面共25条任务措施的进一步深化。

10日　沪港经贸合作会议第三次会议在上海举行。市商务委主任尚玉英出席会议,并代表上海市商务委员会与自贸区管委会及香港商务及经济发展局签署《关于加强沪港商务合作的协议》。

13日　上海市政府与腾讯签署战略合作框架协议。根据协议,上海市政府将支持腾讯泛娱乐、微信、QQ、网络媒体(大申网)、众创平台等项目在上海的进一步发展,双方将发挥各自资源优势,共同推动上海"互联网+"产业发展、提升智慧城市服务水平、营造创新创业良好环境,加快上海建设具有全球影响力的科技创新中心步伐,实现创新驱动发展,经济转型升级。

14日　上海市商务委主任尚玉英在市政府新闻发布会上表示,未来上海将推出三大举措落实"一带一路"战略:一是推动商协会构筑"一带一路"沿线的贸易网络。二是积极按照国家要求,推动"一带一路"沿线国家投资贸易标准化。三是集聚一批国际投资贸易服务机构和组织到上海,共同参与建设面向全球的投资贸易平台。

23日　第三届中国(上海)国际技术进出口交易会在上海世博展览馆开幕,主题为"创新驱动发展、保护知识产权、促进技术贸易"。本届上交会首设主宾国机制,邀请"一带一路"沿线国家捷克作为主宾国,致力于打通技术贸易的最后一公里,助力上海全球科技创新中心的建设。

28日　由上海苏宁浦东第一店改造而成的上海首家苏宁易购生活广场正式开业。改造后的苏宁易购生活广场保留了50%的电器品类经营面积,另一半面积则新引入了红孩子实体店、餐饮业态及上海首家苏宁易购超市,业态呈现了多元化,可提供吃、喝、玩、乐一站式生活服务。

五月

20日　全球最大的迪士尼商店上海陆家嘴迪士尼旗舰店正式营业。该旗舰店位于浦东陆家嘴核心区域,占地面积约5 860平方米,包括一个全球独创的5 000平方米大型户外主题广场和860平方米零售区域。主题广场除各式迪士尼主题景观外,还有各种娱乐项目表演,形成集商业、文化、休闲为一体的亲子乐园。陆家嘴迪士尼旗舰店绝大部分商品是迪士尼特意为中国市场设计和生产的限量版商品。

20日　上海外高桥汽车交易市场有限公司与天猫"车海淘"达成平行进口车战略合作协议,共同打造平行进口车O2O售后服务行业标准。今后消费者可在天猫官方旗舰店在线选购平行进口车，线下在上海外高桥汽车交易市场授权经销商处提车，并享受国家三包等售后服务。

26 日 上海市政府发布《关于加快建设具有全球影响力的科技创新中心的意见》，《意见》主要包括四方面内容：一是建立市场导向的创新型体制机制。二是建设创新创业人才高地。三是营造良好的创新创业环境。四是优化重大科技创新布局。

29 日 市商务委和市工商联签署了《市商务委市工商联合作协议》，肯定了民营企业在推进上海市"四个中心"和科技创新中心建设过程中的重要作用。市商务委、市工商联将以本次签约作为双方合作新的开始，围绕深化体制改革、创新驱动发展、扩大对外开放、共享资源等方面完善合作机制，采取定期座谈、联合调研、网络互通、共同举办活动等方式，不断增强双方合作的实效。

30 日 上海市网购商会成立大会隆重举行，市商务委、市民政局和市社团局代表，以及上海区域 60 多家知名的网购企业出席了本次大会。本次大会通过了《上海市网购商会章程》，并选举 21 家企事业单位组成商会第一届理事会。

六月

1 日 "上海出租汽车信息服务平台"正式上线运营，市交通委、四大出租车企业、滴滴打车三方通过该平台，实现信息互通、资源共享。

4 日 市商务委召开上海国内贸易流通体制改革和发展综合试点区（县）通气会。会议通报了上海启动"国内贸易流通体制改革和发展综合试点"的工作背景以及方案内容，包括"建设开放创新的流通发展体系""建立公平透明的市场规则体系""建立高效统一的市场治理体系"等三大领域的 12 项任务及今年 38 项具体改革举措，提出"区域市场一体化""流通创新发展示范区""流通标准化试点""流通领域公共服务平台""公共信用信息服务平台""市场综合监管平台"等六大重点工程建设。

18 日 上海首个跨境电子商务示范园区在松江出口加工区正式揭牌。上海跨境电商示范区建设用地面积有 10 万平方米，各种跨境商品都可以在示范园区开展保税展示及交易。

23 日 上海市工商局发布《支持本市众创空间发展的若干意见》，主要内容包括：一是在全国首创性地允许"众创空间""创客空间""创业孵化器"等字样使用在企业名称中。二是众创空间可以"集中登记"。三是提出探索开展股权众筹融资注册登记试点。

23 日 上海首家海关特殊监管区外保税展示交易试点——上海高岛屋百货"进口商品中心保税展示交易厅"一期于高岛屋百货 7 楼正式亮相。

23 日 零售巨头上海百联股份、北京王府井百货与拥有全球采购网络的香港利丰贸易公司，签署三方合资协议，在上海自贸区组建合资公司。

24 日 黄浦区正式挂牌“上海国际时尚之都示范区”，这是上海市商务委授牌的首个时尚产业示范区。黄浦区将引入互联网“大数据+”时尚服务平台，促进区内时尚产业的精准营销能力。同时聚焦区内商业地产、城市名片以及商业品牌三大部分，定期发布时尚指数，动态、可视、真实、权威地反映产业现状，指导产业升级。

七月

1 日 上海市实施境外旅客购物离境退税政策。上海市具备实施离境退税政策条件的口岸为浦东国际机场、虹桥国际机场；办理离境退税的代理机构为上海浦东发展银行上海分行；符合条件的首批悬挂退税商店标识的退税定点商店共 27 家。

2 日 上海自贸区依托上海市外国投资促进中心在洛杉矶、伦敦、法兰克福、哥德堡和大阪设立 5 个办事处并成立浦东新区商务委在东京的办事处。

6 日 由中国(上海)自由贸易试验区、上海市商务委、上海市金融办等联合设立的上海自贸区内首个现货类国际贸易平台——上海自贸区咖啡交易中心正式揭牌，该交易中心计划在 3 年内打造成亚洲最大的咖啡交易市场。

7 日 上海首个创业街区在陆家嘴金融城新兴金融产业园揭牌，建成后将为创业者提供一站式的创业服务。

20 日 上海市政府正式发布《促进本市跨境电子商务发展的若干意见》。《意见》提出上海市跨境电子商务发展总体目标：着力培育跨境电商完整产业链，形成第三方平台和自营平台同步推进，境内外电商共同参与，进出口并重、多种模式并存、线上线下有序结合的跨境电商发展格局；积极推进跨境电商政策体系和监管体系创新，构建高效、便捷、安全的跨境电商管理模式；到 2020 年，上海市跨境电商交易额占全市进出口总量的比重稳步提高，跨境电商发展水平居全国前列。

22 日 静安区商务委称，静安区曹家渡悦达 889 广场将建成面积达 3 000 平方米的免税商店，价格有望与上海机场免税店持平。

27 日 普陀“互联网+”商务创新实践区将重点推进“互联网+基地”“互联网+服务”“互联网+平台”“互联网+社区”“互联网+跨境”等 5 方面内容。

31 日 上海自贸试验区大宗商品现货市场正式启动运营，第三方清算和第三方仓单公示系统也同步完成上线。自贸试验区大宗商品现货市场具有以下特征：一是率先推“三位一体”框架。二是自贸试验区大宗商品现货市场，具有“国际化”特征。三是从具体设计来看，交易标的为保税实物及以此为标的的仓单、提单等货权凭证。

八月

1 日　上海最大的外高桥进口商品直销中心在浦东唐镇开张。该门店分上下两层,经营面积近 5 000 平方米,门店进口商品采购目录总数达 2 万多种。

6 日　全国最大跨境电商物流平台——上海市跨境电商航空物流综合服务平台暨跨境电商示范园区正式成立。该平台是由东航、上海海关和上海机场出入境检验检疫局、国内知名跨境电商、快递公司组成的共同体,是上海市第一个经海关批准的跨境电商航空物流综合服务平台。

8 日　上海发布《发展众创空间推进大众创新创业的指导意见》,从加快发展众创空间、提供便捷创新创业服务、激励大众创新创业、提升创新创业服务水平、完善创新创业金融支持、加强财税扶持、营造创新创业文化氛围等七个方面,细化了 26 条落实举措。

12 日　上海港城开发(集团)公司与上海陆家嘴集团、新加坡高鸿集团日前签署合作框架协议,三方将在上海临港主城区联袂打造世界最大的综合性室内冰雪旅游度假项目——"冰雪世界"。这是继上海海昌极地海洋世界后,落户临港的又一大体量、综合性旅游项目。

九月

1 日　上海购物节拉开帷幕。该届购物节充分融入现代商业理念和科技元素,将经典和创新、商业和人文有机融合,推出 7 个专题活动季、98 项重点活动。

13 日　虹桥商务区管委会与闵行、长宁、青浦和嘉定区人民政府共同发布《关于推进虹桥商务区发展的实施意见》探索建立共同打造世界水准商务区的联动创新机制。

21 日　海关总署发布消息,上海自贸区与浦东、松江、普陀和徐汇四区合作,打造"海关创新制度复制推广示范区"。各区将在上海自贸区域内选择 4～10 项不等的海关监管创新制度在"海关创新制度复制推广示范区"内进行试验,待经验成熟后,再筛选一批继续在全国海关特殊监管区域内外推广。

21 日　外滩商贸促进会与法国巴黎圣奥诺雷街区管委会签约,合作打造世界级商业街区。黄浦区此次打造世界级商业街区有两种内涵,一方面走国际路线、接轨世界潮流;一方面追溯传统、凸显民族特色。

25 日　上海市政府发布《上海市人民政府关于加快发展体育产业促进体育消费的实施意见》,提出上海体育产业发展总目标:到 2025 年,上海将基本实现全球著名体育城市的建设目标,努力打造世界一流的国际体育赛事之都、国内外重要的体育资源配置中心、充满活力的体育科技创新平台，到2025年，上海体育产业总规模将超过3 000亿元，体育服务业增加值占比超过体育产业增加值的60%；人均体育场地面积达到2.6平方米，经常参加体育锻炼的人数比例达到45%以上。

十月

12日 浦东新区正式发布促进融资租赁行业健康发展的《若干意见》，涵盖四个方面15条内容，提出了一系列支持融资租赁企业在浦东集聚发展的政策措施。

14日 黄浦区正式发布全市首个区域时尚产业创新发展规划。黄浦区将建设时尚品牌消费平台、时尚贸易平台、时尚设计研发平台、时尚综合服务平台、时尚发布平台、时尚大数据研发平台。

23日 上海市商务委、上海国检局联合发布上海地区进口CCC产品贸易便利化举措，并向部分企业颁发"进口CCC产品诚信示范企业"证书。此后，这些企业在上海口岸进口CCC产品时，将享受"一次审批、多次放行，一次确认、三年有效，直通放行、诚信监管"等六项贸易便利化举措，大大缩短滞港时间。

十一月

16日 市商务委负责人表示，上海"十三五"时期国际贸易中心建设目标是：到2020年上海将基本建成具有国际国内两个市场资源配置功能的国际贸易中心；基本形成规则健全、统一开放、竞争有序、畅通高效的现代市场体系等。"十三五"期间上海国际贸易中心建设将推进"六项任务"。

16日 上海市人大常委会第24次会议顺利召开，会议提出上海商业发展建议。一是5年内，上海市将限制超大型和大型商业网点的过度建设。二是启动重点商圈新一轮基础设施改造提升。三是进一步扩大境外旅客购物离境退税布点。

23日 上海召开市政府常务会议，提出"互联网+"行动的实施目标：要以创新、开放和包容的"互联网+"思维改革创新，促进实体经济转型升级，推进政府职能转变和民生改善，营造文化发展繁荣环境，形成以"互联网+"为特色的新型产业发展模式和"大众创业、万众创新"的新型生态环境。

十二月

2日 由上海市商务委等部门共同主办的"一带一路·新贸易·新商机"国际高峰论坛召开。上海市商务委主任尚玉英表示，今后上海将着力做好三项工作。一是建立紧密的经贸合作关系，推动各领域交流合作。二是挖掘贸易增长潜力，打造新的贸易增长点。三是“走出去”与“引进来”相结合，探索投资合作新模式。

3 日 市政府印发《上海市国内贸易流通体制改革发展综合试点方案》从改革和发展两方面提出要求：一是要建立“市场决定、政府有为、社会协同”三位一体的现代流通治理模式；二是要以创新转型为引领，激发市场活力和企业内在动力，加快步入国际消费城市行列，加快建成国际贸易中心，带动形成区域一体化大市场。《方案》还提出了 12 项任务和六大重点工程。

22 日 从市商务委获悉，2015 年前三季度，上海平台经济保持平稳较快增长态势，平台企业交易规模达 12 758.68 亿元，同比增长 14.1%。

28 日 上海市政府办公厅印发《上海市加快促进服务贸易发展行动计划(2016—2018)》提出服务贸易发展目标：到 2018 年，上海服务进出口总额力争达到 2 500 亿美元，规模继续保持全国领先地位，占上海市对外贸易的比重维持在 30%以上。未来三年，服务贸易发展的三大主要任务是推进高附加值服务贸易领域的快速发展，巩固传统服务贸易领域的优势和挖掘新兴服务贸易领域的潜力。

30 日 市商务委联合各单位编制的《上海市服务贸易促进指导目录(2015 年版)》正式发布。修订后的指导目录有以下三大亮点：一是促进目标更为明确，培育重点更为科学。二是拓展认定与扶持的重点领域，优化服务贸易整体结构。三是推动服务贸易示范基地发展。

附录2　2015年服务业主要政策法规一览表

分类	制 定 单 位	政 策 法 规 名 称	发布/实施日期
开放型经济发展	国务院	落实“三互”推进大通关建设改革方案	2015/2/3
	国务院	关于加快发展服务贸易的若干意见	2015/2/14
	国家发改委、外交部、商务部	推动共建丝绸之路经济带和21世纪海上丝绸之路的愿景与行动	2015/3/28
	国务院	加快海关特殊监管区域整合优化方案	2015/9/6
	市政府办公厅	上海市贯彻《国务院关于促进海运业健康发展的若干意见》的实施方案	2015/9/19
	市政府办公厅	上海市鼓励外资研发中心发展的若干意见	2015/10/16
	商务部、海关总署	2016年自动进口许可管理货物目录	2015/12/10
	市政府	上海市加快促进服务贸易发展行动计划(2016—2018)	2015/12/28
	市商务委	上海市服务贸易促进指导目录(2015年版)	2015/12/30
自贸区建设	市商务委、自贸区管委会、上海海关、上海出入境检验检疫局、上海市工商行政管理局	关于在中国(上海)自由贸易试验区开展平行进出口汽车试点的通知	2015/1/7
	市工商局、自贸区管委会	在中国(上海)自由贸易试验区深化推进工商登记前置审批改为后置审批工作实施方案	2015/1/8
	市财政局、市国税局、市地税局	关于完善自贸试验区跨区迁移企业财税分配政策的通知	2015/1/12
	工业和信息化部	关于在中国(上海)自由贸易试验区放开在线数据处理与交易处理业务(经营类电子商务)外资股权比例限制的通告	2015/1/13

续表

分类	制定单位	政策法规名称	发布/实施日期
自贸区建设	自贸区管委会	《中国(上海)自由贸易试验区公共信用信息管理使用办法》《中国(上海)自由贸易试验区信用信息查询服务规程》	2015/1/23
	国务院	关于推广中国(上海)自由贸易试验区可复制改革试点经验的通知	2015/1/29
	中国人民银行上海总部	中国(上海)自由贸易试验区分账核算业务境外融资与跨境资金流动宏观审慎管理实施细则(试行)	2015/2/15
	国务院	进一步深化中国(上海)自由贸易试验区改革开放方案	2015/4/8
	国务院办公厅	自由贸易试验区外商投资国家安全审查试行办法	2014/4/8
	国务院办公厅	自由贸易试验区外商投资准入特别管理措施(负面清单)	2015/4/20
	中国人民银行上海总部	《中国(上海)自由贸易试验区跨境同业存单境内发行人操作指引》《中国(上海)自由贸易试验区跨境同业存单境外发行人操作指引》	2015/9/25
	中国人民银行、商务部、银监会、证监会、保监会、外汇局、市人民政府	进一步推进中国(上海)自由贸易试验区金融开放创新试点加快上海国际金融中心建设方案	2015/10/29
	市人民政府	关于加快推进中国(上海)自由贸易试验区和上海张江国家自主创新示范区联动发展的实施方案	2015/11/24
	国家外汇管理局上海分局	进一步推进中国(上海)自由贸易试验区外汇管理改革试点实施细则	2015/12/16
	国务院	关于加快实施自由贸易区战略的若干意见	2015/12/17
商贸流通	财政部	关于实施境外旅客购物离境退税政策的公告	2015/1/16
	财政部	关于对电池、涂料征收消费税通知	2015/1/27
	商务部	中华人民共和国商品流通法(草案征求意见稿)	2015/3/31
	商务部	无店铺零售业经营管理办法(试行)(征求意见稿)	2015/5/5
	商务部等 10 部门	全国流通节点城市布局规划(2015—2020)	2015/5/25
	国家税务总局	境外旅客购物离境退税管理办法(试行)	2015/6/5
	国务院办公厅	关于同意在上海等 9 个城市开展国内贸易流通体制改革发展综合试点的复函	2015/8/6
	国务院	关于推进国内贸易流通现代化建设法治化营商环境的意见	2015/8/28

附录 3　2015 年上海服务业发展主要数据

附表 3.1　2015 年上海市生产总值及各大产业增加值

指标名称	2015 年/亿元	比 2014 年增长/%
上海市生产总值	25 123.45	6.9
其中：第一产业	109.82	−13.6
第二产业	7 991.00	1.2
第三产业	17 022.63	10.6

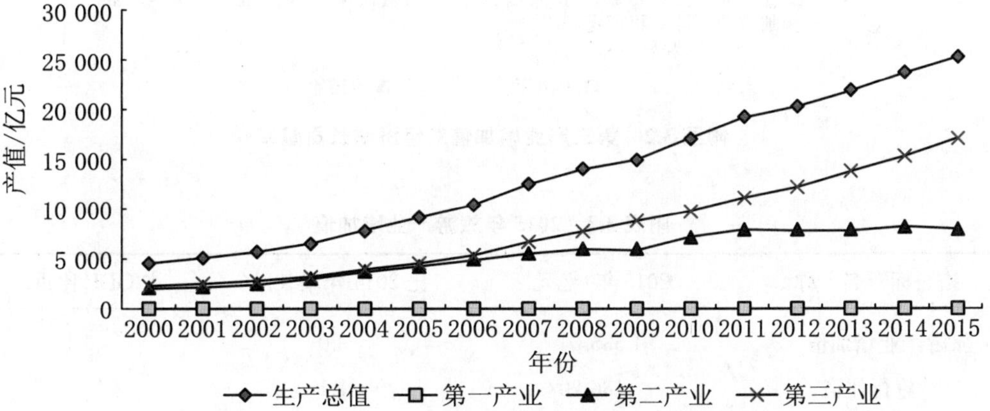

附图 3.1　上海市生产总值及各大产业增加值变化趋势

附表 3.2　2015 年三次产业增加值对经济增长贡献率

指　标　名　称	2014 年/%	2015 年/%
生产总值贡献率	100	100
第一产业		−1.0
第二产业	23.7	6.7
第三产业	76.3	94.3
＃ 交通仓储和邮政业	5.8	4.7
信息传输、计算机服务和软件业	8.7	8.9
批发零售业	15.9	10.0
住宿餐饮业	0.3	−0.1
金融业	25.4	45.0
房地产业	2.5	6.7

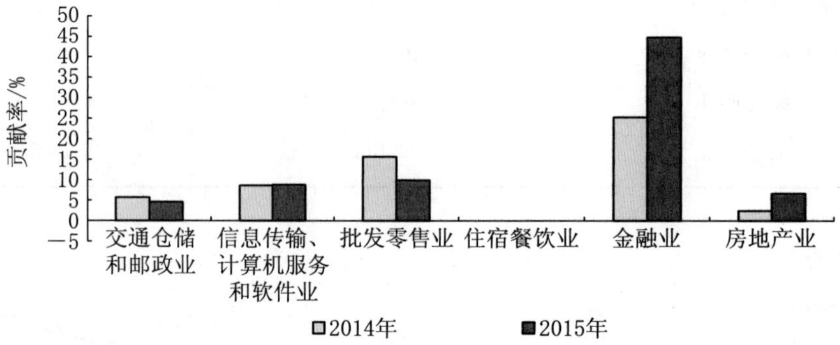

附图 3.2　第三产业增加值对经济增长贡献率

附表 3.3　2015 年旅游产业增加值

指　标　名　称	2015 年/亿元	比 2014 年增长/%	占 GDP 比重/%
旅游产业增加值	1 535.64	3.0	6.1
＃ 旅行住宿	186.20	1.1	—
旅游运输	202.65	15.9	—
旅游商业	500.59	−2.9	—
景区游览	151.99	2.0	—

附表3.4　2015年信息产业增加值

指　标　名　称	2015年/亿元	比2014年增长/%	占GDP比重/%
信息产业增加值	2 747.64	9.8	10.9
# 信息产品制造业	841.12	0.6	—
信息产品销售业	153.03	40.8	—
信息服务业	1 753.49	12.0	—

附表3.5　2015年上海进出口情况

指　标　名　称	2015年/亿元	比2014年增长/%
上海关区进出口总额	50 838.17	−4.2
进　口	19 772.45	−5.4
出　口	31 065.72	−3.3
上海市进出口总额	28 060.88	−2.1
进　口	15 832.33	0.5
# 国有企业	2 860.47	21.8
外商投资企业	10 543.02	1.7
私营企业	2 316.14	−0.8
出　口	12 228.55	−5.3
# 国有企业	1 577.63	−8.0
外商投资企业	8 201.53	−5.7
私营企业	2 337.02	−2.4

附表3.6　2015年上海市外商直接投资情况

指　标　名　称	单　位	2015年	比2014年增长/%
外商直接投资合同项目	个	6 007	27.9
# 第三产业	个	5 914	29.1
# 批发和零售业	个	2 685	14.4
外商直接投资合同金额	亿美元	589.43	86.5
# 第三产业	亿美元	545.00	95.7
# 批发和零售业	亿美元	77.24	30.7
外商直接投资实际到位金额	亿美元	184.59	1.6
# 第三产业	亿美元	159.38	−2.7
# 批发和零售业	亿美元	26.59	41.7

附表 3.7 上海市社会消费品零售总额

类 别	2015 年/亿元
社会消费品零售总额	10 131.50
1. 按商品类别分	
吃	2 248.70
穿	1 531.97
用	5 769.28
烧	581.55
2. 按行业分	
批发和零售	9 116.93
住宿和餐饮	1 014.57

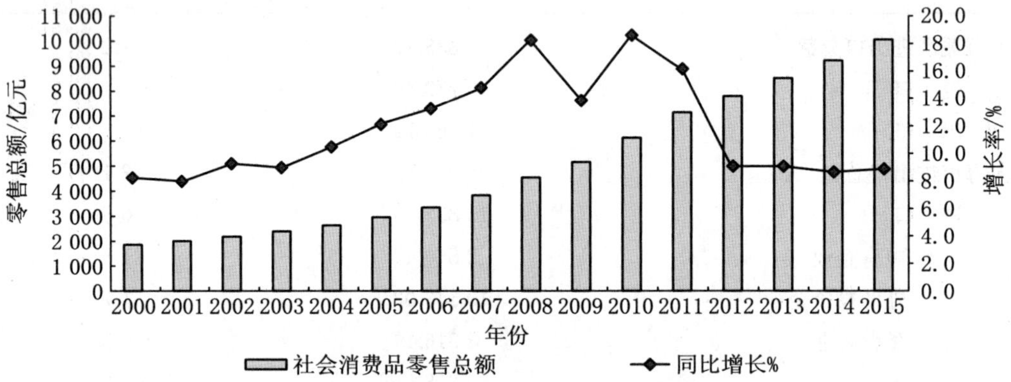

附图 3.3 上海市社会消费品零售总额及增长率

附表 3.8 上海市社会消费品零售总额的用途结构

年 份	用途结构/%			
	吃	穿	用	烧
1990	42.6	15.7	41.1	0.6
1995	38.8	14.6	45.9	0.7
2000	39.8	13.3	46.0	0.8
2005	34.5	11.3	52.5	1.8
2006	33.2	11.3	52.5	3.1
2007	31.1	11.3	52.5	5.2
2008	30.2	11.3	52.5	6.1
2009	27.0	13.7	51.6	7.7
2010	25.9	13.6	51.9	8.6
2011	24.8	13.0	53.3	8.9
2012	23.5	13.5	54.4	8.6
2013	22.9	13.4	55.5	8.1
2014	22.2	14.1	56.0	7.7
2015	22.2	15.1	56.9	5.7

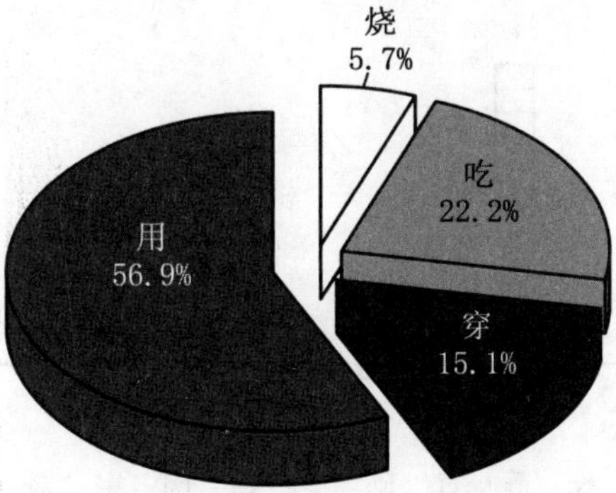

附图 3.4　2015 年上海市社会消费品零售总额的用途结构

附表 3.9　2015 年各区县社会消费品零售总额及吸引购买力指数

地　区	社会消费品零售总额/亿元	购买力指数（按 2015 年末常住人口计算）
浦　东	1 883.80	0.86
黄　浦	791.59	3.02
徐　汇	599.85	1.38
长　宁	273.67	0.99
静　安	280.51	2.97
普　陀	566.33	1.10
闸　北	301.18	0.90
虹　口	287.58	0.89
杨　浦	438.42	0.84
闵　行	823.71	0.81
宝　山	594.46	0.74
嘉　定	872.92	1.40
金　山	372.05	1.17
松　江	496.30	0.71
青　浦	489.67	1.02
奉　贤	445.74	0.96
崇　明	97.24	0.35
平　均	565.59	1.00

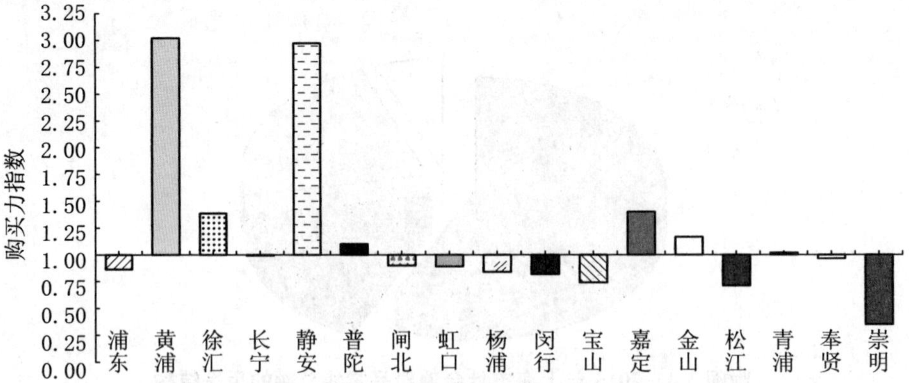

附图3.5 2015年各区县购买力指数(按2015年末常住人口计算)

附表3.10 2015年上海居民消费价格指数

类　　别	价格指数(以2014年为100)
居民消费价格指数	102.4
# 服务项目价格指数	103.2
食品	102.9
烟酒及用品	104.2
衣着	107.8
家庭设备用品及维修	102.9
医疗保健和个人用品	99.3
交通和通信	97.6
娱乐教育文化用品及服务	100.3
居住	104.6

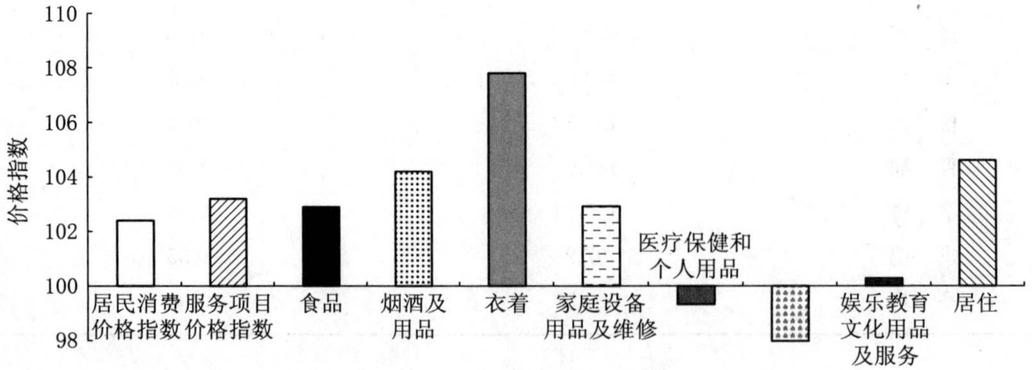

附图3.6 居民消费价格指数

附表 3.11　上海市区居民家庭年人均收支变化

项　　目	人均收支/元					
	1995 年	2000 年	2005 年	2010 年	2014 年	2015 年
可支配收入	7 172	11 718	18 645	31 838	47 710	49 867
消费性支出	5 868	8 868	13 773	23 200	30 520	34 784
1. 食品	3 131	3 947	4 940	7 777	10 677	9 272
2. 衣着	561	567	940	1 794	2 038	1 623
3. 家庭设备用品及服务	637	683	800	1 800	1 779	1 485
4. 医疗保健	113	501	797	1 006	1 449	2 268
5. 交通和通信	321	759	1 984	4 076	4 885	4 206
6. 教育文化娱乐服务	508	1 287	2 273	3 363	4 931	3 718
7. 居住	401	794	1 412	2 166	3 031	11 308
8. 杂项商品和服务	196	330	627	1 218	1 730	904
消费倾向(%)	82.0	75.7	73.9	72.9	64.0	69.8

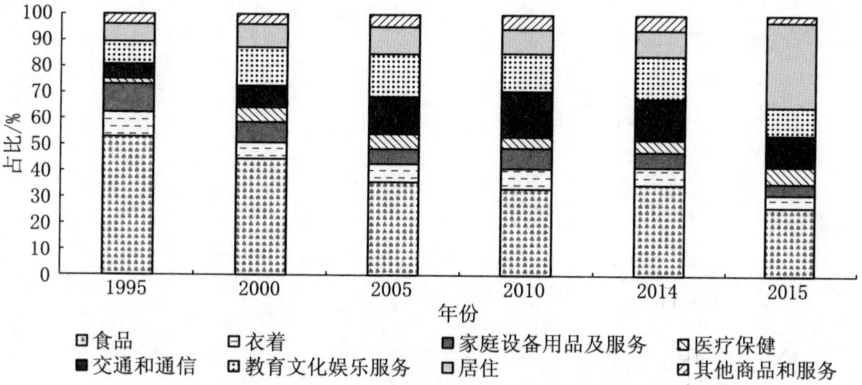

附图 3.7　上海市区居民家庭消费支出构成